Immaterielle Vermögenswerte in der Unternehmensberichterstattung

Betriebswirtschaftliche Studien
Rechnungs- und Finanzwesen,
Organisation und Institution

Herausgegeben von
Prof. Dr. Dr. h.c. Wolfgang Ballwieser, München
Prof. Dr. Christoph Kuhner, Köln
Prof. Dr. Dr. h.c. Dieter Ordelheide †, Frankfurt

Band 68

Peter Lang
Frankfurt am Main · Berlin · Bern · Bruxelles · New York · Oxford · Wien

Martina Bentele

Immaterielle Vermögenswerte in der Unternehmensberichterstattung

Eine kritische Analyse

Peter Lang
Europäischer Verlag der Wissenschaften

Bibliografische Information Der Deutschen Bibliothek
Die Deutsche Bibliothek verzeichnet diese Publikation in der Deutschen Nationalbibliografie; detaillierte bibliografische Daten sind im Internet über <http://dnb.ddb.de> abrufbar.

Zugl.: München, Univ., Diss., 2004

D 19
ISSN 1176-716X
ISBN 3-631-53066-8

Europäischer Verlag der Wissenschaften
Frankfurt am Main 2004

www.peterlang.de

Geleitwort

Immaterielle Vermögenswerte sind ein wichtiger Erfolgsfaktor eines Unternehmens. Nationale und internationale Rechnungslegungssysteme bilden sie aber nur unzulänglich in Bilanz und Gewinn- und Verlustrechnung ab. Von der Ausnahme abgesehen, daß im deutschen Lagebericht eine Kapitalgesellschaft oder ein Konzern auf den Bereich Forschung und Entwicklung einzugehen hat, gibt es keine weiteren Pflichten, welche die Information über immaterielle Vermögenswerte verbessern helfen. Unternehmensexterne sind insofern auf freiwillige Angaben der Geschäftsführungen angewiesen.

Vor diesem Hintergrund machte es sich Frau Dr. Bentele zur Aufgabe, die geltenden Bilanzrechtsregelungen über immaterielle Vermögenswerte und Vorschläge zu ihrer Verbesserung zu würdigen. Hierzu bedarf es umfangreicher Würdigungskriterien, die sie in der Relevanz, Wesentlichkeit und Vollständigkeit von Informationen sowie in deren Verläßlichkeit, Vergleichbarkeit und Quantifizierbarkeit sieht. Um nicht nur deduktiv zu argumentieren, würdigt sie die vorliegenden empirischen Studien zur Wertrelevanz von Angaben zu immateriellem Vermögen. Das hierzu verfaßte Kapitel 5 beschäftigt sich mit amerikanischen Kapitalmarktstudien zur Wertrelevanz von Informationen über F&E-Ausgaben, Markenwerte und Softwareausgaben und einer deutschen Expertenbefragung. Die Kapitalmarktstudien bestätigen durchgängig die Wertrelevanz.

Hingegen werden die Vorschläge zur Bilanzrechtsänderung zu recht sehr kritisch eingeschätzt. Eine Aufnahme der selbstgeschaffenen immateriellen Anlagewerte in die Bilanz scheitert an Problemen der Datenzuverlässigkeit. Die Verfasserin begrüßt stattdessen Anhangsinformationen.

Die Arbeit gibt einen exzellenten Überblick über die Bedeutung der immateriellen Werte und ihre mögliche Erfassung in der Rechnungslegung. Sie vermeidet vorschnelle und wenig substanzielle Lösungen. Ich wünsche ihr deshalb eine gute Aufnahme.

München, den 6. Juli 2004 — Wolfgang Ballwieser

Vorwort

Die Arbeit entstand während meiner Tätigkeit als wissenschaftliche Mitarbeiterin am Seminar für Rechnungswesen und Prüfung der Ludwig-Maximilians-Universität München. Sie wurde im Sommersemester 2004 vom Promotionsausschuß der Fakultät für Betriebswirtschaft als Dissertation angenommen.

Mein Dank gilt meinem geschätzten akademischen Lehrer Prof. Dr. Dr. h.c. Wolfgang Ballwieser, der das Thema angeregt und die Entstehung der Arbeit konstruktiv-kritisch gefördert hat. Herrn Prof. Dr. Dres. h.c. Arnold Picot danke ich für die freundliche Übernahme des Korreferats.

Die Unterstützung aller Kollegen und studentischen Hilfskräfte, die mich auf meinem Weg begleitet haben, hat wesentlichen Anteil am Gelingen der Arbeit. Ihnen danke ich für die gute Zusammenarbeit. Dr. Bernd Hacker hat mich bereits in der Endphase meines Studiums beraten und mir bis zur Veröffentlichung in vielerlei Hinsicht Hilfestellung geboten. Der Austausch mit Prof. Dr. Stefan Rammert war nicht nur fachlich bereichernd, sondern auch vergnüglich und motivierend. Dr. Michael Dobler hatte für große und kleine Fragen stets ein offenes Ohr.

Die Zeit der Promotion bedeutete für mich nicht nur fachlichen Fortschritt, sondern auch einen intensiven Reifeprozeß in persönlicher Hinsicht. Eva Burger-Möbius hat mir nicht nur in dieser Zeit verständnisvoll und klug und mit bewundernswerter Geduld zur Seite gestanden. Franz Reiser ist ein Freund, wie ihn sich jeder Mensch nur wünschen kann. Ich danke beiden für den Rückhalt, den sie mir geben.

Widmen möchte ich die Arbeit meinen lieben Eltern, denen ich alles verdanke. Sie haben sämtliche meiner Vorhaben nach all ihren Kräften unterstützt. Sich ihrer Liebe und ihres Zuspruchs gewiß sein zu können, ist der beste Begleiter in allen Lebenslagen.

München, Juli 2004 Martina Bentele

Inhaltsverzeichnis

Abkürzungsverzeichnis

a.A.	andere(r) Auffassung
Abs.	Absatz
a.F.	alte Fassung
AICPA	American Institute of Certified Public Accountants
AIN	American Institute of Certified Public Accountants Accounting Interpretation(s)
AG	Aktiengesellschaft
AK Immaterielle	Arbeitskreis „Immaterielle Werte im Rechnungswesen" der Schmalenbach-Gesellschaft für Betriebswirtschaft e.V.
AktG	Aktiengesetz
AMEX	American Stock Exchange
APB	Accounting Principles Board
ARCS	Austrian Research Centers Seibersdorf
Aufl.	Auflage
BC	Basis for Conclusions
BFH	Bundesfinanzhof
BMF	Bundesministerium der Finanzen
BW	Buchwert
bzw.	beziehungsweise
ca.	circa
CDAX	Composite Dax (Deutscher Aktienindex)
CEO	Chief Executive Officer
CFO	Chief Financial Officer
CRSP	Center for Research on Security Prices
d.h.	das heißt
DRÄS	Deutscher Rechnungslegungs Änderungsstandard
DRS	Deutscher Rechnungslegungs Standard
DRSC	Deutsches Rechnungslegungs Standards Committee
DSR	Deutscher Standardisierungsrat
E	Entwurf
ED	Exposure Draft
EG	Europäische Gemeinschaft
EStG	Einkommensteuergesetz
et al.	et alii/et alteri
etc.	et cetera
EUGH	Europäischer Gerichtshof
e.V.	eingetragener Verein
EWG	Europäische Wirtschaftsgemeinschaft
f.	folgende
F	Framework
FASB	Financial Accounting Standards Board
FDA	Food and Drug Administration
F&E	Forschung und Entwicklung

GAAP	Generally Accepted Accounting Principles
gem.	gemäß
ggü.	gegenüber
GoB	Grundsatz/Grundsätze ordnungsmäßiger Buchführung
HFA	Hauptfachausschuß des Instituts der Wirtschaftsprüfer in Deutschland e.V.
HGB	Handelsgesetzbuch
Hrsg.	Herausgeber
IAS	International Accounting Standard(s)
IASB	International Accounting Standards Board
IC	Intellectual Capital
IDW	Institut der Wirtschaftsprüfer in Deutschland e.V.
IDW RS	IDW Stellungnahmen zur Rechnungslegung
i.e.	id est
IFAC	International Federation of Accountants
IFRS	International Financial Reporting Standards
IOSCO	International Organization of Securities Commissions
i.V.m.	in Verbindung mit
Jg.	Jahrgang
KapCoRiLiG	Kapitalgesellschaften- und Co-Richtlinie-Gesetz
m.E.	meines Erachtens
MAFE	Mean absolute forecast error(s)
MarkenG	Gesetz über den Schutz von Marken und sonstigen Kennzeichenrechten
max.	maximal
Mio.	Million(en)
Mrd.	Milliarden
MSEK	Millionen Schwedische Kronen
MW	Marktwert
m.w.N.	mit weiteren Nachweisen
NASDAQ	National Association of Securities Dealers Automated Quotation System
NBER	National Bureau of Economic Research
Nr.	Nummer
NYSE	New York Stock Exchange
o.ä.	oder ähnliche(s)
o. Jg.	ohne Jahrgang
PC	Personal Computer
PwC	PricewaterhouseCoopers
R&D	Research and Development
RFH	Reichsfinanzhof
RStBl.	Reichsteuerblatt
Rz.	Randziffer(n)
S.	Seite(n)

SEC	Securities and Exchange Commission
SEK	Schwedische Kronen
SFAC	Statement(s) of Financial Accounting Concepts
SFAS	Statement(s) of Financial Accounting Standards
SIC	Standard Industrial Classifications Index
SOP	Statement(s) of Position
Sp.	Spalte(n)
sq.m.	square meter
TEuro	Tausend Euro
u.a.	und andere/unter anderem
UK	United Kingdom
US	United States
USA	United States of America
USD	Dollar
vgl.	vergleiche
v.H.	von Hundert
VAIC	Value Added Intellectual Capital
Vj.	Vorjahr
Vol.	Volume
vs.	versus
WPK	Wirtschaftsprüferkammer
WZG	Warenzeichengesetz
z.B.	zum Beispiel

Literaturabkürzungsverzeichnis

ABR	Accounting and Business Research
AER	American Economic Review
AG	Die Aktiengesellschaft
AH	Accounting Horizons
AR	The Accounting Review
BB	Betriebs-Berater
BFuP	Betriebswirtschaftliche Forschung und Praxis
DB	Der Betrieb
DBW	Die Betriebswirtschaft
DStR	Deutsches Steuerrecht
DStZ	Deutsche Steuerzeitung
FB	Finanz-Betrieb
FM	Financial Management
IJA	The International Journal of Accounting
IStR	Internationales Steuerrecht
JACF	Journal of Applied Corporate Finance
JAE	Journal of Accounting and Economics
JAPP	Journal of Accounting and Public Policy
JBFA	Journal of Business Finance and Accounting
JFE	Journal of Financial Economics
JFR	Journal of Financial Research
JIAAT	Journal of International Accounting, Auditing & Taxation
JLE	Journal of Law and Economics
JoA	Journal of Accountancy
JoAL	Journal of Accounting Literature
JoAR	Journal of Accounting Research
JoB	Journal of Business
JoF	Journal of Finance
JoM	Journal of Money, Credit and Banking
KoR	Kapitalmarktorientierte Rechnungslegung
NBW	Neue Betriebswirtschaft
QJE	Quarterly Journal of Economics
RIW	Recht der Internationalen Wirtschaft
SEJ	Southern Economic Journal
ST	Der Schweizer Treuhänder
StuW	Steuer und Wirtschaft
WPg	Die Wirtschaftsprüfung
ZfB	Zeitschrift für Betriebswirtschaft
zfbf	Schmalenbachs Zeitschrift für betriebswirtschaftliche Forschung
ZfhF	Zeitschrift für handelswissenschaftliche Forschung
ZfO	Zeitschrift für Organisation
ZGR	Zeitschrift für Unternehmens- und Gesellschaftsrecht
ZIP	Zeitschrift für Wirtschaftsrecht und Insolvenzpraxis

Abbildungsverzeichnis

1. Problemstellung

Eine der wichtigsten weltweiten wirtschaftlichen Entwicklungen der vergangenen Jahre ist das stete Wachstum des tertiären Sektors.[1] Im Dienstleistungsbereich werden nahezu keine materiellen Güter erstellt, zentral ist vielmehr die Verarbeitung von Informationen. Qualifizierte Mitarbeiter, der Kundenstamm und konkurrenzfähige Datenverarbeitungssysteme als immaterielle Ressourcen stellen die entscheidenden Erfolgsfaktoren dar. Auch im industriellen Sektor zeigt sich die zunehmende Bedeutung von Wissen und Information in Form von Forschungs- und Entwicklungsaktivitäten, die Voraussetzung für Innovation sind. Erkennbar ist dies an deutlich gestiegenen Forschungs- und Entwicklungsausgaben. In den USA hat sich der prozentuale Anteil der Forschungs- und Entwicklungsausgaben am Bruttoinlandsprodukt seit 1953 mehr als verdoppelt.[2] Ein starker Anstieg in den vergangenen beiden Jahrzehnten kann auch in Deutschland beobachtet werden.[3]

Immateriellen Vermögenswerten wird deshalb verstärkt Aufmerksamkeit in Wissenschaft und Praxis zuteil. In der Literatur wird vielfach die Auffassung vertreten, die Bilanzierungsnormen für immaterielle Vermögenswerte hätten mit den rasanten ökonomischen Veränderungen nicht Schritt gehalten. Die Darstellung immaterieller Vermögenswerte in den Unternehmensberichten sei deshalb unzulänglich.[4] Maul sieht in der fehlenden Abbildung selbsterstellten immateriellen Vermögens gar einen Verstoß gegen die Generalnorm des § 264 II HGB und weitere gesetzliche Regelungen.[5] Die Kritik beginnt bei konkreten Normen und reicht bis zur Forderung nach einer Revolution der Berichterstattung über immaterielle Vermögenswerte.[6] Beinahe ebenso zahlreich wie die Kritikpunkte sind die Vorschläge, wie sich Unzulänglichkeiten in der Berichterstattung über immaterielle Vermögenswerte beseitigen lassen. Diese spannen einen Bogen von der Abschaffung des § 248 II HGB bis zur Entwicklung neuartiger Berichts- und Bewertungsinstrumente. Der Leser kann sich oftmals des Eindrucks nicht erwehren, die vorgeschlagenen Änderungen bzw. Neuerungen seien von einer gewissen Euphorie getragen. Offensichtlich dominiert der Wunsch nach der Abbildung der „zentralen Determinanten des Unternehmenserfolgs“[7] in der Rechnungslegung die Diskussion.[8] Ursächlich könnte der Boom der New Economy vergangener Jahre sein,

---

1 Vgl. Klodt, Henning/Maurer, Rainer/Schimmelpfennig, Axel (1997), S. 4. Dies zeigt sich auch daran, daß im Dienstleistungsbereich trotz allgemein stagnierender Beschäftigtenzahl in den Jahren 2000 bis 2002 ein leichter Anstieg an Erwerbstätigen zu beobachten ist. Vgl. Statistisches Bundesamt (2002a).

2 Vgl. Nakamura, Leonard (2003), S. 20f.

3 Vgl. Statistisches Bundesamt (2002b); Bundesministerium für Bildung und Forschung (2002), S. 224-227.

4 Vgl. Arbeitskreis „Immaterielle Werte im Rechnungswesen“ der Schmalenbach-Gesellschaft für Betriebswirtschaft e.V. (2001), S. 989; Fülbier, Rolf Uwe/Honold, Dirk/Klar, Alexander (2000), S. 833; Haller, Axel (1998), S. 562f.; Labhart, Peter A./Volkart, Rudolf (2001), S. 1155f.; Maul, Karl-Heinz/Menninger, Jutta (2000), S. 529; Powell, Stephen (2003), S. 806.

5 Vgl. Maul, Karl-Heinz (2000), S. 2009.

6 Vgl. Edvinsson, Leif/Malone, Michael S. (1997), S. 23-39; Haller, Axel (1998), S. 589.

7 Haller, Axel (1998), S. 562.

8 Vgl. Küting, Karlheinz (2000), S. 674; Wullenkord, Axel (2000), S. 524.

da insbesondere junge Unternehmen aus den Branchen der Informations- und Biotechnologie wenig materielles, aber hohes immaterielles Vermögen besitzen. Die Argumente lassen zum Teil eine kritische Auseinandersetzung mit Zwecken informationsorientierter Rechnungslegung und den an sie zu stellenden Anforderungen vermissen.

Die vorliegende Arbeit stößt in diese Lücke. Ziel ist zunächst, Anforderungskriterien zu identifizieren, die geeignet sind, existierende und zu entwickelnde Rechnungslegungsnormen zu würdigen bzw. zu fundieren. Hierbei sollen qualitative Anforderungen, die in einem bestehenden Normgefüge verankert sind – z.B. die in den *concept statements* festgelegten *qualitative characteristics* –, nicht unbesehen übernommen werden. Durch die kritische Auseinandersetzung mit diesen Eigenschaften soll vielmehr ein Kanon von Kriterien entstehen, der es *unabhängig vom jeweiligen Regelungskreis* ermöglicht, Rechnungslegungsregeln zu analysieren.

Die Qualität solcher Kriterien zeigt sich neben ihrer theoretischen Fundierung darin, ob und wie weit sie sich auf konkrete Fragestellungen aus dem Gebiet der Rechnungslegung anwenden lassen. Sie dienen in dieser Arbeit deshalb als Würdigungskriterien, um sowohl geltende Normen zur Bilanzierung immaterieller Vermögenswerte als auch de lege ferenda-Überlegungen zu analysieren.

Damit geht die Arbeit einen anderen Weg als bisherige Veröffentlichungen, die die jeweiligen Normen innerhalb ihres Rahmenkonzeptes würdigen. Schreiber beispielsweise konzentriert sich auf die Analyse der Vorschriften der US-GAAP und würdigt diese anhand der US-amerikanischen Rechnungslegungsgrundsätze.[9] Von Keitz analysiert die Vorschriften der US-GAAP vornehmlich unter dem Aspekt der Konsistenz mit dem Rahmenkonzept und mit anderen Verlautbarungen.[10] Vor dem Hintergrund internationaler Konvergenzbestrebungen[11] fehlt bislang eine Auseinandersetzung, die von in konkreten Regelungskreisen definierten Eigenschaften der Unternehmensberichterstattung abstrahiert und statt dessen allgemeine Grundsätze informationsorientierter Rechnungslegung als Beurteilungsmaßstab wählt. Grottel stellt nicht auf überindividuelle wünschenswerte Eigenschaften von Rechnungslegung ab, sondern untersucht internationale Bilanzierungsvorschriften für immaterielle Vermögenswerte jeweils aus Sicht von Managern, Gläubigern und Anteilseignern.[12] Diese Vorgehensweise führt bei der Beurteilung von Normsetzungsvorschlägen dann zu Schwierigkeiten, wenn Rechnungslegungsregeln aus diesen drei Perspektiven unterschiedlich zu beurteilen sind, wovon angesichts der Prinzipal-Agenten-Problematik auszugehen ist. Gleichwohl müssen die Kriterien adressatenorientiert gewählt werden. Hierzu ist ein typisierter Adressat zu definieren. Dawo reduziert die Anforderungen an Rechnungs-

---

9 Vgl. Schreiber, Susanne (2002).

10 Vgl. von Keitz, Isabel (1997), S. 167-169.

11 Das IASB und das FASB haben am 29.10.2002 eine Absichtserklärung veröffentlicht, wonach IFRS und US-GAAP bis 2005 weitgehend aneinander angeglichen werden sollen. Damit soll eine bessere Vergleichbarkeit von Konzernabschlüssen erreicht werden. Vgl. Financial Accounting Standards Board (FASB)/International Accounting Standards Board (IASB; 2002).

12 Vgl. Grottel, Bernd (2002).

legung auf Relevanz und Zuverlässigkeit und bleibt damit ebenfalls hinter dem hier zu entwickelnden Katalog zurück.[13]

Mit dieser systemübergreifenden Würdigung will die Arbeit einen Beitrag zur aktuellen Diskussion um Veränderungsnotwendigkeiten der bestehenden Normen leisten. Durch die kritische Bestandsaufnahme der Bilanzierung immaterieller Werte de lege lata und de lege ferenda soll eine Antwort darauf gefunden werden, ob die Berichterstattung über immaterielle Vermögenswerte – wie im Schrifttum weitläufig behauptet – unzureichend ist. Des weiteren soll eine Aussage getroffen werden, ob die diskutierten de lege ferenda-Vorschläge eine umfassende Verbesserung der externen Berichterstattung bedeuten oder ob sie nur partiell Vorteile erwirken, die durch qualitative Einbußen an anderer Stelle erkauft werden. Diese Überlegungen haben für Jahres- und Konzernabschluß gleichermaßen Bedeutung.

Die deduktive Analyse der Bilanzierung immaterieller Vermögenswerte allein vermag hierbei nicht zu überzeugen. Ihr wird daher eine Auswertung empirischer Studien vorangestellt, die sich der Relevanz von Rechnungslegungsinformationen allgemein und von Informationen über immaterielle Vermögenswerte im besonderen widmen. Es interessiert zweierlei. Fraglich ist einerseits, ob sich die im Schrifttum angeführte Relevanz von immateriellen Vermögenswerten auch in Kapitalmarktreaktionen widerspiegelt. Solche Untersuchungen sind stets verbundene Tests auf Relevanz *und* Zuverlässigkeit, da nur objektivierte Informationen von Marktteilnehmern als relevant eingestuft werden. Des weiteren ist von Interesse, ob die Relevanz immaterieller Vermögenswerte allein das Informationsinteresse und damit die Sichtweise der Berichtsempfänger darstellt oder ob die Bilanzersteller die Bedeutung immateriellen Vermögens ebenfalls als hoch einschätzen. Diese Erkenntnisse tragen zu einer ausgewogenen Analyse bei und sind für den weiteren Normgebungsprozeß bedeutsam, weil sie zur Positionsbestimmung der Beteiligten beitragen. In der Auswertung dieser Untersuchungen liegt ein weiterer Neuigkeitsgehalt dieser Arbeit.[14]

---

13 Vgl. Dawo, Sascha (2003), insbesondere S. 293-295.

14 Schröder analysiert ausschließlich empirische Studien zu Forschungs- und Entwicklungsaufwendungen. Vgl. Schröder, Jakob (2001), S. 37-60.

2. Bezugsrahmen für die Analyse immaterieller Vermögenswerte in der Unternehmensberichterstattung

2.1. Institutionenökonomische Grundlagen

Die Neue Institutionenökonomik begreift Unternehmen als Netzwerk von Verträgen,[15] die die Beteiligten als Manager, Arbeitnehmer, Lieferanten, Kunden etc. miteinander abschließen.[16] Aus den Vertragsbeziehungen resultieren Auftraggeber-Auftragnehmer-Verhältnisse, die als Prinzipal-Agenten-Beziehungen bezeichnet werden. Prinzipal-Agenten-Beziehungen sind dadurch charakterisiert, daß eine Vertragspartei eine andere für die Besorgung von Geschäften engagiert und diese zu diesem Zweck mit Entscheidungskompetenzen ausstattet.[17] Der Auftraggeber trägt die Konsequenzen aus dem Handeln des Agenten. Die grundlegendste Form dieser Auftraggeber-Auftragnehmer-Beziehung stellt die zwischen dem Kapitalgeber (Prinzipal) und dem Manager (Agent) dar, die aus der für Kapitalgesellschaften charakteristischen Trennung von Eigentum und Verfügungsmacht resultiert.[18] Der Prinzipal bringt seine Arbeitskraft aus Gründen der Spezialisierung nicht im Unternehmen ein, sondern delegiert seine Leitungskompetenz an den Agenten. Dieser verfolgt eigene Ziele, die nicht identisch mit denen des Prinzipals sein müssen, und maximiert seinen eigenen Nutzen.[19] Es kommt zu Konflikten zwischen Prinzipal und Agent, da der Agent auch gegen die Interessen des Prinzipals handeln wird. Das zentrale Problem derartigen Auftragshandelns liegt in der asymmetrischen Informationsverteilung zwischen beiden Vertragsparteien.[20] Diese besteht im Wissensvorsprung des Agenten, „der ihm zu Lasten des Auftraggebers verborgene Handlungen bei der Auftragsdurchführung erlaubt“[21], und der daraus resultierenden Verhaltensunsicherheit beim Prinzipal.

Die Verhaltensunsicherheit kann sich auf zwei Konstellationen erstrecken. Da der Prinzipal nicht im Unternehmen tätig ist, verfügt er nicht über unternehmensinterne Informationen. Dem Agenten sind diese Informationen zugänglich. Die Gefahr für den Prinzipal besteht darin, daß der Agent seinen Informationsvorsprung nutzt und Handlungen ergreift, die seinen eigenen Nutzen auf Kosten des Prinzipals erhöhen.[22] Der Prinzipal kann nur das Ergebnis der Handlungen des Agenten beobachten, nicht aber diese selbst. Demzufolge kann er nicht unterscheiden, inwieweit das Ergebnis durch Aktionen des Agenten oder durch exogene Umweltzustände beeinflußt wurde.[23] Es ist ihm demnach nicht möglich, das Anstrengungsniveau des Agenten zu ermitteln. Dies wird in der Agency-Theorie als *hidden action* bezeichnet.[24] Neben der Unsicherheit

---

15 Vgl. Watts, Ross L./Zimmerman, Jerold L. (1983), S. 614: „Firms are sets of contracts [...]“.

16 Vgl. Richter, Rudolf/Furubotn, Eirik G. (1999), S. 167; Spremann, Klaus (1996), S. 681.

17 Vgl. Jensen, Michael C./Meckling, William H. (1976), S. 308.

18 Weitere Agency-Beziehungen bestehen z.B. zwischen dem Wirtschaftsprüfer und den Aktionären sowie zwischen Kreditnehmern und Gläubigern. Vgl. zu ersterem Ewert, Ralf (1990); zu letzterem Rammert, Stefan (2000).

19 Vgl. Alchian, Armen A./Demsetz, Harold (1972), S. 779-781.

20 Vgl. Jensen, Michael C./Meckling, William H. (1976), S. 308.

21 Schneider, Dieter (1995), S. 48.

22 Vgl. Alchian, Armen A./Demsetz, Harold (1972), S. 780.

23 Vgl. Arrow, Kenneth J. (1969), S. 55.

24 Vgl. Picot, Arnold (1991), S. 151f.

über das Anstrengungsniveau des Agenten kann sich der Prinzipal auch vor das Problem gestellt sehen, daß er die Richtigkeit und Angemessenheit der Entscheidungen des Agenten nicht beurteilen kann, da er nicht über dieselben Informationen wie der Agent verfügt bzw. sich nicht kostenlos Zugang zu diesen Informationen besorgen kann. Im Gegensatz zu *hidden action* kann er zwar die Handlungen des Agenten beobachten, ihm fehlt allerdings das nötige Expertenwissen, um die Qualität beurteilen zu können. Diese Konstellation nachvertraglichen Risikos wird *hidden information* genannt. Das Risiko, das aus diesen beiden nachvertraglichen Informationsasymmetrien resultiert, wird in der Agency-Theorie als moralisches Risiko bezeichnet.[25]

Asymmetrische Informationsverteilung kann auch vor Vertragsabschluß bestehen. Das Problem der *hidden characteristics* beschreibt die Unsicherheit der Marktteilnehmer über das von anderen Teilnehmern angebotene Gut. Übertragen auf die Eigentümer-Manager-Beziehung bedeutet dies, daß der Prinzipal die Qualifikation des Agenten vor Vertragsabschluß nicht beurteilen kann. Da er nicht weiß, ob er einen guten oder einen schlechten Agenten vor sich hat, wird er nur bereit sein, den Preis für einen Agenten durchschnittlicher Qualität zu entrichten. In der Folge werden die guten Marktteilnehmer, also die Agenten überdurchschnittlicher Qualität, den Markt verlassen, da der durchschnittliche Preis nicht ihrer Qualifikation entspricht. Im Extremfall führt das zu Marktversagen aufgrund von Negativauslese, da nur noch schlechte Anbieter am Markt agieren, weil sie den durchschnittlichen Preis noch als vorteilhaft erachten.[26]

Unsicherheit aufgrund asymmetrischer Informationsverteilung vor und nach Vertragsabschluß führt zu Agency-Kosten. Diese stellen zum einen aus dem eigennützigen Verhalten der Manager resultierende Wohlfahrtsverluste dar.[27] Zum anderen entstehen Agency-Kosten immer dann, wenn diese Wohlfahrtsverluste durch die Überwachung des Agenten oder durch spezielle vertragliche Konstruktionen vermieden bzw. reduziert werden sollen.[28]

---

25 Vgl. Arrow, Kenneth J. (1963), S. 961f.

26 Vgl. Akerlof, George A. (1970), S. 489.

27 Als eigennützig wird ein Verhalten bezeichnet, das den Wohlstand des Akteurs mehrt, während der Wohlstand anderer Unternehmensbeteiligter geschmälert wird. Vgl. Watts, Ross L./Zimmerman, Jerold L. (1983), S. 614.

28 Vgl. Schmidt, Reinhard H. (1987), S. 501f. Eine möglichst starke Reduzierung des Informationsvorsprungs und der damit verbundenen Anreize zu eigennützigem Verhalten des Agenten soll beispielsweise durch die Überwachung des Managements oder die Ausgabe von Aktienoptionen als Vergütungsbestandteil erreicht werden. Vgl. zu letzterem Beaver, William H. (1998), S. 31. Die Reduktion der Agency-Kosten durch Handlungsanweisungen, die die Anteilseigner dem Management geben, ist praktisch nicht umsetzbar, da den Anteilseignern die hierfür nötige Qualifikation fehlt. Der Spezialisierungsvorteil des Managements führt ja gerade zu dieser Form von Arbeitsteilung. Vgl. Ballwieser, Wolfgang/Schmidt, Reinhard H. (1981), S. 664.

2.2. Schutzfunktionen der Rechnungslegung

Unsicherheit und daraus resultierende Wohlfahrtsverluste beeinträchtigen die Funktionsfähigkeit eines Marktes. „In einem reinen marktwirtschaftlichen System erfolgt die Ressourcenallokation entsprechend der mit einer Investition erzielbaren Rendite.“[29] Anleger müssen sich über die mit einer Investitionsalternative verbundenen Ertragschancen und Risiken hinreichend informieren können, was bei asymmetrischer Informationsverteilung nicht der Fall ist. Asymmetrische Information beeinträchtigt deshalb die Funktionsfähigkeit eines Marktes – insbesondere des Kapitalmarktes – und erschwert das Zustandekommen von Finanzierungsbeziehungen.[30] Der Abbau von Informationsasymmetrien trägt zu einer Verbesserung der allokativen Effizienz bei. Die Veröffentlichung von Rechnungslegungsinformationen kann einen Beitrag leisten, die Unsicherheiten des Prinzipals durch eine verbesserte Informationslage zu mildern,[31] was eine Reduktion der Agency-Kosten bewirkt.[32] Insofern kommt Rechnungslegung die Aufgabe zu, die Funktionsfähigkeit des Kapitalmarktes „zur Lenkung des Kapitals in die rentabelsten Verwendungsmöglichkeiten“[33] zu unterstützen. Diese allokative Funktionsfähigkeit gewährleistet demnach, „daß die knappen Ressourcen der verfügbaren Ersparnisse dorthin fließen, wo der jeweils größte Bedarf an Investitionsmitteln die höchste Rendite verspricht“[34].

Neben allokativer Funktionsfähigkeit ist die Effizienz des Kapitalmarktes an die Bedingungen institutioneller und operationaler Funktionsfähigkeit geknüpft.[35] Während der Begriff der institutionellen Funktionsfähigkeit des Kapitalmarktes die Grundvoraussetzungen eines wirksamen Marktmechanismus meint, beschreibt der Begriff der operationalen Funktionsfähigkeit die Kosten der Anlagevermittlung und der Kapitalbeschaffung. Institutionelle und operationale Funktionsfähigkeit sind zugleich Voraussetzung für allokative Funktionsfähigkeit.[36] Den Schutz des Kapitalmarktes und dessen

29 Wagner, Franz W. (1982), S. 763.

30 Vgl. Hartmann-Wendels, Thomas (1991), S. 132-136.

31 Vgl. Wagenhofer, Alfred (1993), S. 251-253. Zur Beurteilung der Notwendigkeit von Publizitätsvorschriften durch verschiedene Ansätze der Neuen Institutionenökonomik vgl. Merkt, Hanno (2001), S. 212-224.

32 Vgl. Hartmann-Wendels, Thomas (1991), S. 9. Ob Rechnungslegungsinformationen wohlfahrtssteigernd sind, wird in der Literatur uneinheitlich gesehen. Die Ergebnisse der unterschiedlichen Modellansätze hängen von Annahmen über Märkte, über Eigenschaften dieser Märkte und über Zeitpunkte von Handlungsalternativen auf diesen Märkten ab. Vgl. Ballwieser, Wolfgang (1985a), S. 36-38. Zum Nutzen von Informationen in nicht effizienten Märkten vgl. auch Schredelseker, Klaus (1997), S. 225-227.

33 Wagner, Franz W. (1982), S. 763.

34 Kübler, Friedrich (1977), S. 89.

35 Vgl. Kübler, Friedrich (1977), S. 89.

36 Vgl. Merkt, Hanno (2001), S. 301.

Funktionsfähigkeit bezeichnet man als Funktionenschutz der Rechnungslegung.[37] Hier bilden überindividuelle Interessen den Anknüpfungspunkt.[38]

Darüberhinaus kommt der Rechnungslegung auch die Aufgabe des Individualschutzes zu, deren Ausgangsbasis die unterschiedlichen Risiken sind, denen der einzelne Marktteilnehmer ausgesetzt ist.[39] „Individualschutz bezweckt die Sicherung des Anlegers um seiner selbst willen."[40] Individual- und Funktionenschutz hängen eng zusammen. Von Hopt werden sie als „System kommunizierender Röhren"[41] beschrieben, so daß Zielkonflikte unmöglich erscheinen.[42] Damit Rechnungslegung der Individual- und Funktionenschutzaufgabe gerecht wird, muß sie zur Entscheidungsverbesserung der Marktteilnehmer beitragen.[43] Da nicht die Informationsinteressen *aller* Marktteilnehmer berücksichtigt werden können, ist auf die Adressaten der Rechnungslegung zu fokussieren.

2.3. Adressaten und deren Interessen

„Ohne einen wohldefinierten Adressaten ist keine sinnvolle Rechenschaft denkbar."[44] Damit Rechnungslegung ihre Schutzwirkung entfalten kann, ist sie folglich am Informationsinteresse der Adressaten auszurichten.[45] Die Bestimmung der Rechenschaftsadressaten kann im konkreten Fall schwierig sein, was nicht dazu führen darf, daß auf sie verzichtet wird und letztlich eine „‚adressatenneutrale' und deshalb sinnentleerte Rechenschaft"[46] in Kauf genommen wird. Zur Bestimmung des Rechenschaftsadressaten ist die Abgrenzung zu Rechenschaftsempfängern und Rechenschaftsinteressenten vorzunehmen. Unter Rechenschaftsempfängern werden Personen verstanden, denen der Zugriff auf die Berichtsinformationen aus technischen Gründen nicht verwehrt werden kann, deren Informationsinteressen für den Berichtsinhalt jedoch nicht von Belang sind. Vom Rechenschaftsadressaten unterscheidet sich der Rechenschaftsinteressent dadurch, daß er keinen gesetzlich oder vertraglich begründeten Anspruch auf

37 Kapitalmarktschutz wird jedoch nicht allein durch Rechnungslegung gewährleistet. Zu denken ist beispielsweise an das Börsengesetz, das die Börsenorgane und die Börsenaufsicht sowie deren Befugnisse, die Teilnahme am Börsenhandel und Zulassungsvoraussetzungen für einzelne Marktsegmente regelt. Daneben hat auch das Wertpapierhandelsgesetz, das u.a. Bestimmungen zur Insiderüberwachung, die einzelnen Verbotstatbestände sowie Mitteilungs- und Veröffentlichungspflichten normiert, die Aufgabe des Kapitalmarktschutzes.

38 Vgl. Kübler, Friedrich (1998), S. 390.

39 Vgl. Merkt, Hanno (2001), S. 298-300. Zu den einzelnen Anlegerrisiken ausführlich Hopt, Klaus (1975), S. 53f., 82-146.

40 Kübler, Friedrich (1998), S. 390.

41 Hopt, Klaus (1975), S. 52.

42 Vgl. auch Koch, Hans-Dieter/Schmidt, Reinhard H. (1981), S. 235-238.

43 Rechnungslegung ermöglicht außerdem die Beeinflussung und Kontrolle des Verhaltens von Managern und kann eine Anreizwirkung entfalten, sich im Interesse der Eigentümer zu verhalten, wenn die Vergütung des Managements an Ergebnisse aus der Rechnungslegung gekoppelt wird.Vgl. Ballwieser, Wolfgang (1985a), S. 26.

44 Moxter, Adolf (1976), S. 94.

45 Vgl. zum Kreis der Adressaten bereits Döllerer, Georg (1958).

46 Moxter, Adolf (1976), S. 95.

Information hat. Stünde die Unterrichtung von Rechenschaftsinteressenten der Schutzfunktion der Rechnungslegung im Wege, wäre von einer uneingeschränkten Adressatenprivilegierung auszugehen.[47] Nur die Jahresabschlußadressaten hat der Gesetzgeber für schutzwürdig befunden. Erst seine Wertung läßt Informationsinteressen zu rechtlich durchsetzbaren Informationsansprüchen erstarken.[48]

Der Kreis der Jahresabschlußadressaten kann den Vorschriften des deutschen Handelsrechts nicht entnommen werden und ist deshalb durch Auslegung zu ermitteln.[49] Die Präambel der 4. EG-Richtlinie nennt den Schutz der Anteilseigner sowie Dritter als Leitgedanken der europäischen Harmonisierungsbestrebungen auf dem Gebiet der Rechnungslegung. Zur Konkretisierung, welche Adressatengruppen mit dem Begriff „Dritte" gemeint sind, wurde in der Literatur die Registerpublizität herangezogen. Danach würde jeder als Adressat des Jahresabschlusses verstanden, der beim Handelsregister – wo Kapitalgesellschaften gem. § 325 I HGB ihren Jahresabschluß einzureichen verpflichtet sind – Einblick nimmt, was eine weite Begriffsauffassung darstellt.[50] Der Kreis der Adressaten würde danach gegenwärtige und potentielle Gläubiger, Lieferanten, Abnehmer und Arbeitnehmer sowie die interessierte Öffentlichkeit umfassen. Dieses Argument wurde für einen Teil dieser Adressatengruppen – Anteilseigner, Gläubiger und Betriebsrat – dadurch bekräftigt, daß der Gesetzgeber sie in § 335 HGB ermächtigte, die Registerpublizität zu erzwingen, sofern die Kapitalgesellschaft ihrer Offenlegungspflicht nicht nachkommt.[51] Der Europäische Gerichtshof hat die Eingrenzung der Jahresabschlußadressaten auf den Kreis derjenigen, die die Registerpublizität erzwingen können, abgelehnt.[52] In Umsetzung dieses Urteils wurde durch die Verabschiedung des KapCoRiLiG die Beschränkung des Antragsrechtes aufgehoben, so daß nun jedermann einen Antrag auf Festsetzung eines Zwangsgeldes stellen darf.[53] Die Öffentlichkeit ist demnach als Jahresabschlußadressat anzusehen.[54]

Es erscheint wünschenswert, daß Rechnungslegung den Informationsinteressen möglichst vieler Adressatengruppen gerecht wird. Der Adressatenbegriff wird aber nur durch Eingrenzung bzw. Gewichtung so präzisiert, daß die Ableitung von Anforderungskriterien an Berichterstattungsnormen und von Informationsinhalten möglich ist und Überlegungen, ob diese Inhalte den Informationsinteressen gerecht werden, Sinn

[47] Vgl. Moxter, Adolf (1976), S. 95f.
[48] Vgl. Moxter, Adolf (1976), S. 95; Flury, Cornelia (1999), S. 33.
[49] Zur fehlenden Konkretisierung des Adressatenkreises durch die Normgeber vgl. auch Moxter, Adolf (2003), S. 223f.
[50] Vgl. zu dieser Auslegungshypothese und zur Kritik daran Sprenger, Reinhard (1976), S. 55-85.
[51] Vgl. Wölk, Armin (1992), S. 142f.
[52] Vgl. EUGH-Urteil vom 4.12.1997, S. 2156.
[53] Den bis zur Verabschiedung des KapCoRiLiG Anspruchsberechtigten wird heute dennoch eine Sonderstellung zugebilligt, da nur diese für die Antragstellung Prozeßkostenhilfe beantragen können. Vgl. Quedenfeld, Dietrich (2001), Rz. 13.
[54] Vgl. Ballwieser, Wolfgang (2002c), S. 116. Moxter bezweifelt, daß der Gesetzgeber eine „Generalkontrolle" von Aktiengesellschaften bzw. Großunternehmen beabsichtigt. Vgl. Moxter, Adolf (1974), S. 422.

ergeben.[55] Im Rahmen der vorliegenden Arbeit sollen insbesondere die Informationsinteressen von Kapitalmarktteilnehmern, also von tatsächlichen und potentiellen Eigen- oder Fremdkapitalgebern, berücksichtigt werden. Bei Eigenkapitalgebern, „die das Residuum nach Erfüllung der vertraglichen Ansprüche aller anderen, mit dem Unternehmen verbundenen Gruppen erhalten und damit das größte Einkommensrisiko tragen,"[56] ist der Informationsanspruch offensichtlich. Der Gläubigerschutzgedanke ist der Rechnungslegung immanent, wie die Entstehungsgeschichte des HGB, Gewinnermittlungsregeln und Publizitätspflichten zeigen.[57] Bei der Konzentration auf die genannten Adressatengruppen wird davon ausgegangen, daß die Wissenswünsche derjenigen, die einen vertraglichen Anspruch bzw. einen Residualanspruch auf Zahlungen des Unternehmens haben, in besonderem Maße dazu geeignet sind, die Interessen anderer Anspruchsberechtigter abzudecken.[58] Die Wissenswünsche innerhalb einer Adressatengruppe sind aber nicht zwingend homogen. Sie variieren in Abhängigkeit der individuellen Zielfunktionen und Entscheidungsfelder.[59] Unterschiedliches Vorwissen kann ebenfalls eine Rolle spielen.[60] Da im Hinblick auf die Entwicklung informationsorientierter Rechnungslegungsgrundsätze die Berücksichtigung sämtlicher individueller Interessen nicht möglich ist, muß die Betrachtung der Adressatengruppen typisierend erfolgen.

Der Jahresabschluß kann seinen Schutzfunktionen nur gerecht werden, wenn er die zu schützenden Personen zu interessengerechten Entscheidungen befähigt. Ziel der Berichterstattung ist deshalb, den Adressaten entscheidungsnützliche Informationen zu liefern.[61] Diese müssen zukunftsgerichtet sein, d.h. sie müssen entweder Prognosen enthalten[62] oder die Adressaten befähigen, *eigene* Prognosen über die künftige Unternehmensentwicklung vorzunehmen. Allen Kapitalgebern gemein ist die Entscheidung, ob sie sich mit Eigen- oder Fremdkapital engagieren wollen bzw. ob sie ihre Beteili-

---

55 Vgl. Ballwieser, Wolfgang (1982), S. 775, der im Hinblick auf die Orientierung an einer Adressatengruppe zugleich aber auch vor Einseitigkeit und mangelnder Begründbarkeit warnt.

56 Ballwieser, Wolfgang (2002c), S. 116.

57 Vgl. zum Gläubigerschutzgedanken im deutschen Bilanzrecht Beisse, Heinrich (1993); Moxter, Adolf (1986), S. 17.

58 Eine vergleichbare Argumentation findet sich im Regelungskreis der IFRS in F.10 für Investoren und für US-GAAP in SFAC 1.30 für Kapitalgeber.

59 Vgl. Ballwieser, Wolfgang (1982), S. 784.

60 Vgl. Mujkanovic, Robin (2002), S. 91.

61 Den Grundsatz der entscheidungsorientierten Rechenschaft mit den Elementen des Grundsatzes der Entscheidungskonkretisierung und des Grundsatzes der entscheidungsrelevanten Information hat Moxter im deutschsprachigen Raum erstmals diskutiert. Vgl. Moxter, Adolf (1976), S. 96f. In den USA dürfte die erste Erwähnung der Nützlichkeit bei Moonitz zu finden sein. Vgl. Moonitz, Maurice (1961), S. 26-28. Kurz darauf greift auch Sprouse diesen Gedanken auf, nach welchem das Kriterium der Nützlichkeit „.... was applied in the sense of usefulness to investors who are willing and competent to read financial statements carefully and with discrimination for the purposes of assistance in arriving at rational investment decisions." Sprouse, Robert T. (1964), S. 21. Rechnungslegung im Lichte ökonomischer Entscheidungen dürfte erstmals Staubus betrachtet haben, ohne den Begriff der Entscheidungs*nützlichkeit* bzw. *-relevanz* zu gebrauchen. Vgl. Staubus, George J. (1959), S. 43.

62 Vgl. Sterling, Robert R. (1972), S. 208.

gung am Unternehmen zu bisherigen Konditionen fortzusetzen bereit sind.[63] Tatsächliche wie potentielle Kapitalgeber haben in erster Linie ein finanzielles Interesse an einer Unternehmung.[64] Die Beteiligung am Unternehmen soll den eigenen Konsumausgabenstrom alimentieren und letztlich optimieren. Deshalb gilt das Interesse der Kapitalgeber dem zu erwartenden Zahlungsstrom aus dem Unternehmen, der hinsichtlich seiner zeitlichen Struktur, seiner Breite und seines Unsicherheitsgrades charakterisiert werden kann.[65] Das Informationsinteresse der Anteilseigner bezieht sich nun auf die Entscheidung, ob die Anteile verkauft oder gehalten und ob bzw. wie Mitwirkungsrechte ausgeübt werden sollen.[66] Der künftig zu erwartende Zahlungsstrom setzt sich für die Anteilseigner aus den Dividendenzahlungen sowie aus möglichen Veräußerungsgewinnen zusammen und kann im Hinblick auf die drei oben genannten Dimensionen nur als Bandbreite abgebildet werden. Veräußerungserfolge werden langfristig maßgeblich von den prognostizierten Unternehmenserfolgen determiniert. Insofern ist das Informationsinteresse der Eigenkapitalgeber stark zukunftsgerichtet.[67] Zur Entscheidungsfindung muß der Anleger auch die beabsichtigten Handlungen des Managements sowie eine mögliche Zahlungsunfähigkeit des Unternehmens berücksichtigen.

Die Anteilseigner haben auch Interesse an Informationen über den Wert ihrer Anteile. Die Unternehmensberichterstattung kann bei der Wertermittlung aber nur mittelbar weiterhelfen. Der Wert des Unternehmens bzw. der Wert von Anteilen an dem Unternehmen ergibt sich durch Diskontierung der künftigen Nettozahlungsströme mit dem individuellen Alternativertragssatz des Anlegers (Kalkulationszinsfuß).[68] Dieser Diskontierungssatz bestimmt sich aber nicht durch die Handlungen der Unternehmensleitung.[69]

Gläubiger entscheiden über die Gewährung oder Verlängerung von Krediten bzw. den Verkauf oder das Halten von Schuldverschreibungen. Die Höhe sowie die zeitliche Struktur ihrer Zahlungsansprüche – Zins- und Tilgungsleistungen – sind in der Regel vertraglich fixiert. Das Informationsinteresse der Gläubiger richtet sich deshalb auf die Wahrscheinlichkeit von Vertragsstörungen, die auf einer ungünstigen Unternehmensentwicklung – im Extremfall: der Unternehmensinsolvenz – beruhen.[70] Da das Insolvenzrisiko „wesentlich von der Effektivertragslage abhängt, sind Informationen über

---

63 Vgl. Flury, Cornelia (1999), S. 43.

64 Vgl. Streim, Hannes (1994), S. 399. Die nichtfinanziellen Zielvorstellungen, die für die Kapitalgeber zweifellos auch eine Rolle spielen können, sollen für die folgende Betrachtung vernachlässigt werden. Vgl. auch Moxter, Adolf (1966), S. 37.

65 Vgl. Moxter, Adolf (1966), S. 38.

66 Vgl. Flury, Cornelia (1999), S. 43.

67 Vgl. Streim, Hannes (2000), S. 120; Ekholm, Bo-Göran/Torberg, Pontus (1998), S. 122.

68 „Anzustreben ist eine möglichst exakte Abbildung des Alternativprogramms im Kalkulationszinsfuß; da jedoch die exakten Investitions- und Finanzierungsalternativen nicht immer vollständig ermittelt werden können und tatsächlich das optimale Programm erst feststeht, wenn die Höhe des zu integrierenden Kaufpreises bekannt ist, wird statt dessen häufig von typischen Alternativinvestitionen ausgegangen." Ballwieser, Wolfgang/Coenenberg, Adolf G./Schultze, Wolfgang (2002), Sp. 2416.

69 Vgl. Moxter, Adolf (1966), S. 39-42.

70 Vgl. Streim, Hannes (2000), S. 120.

den Nettoauschüttungsstrom an die Anteilseigner für Gläubiger insofern (indirekt) entscheidungsrelevant, als deren Informationen ebenfalls auch an diesem Extremrisiko ausgerichtet sein müssen und aus einem positiven Nettoausschüttungsstrom geschlossen werden kann, daß die Zahlungen der Gläubiger gesichert sind."[71] Im Insolvenzfall sind insbesondere Informationen über den Wert der als Kreditsicherheit herangezogenen Vermögenswerte erforderlich.[72]

Damit die hier präzisierten Informationsinteressen der Kapitalgeber erfüllt werden können, sind an die Informationen qualitative Anforderungen zu stellen. Im folgenden sollen daher Eigenschaften von Informationen über immaterielle Vermögenswerte diskutiert werden, die diese erfüllen müssen, damit sie entscheidungsnützlich sind.

2.4. Grundsätze informationsorientierter Rechnungslegung

2.4.1. Anforderungen an den Informationsumfang

2.4.1.1. Relevanz

Damit eine Rechnungslegungsinformation den Adressaten für (Des-)Investitionsentscheidungen nützlich ist, muß sie *relevant* sein. Der Begriff der Relevanz wird von den Regulierern sowie in der analytischen und empirischen Rechnungslegungsforschung nicht einheitlich verwendet. Das *framework* der IFRS bezeichnet Informationen dann als relevant, „wenn sie die wirtschaftlichen Entscheidungen der Adressaten beeinflussen, indem sie ihnen bei der Beurteilung vergangener, derzeitiger oder künftiger Ereignisse helfen oder ihre Beurteilungen aus der Vergangenheit bestätigen oder korrigieren" (IFRS F.26). Die US-GAAP legen den Begriff im Zusammenhang mit den qualitativen Anforderungskriterien nahezu identisch fest.[73] Die Entscheidungserheblichkeit einer Information wird demnach dadurch bestimmt, daß diese als Beurteilungs- und Revidierungskriterium fungiert.[74]

Diese Definition für die Relevanz einer Information weicht vom informationsökonomischen Verständnis ab, da bereits die Bestätigung der Erwartungen ausreicht. Nach dem Informationswertkalkül hat eine Nachricht einen Wert größer null und ist entscheidungsrelevant, wenn sie den Empfänger zu einer *anderen* Entscheidung veranlaßt, als sie ohne Vorliegen der Nachricht getroffen worden wäre.[75] Auch Kirschen-

---

[71] Flury, Cornelia (1999), S. 45. Vgl. auch Moxter, Adolf (1985), S. 264. Voraussetzung für diese These ist, daß der Jahresabschluß eine Ausschüttungsbemessungsfunktion hat, was nach deutschem Recht für den Jahresabschluß nach HGB (nicht für den Konzernabschluß), nicht jedoch für Abschlüsse nach US-GAAP oder IFRS gilt.

[72] Für die Gläubiger können im Insolvenzfall bei fehlender positiver Fortbestehensprognose auch Informationen über das Zerschlagungsvermögen von Interesse sein. Der Ansatz erfolgt dann zu Liquidationswerten. Diese kann der Jahresabschluß nicht liefern. Es ist ein Masseverzeichnis zu erstellen. Vgl. Förschle, Gerhart/Weisang, Andreas (2002), Rz. 13f.

[73] Vgl. SFAC 2.47 und 2.49. In SFAC 5.63 und 5.73 hingegen wird eine Information als relevant definiert, „if it has the capacity to make a difference in investors', creditors', or other users' decisions" (SFAC 5.73).

[74] Vgl. Kuhlewind, Andreas-Markus (1997), S. 82-84.

[75] Vgl. Laux, Helmut (1998), S. 352-355.

heiter diskutiert den Begriff der Relevanz vor dem Hintergrund informationsökonomischer Überlegungen.[76] Er mißt Relevanz als Kovarianz zwischen dem Signalwert und der zu schätzenden Wertgröße.[77] Relevanz ist in diesem Modell eine Aussage darüber, ob eine Rechnungslegungsgröße den Fundamentalwert in seinen positiven und negativen Komponenten möglichst vollständig reflektiert.[78]

Relevanz wird in der Rechnungslegungstheorie auch in ihrer Ausprägung als Prognoserelevanz diskutiert.[79] Maß für die Prognoserelevanz ist „die Wahrscheinlichkeit, mit der ein künftiges Ereignis lediglich auf der Basis von Rechnungslegungsdaten vorhergesagt wird."[80] Rechnungslegung in der existierenden Form der periodengerechten Gewinnabgrenzung kommt nur eine indirekte Prognosekraft zu.[81] Jahresabschlußdaten enthalten keine Prognosen über die künftige Entwicklung,[82] sie können auch nicht ohne weiteres als Grundlage selbsterstellter Prognosen herangezogen werden.[83] Damit einer vergangenheitsbezogenen Rechnungslegungsinformation Prognoserelevanz zukommt, muß die Transformation in einen Indikator für die künftigen Zielrealisationsmöglichkeiten der Adressaten gelingen.[84] Ein für die künftigen durchschnittlichen Nettoausschüttungen repräsentativer Betrag, der unter der Bedingung der Wiederholung der Letztjahresbedingungen als Letztjahresgewinn für eine Unternehmensbewer-

---

76 Vgl. Kirschenheiter, Michael (1997).

77 Vgl. Kirschenheiter, Michael (1997), S. 50f.

78 Vgl. Kuhner, Christoph (2001), S. 535. Fraglich ist, ob der Fundamentalwert in einem abbildungstheoretischen Kontext zu sehen ist. Vgl. zur Kritik am abbildungstheoretischen Konzept Ballwieser, Wolfgang (2001a), S. 161; Ballwieser, Wolfgang (2001i), S. 645f.; Ballwieser, Wolfgang (2002c), S. 119; Schneider, Dieter (1997), S. 35 sowie Abschnitt 2.4.2.1.

79 Ballwieser versteht Bewertungs- und Prognoserelevanz als denkbare, nicht jedoch notwendige Voraussetzungen der Entscheidungsrelevanz. Vgl. Ballwieser, Wolfgang (2002c), S. 117.

80 Möller, Hans Peter/Hüfner, Bernd (2002), S. 424. Sind in die Ermittlung der Prognoserelevanz auch andere Daten eingeflossen, kann der Effekt aus der Prognoserelevanz der Rechnungslegung gegebenenfalls isoliert werden, indem die Differenz aus der Prognoserelevanz aller Daten und der Prognoserelevanz der um die Rechnungslegungsdaten verringerten Daten gebildet wird.

81 Rechnungslegung hätte eine direkte Prognosekraft, wenn der Adressat über die interessierenden Zielgrößen zukunftsgerichtet informiert würde, z.B. durch mehrwertige Schätzungen der Zahlungsstromerwartungen. Vgl. Moxter, Adolf (2000), S. 2148f. Zur direkten Prognosewirkung vgl. auch Wüstemann, Jens (2002), S. 79-88.

82 So auch das FASB: „To say that accounting information has *predictive value* is not to say that it is itself a *prediction*" (SFAC 2.53; Hervorhebung im Original). Eine Ausnahme bildet der Prognosebericht als Element des Lageberichts.

83 Vgl. Ballwieser, Wolfgang (1987), S. 57.

84 Vgl. Wüstemann, Jens (2002), S. 74-76.

tung herangezogen werden kann,[85] verlangt also Aufgliederungen und Erläuterungen, die die Prognoseeignung sichern.[86]

In der empirischen Rechnungslegungsforschung wird der Begriff der Relevanz zumeist als Wertrelevanz operationalisiert.[87] Wenngleich das FASB betont, daß Rechnungslegungsgrößen nicht unmittelbar als Schätzgrundlage für die Bestimmung des Unternehmenswertes herangezogen werden können, gibt es insbesondere im US-amerikanischen Raum eine Vielzahl von Studien, die die Beziehung von bestimmten Rechnungslegungsgrößen zu Aktienrenditen oder zur Börsenkapitalisierung untersuchen.[88] Das Konzept der Wertrelevanz ist nicht identisch mit dem der Entscheidungsrelevanz. Informationen können relevant für den Aktienkurs und insofern für den Unternehmenswert sein, obwohl sie aus Sicht eines Anlegers keine Entscheidungsrelevanz aufweisen. „Dies ist etwa der Fall, wenn eine wertrelevante Information, die öffentlich zugänglich ist, sich erst mit Verzögerung in der Rechnungslegung niederschlägt, so daß sie zum Zeitpunkt ihres Sichtbarwerdens im Zahlenwerk der Bilanz oder der Gewinn- und Verlustrechnung keine Gewinne durch Portefeuilleumschichtung mehr induzieren kann."[89] So ist beispielsweise der Gewinn je Aktie eine Kennzahl, die mit dem Aktienkurs korreliert und damit als wertrelevant gilt. Zum Zeitpunkt ihrer Veröffentlichung nach Ende der Berichtsperiode wird diese Information die Anleger kaum zu Kauf- oder Verkaufsentscheidungen veranlassen, da sie aufgrund von Ad hoc-Mitteilungen und Zwischenberichterstattung bereits im Aktienkurs eingepreist ist.[90]

2.4.1.2. Wesentlichkeit

„Relevance and materiality have much in common – both are defined in terms of what influences or makes a difference to an investor or other decision maker" (SFAC 2.125). Während das FASB von Gemeinsamkeiten der beiden qualitativen, den Informationsumfang determinierenden Informationsanforderungen ausgeht, führt eine informationsökonomische Interpretation des Begriffs der Wesentlichkeit (*materiality*)

---

85 Vgl. Moxter, Adolf (1983b), S. 107.

86 Vgl. Wüstemann, Jens (2002), S. 75. Beim Gewinn als zentrale informationstragende Rechnungslegungsgröße erfolgt die Prognoseorientierung dadurch, daß über entsprechende Periodenabgrenzung aus dem Bilanzgewinn eine extrapolierbare Größe abgeleitet wird, die das erste Glied einer unendlich uniformen Reihe von Zielrealisationsbeiträgen bildet. Vgl. Wagner, Franz W. (1994), S. 1183-1187.

87 Sie wird auch als Bewertungsrelevanz bezeichnet. Vgl. Möller, Hans Peter/Hüfner, Bernd (2002), S. 415-421.

88 Eine umfassende Übersicht sowie eine kritische Würdigung geben Holthausen, Robert W./Watts, Ross L. (2001).

89 Kuhner, Christoph (2001), S. 533.

90 Mißverständlich hingegen formulieren Barth/Beaver/Landsman: „In particular, accounting information can be value relevant but not decision relevant if it is superceded by more timely information." Barth, Mary E./Beaver, William H./Landsman, Wayne R. (2001), S. 80. Dies erweckt den Eindruck, als wäre die Information wertrelevant, aber nicht entscheidungsrelevant, weil sie durch eine aktuellere Information als überholt anzusehen ist.

für Teile der Literatur zur Kongruenz mit dem oben diskutierten Konzept der Entscheidungsrelevanz, denn „Entscheidungsrelevantes ist immer wesentlich und Wesentliches ist stets entscheidungsrelevant.“[91] Das hier zugrundegelegte Wesentlichkeitskonzept differenziert nach Informationen, die ihrer *Art* nach wesentlich sind und die insofern als Frage der Relevanz zu beurteilen wären. Von solchen Informationen abzugrenzen sind die, die aufgrund ihrer *Größe* oder sonstigen Bedeutung als wesentlich einzustufen sind.[92] Diese Definition korrespondiert auch damit, daß sich in allen Regelungskreisen eine Vielzahl von Formulierungen bzw. Einzelvorschriften zur Wesentlichkeit findet. Diesen Vorschriften gemein ist, daß sie Ausweis, Gliederung und Erläuterung betreffen. Der Grundsatz der Wesentlichkeit dient nach der hier vertretenen Auffassung nicht dazu, über den Ansatz von Aktiva oder Passiva zu entscheiden.[93]

Das FASB zieht den Grundsatz der Wesentlichkeit als Ergänzung zur Beurteilung der Entscheidungserheblichkeit und der Zuverlässigkeit heran. Zwar betont das FASB die enge Verwobenheit von Relevanz und Wesentlichkeit, es grenzt aber die Vernachlässigung einer Nachricht aufgrund mangelnder Entscheidungserheblichkeit und den Ausschluß einer grundsätzlich entscheidungsrelevanten, aufgrund ihres geringen Einflusses jedoch unbedeutenden Information voneinander ab.[94] Nur für relevante Sachverhalte muß über Wesentlichkeit entschieden werden. So gesehen engt das Kriterium der Wesentlichkeit den Umfang berichtspflichtiger Sachverhalte ein, da aus der Teilmenge des Relevanten das Wesentliche gefiltert wird.

Da sich der Grundsatz der Wesentlichkeit informationsökonomisch nicht begründen läßt, wird er in der Literatur auf kosten-nutzen-analytische Überlegungen zurückgeführt. Die Orientierung am Grundsatz der Wesentlichkeit sorgt für eine Begrenzung der Informationserzeugungskosten. Sie gewährleistet, daß der durch zusätzliche Information generierte Nutzen nicht durch die Beanspruchung knapper Informationsverarbeitungskapazitäten überkompensiert wird. Eine solch marginalanalytische Betrachtung verlangt die Bestimmung des Informationsumfanges, bei dem sich Grenzkosten und Grenznutzen einer Information gleichen.[95] Zur Operationalisierung wird in der Praxis in der Regel auf Schwellenwerte, die die sogenannte Wesentlichkeitsgrenze bilden, zurückgegriffen. Bei deren Überschreiten wird eine Berichtspflicht postuliert. Als Bezugsgröße wird die absolute Größe eines Postens, die relative Größe eines Po-

---

91 Ballwieser, Wolfgang (2002c), S. 118.

92 Vgl. Jung, Maximilian (1996), S. 42. Jung bezieht sich in seinen Ausführungen auf Leffson und Ro. Leffson differenziert zwar begrifflich nicht zwischen Relevanz und Wesentlichkeit, spricht jedoch von zwei Wesentlichkeitsentscheidungen, nämlich der nach Art und der nach Umfang. Vgl. Leffson, Ulrich (1986), S. 441. Ro unterscheidet formal Relevanz und Wesentlichkeit, bleibt aber begrifflich unscharf und verwendet für beide Konzepte dasselbe Wort (*materiality*). Vgl. Ro, Byung T. (1982). So auch IAS F.29f.

93 Eine Ausnahme stellt die Sofortabschreibung geringwertiger Wirtschaftsgüter dar. Diese Vorgehensweise wird als in Übereinstimmung mit den Gewinnermittlungs-GoB gesehen. Vgl. Ballwieser, Wolfgang (1999), Rz. 77f.

94 Vgl. SFAC 2.125. Zu einer ausführlichen Darstellung des *materiality principle* als quantitativem Rahmengrundsatz im *conceptual framework* der US-GAAP vgl. Kuhlewind, Andreas-Markus (1997), S. 94-99.

95 Vgl. Ossadnik, Wolfgang (1993), S. 617f.

stens in Bezug auf einen anderen Posten[96] oder die Vorjahresgröße der zugehörigen Abschlußposition verwendet.[97] Die jeweilige Wesentlichkeitsgrenze kann von der normsetzenden Instanz explizit vorgegeben werden oder im Ermessen des Erstellers des Jahresabschlusses liegen. Letzteres wird dann der Fall sein, wenn das Kriterium der Wesentlichkeit sachverhaltsabhängig zu beurteilen ist. So kann die Einschätzung, ob eine Information wesentlich ist, je nachdem, ob sich das Unternehmen in einer Krise oder in guter wirtschaftlicher Lage befindet, unterschiedlich ausfallen. Quantitative Wesentlichkeitsgrenzen lassen sich informationsökonomisch ebenfalls nicht begründen,[98] ihre pragmatische Bedeutung ist jedoch nicht von der Hand zu weisen. So führt Würtele aus, daß Richtgrößen beispielsweise die Einheitlichkeit von Prüfungsurteilen und somit die Vergleichbarkeit von Jahresabschlüssen unterstützen. Sie können außerdem dazu beitragen, Meinungsverschiedenheiten zwischen Prüfern und Unternehmensleitung zu beseitigen.[99] Sie sind somit Element der Kosten-Nutzen-Überlegungen, da Prüfungskosten wegen der verkürzten Wesentlichkeitsentscheidungen gesenkt werden.[100]

2.4.1.3. Vollständigkeit

Im Abschluß sind grundsätzlich *alle* entscheidungsrelevanten Sachverhalte abzubilden, da ihre Nichtbeachtung zu suboptimalen Entscheidungen führen kann.[101] Das Vollständigkeitsgebot wird jedoch einerseits durch den Grundsatz der Wesentlichkeit eingeschränkt.[102] Andererseits wird der Grundsatz der Vollständigkeit in jedem der drei Regelungskreise durch konkrete Ansatzvorschriften relativiert: Im Handelsrecht steht beispielsweise das Aktivierungsverbot für selbsterstellte immaterielle Anlagewerte gemäß § 248 II HGB dem Vollständigkeitsgebot entgegen.[103] Als Grundsatz informationsorientierter Rechnungslegung verlangt das Vollständigkeitspostulat eine lückenlose Berichterstattung. Im Fall der Nichtaktivierung von Vermögenswerten bedeutet dies die Vermittlung der entscheidungsrelevanten Information an anderer geeigneter Stelle im Jahresabschluß, beispielsweise im Anhang oder in einem zusätzlichen Informationsinstrument.

---

[96] Insbesondere werden die Gesamtposition, zu der der Posten gehört, die Bilanzsumme oder das Periodenergebnis herangezogen.

[97] Vgl. Leffson, Ulrich (1986), S. 443.

[98] Vgl. Ballwieser, Wolfgang (1985b), S. 62-64 mit Verweis auf Ro, Byung T. (1982). In der Literatur wurde auch der Versuch unternommen, überindividuelle Wesentlichkeitsgrenzen verhaltenswissenschaftlich herzuleiten. Vgl. Rose, J./Beaver, W./Becker, S./Sorter, G. (1970). Dies scheitert insbesondere daran, daß Wesentlichkeit ein kognitives Phänomen ist, bei dem der Entscheidungskontext eine besondere Bedeutung hat. Vgl. Jaedicke, Robert (1970), S. 150-153.

[99] Vgl. ausführlich Würtele, Günther (1989), S. 130-133.

[100] Vgl. Würtele, Günther (1989), S. 132. Zu Bedeutung und Bestimmung angemessener Materialitygrenzen und deren Einfluß auf die Effizienz des Prüfungsprozesses jüngst auch Wolz, Matthias (2003).

[101] Vgl. Kubin, Konrad (1998), S. 534.

[102] Vgl. Ballwieser, Wolfgang (2002c), S. 121.

[103] Vgl. Ballwieser, Wolfgang (1999), Rz. 49.

2.4.2. Anforderungen an die Informationsqualität

2.4.2.1. Verläßlichkeit

Während in Abschnitt 2.4.1 Anforderungskriterien definiert wurden, die den Umfang der Rechnungslegungsinformationen determinieren, sollen nun Eigenschaften festgelegt werden, die die Informationsqualität bestimmen. Als ein wichtiger die Entscheidungsnützlichkeit beeinflussender Faktor wird die Verläßlichkeit der gewährten Information gesehen. Die Bedeutung läßt sich u.a. daran erkennen, daß sie gemeinsam mit dem oben diskutierten Kriterium der Relevanz die *primary decision-specific qualities* der US-amerikanischen Rechnungslegungsgrundsätze bildet,[104] die im Schrifttum als Grundsatz der *fair presentation* zusammengefaßt werden.[105] Das FASB konkretisiert Verläßlichkeit durch die Kriterien der Abbildungstreue, Nachprüfbarkeit und Neutralität. Auch das IASB fordert die Verläßlichkeit der gewährten Informationen in seinem *framework*.[106] Die Zuverlässigkeit von Rechnungslegungsinformationen wurde in der US-amerikanischen Literatur bereits lange, bevor das FASB das *conceptual framework* entwickelte, diskutiert.[107] Zum Teil wird der Begriff synonym mit der Objektivierung von Rechnungslegungsinformationen verwendet.[108] So verstanden ist Verläßlichkeit dann gegeben, wenn ein sachverständiger Dritter unter gleichen Annahmen zur gleichen Einschätzung eines Sachverhalts gelangt.[109] Objektivierung setzt somit den gleichen Informationsstand bei den Beurteilenden und einen einheitlichen Maßstab für die zu messenden Größen voraus.[110]

Ijiri/Jaedicke grenzen beide Begriffe ab und bezeichnen Objektivierung als Maß für die Abweichung, die sich bei einem Bewertungsvorgang zwischen den einzelnen Bewertungssubjekten – genaugenommen die Abweichung einer einzelnen Bewertung vom Durchschnitt – ergibt, was sich als Varianz darstellen läßt.[111] Die Objektivierung eines Meßverfahrens ist nach dieser Definition abhängig von den Bewertungssubjekten. Eine Gruppe von Experten würde zu einem geringeren Maß an Abweichung gelangen als eine Gruppe von Laien.[112] Verläßlichkeit wird demgegenüber als Maß für

---

104 Vgl. SFAC 2.58.

105 Vgl. Fahrion, Hans-Jürgen/Winterhoff, Hans W. (2002), Sp. 737. Der Grundsatz der *fair presentation* ist indes nicht explizit in den US-amerikanischen Rechnungslegungsregeln genannt, seine Bedeutung läßt sich auf die Kodifizierung als Prüfungsgrundsatz zurückführen. Vgl. ausführlich zum Grundsatz der *fair presentation* Baetge, Jörg/Roß, Heinz-Peter (2000).

106 Vgl. IFRS F.31.

107 Der die qualitativen Eigenschaften von Rechnungslegungsinformationen bestimmende SFAC 2 wurde im Mai 1980 veröffentlicht. Frühere Erwähnungen der Verläßlichkeit finden sich beispielweise bei Edwards, Edgar O./Bell, Philip W. (1961), S. 283f. – dort als Objektivierung tituliert – und Chambers, Raymond (1966), S. 156-158.

108 Vgl. Mujkanovic, Robin (2002), S. 95.

109 Vgl. Chambers, Raymond (1966), S. 150.

110 Vgl. Baetge, Jörg (1970), S. 16.

111 Ijiri/Jaedicke bezeichnen Objektivität auch als „...consensus among a given group of observers or measurers." Ijiri/Jaedicke (1966), S. 476. Sie illustrieren ihre Definition mit dem Beispiel der Ermittlung des Jahresüberschusses eines Unternehmens durch mehrere Bewertungssubjekte unter Zugrundelegung eines bestimmten Bilanzierungssystems.

112 Vgl. Ijiri, Yuji/Jaedicke, Robert K. (1966), S. 475-478.

die Prognosegenauigkeit interpretiert. Sie kann dargestellt werden als die Abweichung der einzelnen Schätzungen vom tatsächlichen Wert der zu prognostizierenden Größe. Dem Schätzvorgang des einzelnen Bewerters liegt jeweils eine subjektive Einschätzung – mathematisch ausgedrückt eine Funktion – zugrunde, wie der Signalwert und die zu schätzende Größe zusammenhängen. Mit diesen Begriffsabgrenzungen ordnen Ijiri/Jaedicke den Terminus Objektivierung vergangenheitsorientierten Rechnungslegungsinformationen zu und den der Verläßlichkeit solchen, die zukunftsgerichtet sind. Durch Umformungen wird gezeigt, daß Verläßlichkeit in dieser Definition das Maß für Objektivierung zuzüglich eines Faktors ist, der als „reliance bias" bezeichnet wird.[113]

Ich folge Ijiri/Jaedicke jedoch nicht, da m.E. ein Objektivierungsbegriff, der von der Gruppe der Bewertungssubjekte bestimmt wird, hier nicht von Interesse ist. Es geht vielmehr um die Nachprüfbarkeit bzw. Nachvollziehbarkeit und Willkürfreiheit von Rechnungslegungsinformationen. Deshalb soll dieser Auffassung hier nicht gefolgt werden, vielmehr werden die Begriffe Verläßlichkeit und Objektivierung synonym verwendet.

Die Verläßlichkeit von vergangenheitsorientierten Rechnungslegungsinformationen ist zumeist unproblematisch, da die Daten eindeutig erhoben und nachgeprüft werden können. „Beispielsweise wird man die Anschaffungskosten aktivierter Vermögensgegenstände eindeutig erheben [...] und überprüfen können."[114] Probleme mit dem Kriterium der Verläßlichkeit ergeben sich bei zukunftsorientierten Informationen, die Prognosen verlangen. Gerade diesen zukunftsgerichteten Aussagen wird eine hohe Entscheidungsrelevanz beigemessen. Der Wahrheitsgehalt einer Aussage, die Zukünftiges zum Inhalt hat, kann nicht bestimmt werden. Relevanz und Verläßlichkeit stehen also in einem Spannungsverhältnis zueinander. Dieses Spannungsverhältnis kann auch informationsökonomisch gezeigt werden. Kirschenheiter stellt dar, daß Verläßlichkeit als ex ante-Präzision eines unsicheren Signals – modelliert als auf eine bestimmte Realisation eines Signals konditionierte Varianz der Wertgröße (bzw. deren Kehrwert) – und Relevanz in einem Substitutionsverhältnis zueinander stehen.[115] Insofern kann das Spannungsverhältnis nicht überwunden werden.[116] Es ist vielmehr zu entscheiden, welchem der beiden konträren Kriterien eine stärkere Gewichtung zukommen soll.[117] In der deutschen bilanztheoretischen Diskussion wird eine stärkere Gewichtung der Objektivierung gefordert,[118] das FASB hingegen verwehrt sich ausdrücklich gegen das

113 Vgl. Ijiri, Yuji/Jaedicke, Robert K. (1966), S. 481-483. Der „reliance bias" stellt die quadrierte Abweichung des Durchschnittswertes vom realen Wert dar.

114 Ballwieser, Wolfgang (2002c), S. 118. Gleichwohl können auch Vergangenheitsgrößen, also Informationen über ein abgelaufenes Geschäftsjahr „wesentlich durch sehr unsichere Zukunftsgrößen bestimmt [werden]." Moxter, Adolf (2003), S. 17.

115 Vgl. Kirschenheiter, Michael (1997), S. 50f.

116 Vgl. auch Moxter, Adolf (1983a), S. 134.

117 Dies bedeutet, daß die Forderung nach einem Mindestmaß an Objektivierung im Kontext dieses Modells nicht haltbar ist. „Solange die Entscheidungsnützlichkeit auf gleichem Niveau verharrt, ist es einem Entscheider gleichgültig, welchen Wert ihre beiden Komponenten [Relevanz bzw. Verläßlichkeit; Anmerkung der Verfasserin] annehmen." Kuhner, Christoph (2001), S. 536.

118 Vgl. Beisse, Heinrich (1993).

Primat der Verläßlichkeit.[119] Bei der Entwicklung von Einzelnormen fordert Kuhner zu beachten, daß diese informationsökonomischen Erkenntnisse verlangen, innerhalb der Regelwerke eine konstante Gewichtung von Entscheidungsrelevanz und Verläßlichkeit aufrechtzuerhalten. Für jede Einzelregel ist die gleiche Korrelation zwischen beiden Kriterien herzustellen.[120] Praktisch umsetzen läßt sich diese Forderung nicht.

Zur Konkretisierung der Verläßlichkeit wird zum Teil die Richtigkeit oder Unverzerrtheit der Informationen gefordert.[121] Da Rechnungslegung die Wirklichkeit aber nicht abbildet – sie ist vielmehr eine theoretische Konstruktion, die Meßregeln definiert – „gibt [es] keinen richtigen Gewinn: Er ist lediglich ein Konstrukt mit wünschenswerten Eigenschaften."[122] Zu fordern sind aber widerspruchsfreie Informationen, die unter Offenlegung von Prämissen herzuleiten sind.[123]

2.4.2.2. Vergleichbarkeit

Die Forderung nach Vergleichbarkeit ergibt sich aus der Entscheidungsnützlichkeit von Rechnungslegungsinformationen als zentralem Jahresabschlußzweck, da Entscheiden die Auswahl aus verschiedenen Alternativen – sprich Investitionsobjekten – bedeutet, die sich nicht gleichzeitig realisieren lassen.[124] Vergleichbarkeit umfaßt den zwischenbetrieblichen und den intertemporalen Vergleich. Materiell bezieht sich die Vergleichbarkeit auf Ansatz- und Bewertungsmethoden und die Form der Darstellung. Der intertemporale Vergleich soll gewährleisten, daß die Bilanzadressaten Entwicklungstendenzen im Geschäftsverlauf der Investitionsobjekte frühzeitig erkennen können. Nur so können die gewährten Informationen entscheidungsnützlich sein. Damit Veränderungen in den Rechnungslegungsinformationen nicht auf Methodenänderungen beruhen, muß die Stetigkeit gewährleistet sein.[125] Erst die zwischenbetriebliche Vergleichbarkeit ermöglicht den Vorteilhaftigkeitsvergleich mehrerer Investitionsobjekte und ist damit Voraussetzung für Markteffizienz.[126] Adressaten könnten sonst aufgrund der hohen Kosten, die entstehen, wenn Rechnungslegungsinformationen vergleichbar gemacht werden müssen, den Vertragsabschluß oder dessen Verlängerung verweigern.[127] Vergleichbarkeit wird insbesondere dadurch begünstigt, daß die Freiheitsgrade des Bilanzierenden eingeschränkt werden. Rechnungslegungsnormen soll-

---

119 Vgl. SFAC 2.42-45.

120 „Daraus folgt das Postulat, Rechnungslegungsstandards für einzelne Bilanzpositionen immer so zu gestalten, daß Relevanz und Verläßlichkeit in einer festen, für alle Bilanzpositionen in engen Grenzen gleichen und vorhersehbaren Beziehung zueinander stehen." Kuhner, Christoph (2001), S. 537.

121 Vgl. Krönert, Björn (2001), S. 54f.

122 Ballwieser, Wolfgang (2001a), S. 161. Vgl. auch Ballwieser, Wolfgang (2001i), S. 645f.; Ballwieser, Wolfgang (2002c), S. 119; Schneider, Dieter (1997), S. 35.

123 Vgl. Hacker, Bernd (2002), S. 187 mit Veweis auf Moxter, Adolf (1976), S. 91.

124 Vgl. Witte, Eberhard (1993), Sp. 910. Eine Ausnahme hiervon ist beispielsweise die Entlastung des Vorstands einer Aktiengesellschaft durch die Hauptversammlung gem. § 120 AktG.

125 Vgl. Mujkanovic, Robin (2002), S. 100.

126 Vgl. Knutson, Peter H./Napolitano, Gabrielle U. (1998), S. 174.

127 Vgl. Wagenhofer, Alfred/Ewert, Ralf (2003), S. 13f.

ten deshalb möglichst standardisiert und eindeutig, d.h. frei von expliziten Wahlrechten gestaltet werden.[128]

2.4.2.3. Quantifizierbarkeit

Daß rein qualitative Angaben zur Erläuterung von Stetigkeitsunterbrechungen nicht akzeptiert werden, läßt darauf schließen, daß quantitative Informationen eher als geeignet angesehen werden, den Rechnungslegungsadressaten bei ihrer Entscheidungsfindung zu nützen. Die Forderungen nach der Quantifizierbarkeit von Informationen hängt demnach eng mit der Forderung nach Vergleichbarkeit zusammen. Quantitative Angaben lassen weniger Spielraum für Interpretationen und Mißverständnisse. Für die Berücksichtigung in Bilanz und Gewinn- und Verlustrechnung sind monetäre Größen unabdingbar.[129] Sie erst ermöglichen die Aggregation unterschiedlicher Transaktionen und Ereignisse zu einer einzigen Erfolgsgröße.[130] Diese Informationen sind zudem geeignet, in Kennzahlensystemen zur Bilanzanalyse und -auswertung, die zur Entscheidungsunterstützung herangezogen werden, verarbeitet zu werden. Aber auch die Berichterstattung in Anhang, Lagebericht oder anderen ergänzenden Informationsinstrumenten profitiert von monetären Größen, da diese in Relation zu den bilanziellen Größen gesetzt werden können. Letztlich gilt das Informationsinteresse von Kapitalgebern der Höhe bzw. der Sicherheit der Zahlungsströme, die sie aus dem Unternehmen erwarten können, also ebenfalls einer monetären Größe. Gelingt diese Form der Darstellung nicht, sind kardinalskalierte Informationen ordinalskalierten vorzuziehen, da zumindest die Bildung von Relationen innerhalb dieser Informationen möglich ist. Ordinalskalierte Werte lassen nur die Bildung einer Rangfolge zu.

2.5. Begriffliche Abgrenzung und Struktur immaterieller Vermögenswerte

2.5.1. Abgrenzung immaterieller Vermögenswerte

Werden immaterielle und materielle Vermögenswerte nach dem Wortsinn voneinander abgegrenzt, nimmt man Bezug auf deren physische Eigenschaften. Als immateriell würden demnach im Unterschied zu materiellen Gütern, die eine körperliche Substanz aufweisen, alle *nicht* körperlich faßbaren Werte klassifiziert. Nach dieser Abgrenzung wären auch finanzielle Vermögenswerte wie Forderungen oder Beteiligungen als immateriell einzuordnen, da ihnen ebenfalls die physische Substanz fehlt. Vor dem Hintergrund des Aktivierungsverbotes für nicht entgeltlich erworbene immaterielle Anlagewerte (§ 248 II HGB) ist dies unbefriedigend. „Hier knüpft die am Gesetzeszweck orientierte Auslegung an, die, ausgehend vom Aktivierungsverbot originärer immaterieller Anlagewerte, die Sicherheit eines Vermögensgegenstandes als Abgrenzungs-

---

128 Vgl. Wagenhofer, Alfred/Ewert, Ralf (2003), S. 13f. Einschätzungs- und Vereinfachungswahlrechte hat jedes Rechnungslegungssystem. Sie sind Bilanzierungsnormen immanent und müssen akzeptiert werden. Vgl. Ballwieser, Wolfgang (2001a), S. 160.

129 Vgl. zur Verwendung von monetären Größen in der Rechnungslegung Moonitz, Maurice (1961), S. 17f.

130 Vgl. Wagenhofer, Alfred/Ewert, Ralf (2003), S. 12.

kriterium in den Vordergrund stellt."[131] Beteiligungen und Geldforderungen sind in ihrer Existenz nicht unsicher und deshalb nach herrschender Meinung nicht immateriell im Sinne des § 248 II HGB.[132] Finanzielle Vermögenswerte, sogenannte Nominalrepräsentanten, bilden eine eigenständige Kategorie und sind nicht gleichzusetzen mit immateriellen Vermögenswerten.[133] Sowohl das deutsche als auch das angloamerikanische Bilanzrecht zeigen diese Dreiteilung und unterscheiden zwischen immateriellen, materiellen und finanziellen Gütern.[134]

Die Differenzierung zwischen immateriellen und finanziellen Vermögenswerten gelingt meist ohne Schwierigkeiten. Die Abgrenzung zwischen materiellen und immateriellen Vermögenswerten anhand der Körperlichkeit kann Probleme aufwerfen, da viele Vermögensgegenstände nicht uneingeschränkt materiell oder immateriell sind;[135] die Grenzen sind fließend.[136] In der Literatur wurde der Versuch unternommen, das Merkmal der Körperlichkeit durch weitere Kriterien zu verfeinern, da anders als bei der Trennung des immateriellen Vermögens vom finanziellen Vermögen die teleologische Gesetzesauslegung nicht zu einer trennscharfen Abgrenzung führt.[137]

Wird die Abgrenzung nach der *Funktion der körperlichen Komponente* vorgenommen, so gilt ein Vermögensgegenstand als immateriell, wenn die körperliche Komponente lediglich der Dokumentation und somit der Konservierung bzw. dem Transport des geistigen Inhalts dient. Allerdings verlangt die Anwendung dieses Kriteriums eine subjektive Einschätzung des Bilanzierenden und ist deshalb nicht willkürfrei.[138] Eng verwoben mit diesem Kriterium ist die Frage, worauf sich das *wirtschaftliche Interesse* an dem Gut richtet. Kommt dem Trägermedium keine eigenständige Bedeutung zu, ist der Eigentümer oder ein potentieller Erwerber am immateriellen Inhalt interessiert. Das *Kriterium der Wertrelation* urteilt danach, welche Komponente wertmäßig überwiegt.[139] Bei einer absatzorientierten Sichtweise wird man zwangsläufig zur gleichen Differenzierung gelangen wie anhand der beiden erstgenannten Kriterien. Eine produktionsorientierte Betrachtung müßte die Kosten bzw. den Aufwand für die materi-

---

131 Kählert, Jens-Peter/Lange, Sabine (1993), S. 614. Vgl. zur Sicherheit als Abgrenzungskriterium Ley, Ursula (1984), S. 150f.

132 Vgl. Ellrott, Helmut/Schmidt-Wendt, Dietrich (2003a), Rz. 372; Ballwieser, Wolfgang (2001c), Rz. 18; Kußmaul, Heinz (1987), S. 83f.; Sauer, Klaus P. (1988), S. 78f.; Gruber, Thomas (1991), S. 144; Glade, Hans-Joachim (1991), S. 8.

133 Vgl. Pfeiffer, Thomas (1984), S. 334. Zu diesem Ergebnis gelangt auch Stüdemann, der innerhalb der nicht „körperlich-stofflichen" Güter differenziert zwischen eigenständigen und akzessorischen Gütern. Akzessorische Güter sind in Geldeinheiten ausgedrückte Stellvertreter anderer realer Werte. Vgl. Stüdemann, Klaus (1985), S. 347-349. Nach Reuleaux werden Finanzwerte wie materielle Wirtschaftsgüter behandelt. Vgl. Reuleaux, Susanne (1987), S. 46.

134 Vgl. Ley, Ursula (1984), S. 151-153; Kieso, Donald E./Weygandt, Jerry J./Warfield, Terry D. (2003), S. 570; Hendriksen, Eldon S./van Breda, Michael F. (1991), S. 633. Zur Unterscheidung im deutschen Bilanzrecht vgl. auch § 266 II HGB.

135 Vgl. Kählert, Jens-Peter/Lange, Sabine (1993), S. 614; von Keitz, Isabel (1997), S. 44.

136 Vgl. Kählert, Jens-Peter (1995), S. 8.

137 Vgl. Kronner, Markus (1995), S. 17; von Keitz, Isabel (1997), S. 44.

138 Vgl. Ballwieser, Wolfgang (2001c), Rz. 22 sowie von Keitz, Isabel (1997), S. 45, die die Funktion der körperlichen Komponente als eigenständiges Abgrenzungskriterium ablehnt.

139 Vgl. David, Wolfram (1985), S. 9.

ellen bzw. die immateriellen Komponenten heranziehen. In der Literatur wird meist nicht konkretisiert, wie der immaterielle Anteil des Gutes zu bewerten ist.[140] Kählert/Lange schlagen vor, den Wert der geistigen Komponente als Restwert zu ermitteln, d.h. vom Gesamtwert des Gutes den Wert des materiellen Anteils abzuziehen.[141] Wird als Gesamtwert der Verkaufspreis zugrundegelegt, bedeutet dies, daß die Handelsspanne automatisch als immaterielle Wertkomponente betrachtet würde. Der immaterielle Anteil am Gesamtwert ist damit u.a. abhängig von der Marktsituation oder vom Verhandlungsgeschick der Vertragsparteien. Die Anwendung des Kriteriums der Wertrelation ist auch dann problematisch, wenn die Wertanteile der beiden Komponenten nahezu identisch sind.[142]

Nach der *Vervielfältigungstheorie* wird eine geistige Leistung materialisiert vervielfältigt und dadurch zu einem materiellen Gegenstand. Die „Urprodukte" gelten als immateriell, die Kopien hingegen als materiell, da durch die Häufigkeit der Materialisierung die immaterielle Eigenschaft des Gutes untergehe.[143] Warum die Bedeutung der immateriellen Komponente eines Gutes durch Vervielfältigung geringer werden soll, ist m.E. nicht nachvollziehbar. Bei bestimmten Gütern steigt die Bedeutung der immateriellen Komponente sogar mit zunehmendem Verbreitungsgrad. Man spricht dann von Netzwerkeffekten. Zu denken ist beispielsweise an Computersoftware. Der Nutzen jedes Anwenders ist um so größer, je mehr Anwender die Software ebenfalls verwenden.[144] Für Computersoftware hat der BFH die Auflagenhöhe als Abgrenzungskriterium explizit abgelehnt.[145] Kronner weist auf das Beispiel Lizenzen hin, die zumeist an eine Vielzahl von Nutzern vergeben werden und dennoch als immateriell gelten.[146] Außerdem ist problematisch, daß eine bestimmte Häufigkeit der Vervielfältigung als Grenzwert zwischen materiell und immateriell nicht ableitbar ist und die Grenzziehung insofern willkürlich erfolgt.[147] Unter Objektivierungsgesichtspunkten ist dieses Kriterium folglich abzulehnen.

Keines der genannten Kriterien führt bei alleiniger Anwendung zu einer trennscharfen Abgrenzung. Am ehesten läßt sich die Trennung bei isolierter Anwendung anhand der Funktion der Körperlichkeit vornehmen. Die kombinierte Anwendung liefert die be-

---

140 Vgl. Kählert, Jens-Peter/Lange, Sabine (1993), S. 617; David, Wolfram (1985), S. 9.

141 Vgl. Kählert, Jens-Peter/Lange, Sabine (1993), S. 617.

142 Vgl. Ballwieser, Wolfgang (2001c), Rz. 21; von Keitz, Isabel (1997), S. 45.

143 Vgl. Kählert, Jens-Peter/Lange, Sabine (1993), S. 617; David, Wolfram (1985), S. 10; Freericks, Wolfgang (1969), S. 693.

144 Vgl. Katz, Michael L./Shapiro, Carl (1985), S. 424. Dies wird auch als horizontales Netzwerk bezeichnet. Vertikale Netzwerke hingegen entstehen durch die Verbindung mehrerer komplementärer Elemente zu einem System. Vgl. Gröhn, Andreas (1999), S. 25. Zu den verschiedenen Netzwerkeffekten in der Softwareindustrie vgl. Gröhn, Andreas (1997).

145 Vgl. BFH-Urteil vom 3.7.87, S. 2215.

146 Vgl. Kronner, Markus (1995), S. 17.

147 Vgl. von Keitz, Isabel (1997), S. 46; Ballwieser, Wolfgang (2001c), Rz. 23.

sten Ergebnisse, sofern sie nicht in Bereichen erfolgt, wo die Kriterien zu widersprüchlichen Ergebnissen gelangen.[148] Letztlich bleibt die Einordnung kasuistisch.[149]

Die Definition des DSR bündelt unterschiedliche theoretische Apekte: Immaterielle Vermögenswerte sind „identifizierbare, in der Verfügungsmacht des Unternehmens stehende, nicht-monetäre Vermögenswerte ohne physische Substanz, welche für die Herstellung von Produkten oder das Erbringen von Dienstleistungen, die entgeltliche Überlassung an Dritte oder für die eigene Nutzung verwendet werden können" (DRS 12.7). Unter einem Vermögenswert werden dabei neben Vermögensgegenständen auch alle sonstigen aktivierbaren Werte, wie z.B. Rechnungsabgrenzungsposten und aktive latente Steuern verstanden (DRS 12.7). Identifizierbar ist ein Vermögenswert nach der Definition des DRSC, wenn er selbständig bewertbar ist und der ihm immanente Nutzen vom künftigen Nutzen anderer Ressourcen abgrenzbar ist und somit auf andere Wirtschaftssubjekte übertragen werden kann. Die Übertragung kann im Wege der Veräußerung, des Tauschs, der entgeltlichen Überlassung oder der Lizensierung erfolgen. Nutzen kann sowohl in Form von Erträgen, aus dem Verkauf von Produkten und Dienstleistungen, durch Kosteneinsparungen oder in Gestalt anderer wirtschaftlicher Vorteile der Verwertung entstehen. Die Verfügungsmacht über einen immateriellen Vermögenswert setzt voraus, daß dem Unternehmen der wirtschaftliche Nutzen dauerhaft zufließt und andere von der Partizipation an diesem Nutzen ausgeschlossen werden können. Dies wird regelmäßig der Fall sein, wenn das Unternehmen über einen rechtlich durchsetzbaren Anspruch verfügt. Der Zugriff durch Dritte kann aber auch auf anderem Wege ausgeschlossen werden. Im Rahmen der vorliegenden Arbeit soll dieser Definition eines immateriellen Vermögenswertes gefolgt werden, weil sie über den Begriff des handelsrechtlichen Vermögens*gegenstandes* hinausgeht und damit für eine rechnungslegungssystemübergreifende Diskussion geeignet ist. Darüberhinaus stellt sie auf den wirtschaftlichen Nutzenzufluß ab, der Auswirkungen auf Höhe oder Sicherheit der an Eigen- und Fremdkapitalgeber fließenden Zahlungen hat.

2.5.2. Struktur immateriellen Vermögens

In der Rechnungslegung werden immaterielle Werte traditionell in Rechte, wirtschaftliche Werte und rein wirtschaftliche Vorteile unterteilt.[150] Unter Rechten versteht man gesetzlich oder vertraglich geschützte wirtschaftliche Vorteile wie z.B. Lizenzen, Konzessionen oder Urheberrechte. Lassen sich solche Vorteile nicht rechtlich schützen, aber dennoch zum Gegenstand des Rechtsverkehrs machen, spricht man von wirtschaftlichen Werten.[151] Zu wirtschaftlichen Werten zählen beispielsweise ungeschützte Erfindungen oder Rezepturen. Für rein wirtschaftliche Vorteile werden keine gewerb-

---

148 Vgl. Kählert, Jens-Peter/Lange, Sabine (1993), S. 618; von Keitz, Isabel (1997), S. 46; Ballwieser, Wolfgang (2001c), Rz. 24; Kronner, Markus (1995), S. 22. Ellrott/Schmidt-Wendt hingegen differenzieren nur nach dem „Schwerpunkt bzw. [dem] überwiegende[n] Element" des Vermögensgegenstandes. Ellrott, Helmut/Schmidt-Wendt, Dietrich (2003a), Rz. 376.

149 Vgl. Kählert, Jens-Peter/Lange, Sabine (1993), S. 618.

150 Vgl. von Keitz, Isabel (1997), S. 6; Glade, Hans-Joachim (1991), S. 5-11.

151 Vgl. Reuleaux, Susanne (1987), S. 48.

lichen Schutzrechte gewährt, sie können auch nicht zum Objekt schuldrechtlicher Verträge gemacht werden.[152] Sie stellen für das Unternehmen zwar einen künftigen Nutzen dar, schlagen sich aber noch nicht in etwas Greifbarem nieder.[153] Es kann sich etwa um Forschungs- und Entwicklungsausgaben oder Ausgaben für Werbung handeln.[154]

Diese traditionelle Unterteilung verkörpert eine substanzorientierte Betrachtung, da einzelne immaterielle Vermögenswerte zu identifizieren und zu bewerten oder zu beschreiben sind. Auch in der neueren Literatur wird teilweise eine solch substanzorientierte Betrachtung vorgeschlagen, wenngleich etwas anders sortiert wird. Ein vielbeachtetes aktuelles Beispiel für diese substanzorientierte Vorgehensweise ist die Unterteilung des Arbeitskreises „Immaterielle Werte im Rechnungswesen" der Schmalenbach-Gesellschaft für Betriebswirtschaft e.V., der sieben Erscheinungsformen immateriellen Vermögens differenziert: *human capital*, *customer capital*, *supplier capital*, *process capital*, *innovation capital*, *location capital* und *investor capital*. Indem einzelne Erscheinungsformen identifiziert und beschrieben oder bewertet werden, soll das gesamte immaterielle Vermögen dargestellt oder additiv ermittelt werden. Dabei wurde bewußt eine einstufige Kategorisierung gewählt, damit die Abbildung der immateriellen Werte nicht zu komplex wird.[155] Dieser Vorschlag kann als die bislang feinste Kategorisierung betrachtet werden. Die Zuordnung immaterieller Werte zu den einzelnen Kategorien erfolgt aber nicht überschneidungsfrei, beispielsweise läßt sich ein Vertriebssystem sowohl dem Bereich *customer capital* als auch dem Bereich *process capital* zuweisen.[156]

Von diesen substanzorientierten Einteilungen, die auch als Bottom-up-Ansätze oder *induktiv-analytische Ansätze* bezeichnet werden, sind Kategorisierungen zu unterscheiden, denen eine Gesamtwertbetrachtung zugrunde liegt. Diese knüpfen am Unternehmenswert[157] an und spalten diesen weitestmöglich auf. Für diese Vorgehensweise wird auch der Begriff Top-down-Ansatz oder *deduktiv-summarischer Ansatz* verwendet. Ein vielzitierter Vertreter dieser Vorgehensweise ist das Versicherungsunternehmen Skandia, das den Marktwert eines Unternehmens erklärt, der sich aus Finanzkapital und intellektuellem Kapital zusammensetzt.[158] Intellektuelles Kapital besteht danach aus Human- und Strukturkapital, wobei letzteres in der zweiten Ebene in Kunden und Organisationskapital unterteilt wird. Organisationskapital wiederum setzt sich

---

152 Vgl. von Keitz, Isabel (1997), S. 6f.

153 Vgl. Roland, Helmut (1980), S. 207. Kupsch bezeichnet sie als „abstrakte Gewinnaussichten". Kupsch, Peter (1977), S. 667.

154 Mutze bezeichnet diese Erscheinungsform immaterieller Werte als transitorische Aktiva im weiteren Sinne. Vgl. Mutze, Otto (1960), S. 23f.

155 Vgl. Arbeitskreis „Immaterielle Werte im Rechnungswesen" der Schmalenbach-Gesellschaft für Betriebswirtschaft e.V. (2001), S. 990f.

156 Vgl. Arbeitskreis „Immaterielle Werte im Rechnungswesen" der Schmalenbach-Gesellschaft für Betriebswirtschaft e.V. (2001), S. 991.

157 Dieser wird nach der Ertragswert- oder der Discounted Cash Flow-Methode ermittelt.

158 Die IFAC bezeichnet den auf dieser Kategorisierung aufbauenden intellectual capital report von Skandia als Pionierleistung. Vgl. International Federation of Accountants (1998), Rz. 31. Vgl. zu Skandias Berichterstattung über immaterielles Vermögen Abschnitt 4.2.2.3.

aus Innovations- und Prozeßkapital zusammen.[159] Der Skandia Navigator als Berichtsinstrument stellt das Unternehmen aus fünf unterschiedlichen Blickwinkeln dar. Das traditionelle Berichtswesen stellt die finanzielle Sichtweise dar. Daneben gibt es den *customer focus*, den *process focus*, den *human focus* und die Perspektive *renewal and development*. Letztere gibt aufbauend auf der obigen Einteilung das Innovationskapital des Unternehmens wieder.

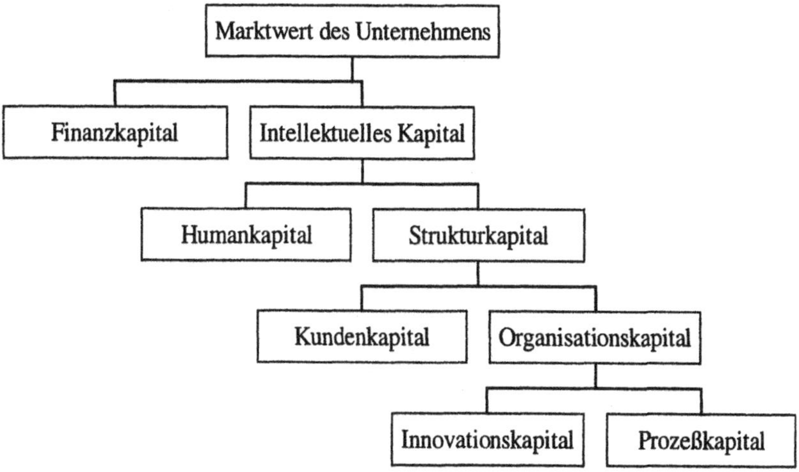

Abbildung 1: Kategorisierung immateriellen Vermögens nach Skandia

Neue Berichtsinstrumente oder Bewertungsmodelle, die im jüngeren Schrifttum zur Verbesserung der Berichterstattung über immaterielle Vermögenswerte vorgeschlagen werden, lassen sich stets auf die Grundkonzeptionen der Substanzwert- oder der Gesamtwertorientierung zurückführen.[160] Sie werden ausführlich in Abschnitt 4.2 dargestellt.

159 Vgl. Edvinsson, Leif/Malone, Michael S. (1997), S. 52.

160 Die Grundkonzeption des Berichtsinstruments muß jedoch nicht zwingend mit der Kategorisierung der immateriellen Vermögenswerte übereinstimmen. Gerade der Skandia Navigator ist ein Beispiel für ein substanzorientiertes Berichtsinstrument, da die einzelnen Vermögenskomponenten beschrieben und quantifiziert werden. Die Kategorisierung der Vermögenskomponenten wird aber aus dem Gesamtwert des Unternehmens abgeleitet.

3. Immaterielle Vermögenswerte de lege lata

3.1. Handelsrechtliche Vorschriften

3.1.1. Ansatz

3.1.1.1. Abstrakte Bilanzierungsfähigkeit

Unter abstrakter Bilanzierungsfähigkeit ist zu verstehen, daß ein Wert grundsätzlich als Vermögensgegenstand in der Bilanz aktiviert werden darf, „ohne damit für den Einzelfall eine Entscheidung zu treffen."[161] Eine Legaldefinition hierfür hat der deutsche Gesetzgeber nicht geschaffen, so daß es der Auslegung bedarf.[162] Im Schrifttum wurden die Eigenschaften von Vermögensgegenständen nicht zuletzt deshalb kontrovers diskutiert.[163] Diese Eigenschaften stellen notwendige, aber nicht hinreichende Bedingungen für die Aktivierung dar. So müssen alle Vermögensgegenstände gem. § 252 I Nr. 3 HGB einzelbewertbar sein. Bestimmte Vermögensgegenstände müssen weiteren Anforderungen genügen. So ist für immaterielle Vermögensgegenstände des Anlagevermögens der entgeltliche Erwerb erforderlich, damit sie angesetzt werden können (§ 248 II HGB). Der Aktivierung kann auch ein Ansatzverbot im Wege stehen.[164]

Definiert man einen Vermögensgegenstand anhand des Kriteriums der Einzelverkehrsfähigkeit, stellt man nach strengster Auffassung darauf ab, ob ein Gegenstand einzeln beschaffbar und einzeln veräußerbar ist, also selbständig als Objekt des Handels- und Rechtsverkehrs auftreten kann.[165] Begründet wird diese Position zumeist mit der Gläubigerschutzfunktion der Bilanz, aus der sich folgern lasse, „daß die Darstellung des Vermögens, soweit es um den Ansatz dem Grunde nach geht, konkursorientiert erfolgt."[166] Dem Gläubigerschutzgedanken werde Rechnung getragen, da nur aktivierungsfähig ist, was den Gläubigern im ungünstigsten Fall noch zu Gute kommt.[167] Das Schuldendeckungspotential wird nach dieser Auffassung ausschließlich durch die im Zerschlagungsfall einzelveräußerungsfähigen Güter determiniert.

---

161 Mutze, Otto (1960), S. 25.

162 Vgl. Freericks, Wolfgang (1976), S. 141.

163 Vgl. Ballwieser, Wolfgang (2002b), Rz. 4. Die Begriffe werden zudem in der Literatur oft unscharf verwendet. Vgl. Roß, Norbert (1996), S. 233.

164 Vgl. Ballwieser, Wolfgang (2002b), Rz. 7. Dies betrifft die Ebene der konkreten Bilanzierungsfähigkeit und wird im nächsten Abschnitt behandelt.

165 Vgl. Freericks, Wolfgang (1976), S. 142. Nach überwiegender Meinung des Schrifttums ist die Einzelveräußerbarkeit entscheidend, die Einzelverkehrsfähigkeit im Sinne der Einzelbeschaffbarkeit ist von untergeordneter Bedeutung. Vgl. Roland, Helmut (1980), S. 152.

166 Ley, Ursula (1984), S. 121.

167 Vgl. Ley, Ursula (1984), S. 122; Tiedchen, Susanne (1991), S. 29.

Diese Argumentation steht aber im Widerspruch zu dem in § 252 I Nr. 2 HGB kodifizierten Fortführungsprinzip.[168] Darüber hinaus gelten nach dieser Definition Güter wie z.B. die personengebundene Konzession nicht als Vermögensgegenstand, obwohl sie nach allgemeiner handelsrechtlicher Auffassung einen solchen darstellen.[169] Deshalb wird das Kriterium heute nur noch selten befürwortet.[170] Es wurde vielmehr von Teilen der Literatur in eine *abstrakte* Einzelverkehrsfähigkeit erweitert. Nach der abstrakten Einzelverkehrsfähigkeit gelten auch solche Güter als Vermögensgegenstand, die aufgrund gesetzlicher oder vertraglicher Beschränkungen nicht einzeln dem Verkehr anheim gegeben werden können, d.h. das Objekt muß nicht im konkreten Fall, sondern nur seiner Natur nach selbständig übertragbar sein.[171] Dies schließt Konzessionen oder Warenzeichen nach altem Recht mit ein.[172] Daß beispielsweise die Veräußerung eines Urheberrechts gesetzlich ausgeschlossen ist, wird gerade als Indiz dafür gewertet, daß „ein solches Recht der Natur der Sache nach veräußerbar und somit abstrakt verkehrsfähig ist."[173] Das Kriterium ist unscharf, denn es läßt sich nur kasuistisch überprüfen, ob das Merkmal erfüllt ist, insbesondere wenn das fragliche Objekt nur abstrakt veräußerungsfähig ist.[174]

Weiter als die abstrakte Einzelverkehrsfähigkeit geht das Kriterium der Einzelverwertbarkeit, das der gegen die Einzelveräußerbarkeit vorgebrachten Kritik begegnet. Es macht die Eigenschaft eines Vermögensgegenstandes davon abhängig, ob sich ein Objekt in einen Zahlungsstrom transformieren läßt.[175] Neben der Veräußerung ist die entgeltliche Einräumung von Nutzungsrechten oder der bedingte Verzicht[176] denkbar. Auch die Einzelverwertbarkeit läßt sich auf den Gläubigerschutz und die Frage nach dem Schuldendeckungspotential zurückführen. Dahinter steht der Gedanke, daß die Gläubiger zur Befriedigung ihrer Ansprüche nicht nur heranziehen können, was veräußerbar ist, sondern jede Position, die sich in eine Geldeinzahlung verwandeln läßt.[177]

---

168 Müller spricht sich dagegen aus, das unter „Bewertungsvorschriften" kodifizierte Fortführungsprinzip zur Beurteilung von Ansatzfragen heranzuziehen. Vgl. Müller, Welf (1987), S. 403. Hierbei handelt es sich um eine Mindermeinung. Vgl. Ballwieser, Wolfgang (2002b), Rz. 10; Hense, Burkhard/Geißler, Horst (2003), Rz. 17; Janssen, Friedrich Carl (1984), S. 342; Gruber, Thomas (1991), S. 70. Die Rechenschaftsfunktion des Jahresabschlusses erfährt eine Einbuße, wenn bei Ansatzfragen, nicht jedoch bei der Bewertung die Unternehmenszerschlagung unterstellt wird. Vgl. von Keitz, Isabel (1997), S. 22.

169 Lamers, Alfons (1981), S. 197.

170 Vgl. Roß, Norbert (1996), S. 235.

171 Vgl. Ballwieser, Wolfgang (2002b), Rz. 9; Tiedchen, Susanne (1991), S. 34; von Keitz, Isabel (1997), S. 23f.

172 Bis zur Aufhebung des Warenzeichengesetzes durch das Markengesetz war die Veräußerung eines Warenzeichens gem. § 8 WZG nur mit dem gesamten Betrieb möglich.

173 Von Keitz, Isabel (1997), S. 24.

174 Vgl. Ballwieser, Wolfgang (2002b), Rz. 9; Ballwieser, Wolfgang (1990), S. 484; Tiedchen, Susanne (1991), S. 35f.; Lorenz, Karsten (2002), S. 35.

175 Vgl. Lamers, Alfons (1981), S. 205-216.

176 Von einem bedingten Verzicht spricht man, wenn das übertragende Unternehmen zugunsten eines anderen Unternehmens gegenüber der zuständigen Behörde auf eine Konzession unter der Bedingung verzichtet, daß diese dem anderen Unternehmen erteilt wird. Vgl. Lamers, Alfons (1981), S. 254 mit Verweis auf Leingärtner, Wilhelm (1968), S. 1461.

177 Vgl. Tiedchen, Susanne (1991), S. 41f.

Während Lamers eine zerschlagungsstatische Interpretation der Einzelverwertbarkeit proklamiert, hat Fabri darauf aufbauend das Kriterium der selbständigen Verwertbarkeit im Falle der Unternehmensfortführung entwickelt.[178] Es sind demnach solche Güter als handelsrechtlicher Vermögensgegenstand zu aktivieren, die bei Unternehmensfortführung dazu geeignet sind, einen Beitrag zur Schuldendeckung zu leisten. Im Schrifttum wurde bemängelt, daß das Merkmal der Einzelverwertbarkeit ähnlich wie die Einzelveräußerbarkeit faktisch ein Aktivierungswahlrecht begründet, da die Verwertungsmöglichkeiten durch das Unternehmen beeinflußbar sind.[179] Die Übertragbarkeit eines Gutes kann außerdem vertraglich ausgeschlossen werden. Dies ist eine Frage der Sachverhaltsgestaltung und somit für die handelsrechtliche Aktivierungskonzeption nicht maßgeblich.[180]

Die Kritik am Kriterium der Einzelverwertbarkeit hat zu der Forderung geführt, die Abgrenzung des handelsrechtlichen Vermögensgegenstandes anhand der Einzelvollstreckbarkeit eines Objektes vorzunehmen. Danach gilt ein Objekt als Vermögensgegenstand, wenn eine Zugriffsmöglichkeit im Wege der Einzelvollstreckung gewährleistet ist. Maßgeblich ist nicht die Verwertung im normalen Rechtsverkehr, sondern die Möglichkeit zur Zwangsverwertung im Vollstreckungsfall. Mit dem Kriterium der Einzelvollstreckbarkeit soll einerseits dem Gedanken des Gläubiger- bzw. Anteilseignerschutzes Rechnung getragen werden, andererseits soll dem Bilanzierenden möglichst wenig Spielraum zur Bilanzgestaltung eingeräumt werden.[181] Tiedchen hat das Kriterium der Einzelvollstreckbarkeit aus dem Zweck des Inventars, der vornehmlich im Gläubigerschutz gesehen wird, abgeleitet.[182] Sie rekurriert auf andere Regelungskreise wie z.B. das Zivilprozeßrecht oder das Vergleichs- bzw. Konkursrecht, die im Fall der Zahlungsunfähigkeit eine möglichst gerechte Befriedigung der Gläubiger sichern sollen.[183] Da ausschließlich Sachen, Forderungen und sonstige Vermögensrechte zwangsvollstreckungsfähig sind, korrespondiert die Abgrenzung des handelsrechtlichen Vermögensgegenstandes nach dem Kriterium der Einzelvollstreckbarkeit nicht mit der Gliederungsvorschrift des § 266 II HGB, die „ähnliche Werte" berücksichtigt. Diese Position wäre demnach inhaltsleer.[184] Ferner erfaßt die Einzelvollstreckbarkeit nicht das Urheberrecht, auf welches nicht im Wege der Zwangsvollstreckung zugegriffen werden kann. Gravierender erscheint erneut der Widerspruch zum Grundsatz der Unternehmensfortführung.[185] Das Kriterium ist isoliert angewendet daher ungeeignet,

[178] Vgl. Lamers, Alfons (1981), S. 216; Fabri, Stephan (1986), S. 47-51.

[179] Vgl. Lorenz, Karsten (2002), S. 36.

[180] Vgl. von Keitz, Isabel (1997), S. 26.

[181] Vgl. Tiedchen, Susanne (1991), S. 44.

[182] „Darüber hinaus schützt das Inventar die Gläubiger eines Unternehmens im Falle des Konkurses, weil es verhindert, daß Teile des Vermögens ihrem Zugriff entzogen werden, indem es bei einem ‚Beiseiteschaffen' durch den Schuldner den Fehlbestand ausweist." Tiedchen, Susanne (1991), S. 50f. Jedoch kann das Inventar lediglich einen Bestandsnachweis erbringen, der als Grundlage für Entschädigungsforderungen herangezogen werden kann. Vgl. Uhlig, Bernhard (1998), Rz. 14.

[183] Vgl. Tiedchen, Susanne (1991), S. 44-59.

[184] Vgl. von Keitz, Isabel (1997), S. 27.

[185] Vgl. Ballwieser, Wolfgang (2002b), Rz. 13.

den Begriff des Vermögensgegenstandes zu konkretisieren, es läßt sich aber in Zweifelsfragen ergänzend heranziehen.[186]

Da nach ständiger BFH-Rechtsprechung der steuerliche Terminus des Wirtschaftsguts nicht weiter gehen kann als der des Vermögensgegenstandes, können im Rahmen der Steuerrechtsprechung geforderte Merkmale eines Wirtschaftsgutes bei der Abgrenzung des handelsrechtlichen Vermögensgegenstandes hilfreich sein.[187] Ein steuerliches Wirtschaftgut verlangt neben der Existenz eines Vermögensvorteils über den Bilanzstichtag hinaus (Vermögensprinzip) die hinreichende Konkretisierung oder Greifbarkeit des Vorteils. Das Greifbarkeitsprinzip soll gewährleisten, daß als Wirtschaftsgut nur ein Objekt aktiviert wird, das sich „nicht so ins allgemeine verflüchtigt, daß es nur als Steigerung des good will des ganzen Unternehmens in die Erscheinung tritt."[188] Gleichwohl lehnt es der BFH ab, nur Sachen oder Rechte, also Gegenstände des bürgerlichen Rechts als Wirtschaftsgut zu betrachten.[189] Wirtschaftsgüter können vielmehr auch Zustände oder Möglichkeiten, also wirtschaftliche Vorteile für das Unternehmen sein.[190] Das Greifbarkeitsprinzip schließt die Übertragbarkeit des Gutes, „sei es einzeln oder im Zusammenhang mit dem Betriebe"[191], ein.[192] Ein Vermögensvorteil wird demnach als Wirtschaftsgut interpretiert, wenn er wirtschaftlich nutzbar und realisierbar ist.[193] Davon kann ausgegangen werden, wenn ein unabhängiger Dritter das fragliche Gut im Fall des Unternehmenserwerbs im Rahmen der Kaufpreisbemessung berücksichtigen würde.[194]

Neben der Greifbarkeit des Gutes muß auch dessen selbständige Bewertbarkeit gewährleistet sein. Dies läßt sich aus dem Einzelbewertungsprinzip (§ 252 I Nr. 3 HGB) folgern. Ein Vermögenswert gilt als selbständig bewertbar, wenn sowohl im Zugangszeitpunkt als auch an den darauffolgenden Bilanzstichtagen diesem Vorteil ein ermessensbeschränkter Wert beigemessen werden kann.[195] Gelingt die selbständige Bewertbarkeit des Vermögensvorteils nicht, geht er im Geschäftswert auf.[196]

---

186 Vgl. von Keitz, Isabel (1997), S. 27f.

187 Vgl. Ballwieser, Wolfgang (2002b), Rz. 14.

188 RFH-Urteil vom 21.10.1931, S. 307.

189 Vgl. Moxter, Adolf (1999), S. 11.

190 Vgl. BFH-Beschluß vom 16.2.1990, S. 795.

191 BFH-Urteil vom 26.5.1982, S. 2386. Ist ein Gut nur zusammen mit dem gesamten Betrieb oder Teilen des Betriebs veräußerbar, spricht man von Gesamtverkehrsfähigkeit. Vgl. von Keitz, Isabel (1997), S. 28.

192 Vgl. Moxter, Adolf (1999), S. 12.

193 Insofern ist bei der Übertragung von Rechten deren formalrechtliche Übertragbarkeit nicht ausschlaggebend. Vgl. Ballwieser, Wolfgang (2002b), Rz. 19 m.w.N.

194 Vgl. BFH-Urteil vom 9.7.1986, S. 14.

195 Vgl. Ballwieser, Wolfgang (2002b), Rz. 22; Hommel, Michael (1998), S. 216. „Im Bereich der konkreten Aktivierungsfähigkeit wird den Zahlungsmodalitäten insofern [...] bilanzierungserhebliche Bedeutung zugesprochen, als das Entgelt im Erwerbszeitpunkt objektiv bestimmbar sein muß [...]." Kußmaul, Heinz (1988), S. 47. Die selbständige Bewertbarkeit kann auch durch Residualbewertung gewährleistet werden. Vgl. Moxter, Adolf (2003), S. 24f.

196 Vgl. Moxter, Adolf (1999), S. 13.

Sowohl die vom Schrifttum entwickelten Merkmale eines Vermögensgegenstandes als auch die Kriterien der steuerlichen Rechtsprechung weisen Schwachpunkte auf. Den Kriterien des BFH ist eine größere praktische Bedeutung zuzumessen, da dieser GoB feststellt und auslegt.[197]

3.1.1.2. Konkrete Bilanzierungsfähigkeit

Für den Ansatz in der Bilanz ist neben der abstrakten Aktivierungsfähigkeit danach zu fragen, ob Einzelregelungen die Aktivierung einschränken oder untersagen. Der Grundsatz der Vollständigkeit (§ 246 I HGB) verlangt die Aktivierung sämtlicher Vermögensgegenstände, sofern nicht konkrete Einzelnormen dem entgegenstehen. In § 248 II HGB hat der Gesetzgeber die Aktivierung nicht entgeltlich erworbener immaterieller Vermögensgegenstände des Anlagevermögens ausgeschlossen.[198] Demnach ist die Aktivierung von immateriellen Vermögensgegenständen des Anlagevermögens nur möglich, wenn folgende Bedingungen erfüllt sind:

(1) Erwerb gegen Entgelt;
(2) Erwerb von Dritten.[199]

Die Bedingung des Erwerbs gegen Entgelt soll die Objektivierung am Markt gewährleisten.[200] Der Gesetzgeber betrachtet immaterielle Anlagewerte als unsicher.[201] Es ist unklar, ob und wann derartige Vermögenswerte zugehen und wie lange sie genutzt werden können.[202] Hinsichtlich des Erwerbs werden Kauf und Tausch als unproblematisch erachtet, da bei beiden Vorgängen das Tatbestandsmerkmal der Entgeltlichkeit gegeben ist. Beim Tausch stellt der hingegebene Vermögensgegenstand die Gegenleistung dar, die als Entgelt zu betrachten ist.[203] Bedenken werden erhoben, wenn der hingegebene Wert ebenfalls ein immaterieller Vermögensgegenstand ist.[204] Dies gilt insbesondere, wenn „beide Vermögensgegenstände von den eintauschenden Partnern selbst erstellt oder anderweitig unentgeltlich erworben wurden und daher bis zum Tauschvorgang [...] nicht aktiviert werden durften.“[205] Nach herrschender Meinung ist

197 Vgl. Ballwieser, Wolfgang (2002b), Rz. 26.
198 Gemäß § 247 II HGB ist ein Vermögensgegenstand dem Anlagevermögen zuzuordnen, wenn er dazu bestimmt ist, dem Geschäftsbetrieb dauerhaft zu dienen.
199 Vgl. Treiber, Klaus (1993), Rz. 80.
200 Vgl. Baumbach, Adolf/Hopt, Klaus J. (2000), Kommentierung zu § 248 II HGB, Rz. 3.
201 Vgl. Begründung des Regierungsentwurfs zu § 153 III AktG a.F., S. 244. In der Begründung zum § 242 II HGB-E (wortgleich mit § 248 II HGB) findet sich lediglich der Hinweis, daß die Regelung dem geltenden Recht entspricht. Insofern ist auf die Begründung des Regierungsentwurfs des Aktiengesetzes zurückzugreifen. Vgl. von Keitz, Isabel (1997), S. 35.
202 Vgl. Moxter, Adolf (1979), S. 1102.
203 Vgl. Hömberg, Reinhold/König, Michael (2002a), Rz. 40.
204 Vgl. Baumbach, Adolf/Hopt, Klaus J. (2000), Kommentierung zu § 248 II HGB, Rz. 3.
205 Hömberg, Reinhold/König, Michael (2002a), Rz. 41.

eine Aktivierung zulässig, da wertlose Vermögensgegenstände keinen Anreiz zu einem Tauschgeschäft bieten.[206]

Als entgeltlicher Erwerb wird auch die Sacheinlage gegen Gewährung von Gesellschaftsanteilen akzeptiert.[207] Die Schenkung führt zwar zur Änderung der Eigentumsverhältnisse. Es handelt sich aber nicht um einen entgeltlichen Erwerbsvorgang, so daß die Aktivierung geschenkter immaterieller Anlagewerte ausgeschlossen ist.

Das Entgelt muß von Dritten entrichtet worden sein. Eigene Aufwendungen des Kaufmanns, z.B. Ausgaben an betriebszugehörige Mitarbeiter, sind unter Objektivierungsgesichtspunkten nicht ausreichend.[208] Es ist dann nicht intersubjektiv nachprüfbar, ob ein bewertbarer Vermögensgegenstand existiert.[209] Dritter ist nach herrschender Meinung auch ein Konzernunternehmen.[210] Gleichwohl ist der Wertansatz durch einen Vergleich mit Marktpreisen zu objektivieren, es darf nicht ohne weiteres das entrichtete Entgelt, also der Konzernverrechnungspreis, angesetzt werden.[211]

Immaterielle Vermögensgegenstände des Umlaufvermögens werden von der Regelung des § 248 II HGB nicht erfaßt.[212] Sie unterliegen auch keinem anderweitigen Aktivierungsverbot und sind deshalb anzusetzen. Da immaterielle Vermögensgegenstände des Umlaufvermögens zur Veräußerung bestimmt sind, wird deren Unsicherheit als weniger gravierend eingeschätzt. Im Schrifttum wird argumentiert, daß dem „Umlaufvermögen [...] gerade zur Veräußerung bestimmte oder sogar im Auftrage Dritter hergestellte Vermögensgegenstände zugeordnet [werden]. Somit muß für eine Zuordnung zum Umlaufvermögen bereits die externe selbständige Verwertbarkeit des immateriellen Vermögensgegenstandes vorliegen, die mit § 248 II [HGB] für immaterielle Vermögensgegenstände des Anlagevermögens erst noch objektiviert werden muß.“[213] Die Einzelverwertbarkeit ist jedoch Voraussetzung für das Vorliegen eines Vermögensgegenstandes. § 248 II HGB schließt expressis verbis immaterielle *Vermögensgegenstände* des Anlagevermögens von der Aktivierung aus, so daß an dieser Stelle kein

---

206 Vgl. Hömberg, Reinhold/König, Michael (2002a), Rz. 41. M.E. darf dies nur im Falle unabhängiger, nicht jedoch bei konzernierten Unternehmen gelten.

207 Vgl. Adler, Hans/Düring, Walther/Schmaltz, Kurt (1995), Kommentierung zu § 248 HGB, Rz. 21; Ballwieser, Wolfgang (2001d), Rz. 29. Im Fall der Einlage immaterieller Anlagewerte ohne Gewährung von Gesellschaftsrechten ist die Aktivierung ausgeschlossen, da dies nicht als Entgeltlichkeit zu beurteilen ist. Vgl. Treiber, Klaus (1993), Rz. 81.

208 Vgl. Ballwieser, Wolfgang (2001d), Rz. 29; Baumbach, Adolf/Hopt, Klaus J. (2000), Rz. 3.

209 Neben originärem und derivativem Erwerb ist denkbar, daß ein Vermögensgegenstand während des Erwerbsvorgangs entsteht (Beispiel Konzession oder Lizenz). Wert und Existenz des Vermögensgegenstandes sind dann durch das Rechtsgeschäft mit einem Außenstehenden aber hinreichend konkretisiert. Vgl. Lamers, Alfons (1981), S. 238.

210 Vgl. Ballwieser, Wolfgang (2001d), Rz. 16; Adler, Hans/Düring, Walther/Schmaltz, Kurt (1995), Kommentierung zu § 248 HGB, Rz. 15. A.A. Moxter, Adolf (1989), S. 238.

211 Vgl. Adler, Hans/Düring, Walther/Schmaltz, Kurt (1995), Kommentierung zu § 248 HGB, Rz. 15; Baumbach, Adolf/Hopt, Klaus J. (2000), Rz. 3; Treiber, Klaus (1993), Rz. 82.

212 Vgl. Adler, Hans/Düring, Walther/Schmaltz, Kurt (1995), Kommentierung zu § 248 HGB, Rz. 13.

213 Von Keitz, Isabel (1997), S. 48.

Zweifel über die Vermögensgegenstandseigenschaft mehr besteht. Hinderungsgrund für die Aktivierung ist die objektivierte Zugangsbewertung. Hierfür spricht auch die Begründung des Regierungsentwurfs zu § 153 III AktG a.F., die immaterielle Vermögensgegenstände des Anlagevermögens als „schwer schätzbar"[214] charakterisiert. Zwar ist auch bei immateriellen Vermögensgegenständen des Umlaufvermögens fraglich, ob der Verkaufspreis den Herstellungskosten entspricht oder darüber liegt. Jedoch ist die Veräußerung in einem überblickbaren Zeitraum zu erwarten, und es gelten zudem restriktive Bewertungsvorschriften für das Umlaufvermögen.[215] Insofern ist die Risikosituation hinsichtlich immaterieller Vermögensgegenstände des Umlaufvermögens weniger kritisch einzuschätzen. Im Schrifttum wird gleichwohl vereinzelt die Forderung vertreten, das Aktivierungsverbot auf das Umlaufvermögen auszuweiten.[216]

3.1.2. Bewertung

Bei immateriellen Vermögensgegenständen, die entgeltlich erworben wurden, erfolgt die Zugangsbewertung gemäß § 253 I HGB zu Anschaffungskosten. Selbsterstellte immaterielle Vermögensgegenstände des Umlaufvermögens sind zu Herstellungskosten zu bilanzieren. Beim Tausch kann als Wertansatz im Zugangszeitpunkt (1) der Buchwert des hingegebenen Gutes, (2) der Buchwert zuzüglich einer durch den Tauschvorgang ausgelösten Ertragsteuerbelastung oder (3) der vorsichtig geschätzte Zeitwert gewählt werden.[217] Wird der immaterielle Vermögensgegenstand von einem Konzernunternehmen bezogen, müssen die Anschaffungskosten kritisch daraufhin überprüft werden, ob sie marktüblichen Gegebenheiten entsprechen. Im Falle überhöhter Konzernverrechnungspreise muß außerplanmäßig abgeschrieben werden und der niedrigere Zeitwert angesetzt werden.[218]

Abnutzbare Werte sind in den Folgeperioden planmäßig abzuschreiben (§ 253 II HGB). Als abnutzbar sind Vermögensgegenstände stets zu charakterisieren, wenn sich ihr wirtschaftlicher Nutzen für das Unternehmen im Zeitablauf erschöpft. „Nicht abnutzbar sind sie nur dann, wenn sie dem Unternehmen in ihrem Bestand und in ihrem Wert bei normalem Geschäftsablauf und aufgrund objektiv erkennbarer Umstände voraussichtlich für die Dauer seines Bestehens erhalten bleiben und diesem nur bei Eintritt außergewöhnlicher Ereignisse verloren gehen."[219] Bei immateriellen Vermögensgegenständen wird in der Regel davon auszugehen sein, daß sie nur über einen begrenzten Zeitraum Nutzen im Unternehmen stiften.[220] Bei der Schätzung der Nut-

---

214 Begründung des Regierungsentwurfs zu § 153 III AktG a.F., S. 244.

215 Von Keitz erachtet außerdem den Vergleich mit einem in der Regel vorhandenen Marktpreis als möglich. Vgl. von Keitz, Isabel (1997), S. 48. Immaterielle Vermögenswerte sind aber aufgrund ihrer Individualität nur stark eingeschränkt vergleichbar.

216 Vgl. Roland, Helmut (1980), S. 97-100.

217 Vgl. Ballwieser, Wolfgang (2001h), Rz. 42; Kußmaul, Heinz (2000), Rz. 51. Steuerrechtlich ist der gemeine Wert des hingegebenen Wirtschaftsgutes als Anschaffungskosten anzusetzen (§ 6 VI EStG).

218 Vgl. Kußmaul, Heinz (2000), Rz. 51.

219 Richter, Martin (1990), Rz. 92.

220 Vgl. Richter, Martin (1990), Rz. 93.

zungsdauer ist auf die wirtschaftliche Nutzungsdauer abzustellen und nicht – beispielsweise im Falle von Lizenzen – auf die Vertragsdauer oder bei Patenten auf gesetzliche Schutzfristen. Vor dem Hintergrund des Vorsichtsprinzips erscheint ein degressiver Abschreibungsverlauf einer linearen Abschreibung vorziehenswürdig.[221]

Abnutzbare und nicht abnutzbare immaterielle Vermögensgegenstände des Anlagevermögens können außerplanmäßig abgeschrieben werden, wenn der beizulegende Wert nicht dauerhaft unter die Anschaffungskosten gesunken ist (§ 253 II Satz 3 HGB). Außerplanmäßige Abschreibungen sind zwingend erforderlich, wenn von einer dauerhaften Wertminderung auszugehen ist (§ 253 II Satz 3 2. Halbsatz HGB). Kapitalgesellschaften dürfen bei einer nur vorübergehenden Wertminderung nicht abschreiben (§ 253 II Satz 3 i.V.m. § 279 I Satz 2 HGB). Für nicht abnutzbare immaterielle Vermögensgegenstände des Anlagevermögens kommen nur außerplanmäßige Abschreibungen in Betracht. Für Nicht-Kapitalgesellschaften besteht zudem die Möglichkeit, weitere Abschreibungen im Rahmen vernünftiger kaufmännischer Beurteilung vorzunehmen (§ 253 IV i.V.m. § 279 I Satz 1 HGB).

Immaterielle Vermögensgegenstände, die dem Umlaufvermögen zuzuordnen sind, werden unter den Vorräten ausgewiesen. Für Umlaufvermögen gilt das strenge Niederstwertprinzip (§ 253 III Satz 1 HGB). Außerplanmäßige Abschreibungen sind vorzunehmen, wenn der Börsen- oder Marktpreis oder – sofern ein solcher nicht existiert – der beizulegende Wert unter dem Buchwert liegt. Dies gilt auch, wenn die Wertminderung nur vorübergehender Natur ist.

An weiteren Abschreibungsmöglichkeiten für das Vorratsvermögen sieht das Handelsrecht vor

(1) die Abschreibung auf einen niedrigeren zukünftigen Wert (§ 253 III Satz 3 HGB);
(2) die Abschreibung im Rahmen vernünftiger kaufmännischer Beurteilung (§ 253 IV HGB), die allein den Nicht-Kapitalgesellschaften vorbehalten ist (§ 279 I Satz 1 HGB);[222]
(3) die Abschreibung auf einen niedrigeren steuerlichen Wert (§ 254 HGB). Kapitalgesellschaften können von dieser Regelung nur über die Öffnungsklausel des § 279 II HGB Gebrauch machen.

Zuschreibungen sind möglich, wenn die Gründe für eine außerplanmäßige Abschreibung entfallen sind. Die Aufwertung darf maximal bis zu den Anschaffungs- oder Herstellungskosten erfolgen.[223] Mit Zuschreibungen dürfen nicht planmäßige Abschreibungen rückgängig gemacht werden.[224]

---

221 Vgl. Treiber, Klaus (1993), Rz. 91.
222 Abschreibungen im Rahmen vernünftiger kaufmännischer Beurteilung sind auch für Vermögensgegenstände des Anlagevermögens erlaubt.
223 Vgl. Ballwieser, Wolfgang (2001g), Rz. 74.
224 Vgl. Treiber, Klaus (1993), Rz. 103.

3.1.3. Offenlegung

Neben den diskutierten Ansatz- und Bewertungsvorschriften regelt § 289 II Nr. 3 HGB die Offenlegung von Informationen im Lagebericht über den Bereich Forschung und Entwicklung.[225] Zur Aufstellung eines Lageberichts sind gemäß §§ 264 I Satz 1 und 264a HGB Kapitalgesellschaften sowie bestimmte Personenhandelsgesellschaften verpflichtet. Berichtspflichtig sind diejenigen Unternehmen, die selbst Forschung und Entwicklung betreiben oder die Dritte für sich forschen und entwickeln lassen.[226] Eine Berichtspflicht kann auch dann vorliegen, wenn ein Unternehmen in einer Branche tätig ist, in der Forschung und Entwicklung die künftige Wettbewerbsfähigkeit sichern und dennoch keine Forschungs- und Entwicklungsaktivitä-ten unternommen werden. In diesem Fall wird gerade das Nichtausüben als wesentlich für die Beurteilung der wirtschaftlichen Lage der Gesellschaft gesehen.[227] Abgesehen davon ist das Kriterium der Branchenzugehörigkeit isoliert gleichwohl nicht zur Abgrenzung der Berichtspflicht geeignet, da hierfür zunächst die Branchen definiert werden müßten, die „üblicherweise" Forschung und Entwicklung betreiben.[228] Diese Abgrenzung kann nicht trennscharf gelingen. Zudem ist es häufig nicht möglich, Unternehmen eindeutig einer Branche zuzuordnen.[229]

Über Art und Umfang der zu gewährenden Information hat der Gesetzgeber keine Angaben gemacht. Quantitative Angaben sind nicht verpflichtend.[230] Nach herrschender Meinung ist insbesondere verlangt, auf den Forschungs- und Entwicklungsaufwand einzugehen und dessen Schwerpunkte und Umfang zu beschreiben, wobei betragsmäßige Angaben nicht erforderlich sind.[231] Der Rechnungslegungsadressat soll sich einen Eindruck über die „globale Ausrichtung"[232] der Forschungs- und Entwicklungsaktivitäten verschaffen können. Die Darstellung kann sich dabei an den Faktoreinsätzen orientieren (Inputpublizität), oder es können die Ergebnisse der Forschungs- und Entwicklungsaktivitäten dargelegt werden (Outputpublizität).

Die Aufwendungen für Forschung und Entwicklung als Teil der Inputpublizität umfassen die Löhne und Gehälter des mit Forschung und Entwicklung befaßten Personals, Aufwendungen für Material, Hilfsstoffe und Werkzeuge, die Abschreibung auf Einrichtungen und Gebäude, die der Forschung und Entwicklung dienen, in Anspruch genommene Dienstleistungen und Verwaltungs- und Gemeinkosten. Diese Daten können aus dem Jahresabschluß nicht abgelesen werden, sondern sind eigens für den Lagebericht zu ermitteln. Die inputorientierte Darstellung kann außerdem auf die Zahl der im

---

225 Zudem verlangt § 268 II HGB die Abbildung immaterieller Anlagewerte im Anlagespiegel.

226 Vgl. Ellrott, Helmut (2003), Rz. 40. Forschungs- und Entwicklungstätigkeiten im Auftrag Dritter fallen nicht unter die Berichterstattungspflicht. Vgl. Lange, Knut Werner (2001), Rz. 98.

227 Vgl. Kuhn, Wolfgang (1993), S. 491; Ellrott, Helmut (2003), Rz. 40.

228 A.A. IDW RS HFA 1, Rz. 46.

229 Vgl. Kuhn, Wolfgang (1993), S. 491.

230 Vgl. Ellrott, Helmut (2003), Rz. 42.

231 Vgl. Ellrott, Helmut (2003), Rz. 42; Lange, Knut Werner (2001), Rz. 104; Emmerich, Gerhard/ Künnemann, Martin (1986), S. 152.

232 IDW RS HFA 1, Rz. 47.

Forschungs- und Entwicklungsbereich eingesetzten Mitarbeiter eingehen oder Erläuterungen zu dem in diesem Bereich getätigten Investitionen und den Investitionsobjekten geben.[233]

Die Ergebnisse des Forschungs- und Entwicklungsprozesses lassen sich z.B. anhand neuer Produkte und Verfahren oder anhand von Patentanmeldungen und vergebenen Lizenzen zeigen; auch ist die Darstellung der einzelnen Projekte denkbar.[234] Publikationen gelten für Zwecke der Lageberichterstattung *nicht* als Ergebnis des Forschungs- und Entwicklungsprozesses, da „die industrielle Forschung nicht primär der Veröffentlichung halber betrieben wird."[235] Vor dem Hintergrund der Adressatenorientierung erscheint außerdem zweifelhaft, daß derartige Informationen dazu beitragen können, die wirtschaftliche Lage fundiert einschätzen zu können.

3.1.4. Ausgewählte Einzelfragen

3.1.4.1. Software

Software ist nach herrschender Meinung ein selbständiger Vermögensgegenstand.[236] Das Grundsatzurteil des BFH klassifiziert sie zudem grundsätzlich als immateriellen Vermögensgegenstand, da der geistige Inhalt im Vordergrund steht.[237] Es ist zu differenzieren, ob die Software dem Anlage- oder dem Umlaufvermögen zuzurechnen ist. Für Software des Anlagevermögens richtet sich die Aktivierung danach, ob die Software entgeltlich erworben wurde oder nicht. Bei entgeltlichem Erwerb wird sie zu Anschaffungskosten bilanziert. Beratungshonorare, die im Zusammenhang mit der Installation der Programme anfallen, sind als Anschaffungsnebenkosten zu aktivieren, nicht jedoch Aufwendungen für die externe Schulung der Mitarbeiter.[238]

Erstellt ein Unternehmen (Individual-)Software für den eigenen Gebrauch und greift hierbei in Gestalt eines Werkvertrages auf die Unterstützung eines Dritten zurück,

---

233 Vgl. Kuhn, Wolfgang (1993), S. 493; Lange, Knut Werner (2001), Rz. 104; Nonnenmacher, Rolf (2002), Sp. 846.

234 Vgl. Kuhn, Wolfgang (1993), S. 494; Lange, Knut Werner (2001), Rz. 104; Ellrott, Helmut (2003), Rz. 42.

235 Kuhn, Wolfgang (1993), S. 494.

236 Vgl. Ellrott, Helmut/Schmidt-Wendt, Dietrich (2003a), Rz. 377; Stapperfend, Thomas (1991), S. 60. Als unselbständiger Bestandteil der Hardware gilt mit dieser fest verbundene Software, sogenannte Fixware bzw. Firmware. Vgl. Ellrott, Helmut/Schmidt-Wendt, Dietrich (2003a), Rz. 377; Spieler, Josef (1987), S. 20. Für eine ausführliche Würdigung der Argumente in Schrifttum und Rechtsprechung zur Charakterisierung von Software als materiellen oder immateriellen Vermögensgegenstand vgl. Knepper, Karl Heinz (1988), S. 304-310.

237 Vgl. BFH-Urteil vom 3.7.1987, S. 2215. In Bezug auf Standardsoftware wird auch die gegensätzliche Auffassung vertreten, da durch die Massenproduktion eine Materialisierung des geistigen Inhalts eintrete (Vervielfältigungstheorie; vgl. Abschnitt 2.5.1). Zur Vervielfältigungstheorie in Bezug auf Software vgl. Sauer, Klaus Peter (1988), S. 114f.; Treiber, Klaus (1993), S. 888; Frericks, Wolfgang (1969), S. 693. Vgl. zu den Kriterien, nach denen Software auch als materielles Gut gesehen wird David, Wolfram (1985), S. 15f.

238 Vgl. Treiber, Klaus (1993), S. 889.

hängt die Aktivierungsfähigkeit davon ab, wer das Risiko des Projekterfolges trägt.[239] Liegen Projektleitung und Federführung beim Auftraggeber, ist der Ansatz als immaterieller Vermögenswert ausgeschlossen, da die Software als selbsterstellt gilt. Die gezahlten Honorare sind als Aufwand zu verbuchen. Umgekehrt muß das Beratungshonorar aktiviert werden, wenn das Erfolgsrisiko beim Auftragnehmer liegt, da in diesem Fall von einem derivativen Erwerb auszugehen ist.[240] Neben dem Erwerb durch Kauf oder im Rahmen eines Werkvertrages setzen sich in der Praxis zunehmend Nutzungsüberlassungsverträge durch. Die Rechtsnatur solcher Verträge wird im juristischen Schrifttum unterschiedlich beurteilt, die Rechtsprechung äußert sich diesbezüglich ebenfalls nicht eindeutig. So wird die befristete Softwareüberlassung zum Teil als Miet- oder Pachtvertrag bzw. als Lizenz- oder Know-How-Vertrag gesehen.[241] Entscheidend aus bilanzrechtlicher Sicht ist, daß aus diesen möglichen Vertragstypen ein Dauerschuldverhältnis resultiert, das als schwebendes Geschäft nicht bilanziert wird.[242] Die Teilleistungen werden pro rata temporis der abgelaufenen Vertragsdauer realisiert.[243] Die Aktivierung der Software beim Hersteller ist allerdings ausgeschlossen, da er dauerhaft Eigentümer der Software bleibt, diese folglich nicht dem Vorratsvermögen zuzurechnen ist und somit auch hier das Aktivierungsverbot greift.[244]

Für vom Unternehmen produzierte Software, die für den Verkauf bestimmt und deshalb dem Umlaufvermögen zuzuordnen ist, gilt das Vollständigkeitsgebot des § 246 I HGB.[245] Die Aktivierung der Software erfolgt zu Herstellungskosten.[246] Die Ermittlung der Herstellungskosten stellt aufgrund der mangelnden körperlichen Bestandsaufnahmemöglichkeit besondere Anforderungen an die Kostenrechnung. Insbesondere muß die verursachungsgerechte Zuordnung der Kosten zu einzelnen Projekten gewährleistet sein.[247] Bei der Bemessung der Herstellungskostenuntergrenze für Individualsoftware ist zu beachten, „daß den Softwareprojekten aufgrund ihrer Projektorganisation, ihrer Langfristigkeit, ihres oftmals beträchtlichen Anteils an der jeweiligen Gesamtauslastung des Softwareherstellers und der [...] Notwendigkeit einer genauen

239 Vgl. Müller, Welf (1991), S. 386.

240 Vgl. Treiber, Klaus (1993), S. 889. Ähnlich Stapperfend, Thomas (1991), S. 97f.

241 Vgl. Stapperfend, Thomas (1991), S. 102-106.

242 Vgl. Leffson, Ulrich (1987), S. 270-272. Dauerschuldverhältnisse zählen zu den schwebenden Geschäften, so lange sich die wiederkehrenden Leistungen beider Vertragsparteien ausgleichen. Vgl. Hense, Burkhard/Geißler, Horst (2003), Rz. 47.

243 Vgl. Hense, Burkhard/Geißler, Horst (2003), Rz. 47.

244 Vgl. Stapperfend, Thomas (1991), S. 137.

245 Bormann vertritt eine restriktivere Auffassung. Die Zuordnung zum Umlaufvermögen sei nur erlaubt, wenn dem Auftraggeber der Quellcode des Programms überlassen wird. Vgl. Bormann, Michael (1991), S. 12.

246 A.A. Roland, Helmut (1980), S. 99f., der aus dem Aktivierungsverbot des § 248 II HGB ein Aktivierungsverbot für selbsterstellte immaterielle Vermögensgegenstände des *Umlaufvermögens* ableitet, da hier ebenfalls ein Objektivierungsproblem bestehe. Ebenso Spieler, Josef (1987), S. 260. Frizlen/Möhrle qualifizieren Software zur anonymen Vermarktung als Anlagegut, weshalb das Aktivierungsverbot des § 248 II HGB greife. Vgl. Frizlen, Ulrich/Möhrle, Martin (2001), S. 237.

247 Vgl. Bormann, Michael (1991), S. 14f.

Kostenrechnung häufig viele Kosten direkt zurechenbar sind, die bei einer Massenfertigung Gemeinkosten wären."[248]

3.1.4.2. Ausgaben für Forschung und Entwicklung

3.1.4.2.1. Interne Forschung und Entwicklung

Aufwendungen für die eigene Forschung können nicht als Vermögensgegenstand angesetzt werden. Die Aktivierung scheitert entweder daran, daß überhaupt kein Vermögensgegenstand nach den in Abschnitt 3.1.1 diskutierten Prinzipien entsteht,[249] oder am Aktivierungsverbot des § 248 II HGB. Ebensowenig ist es möglich, die Ausgaben in die Herstellungskosten von Erzeugnissen einzubeziehen. Diese fallen nach § 255 II Satz 1 HGB „für die Herstellung eines Vermögensgegenstandes, seine Erweiterung oder für eine über seinen ursprünglichen Zustand hinausgehende wesentliche Verbesserung" an. Forschungskosten beziehen sich aber nicht auf ein bestimmtes Gut, sie sind dem Produktionsvorgang vielmehr vorgelagert.[250]

Gleiches gilt für die Aufwendungen für die Entwicklung neuer Serienprodukte oder Herstellungsverfahren, da auch die Entwicklung der Produktion vorgelagert ist. Für Prototypen, die dauerhaft dem Geschäftsbetrieb dienen sollen (beispielsweise als Demonstrationsobjekte), beurteilen dies Teile des Schrifttums anders. Die Aktivierung des Prototypen zu Herstellungskosten wird als erlaubt gesehen. Der Prototyp wird demnach anderen Gegenständen des Anlagevermögens gleichgestellt.[251] Dabei werde aber übersehen, daß „bei Prototypen im Rahmen des betrieblichen Nutzungs- und Funktionszusammenhangs regelmäßig das Interesse an der immateriellen Substanz im Vordergrund steht und deshalb ein nicht aktivierungsfähiger selbsterstellter immaterieller Vermögensgegenstand des Anlagevermögens vorliegt."[252]

3.1.4.2.2. Auftragsgebundene Forschung und Entwicklung

Werden Forschungs- und Entwicklungsarbeiten im Auftrag Dritter durchgeführt, setzt der Auftragnehmer die unfertige Leistung als immateriellen Vermögensgegenstand des Umlaufvermögens zu Herstellungskosten an. Die Untergrenze der Herstellungskosten umfaßt die Projekteinzelkosten, namentlich Löhne und Gehälter, Materialeinzelkosten etc. Die Gemeinkosten des Forschungs- und Entwicklungsprojektes unterliegen einem Ansatzwahlrecht. Liegt der mit dem Auftraggeber verhandelte Erlös abzüglich noch anfallender Herstellungskosten unter den aktivierten Herstellungskosten, ist die unfer-

---

248 Bormann, Michael (1991), S. 15.

249 Dies ist Ausfluß des Vermögensermittlungsprinzips. „Aktiviert wird [...] grundsätzlich das, was für eine Ausgabe erlangt wurde, nicht die Ausgabe selbst." Ballwieser, Wolfgang (2002b), Rz. 120.

250 Vgl. Nonnenmacher, Rolf (2002), Sp. 842.

251 Vgl. Adler, Hans/Düring, Walther/Schmaltz, Kurt (1995), Kommentierung zu § 255 HGB, Rz. 152; Müller, Welf (1991), S. 386.

252 Nonnenmacher, Rolf (2002), Sp. 843; Nonnenmacher, Rolf (1993), S. 1233; Ellrott, Helmut/Schmidt-Wendt, Dietrich (2003b), Rz. 425.

tige Leistung abzuschreiben (§ 253 III Satz 2 HGB). Erwächst dem Auftragnehmer aus dem Projekt ein Verlust, der die aktivierten Herstellungskosten übersteigt, muß eine Rückstellung für drohende Verluste aus schwebenden Geschäften gebildet werden (§ 249 I i.V.m. § 253 I Satz 2 HGB).[253]

Münden die Forschungs- und Entwicklungstätigkeiten in einen Vermögensgegenstand,[254] darf der Auftraggeber diesen aktivieren, sofern das wirtschaftliche Eigentum an diesem Vermögensgegenstand in das Vermögen des Auftraggebers gelangt ist und dieser dafür eine Gegenleistung erbracht hat. Von einem solchen derivativen Erwerb ist auszugehen, wenn das Erfolgsrisiko des Projektes beim Auftragnehmer liegt. Trägt hingegen der Auftraggeber dieses Risiko, gilt er als Hersteller der Forschungs- und Entwicklungsleistung.[255]

3.1.4.3. Marken

Marken sind Kennzeichen, die einer Ware oder einer Dienstleistung zur Unterscheidung von Waren oder Dienstleistungen anderer Unternehmen beigegeben werden.[256] Bis zum Jahre 1992 war die Entstehung, der Bestand und der Übergang des Markenrechts an den Geschäftsbetrieb ihres Inhabers gebunden (strenge Akzessorietät der Marke).[257] Ohne Übergang des gesamten Geschäftsbetriebes bzw. des Betriebsteils, zu dem die Marke gehört, war die Übertragung des Warenzeichens nicht möglich.[258] Eine Lockerung des Akzessorietätsprinzips wurde durch das Gesetz über die Erstreckung von gewerblichen Schutzrechten erreicht, das die Bindung eines angemeldeten oder eingetragenen Warenzeichens an den Geschäftsbetrieb für den Rechtsübergang abschaffte. Die Umsetzung der Markenrechtsrichtlinie 1995 schließlich hob die Akzessorietät auf, da nun auch beim Erwerb eines Markenrechts ein Geschäftsbetrieb nicht mehr notwendig ist. Die Marke kann also einzeln veräußert werden. Neben der Übertragung einer Marke bieten sich weitere Formen ihrer wirtschaftlichen Nutzung wie z.B. die Markenlizenzierung oder die Sicherungsübereignung an. Erteilt der Inhaber eines Markenrechts eine Lizenz an seinem Markenrecht, ist der Lizenznehmer befugt, die Marke während der Vertragslaufzeit in einer Weise nutzen, die ansonsten dem

---

253 Vgl. Nonnenmacher, Rolf (2002), Sp. 844; Nonnenmacher, Rolf (1993), S. 1234.

254 Dies bestimmt sich allein nach den in Abschnitt 3.1.1 diskutierten Kriterien. Ob das Ergebnis der Forschungs- und Entwicklungsaktivitäten rechtlich geschützt ist, ist unerheblich. Vgl. Nonnenmacher, Rolf (2002), Sp. 845; Nonnenmacher, Rolf (1993), S. 1234.

255 Strittig ist, ob ein derivativer Erwerb auch vorliegt, wenn die Forschungs- und Entwicklungsleistung von einem verbundenen Unternehmen bezogen wird. Bejahend Adler, Hans/Düring, Walther/Schmaltz, Kurt (1995), Kommentierung zu § 248 HGB, Rz. 15 m.w.N.; ablehnend Moxter, Adolf (1989), S. 238; Löcke, Jürgen (1998), S. 419. Förschle verlangt, sorgfältig zu prüfen, ob eine zutreffende Wertkonkretisierung stattgefunden hat. Vgl. Förschle, Gerhart (2003), Rz. 9.

256 Vgl. § 3 Abs. 1 MarkenG sowie von der Gathen, Andreas (2001), S. 14.

257 Vgl. Havenstein, Moritz/Heiden, Matthias (2003), S. 1273.

258 Seit Inkrafttreten des Markengesetzes am 1.1.1995 wird der Begriff des Warenzeichens nicht mehr verwendet. Bis dahin bezeichnete der Terminus „Warenzeichen" Kennzeichen, die der Identifikation von Sachleistungen dienten, der der Marke wurde bei Dienstleistungen verwendet. Vgl. von der Gathen, Andreas (2001), S. 47.

Verbietungsrecht des Inhabers unterliegt. Das neue Markengesetz gestattet aufgrund der fehlenden Akzessorietät der Marke zudem die Sicherungsübereignung der Markenrechte z.B. als Kreditsicherheit. Die Vertragsgestaltung der Sicherungsübereignung räumt dem Sicherungsgeber in der Regel ein Nutzungsrecht in Gestalt einer Lizenz ein.[259]

Die nunmehr fehlende Akzessorietät der Marke ermöglicht deren derivativen Erwerb, welcher wiederum Aktivierungsvoraussetzung für die Marke als immateriellen Anlagewert darstellt.[260] Die einzeln erworbene Marke wird zu Anschaffungskosten angesetzt. Der entgeltliche Erwerb einer Marke schließt auch den Erwerb zusammen mit dem ganzen Betrieb – also im Rahmen einer Sachgesamtheit – ein. Diese Form des Erwerbs dürfte sogar die Regel darstellen. In diesem Fall ist die Aufteilung des Gesamtkaufpreises auf die einzelnen Vermögensgegenstände, die deren Wertverhältnisse zutreffend wiedergibt, erforderlich. Immaterielle Vermögensgegenstände, die sich hinreichend objektivieren lassen, sind folglich zu aktivieren.[261] Dies gilt umsomehr für eine Marke, da diese sich „im Vergleich zu anderen immateriellen Vermögensgegenständen relativ einfach nachweisen läßt."[262] Die Zugangsbewertung ist unproblematisch, wenn im Kaufvertrag bereits eine Aufteilung des Kaufpreises der Sachgesamtheit auf die einzelnen Vermögensgegenstände stattgefunden hat. Zu prüfen ist allerdings, ob die im Vertrag gewählte Festlegung wirtschaftlich vernünftig und nicht willkürlich erscheint.[263] Schließlich erstreckt sich der Interessengegensatz der beiden Vertragsparteien nur auf den Gesamtkaufpreis, die Aufteilung auf die einzelnen Vermögensgegenstände ist für die Vermögensinteressen des Veräußerers unerheblich.[264]

Wird eine solche Vereinbarung im Kaufvertrag nicht getroffen oder mutet die Aufteilung willkürlich an, ist der Zeitwert der Marke zu ermitteln. Zwar bietet sich zur Ermittlung von Zeitwerten für Vermögensgegenstände grundsätzlich die Orientierung an

---

259 Vgl. hierzu sowie zu weiteren Formen der wirtschaftlichen Nutzung von der Gathen, Andreas (2001), S. 125-127.

260 Greinert hält allerdings die Aktivierung der Ausgaben für die Schaffung einer Marke als Bilanzierungshilfe für Aufwendungen für die Ingangsetzung und Erweiterung des Geschäftsbetriebs für zulässig. Vgl. Greinert, Markus (2002), S. 66-72. Hierbei handelt es sich um eine Mindermeinung.

261 Vgl. Roland, Helmut (1980), S. 180; Ellrott, Helmut/Schmidt-Wendt, Dietrich (2003b), Rz. 512; Greinert, Markus (2002), S. 55f. Für den Konzernabschluß stellt der DSR klar: „Immaterielle Vermögenswerte die vom erworbenen Unternehmen wegen des Aktivierungsverbots nach § 248 II HGB nicht bilanziert wurden, sind aus Sicht des Erwerbers entgeltlich erworben und daher in den Konzernabschluss aufzunehmen" (DRS 4.18). Pfeiffer akzeptiert die Aktivierung eines im Rahmen einer Sachgesamtheit erworbenen immateriellen Vermögensgegenstandes nicht, da die Kausalität zwischen Erwerb und Entgelt nicht in hinreichendem Maße gegeben ist und eine Objektivierung deshalb nicht stattfinde. Vgl. Pfeiffer, Thomas (1984), S. 338.

262 Greinert, Markus (2002), S. 56.

263 Vgl. Ellrott, Helmut/Schmidt-Wendt, Dietrich (2003b), Rz. 80.

264 Vgl. Ellrott, Helmut/Schmidt-Wendt, Dietrich (2003b), Rz. 80. Roland geht davon aus, daß die Aufteilung des Kaufpreises auf die einzelnen Vermögensgegenstände die Vermögensinteressen des Erwerbers nicht mehr berührt. Vgl. Roland, Helmut (1980), S. 177. Dies ist im Hinblick auf wirtschaftliche Konsequenzen des gewählten Wertansatzes (z.B. künftig vorzunehmende Abschreibungen) nicht richtig.

Absatz- oder Beschaffungsmärkten an, für die Bewertung einer Marke muß jedoch in Ermangelung von Marktpreisen auf substanzorientierte Bewertungsmethoden zurückgegriffen werden.[265] Substanzorientierte Bewertungsmethoden fragen nach historischen Kosten oder nach den Aufwendungen, die erforderlich wären, um eine identische Marke nochmal zu schaffen. Zur Ermittlung eines solchen Reproduktionswertes sind sämtliche Kosten zu analysieren, die bislang in die Marke investiert wurden. Schwierigkeiten macht die Frage, welche Kostenarten in den Substanzwert einfließen und in welchem Umfang diese berücksichtigt werden sollen. Insbesondere sind die direkt zurechenbaren Kosten einer Marke so gering, daß sie allenfalls aussagekräftig sind, wenn die Marke noch sehr jung ist. Die gleiche Problematik stellt sich auch bei der Ermittlung der historischen Kosten.[266] Neben diesen Schwierigkeiten muß bei substanzorientierten Methoden auch kritisiert werden, daß die Betrachtung von Inputgrößen die Erfolgswirkung der Investitionen außer Acht läßt. Gleichwohl wird der Reproduktionswert als geeignet angesehen, den Zeitwert einer Marke für Bilanzierungszwecke zu bestimmen.[267]

In seinem Beschluß vom 4.9.1996 hat der BFH festgestellt, daß „entgeltlich erworbene Warenzeichen, die auf Dauer betrieblich genutzt werden, keinem Werteverzehr unterliegen."[268] Ob die Nutzungsdauer eines Warenzeichens begrenzt ist oder nicht, hänge davon ab, ob das Warenzeichen im Einzelfall dem Unternehmen für die voraussichtlich gesamte Dauer seines Bestehens erhalten bleibe. Die Nichtabnutzbarkeit einer entgeltlich erworbenen Marke resultiere aus der rechtlich-zeitlichen Schutzmöglichkeit der Marke, die das Markengesetz gewähre. Insofern seien planmäßige Abschreibungen auf Marken nicht zulässig. Zwar können Marken durchaus einer wirtschaftlich oder zeitlich bedingten Abnutzung unterliegen, es gebe aber weder eine Regel noch einen allgemeinen Erfahrungssatz, wonach sich der Markenwert innerhalb einer bestimmten Nutzungsdauer verbrauche. Bei dieser Überlegung kommt insbesondere die mögliche Verlängerung der Schutzfrist zum Tragen. Mit Blick auf die Behandlung von Güterfernverkehrskonzessionen sei deshalb von der Nichtabnutzbarkeit von Marken auszugehen.[269]

---

265 Vgl. zum Fehlen von Marktpreisen von der Gathen, Andreas (2001), S. 241-243.

266 Vgl. von der Gathen, Andreas (2001), S. 238-241; Kriegbaum, Catharina (2001), S. 90-92; Greinert, Markus (2002), S. 159-162.

267 Vgl. Greinert, Markus (2002), S. 162. Erfolgsorientierte Methoden diskontieren die aus einer Marke resultierenden Einzahlungsüberschüsse. Da sämtliche im Schrifttum diskutierten erfolgsorientierten Markenbewertungsmodelle gravierende Schwachpunkte aufweisen, sind die so ermittelten Markenwerte für den Ansatz im Jahresabschluß ungeeignet. Vgl. Greinert, Markus (2002), S. 168-182.

268 BFH- Beschluß vom 4.9.1996, S. 587. Obwohl der Begriff dės Warenzeichens im MarkenG nicht mehr vorgesehen ist, wird er von der Rechtsprechung, dem Gesetzgeber und auch von Teilen der Literatur noch verwendet. Im Rahmen dieser Arbeit wird hingegen nur der Begriff der Marke verwendet.

269 Die Gleichsetzung von Güterfernverkehrskonzessionen und Marken seitens der Rechtsprechung wird in der Literatur stark kritisiert. Vgl. Stein, Claus/Ortmann, Martina (1996), S. 790f.; ausführlich von der Gathen, Andreas (2001), S. 312-324.

Da der zitierten Entscheidung eine Streitigkeit aus dem Bereich der Vermögens- und nicht der Ertragsteuer zugrundeliegt,[270] ist die Übertragbarkeit auf ertragsteuerliche Fragestellungen und damit auf die Behandlung der Marke in der Bilanz fraglich. Das Bundesministerium der Finanzen hat die Marke als „dem Grunde nach [...] abnutzbares Wirtschaftsgut" charakterisiert.[271] Das Schrifttum sieht Abnutzungsursachen sowohl im Verhalten des markenführenden Unternehmens, das zu Veränderungen von Bekanntheitsgrad, Reputation und Image der Marke führt, als auch in Konkurrenzmaßnahmen.[272] Nach herrschender Meinung ist die Nutzungsdauer einer Marke also begrenzt und die Marke folglich abzuschreiben.[273] Das BMF hat in seinem Schreiben vom 27.2.1998 erklärt, die Nutzungsdauer einer Marke könne in Anlehnung an die Behandlung des Goodwill mit 15 Jahren angenommen werden, sofern seitens des Steuerpflichtigen keine kürzere Nutzungsdauer nachgewiesen werde.[274] Die Festlegung dieses Zeitraums ist willkürlich und wird deshalb in der Literatur stark kritisiert.[275] Mit Blick auf die Individualität der Marke und die Heterogenität der Märkte muß die Nutzungsdauer einzelfallabhängig bemessen werden.

3.2. Die Vorschriften des DRS 12 „Immaterielle Vermögenswerte des Anlagevermögens"

3.2.1. Ansatz

Der DSR hat am 8.7.2002 den DRS 12 „Immaterielle Vermögenswerte des Anlagevermögens" verabschiedet, der vom Bundesministerium der Justiz am 22.10.2002 bekannt gemacht wurde.[276] Der DSR ist bei der Entwicklung von Rechnungslegungsstandards an geltendes Recht gebunden.[277] Die Regelungen des DSR müssen deshalb im Einklang mit den korrespondierenden Normen des Handelsrechts stehen. Die Bindungswirkung der DRS wird im Schrifttum unterschiedlich beurteilt.[278] Nach herrschender Auffassung haben die DRS auslegende Wirkung. „Sie werden damit zu einem GoB-Kommentar mit hoher Bindungs- aber ohne Gesetzeskraft."[279]

---

270 Vgl. Stein, Claus/Ortmann, Martina (1997), S. 199.

271 BMF-Schreiben vom 27.2.1998, S. 252.

272 Vgl. von der Gathen, Andreas (2001), S. 324-335.

273 Vgl. Stein, Claus/Ortmann, Martina (1996), S. 790f.; von der Gathen, Andreas (2001), S. 340.

274 Vgl. BMF-Schreiben vom 27.2.1998, S. 252. Das BMF unterscheidet nicht zwischen benutzten und unbenutzten Marken. Die Nichtbenutzung einer Marke führt zum Verlust des Markenrechts. Die Benutzungsschonfrist beträgt maximal fünf Jahre ab dem Zeitpunkt der Anmeldung. Die Restlaufzeit einer unbenutzten Marke bemißt sich demnach als verbleibende Benutzungsschonfrist.

275 Vgl. Stein, Claus/Ortmann, Martina (1996), S. 791; von der Gathen, Andreas (2001), S. 343. Boorberg/Strüngmann/Wendelin fordern insbesondere eine deutlich kürzere Bemessung der Nutzungsdauer. Vgl. Boorberg, Wolfgang/Strüngmann, Thomas/Wendelin, Birgitta (1998), S. 1116.

276 Eine Übersicht über die Regelungen geben Langecker, Alexander/Mühlberger, Melanie (2003b).

277 Vgl. DRS 12 „Grundsätzliche Anmerkung".

278 Zu einer umfassenden und kritischen Darstellung der unterschiedlichen Interpretationen im Schrifttum vgl. Hoffmann, Jörg (2003), S. 57-62.

279 Hoffmann, Jörg (2003), S. 62.

Nach den Vorschriften des DSR ist ein immaterieller Vermögenswert[280] anzusetzen, wenn er entgeltlich erworben wurde und es wahrscheinlich ist, daß dem Unternehmen der künftige wirtschaftliche Nutzen aus dem Vermögenswert zufließt und der Vermögenswert zuverlässig[281] bewertbar ist (DRS 12.8).[282] Die Wahrscheinlichkeit eines zukünftigen Nutzens ist anhand von „vernünftigen und begründeten" Annahmen zu beurteilen (DRS 12.10), die zu dokumentieren sind und die ein sachverständiger Dritter nachvollziehen können muß. Bei der Beurteilung des künftigen Nutzens spielen unternehmensexterne Nachweise eine gewichtigere Rolle als interne (DRS 12.11).

3.2.2. Bewertung

Ein immaterieller Vermögenswert, der die obigen Ansatzkriterien erfüllt, ist im Zugangszeitpunkt zu seinen Anschaffungskosten zu bewerten (DRS 12.13). Ist seine Nutzung zeitlich begrenzt, sind über die geschätzte Nutzungsdauer planmäßige Abschreibungen vorzunehmen (DRS 12.14). Für die Schätzung der Nutzungsdauer ist der betriebsindividuelle Nutzungszeitraum maßgeblich, der kürzer als die allgemeine wirtschaftliche Nutzungsdauer sein und von der rechtlichen Nutzungsdauer abweichen kann. Als Einflußfaktoren der Nutzungsdauer gelten u.a. Produktlebenszyklen vergleichbarer und ähnlich genutzter Vermögenswerte oder technische, technologische oder andere Arten der Überalterung. Es wird widerlegbar angenommen, daß die Nutzungsdauer eines immateriellen Vermögenswertes zwanzig Jahre nicht überschreitet (DRS 12.18).[283] Die zugrundegelegte Abschreibungsmethode muß den Nutzungsverlauf des immateriellen Vermögenswertes widerspiegeln. Lassen sich hierüber keine zuverlässigen Annahmen treffen, ist linear abzuschreiben (DRS 12.19).[284]

Ist die Nutzungsdauer zeitlich nicht begrenzt, dürfen keine planmäßigen Abschreibungen verrechnet werden (DRS 12.20). Zum Ende jeder Berichtsperiode ist unabhängig davon, ob die Nutzungsdauer begrenzt ist oder nicht, zu überprüfen, ob der beizulegende Zeitwert unter dem Buchwert des immateriellen Vermögenswertes liegt. In diesem Fall ist eine außerplanmäßige Abschreibung vorzunehmen (DRS 12.22). Fallen die Gründe für die Wertminderung weg, so ist eine Zuschreibung bis zu den fortgeführten Anschaffungskosten vorzunehmen (DRS 12.23).[285]

---

280 Nachdem der DSR betont, er sei an geltendes Recht gebunden, verwundert die Bezeichnung ‚Vermögenswert' statt ‚Vermögensgegenstand'. Der Begriff des Vermögensgegenstandes betont das Greifbarkeitsprinzip stärker, was bei immateriellen Gütern freilich nur im übertragenen Sinn verstanden werden kann. Vgl. Euler, Roland (2001), S. 2632.

281 Der E-DRÄS 1 sieht vor, das Wort ‚zuverlässig' durch ‚verläßlich' zu ersetzen. Vgl. E-DRÄS 1 Artikel 17 Ziffer 7.

282 Zur Definition eines immateriellen Vermögenswertes im Sinne des DRS 12 vgl. Abschnitt 2.5.1.

283 Wird für einen immateriellen Vermögenswert eine Nutzungsdauer von mehr als zwanzig Jahren geschätzt, ist dies im Anhang zu begründen (DRS 12.29).

284 Ergeben sich bei der Nutzungsdauer oder der Abschreibungsmethode Änderungen, die in der aktuellen oder in folgenden Berichtsperioden Auswirkungen von wesentlicher Bedeutung haben, sind im Anhang Erläuterungen zu machen (DRS 12.28).

285 Der Standardentwurf E-DRS 14 hingegen differenzierte zwischen zeitlich begrenzter und unbestimmbarer Nutzungsdauer (E-DRS 14.20 und 14.23f.).

3.2.3. Offenlegung

DRS 12.24 verlangt einen Anlagespiegel, der nach einzelnen Gruppen immaterieller Vermögenswerte differenziert. Eine Gruppe umfaßt immaterielle Vermögenswerte, die nach Art und Verwendungszweck im Unternehmen gleich sind.[286] Dabei ist nach immateriellen Vermögenswerten mit unbegrenzter und solchen mit begrenzter Nutzungsdauer zu trennen. Außerdem sind die Aufwendungen für Forschung und Entwicklung zu nennen.

Der DSR gibt in DRS 12.32 die Empfehlung, im Lagebericht im Rahmen der Berichterstattung über die voraussichtliche Entwicklung des Konzerns auf die Aufwendungen für nicht aktivierte immaterielle Vermögenswerte einzugehen. Außerdem soll über das intellektuelle Kapital des Unternehmens berichtet werden. Worauf in diesem Zusammenhang im einzelnen einzugehen ist, wird nicht spezifiziert.

3.3. Die Vorschriften der IFRS

3.3.1. Anwendungsbereich

Die Bilanzierung immaterieller Vermögenswerte ist in IAS 38 geregelt, dessen Entwicklungsgeschichte 1978 mit IAS 9 „Research and Development Costs" begann.[287] Dieser wurde 1993 im Rahmen des *comparability project* überarbeitet. Nachdem er keine Bilanzierungsvorschriften für selbsterstellte und derivativ erworbene immaterielle Vermögenswerte enthielt, wurde 1989 mit der Entwicklung eines eigenen Standards für immaterielle Vermögenswerte begonnen. Nach zwei *exposure drafts*, E 50 und E 60, die beide den Titel „Intangible assets" trugen, konnte IAS 38 im Juli 1998 verabschiedet werden.[288] Bis zum Schluß war die Behandlung von Entwicklungskosten strittig.[289] IAS 38 löst IAS 9 und IAS 4 „Depreciation Accounting" ab.

Der sachliche Anwendungsbereich von IAS 38 beschränkt sich auf immaterielle Vermögenswerte.[290] Der Begriff des immateriellen Vermögenswertes wird in IAS 38.7 definiert.[291] Jedoch enthält der Standard auch Bestimmungen für den originären Geschäfts- oder Firmenwert und andere immaterielle Güter, die nicht der Definition eines immateriellen *Vermögenswertes* genügen. Die Regelungen des IAS 38 sind von allen Unternehmen unabhängig von deren Branche oder Größe zu beachten, sofern diese immaterielle Güter besitzen.[292]

---

286 Für Konzernabschlüsse nicht kapitalmarktorientierter Unternehmen kann die Gruppenbildung entfallen (DRS 12.27).

287 Die folgenden Ausführungen geben die Regelungen des IAS 38 (1998) wieder. Die Vorschriften des IAS 38 *revised* vom 31.03.2004 werden in Abschnitt 3.3.6 behandelt.

288 Vgl. Pellens, Bernhard (2001), S. 454; Epstein, Barry J./Mirza, Abbas Ali (2002), S. 337.

289 Vgl. Wagenhofer, Alfred (2003), S. 202.

290 Bestimmte immaterielle Vermögenswerte fallen nicht unter die Vorschriften des IAS 38 (IAS 38.1).

291 Vgl. Abschnitt 3.3.2.

292 Vgl. Baetge, Jörg/von Keitz, Isabel (2002), Rz. 3.

3.3.2. Ansatz

Nach dem Rahmenkonzept der IFRS handelt es sich bei einem Vermögenswert (*asset*) um eine Ressource, die aufgrund von Ereignissen der Vergangenheit in der Verfügungsmacht des Unternehmens steht und aus der dem Unternehmen wahrscheinlich künftiger wirtschaftlicher Nutzen zufließen wird (IFRS F.53-59). Ein solcher Vermögenswert muß nicht materieller Natur sein (IFRS F.56). Bei einem Objekt handelt es sich um einen immateriellen Vermögenswert, sofern es identifizierbar, nicht-monetär und ohne physische Substanz ist und für die Herstellung von Erzeugnissen oder die Erbringung von Dienstleistungen, die Vermietung an Dritte oder Zwecke der eigenen Verwaltung genutzt wird. Zudem muß die *asset*-Definition erfüllt sein (IAS 38.7).

Das Kriterium der Identifizierbarkeit soll gewährleisten, daß ein immaterieller Vermögenswert eindeutig vom Goodwill zu unterscheiden ist. Es gilt als erfüllt, wenn ein Gut separierbar ist.[293] Unter Separierbarkeit wird verstanden, daß das Unternehmen den künftigen wirtschaftlichen Nutzen aus dem Vermögenswert vermieten, verkaufen oder auf sonstige Weise in einen Zahlungsstrom transformieren kann. Separierbarkeit stellt keine notwendige Voraussetzung für die Identifizierbarkeit dar, das Unternehmen kann letztere auch auf anderem Wege nachweisen.[294] Beispielsweise gilt ein Vermögenswert, der nur in Verbindung mit anderen Vermögenswerten einen künftigen wirtschaftlichen Nutzen erzeugen kann, als identifizierbar, wenn das Unternehmen den künftigen wirtschaftlichen Nutzen aus diesem Vermögenswert bestimmen kann (IAS 38.12). Die selbständige Verwertbarkeit ist somit nicht zwingend erforderlich.[295] Daß immaterielle Vermögenswerte nicht-monetär sein müssen, soll die Abgrenzung zum finanziellen Vermögen gewährleisten, immaterielle Vermögenswerte dienen dem Unternehmen im operativen und nicht im finanziellen Bereich.[296]

Die fehlende physische Substanz ist zweifelsfrei das typische Merkmal immaterieller Vermögenswerte. Wie im deutschen Handelsrecht ergeben sich Schwierigkeiten nur dann, wenn ein Objekt sowohl körperliche als auch unkörperliche Wertkomponenten vereint. Die Zuordnung des Gutes zu den immateriellen oder materiellen Vermögenswerten erfolgt in Abhängigkeit davon, welcher der wertmäßig wesentlichere der beiden Bestandteile ist. Welche Kriterien für diese Einschätzung heranzuziehen sind, läßt IAS 38 unspezifiziert, es wird lediglich der Fall von Computer Software erörtert (IAS 38.3f.).

Die Definition eines immateriellen Vermögenswertes in IAS 38 fordert weiterhin die Verwendung des Gutes innerhalb der Produktion, zur Bereitstellung von Waren und Dienstleistungen, zur Vermietung an Dritte oder für verwaltungstechnische Zwecke. Durch diese langfristige Verwendungsabsicht wird der Anwendungsbereich des IAS

---

293 Vgl. Wagenhofer, Alfred (2003), S. 204.

294 Dies ist in anderen Regelungskreisen abweichend geregelt. UK GAAP beispielsweise verlangen ausdrücklich die Separierbarkeit des Gutes. Vgl. Epstein, Barry J./Mirza, Abbas Ali (2002), S. 340.

295 Vgl. Baetge, Jörg/von Keitz, Isabel (2002), Rz. 14.

296 Vgl. Baetge, Jörg/von Keitz, Isabel (2002), Rz. 15.

38 auf immaterielle Vermögenswerte des Anlagevermögens begrenzt.[297] Maßgeblich für die Zuordnung ist nicht der tatsächliche Verwendungszeitraum, sondern die Verwendungsabsicht.[298]

Das Kriterium der Verfügungsmacht über den immateriellen Vermögenswert, das Bestandteil der *asset*-Definition ist, verlangt, daß das Unternehmen sich den zu erwartenden künftigen wirtschaftlichen Nutzen verschaffen und zugleich Dritte von der Partizipation an diesem Nutzen ausschließen kann. Dies ist in der Regel dann der Fall, wenn das Unternehmen rechtlich durchsetzbare Ansprüche an dem Vermögenswert besitzt, wobei ein Rechtsanspruch keine notwendige Bedingung für das Kriterium der Verfügungsmacht ist, wenn der künftige wirtschaftliche Nutzen auf andere Weise kontrolliert werden kann (IAS 38.13). Mit dem Argument fehlender Verfügungsmacht wird die Aktivierung von Mitarbeiter-Know-How oder von Kundenbeziehungen abgelehnt, da der aus diesen Faktoren erwachsende künftige Nutzen seitens des Unternehmens nicht kontrolliert werden kann (IAS 38.15f.).[299]

Der künftige wirtschaftliche Nutzen aus einem Vermögenswert stellt dessen Potential dar, direkt oder indirekt zum Zufluß von Zahlungsmitteln oder Zahlungsmitteläquivalenten beizutragen. Der Nutzen kann auch darin bestehen, Mittelabfluß zu verhindern (IAS F.53). Ein immaterieller Vermögenswert kann Erlöse durch den Verkauf von Produkten oder die Erbringung von Dienstleistungen generieren. Die Nutzenstiftung kann auch in Kosteneinsparungen oder in anderen Vorteilen aus der Eigenverwendung des Vermögenswertes durch das Unternehmen bestehen (IAS 38.17).[300]

Ein Vermögenswert, der die genannten Kriterien erfüllt, ist nach IAS 38.19 anzusetzen, wenn es wahrscheinlich ist, daß dem Unternehmen der künftige wirtschaftliche Nutzen aus dem Vermögenswert zufließen wird und die Anschaffungs- oder Herstellungskosten des Vermögenswertes zuverlässig bemessen werden können. Die Wahrscheinlichkeit des künftigen Nutzenzuflusses ist anhand von vernünftigen und begründeten Annahmen zu beurteilen, welche auf der bestmöglichen Einschätzung des Managements über die wirtschaftlichen Rahmenbedingungen während der Nutzungsdauer des Vermögenswertes beruhen (IAS 38.20). Bei der Beurteilung der Sicherheit des künftigen Nutzenzuflusses ist externen Hinweisen stärkeres Gewicht beizumessen als internen (IAS 38.21). Daran wird deutlich, daß das IASB die Bilanzierung von immateriellen Vermögenswerten problematischer einschätzt als die materieller Vermögenswerte.[301]

---

297 Vgl. Baetge, Jörg/von Keitz, Isabel (2002), Rz. 17.

298 Vgl. Achleitner, Ann-Kristin/Behr, Giorgio (2000), S. 125.

299 Vgl. Epstein, Barry J./Mirza, Abbas Ali (2002), S. 340; Baetge, Jörg/von Keitz, Isabel (2002), Rz. 18.

300 Vgl. Epstein, Barry J./Mirza, Abbas Ali (2002), S. 341; Wagenhofer, Alfred (2003), S. 204.

301 Vgl. Baetge, Jörg/von Keitz, Isabel (2002), Rz. 40.

Erwirbt das bilanzierende Unternehmen einen immateriellen Vermögenswert käuflich, so ist das Kriterium der zuverlässigen Meßbarkeit der Kosten zweifelsfrei erfüllt.[302] Wird der Vermögenswert im Zuge eines Tauschgeschäftes erworben, werden die Anschaffungskosten des Vermögenswertes zum beizulegenden Zeitwert des erhaltenen Vermögenswertes bewertet. Dieser entspricht dem beizulegenden Zeitwert des hingegebenen Vermögenswertes berichtigt um den Betrag aller übertragenen Zahlungsmittel oder Zahlungsmitteläquivalente.[303] Kann dieser Wertansatz ermittelt werden, gelten die Kosten als zuverlässig meßbar. Erfüllt ein immaterieller Vermögenswert die genannten Ansatzkriterien nicht, sind sämtliche Ausgaben, die für diesen immateriellen Posten in der Berichtsperiode angefallen sind, als Aufwand zu verbuchen.

Bei selbsterstellten immateriellen Vermögenswerten sind die genannten Ansatzkriterien zum Teil nur schwer einzuschätzen. Daher ist der Erstellungsprozeß eines immateriellen Gutes in eine Forschungs- und eine Entwicklungsphase zu unterteilen.[304] Kann diese Unterscheidung nicht getroffen werden, sind die mit diesem immateriellen Posten verbundenen Ausgaben so zu behandeln, als wären sie vollumfänglich in der Forschungsphase entstanden (IAS 38.40). Forschungskosten dürfen nicht aktiviert werden, sie sind in der Berichtsperiode, in der sie anfallen, als Aufwand zu verbuchen (IAS 38.42). Ein immaterieller Vermögenswert, der der Entwicklungsphase zuzuordnen ist, muß aktiviert werden, wenn folgende Voraussetzungen kumulativ erfüllt sind.[305] Das Unternehmen muß nachweisen,

- daß es technisch in der Lage ist, den Vermögenswert fertigzustellen, so daß dieser intern genutzt oder veräußert werden kann,
- daß es die Absicht sowohl zur Fertigstellung des immateriellen Vermögenswertes als auch zu dessen interner Nutzung oder Weiterveräußerung besitzt,
- daß es die Fähigkeit besitzt, den immateriellen Vermögenswert zu nutzen oder zu veräußern,
- daß ein Markt für den immateriellen Vermögenswert existiert, so daß daraus tatsächlich ein künftiger wirtschaftlicher Nutzen erzielt werden kann,
- daß sämtliche Ressourcen verfügbar sind, die zum Abschluß der Entwicklung erforderlich sind, sowie

---

302 Dies gilt insbesondere dann, wenn der Kaufpreis in Form von monetären Ressourcen entrichtet wurde (IAS 38.23).

303 Die Berichtigung um Zahlungsmittel oder Zahlungsmitteläquivalente ist erforderlich, wenn der immaterielle Vermögenswert im teilweisen Tausch gegen einen anderen Vermögenswert erworben wurde.

304 Die Begriffe Forschung und Entwicklung beziehen sich also auf den Erstellungsprozeß jedes selbstgeschaffenen immateriellen Vermögenswertes und nicht lediglich auf technologische Innovationsprozesse. Vgl. Fülbier, Rolf Uwe/Honold, Dirk/Klar, Alexander (2000), S. 837.

305 Das IASB nennt beispielhafte Aktivitäten der Forschungs- sowie der Entwicklungsphase (IAS 38.44 bzw. 38.47). Ein Vergleich mit IAS 9 zeigt, daß der Definitionsbereich der Forschungsaktivitäten zu Lasten der Entwicklungstätigkeiten erweitert wurde, obgleich die Ansatzvorschriften für Forschungs- und Entwicklungskosten in IAS 38 im Vergleich zu IAS 9 nicht verändert werden sollten. Vgl. Baetge, Jörg/von Keitz, Isabel (2002), Rz. 49.

- daß die dem immateriellen Vermögenswert zurechenbaren Ausgaben zuverlässig bewertet werden können (IAS 38.45).[306]

Selbst geschaffene Markennamen, Drucktitel, Verlagsrechte, Kundenlisten o.ä. dürfen *nicht* als immaterieller Vermögenswert angesetzt werden. Begründet wird dies damit, daß die Kosten für derartige immaterielle Posten nicht von den Kosten für die Entwicklung des Unternehmens als Ganzes unterschieden werden können (IAS 38.51f.). Ebenfalls als Aufwand der Periode werden Gründungs- und Anlaufkosten, Ausgaben für Aus- und Weiterbildungsaktivitäten, für Werbe- und sonstige Maßnahmen zur Verkaufsförderung sowie Ausgaben für die Verlegung und Reorganisation des Unternehmens oder Teilen davon behandelt (IAS 38.57). Ein explizites Ansatzverbot hat das IASB auch für den selbstgeschaffenen Geschäfts- oder Firmenwert erlassen (IAS 38.36). Dieses hat lediglich klarstellenden Charakter, da ein originär erworbener Geschäfts- oder Firmenwert das Kriterium der Identifizierbarkeit nicht erfüllt und somit keinen immateriellen Vermögenswert im Sinne des IAS 38.7 darstellt.[307]

Stellt das bilanzierende Unternehmen ein immaterielles Gut selbst her, ist es denkbar, daß die Ausgaben für den Produktionsvorgang zunächst als Aufwand der Periode zu erfassen sind, da die Ansatzkriterien für einen immateriellen Vermögenswert nicht erfüllt sind. Ergibt sich zu einem späteren Zeitpunkt ein anderes Bild – beispielsweise, weil das Unternehmen die Kontrolle über den Nutzenzufluß erwirbt –, dürfen die bereits aufwandswirksam verbuchten Ausgaben nicht nachaktiviert werden (IAS 38.59). Der Ansatz erfolgt dann mit den Ausgaben, die nach dem Zeitpunkt anfallen, an dem die Ansatzkriterien erstmalig kumulativ erfüllt sind.[308]

3.3.3. Bewertung

Die Bewertbarkeit eines immateriellen Vermögenswertes ist bereits für die Frage der Aktivierungsfähigkeit wesentlich, da die zuverlässige Ermittlung der Anschaffungs- oder Herstellungskosten Aktivierungskriterium ist.[309] Ein immaterieller Vermögenswert ist bei Zugang mit seinen Anschaffungs- bzw. Herstellungskosten zu bewerten (IAS 38.22). Allgemein handelt es sich bei den Anschaffungs- und Herstellungskosten um den entrichteten Betrag an Zahlungsmitteln oder Zahlungsmitteläquivalenten oder

306 Diese Vorgehensweise ist eng an den Vorschlag von Gellein/Newman aus dem Jahr 1973 angelehnt. Gellein/Newman wurden angesichts der lauter werdenden Kritik an den uneinheitlichen Gepflogenheiten, Forschungs- und Entwicklungsaufwendungen zu bilanzieren, vom AICPA mit einer Studie beauftragt. Ziel der Untersuchung war neben der Definition und Abgrenzung von Forschung und Entwicklung auch, konkrete Vorschläge zur Bilanzierung zu erarbeiten. In ihrer Studie kommen Gellein/Newman zu dem Schluß, Forschungskosten sollten stets als Aufwand der Periode verbucht werden, Entwicklungskosten unter bestimmten Voraussetzungen hingegen aktiviert werden. Vgl. Gellein, Oscar S./Newman, Maurice S. (1973), S. 66-75.

307 Vgl. Baetge, Jörg/von Keitz, Isabel (2002), Rz. 61; noch zu E 50 Hayn, Sven (1996), S. 360.

308 Vgl. Baetge, Jörg/von Keitz, Isabel (2002), Rz. 64 sowie Abschnitt 3.3.3 zur Zugangsbewertung. Auch innerhalb des Geschäftsjahrs ist auf den Zeitpunkt der Erfüllung der Kriterien zu achten. Vgl. Wagenhofer, Alfred (2003), S. 209.

309 Vgl. Wagenhofer, Alfred (2003), S. 213.

um den beizulegenden Wert einer anderen Entgeltform zum Zeitpunkt des Erwerbs oder der Herstellung.

Konkret umfassen die Anschaffungskosten neben dem Kaufpreis auch Einfuhrzölle und einbehaltene Verbrauchsteuern, sowie direkt zurechenbare Kosten für die Vorbereitung des Vermögenswertes auf seine beabsichtigte Nutzung (Anschaffungsnebenkosten). Skonti und Rabatte sind abzuziehen (IAS 38.24). Ein immaterieller Vermögenswert ist mit dem Gegenwert des Barpreises anzusetzen, wenn die Zahlung über das übliche Zahlungsziel hinaus aufgeschoben wird.[310] Die Differenz zwischen Barwert und dem nominal zu leistenden Gesamtbetrag stellt Zinsaufwand der Periode dar (IAS 38.25).[311]

Die Herstellungskosten eines selbstgeschaffenen immateriellen Vermögenswertes entsprechen der Summe der Kosten, die ab dem Zeitpunkt anfallen, ab dem der Vermögenswert als in der Entwicklungsphase befindlich zu klassifizieren ist. Die zu erfassenden Kostenkomponenten sind:

- Ausgaben für Materialien und Dienstleistungen, die für die Erstellung des Vermögenswertes genutzt oder verbraucht werden;
- Löhne und Gehälter der mit der Herstellung des Vermögenswertes beschäftigten Mitarbeiter;
- direkt zurechenbare Ausgaben und
- notwendige Gemeinkosten, die dem Vermögenswert auf vernünftiger und nachvollziehbarer Basis zuzuordnen sind (IAS 38.54).

Nicht in die Berechnung der Herstellungskosten einbezogen werden dürfen Vertriebs- und Verwaltungsgemeinkosten, sofern diese nicht direkt der Nutzung des immateriellen Vermögenswertes zugerechnet werden können, sowie Verluste aus der Anfangsphase der Erstellung des immateriellen Vermögenswertes und Ausgaben für die Schulung von Mitarbeitern (IAS 38.55). Nicht erlaubt ist die nachträgliche Aktivierung von in Vorperioden bereits verbuchten Aufwendungen als Anschaffungs- und Herstellungskosten (IAS 38.59).

Wird der immaterielle Vermögenswert im Zuge eines Tauschgeschäftes erworben, ist hinsichtlich der Zugangsbewertung zu differenzieren, ob der Tausch durch Hingabe

- eines nicht ähnlichen immateriellen Vermögenswertes oder eines anderen nicht-monetären, materiellen Vermögenswertes oder
- eines ähnlichen Vermögenswertes mit ähnlicher Nutzung in demselben Geschäftszweig und einem ähnlichen beizulegenden Wert

[310] Das IASB konkretisiert nicht, was unter dem üblichen Zahlungsziel zu verstehen ist. Baetge/von Keitz schlagen die vereinbarte oder branchenübliche Skontofrist vor. Vgl. Baetge, Jörg/von Keitz, Isabel (2002), Rz. 70. Unter dem Aspekt der Praktikabilität erscheint mir dieser Zeitraum zu kurz.

[311] Das *allowed alternative treatment* sieht die Aktivierung der Fremdkapitalkosten gem. IAS 23 vor.

vollzogen wurde. Im ersten Fall erfolgt die Zugangsbewertung mit dem beizulegenden Zeitwert des erhaltenen Vermögenswertes. Dieser entspricht dem beizulegenden Zeitwert des hingegebenen Vermögenswertes, gegebenenfalls berichtigt um den Betrag aller Zahlungsmittel bzw. Zahlungsmitteläquivalente (IAS 38.34). Wird gegen einen ähnlichen Vermögenswert getauscht, ist der erhaltene immaterielle Vermögenswert mit dem Buchwert des hingegebenen Vermögenswertes anzusetzen (IAS 38.35).

Die nachträgliche Aktivierung von Anschaffungs- bzw. Herstellungskosten ist an folgende zwei Bedingungen geknüpft, die kumulativ erfüllt sein müssen:

(1) Es ist wahrscheinlich, daß das ursprünglich bewertete Nutzenpotential durch die zusätzlichen Anschaffungs- bzw. Herstellungskosten eine Aufwertung erfährt.
(2) Die Ausgaben können einem bestimmten immateriellen Vermögenswert zweifelsfrei zugeordnet werden und sind zudem meßbar.

Sind *beide* Bedingungen erfüllt, ergibt sich die Pflicht zur Aktivierung der nachträglichen Anschaffungs- und Herstellungskosten, anderenfalls besteht ein Aktivierungsverbot (IAS 38.60).[312] Instandhaltungsaufwendungen dürfen indes nicht angesetzt werden (IAS 38.61).

Für die Folgebewertung sieht das *benchmark treatment* den Ansatz zu Anschaffungs- oder Herstellungskosten abzüglich kumulierter Abschreibungen bzw. Wertminderungsaufwendungen vor (fortgeführte Anschaffungs- bzw. Herstellungskosten). Zur Ermittlung der Abschreibungsbeträge sind die Anschaffungs- bzw. Herstellungskosten abzüglich eines etwaigen Restwertes[313] (Abschreibungsvolumen) planmäßig auf die bestmöglich geschätzte Nutzungsdauer zu verteilen. Es besteht eine widerlegbare Vermutung, wonach die Nutzungsdauer eines immateriellen Vermögenswertes maximal 20 Jahre beträgt.[314] Es ist jährlich zu überprüfen, ob die Annahmen, unter denen die Abschreibungsmethode und -dauer gewählt wurden, noch haltbar sind. Änderungen können sich beispielsweise dadurch ergeben, daß der Vermögenswert durch nachträgliche Ausgaben in einen verbesserten Zustand versetzt wurde und sich demzufolge seine Nutzungsdauer verlängert hat (IAS 38.94). Ist die Verfügungsmacht des Unternehmens über den immateriellen Vermögenswert durch zeitlich begrenzte juristische Ansprüche gesichert, so darf die Nutzungsdauer diesen Zeitraum nur überschreiten,

---

[312] Zur Illustration dieser Regelung an einem Beispiel vgl. Epstein, Barry J./Mirza, Abbas Ali (2002), S. 347f.

[313] Der Restwert eines immateriellen Vermögenswertes ist grundsätzlich mit null anzusetzen. Eine Ausnahme besteht, wenn sich ein Dritter verpflichtet hat, den Vermögenswert am Ende der Nutzungsdauer zu erwerben oder ein aktiver Markt für den Vermögenswert existiert, der Rückschlüsse auf den Restwert ermöglicht und es darüber hinaus wahrscheinlich ist, daß dieser Markt auch am Ende der Nutzungsdauer noch bestehen wird (IAS 38.91). Vgl. Wagenhofer, Alfred (2003), S. 216.

[314] In E 50 war die Abschreibungsdauer grundsätzlich auf 20 Jahre begrenzt, was im Schrifttum häufig kritisiert wurde. Bemängelt wurde, daß immaterielle Vermögenswerte zum Teil über eine deutlich längere Nutzungsdauer als 20 Jahre verfügen bzw. sich gar nicht verbrauchen und die geplante Regelung somit nicht die wirtschaftliche Realität widerspiegele. Vgl. Baetge, Jörg/von Keitz, Isabel (2002), Rz. 108.

wenn die Rechtsansprüche erneuerbar sind und die Erneuerung der Ansprüche so gut wie sicher ist (IAS 38.85).

Die gewählte Abschreibungsmethode muß den Nutzenverlauf bzw. -verbrauch des immateriellen Vermögenswertes bestmöglich wiedergeben. IAS 38.89 bietet grundsätzlich die Möglichkeit, linear, degressiv oder leistungsabhängig abzuschreiben. Kann der Nutzenverlauf nicht zuverlässig ermittelt werden, ist die lineare Abschreibungsmethode anzuwenden (IAS 38.88). Die Abschreibungsmethode ist zu ändern, wenn im Rahmen der obligatorischen jährlichen Überprüfung eine Änderung des Nutzenverlaufs erkennbar geworden ist (IAS 38.94).

Das *allowed alternative treatment* sieht statt einer planmäßigen Abschreibung die kontinuierliche Neubewertung des immateriellen Vermögenswertes vor. Die Methode der kontinuierlichen Neubewertung darf nur angewendet werden, wenn für den immateriellen Vermögenswert ein aktiver Referenzmarkt existiert.[315] Da dies nur selten der Fall sein wird,[316] wird dem *allowed alternative treatment* nur geringe Bedeutung beigemessen.[317] Unter dem Neubewertungsbetrag (*revalued amount*) wird der beizulegende Zeitwert (*fair value*) zum Zeitpunkt der Neubewertung verstanden. Dieser ist der Betrag, zu dem ein Vermögenswert zwischen sachkundigen, vetragswilligen und unabhängigen Parteien getauscht werden könnte (IAS 38.7).[318] Bei immateriellen Vermögenswerten wird es sich in der Regel um den veröffentlichten Börsenpreis handeln, sofern ein solcher existiert.[319] Barwertschätzungen sind beim Erwerb im Zuge eines Unternehmenskaufs möglich (IAS 38.30).

Neubewertungen sind in regelmäßigen Abständen durchzuführen, so daß der Buchwert des Vermögenswertes nicht wesentlich vom beizulegenden Zeitwert am Bilanzstichtag abweicht. Maßgeblich für die Häufigkeit von Neubewertungen ist die Volatilität des Zeitwertes. Bei entsprechend hohen Wertschwankungen kann eine jährliche Neubewertung erforderlich sein, bei nur unbedeutenden Wertschwankungen ist diese nicht nötig (IAS 38.68). Wird die Neubewertung eines immateriellen Vermögenswertes er-

---

315 Auf einem aktiven Referenzmarkt werden homogene Güter gehandelt, für die permanent Angebot und Nachfrage besteht und Preise öffentlich verfügbar sind (IAS 38.7). Das Erfordernis eines aktiven Referenzmarktes für die Neubewertung stellt eine Besonderheit immaterieller Vermögenswerte im Vergleich zum Sachanlagevermögen dar. Vgl. Hoffmann, Wolf-Dieter/Lüdenbach, Norbert (2003), S. 565.

316 Vgl. Labhardt, Peter A./Volkart, Rudolf (2001), S. 1159.

317 Vgl. Rivat, Laurence (1998), S. 122. Auch das IASB geht davon aus, daß ein aktiver Markt für einen immateriellen Vermögenswert nur in Ausnahmenfällen existiert. Denkbar ist beispielsweise ein aktiver Referenzmarkt für frei übertragbare Taxi- oder Fischereilizenzen. Für Markennamen, Drucktitel bei Zeitungen u.a. gibt es keinen aktiven Markt, da die gehandelten Objekte einzigartig sind und die Preise der Öffentlichkeit zumeist nicht bekannt sind (IAS 38.67).

318 Neben dem Kaufpreis als Markteintrittspreis auf dem Beschaffungsmarkt (*entry price*) und dem Marktaustrittspreis (*exit price*) wird im Schrifttum auch der Nutzungswert (*value in use*) als Ausprägung des *fair value* diskutiert. Vgl. Jäger, Rainer/Himmel, Holger (2003), S. 424f. Die Standardsetter (auch das FASB) favorisieren aber offensichtlich die Ausprägung als *exit price*. Vgl. Baetge, Jörg/Zülch, Henning (2001), S. 545.

319 Vgl. Baetge, Jörg/von Keitz, Isabel (2002), Rz. 96.

forderlich, so sind die anderen immateriellen Vermögenswerte derselben Gruppe[320] ebenfalls neu zu bewerten.[321]

Wird im Rahmen der Neubewertung eine Werterhöhung festgestellt, ist der entsprechende Betrag im Eigenkapital erfolgsneutral in die sogenannte Neubewertungsrücklage einzustellen; es sei denn in früheren Perioden wurde für den immateriellen Vermögenswert bereits eine Wertminderung erfolgswirksam als Aufwand verbucht. In diesem Fall ist die Werterhöhung ebenfalls erfolgswirksam abzubilden. Eine Wertminderung ist als Aufwand zu erfassen. Wurden in den Vorperioden Beträge aus Werterhöhungen dieses immateriellen Vermögenswertes in die Neubewertungsrücklage eingestellt, so sind Wertminderungen nur in dem Umfang aufwandswirksam zu verbuchen, in dem sie den Betrag der Neubewertungsrücklage, der auf diesen Vermögenswert entfällt, übersteigen (IAS 38.77).[322]

Zusätzlich ergibt sich im Rahmen der Folgebewertung die Pflicht zum Niederstwerttest nach IAS 36 „Impairment of Assets" (IAS 38.97).[323] Gemäß IAS 36.8 ist an jedem Bilanzstichtag zu prüfen, ob Anzeichen dafür vorliegen, daß ein *asset* in seinem Wert gemindert ist und somit eine außerplanmäßige Abschreibung erforderlich ist. Um solcher Anzeichen gewahr zu werden, können unternehmensexterne oder -interne Informationsquellen herangezogen werden. Indizien für eine Wertminderung können beispielsweise ein wesentlicher Rückgang des Marktwertes des *asset*, nachteilige Veränderungen der technologischen, marktbezogenen, wirtschaftlichen oder rechtlichen Umwelt oder nachteilige Veränderungen der Einsatzmöglichkeiten des *asset* sein (IAS 36.9).[324] Zusätzlich zu diesen Anzeichen verlangen IAS 38.99 bzw. 38.106 speziell für immaterielle Vermögenswerte einen formellen Niederstwerttest, wenn

- der immaterielle Vermögenswert noch nicht einsatzbereit ist,
- der immaterielle Vermögenswert über eine Nutzungsdauer von mehr als zwanzig Jahren abgeschrieben wird oder wenn
- der immaterielle Vermögenswert nicht mehr aktiv im Unternehmen genutzt wird.

Im Rahmen des *impairment test* ist der Buchwert des immateriellen Vermögenswertes mit dem erzielbaren Betrag (*recoverable amount*) zu vergleichen. Der erzielbare Betrag ist der höhere Wert des aus dem Verkauf des Bewertungsobjektes erzielbaren Er-

---

320 Eine Gruppe immaterieller Vermögenswerte ist eine Zusammenfassung von Vermögenswerten, die hinsichtlich ihrer Art und ihrem Verwendungszweck innerhalb des Unternehmens ähnlich sind (IAS 38.71). Vgl. Baetge, Jörg/von Keitz, Isabel (2002), Rz. 132.

321 Eine Ausnahme gilt, wenn kein aktiver Markt für die anderen immateriellen Vermögenswerte der Gruppe existiert (IAS 38.70). Dann ist ein solcher immaterieller Vermögenswert mit seinen Anschaffungs- bzw. Herstellungskosten abzüglich kumulierter Abschreibungen und Wertminderungen anzusetzen (IAS 38.72).

322 Vgl. Baetge, Jörg/von Keitz, Isabel (2002), Rz. 102-104.

323 Vgl. zu einer ausführlichen Darstellung der Regelungen des IAS 36 und dessen kritischer Analyse Beyhs, Oliver (2002).

324 Vgl. Beyhs, Oliver (2002), S. 80-87; Kümpel, Thomas (2002), S. 983.

löses (*net selling price*)[325] und dem *value in use*, dem Barwert der Cash Flows aus der künftigen Nutzung als subjektiviertem Nutzungswert für das Unternehmen (IAS 36.5).[326] Der erzielbare Betrag ist grundsätzlich für einzelne Vermögenswerte zu ermitteln. Ist ein Vermögenswert nicht in der Lage, isoliert Einzahlungsüberschüsse zu generieren, ist der erzielbare Betrag für eine zahlungsmittelgenerierende Einheit von Vermögenswerten (*cash generating unit*),[327] der der Vermögenswert angehört, zu bestimmen (IAS 36.65).

Ist der erzielbare Betrag aus einem Vermögenswert unter dessen Buchwert gesunken, liegt ein Abschreibungsverlust (*impairment loss*) vor. Der Buchwert des Bewertungsobjektes ist außerplanmäßig auf den erzielbaren Betrag abzuschreiben. An jedem Bilanzstichtag ist zu überprüfen, ob die Gründe, die zu der außerplanmäßigen Abschreibung geführt haben, noch gegeben sind (IAS 36.95). Ist dies nicht der Fall und übersteigt folglich der erzielbare Betrag den Buchwert des Vermögenswertes, muß die entsprechende Differenz erfolgswirksam zugeschrieben werden (*reversal of impairment loss*; IAS 36.99). Die fortgeführten Anschaffungs- oder Herstellungskosten bilden die Obergrenze der Wertaufholung (IAS 36.102).

3.3.4. Offenlegung

Auch nach IFRS ist ein Anlagespiegel zu erstellen (IAS 38.107). Sämtliche Angaben sind jeweils für eine Gruppe immaterieller Vermögenswerte zu machen. Dabei ist nach selbst geschaffenen und nach sonstigen immateriellen Vermögenswerten zu differenzieren.

Vergleichsinformationen müssen nicht gegeben werden. Wird ein immaterieller Vermögenswert über mehr als 20 Jahre abgeschrieben, so ist dies unter Angabe der Faktoren, die bei der Einschätzung eine Rolle gespielt haben, zu begründen. Das Unternehmen muß den Vermögenswert zudem beschreiben und dessen Buchwert und den verbleibenden Abschreibungszeitraum angeben (IAS 38.111 (b)), wenn ein einzelner immaterieller Vermögenswert für den Abschluß des gesamten Unternehmens eine wesentliche Bedeutung hat.

Wird die Folgebewertung eines immateriellen Vermögenswertes nach Maßgabe des *allowed alternative treatment* vorgenommen, muß der Abschluß für jede Gruppe immaterieller Werte zusätzlich Angaben enthalten, welches der Stichtag der Neubewer-

---

325 Der *net selling price* muß zu marktüblichen Bedingungen und zwischen sachverständigen und vertragswilligen Parteien zustandegekommen sein. Sämtliche direkt im Zusammenhang mit dem Verkauf anstehenden Kosten sind abzuziehen (IAS 36.21).

326 Vgl. auch Kümpel, Thomas (2002), S. 984.

327 Eine *cash generating unit* ist die kleinste identifizierbare Gruppe von Vermögenswerten, die unabhängig von anderen Vermögenswerten oder Gruppen von Vermögenswerten Zahlungsüberschüsse generiert (IAS 36.5). Entscheidend für das Kriterium unabhängiger Mittelzuflüsse ist die Existenz eines aktiven Marktes, auf dem die mittels der Vermögenswerte erstellten Erzeugnisse bzw. erbrachten Dienstleistungen gehandelt werden können. Vgl. Kirsch, Hanno (2002), S. 646.

tung war, wie hoch der Buchwert der neubewerteten Vermögenswerte ist und wie hoch er wäre, wenn die entsprechenden Vermögenswerte nach der Benchmark-Methode bilanziert worden wären. Des weiteren ist der Betrag der Neubewertungsrücklage anzugeben, der auf immaterielle Vermögenswerte entfällt (IAS 38.113). Die Summe der Ausgaben für Forschung und Entwicklung ist gleichfalls offenzulegen (IAS 38.115). Werden im Rahmen des Niederstwerttests außerplanmäßige Abschreibungen oder aber Wertaufholungen erforderlich, so sind die in der Gewinn- und Verlustrechnung verbuchten Beträge offenzulegen.

3.3.5. Ausgewählte Einzelfragen

3.3.5.1. Software

Wendet man die in Abschnitt 3.3.2 ausgeführten Regelungen auf selbsterstellte Software zur Eigennutzung an, ergibt sich für die Forschungskosten des Projekts ein Ansatzverbot. Die Aktivierung von Entwicklungskosten ist abhängig davon, ob die in IAS 38.45 definierten Anforderungskriterien erfüllt sind. Ist die Software Gegenstand eines (langfristigen) Fertigungsauftrags, richtet sich die Bilanzierung nach IAS 11 „Construction Contracts".[328] Dieser Standard sieht vor, daß Auftragserlöse und Auftragskosten dem Leistungsfortschritt entsprechend als Erträge und Aufwendungen zu erfassen sind, wenn das Ergebnis des Fertigungsauftrags zuverlässig schätzbar ist (*percentage-of-completion method;* IAS 11.22). Ist diese Voraussetzung nicht erfüllt, kommt eine Teilgewinnrealisierung nicht zur Anwendung. Erlöse werden in der Gewinn- und Verlustrechnung nur in Höhe der angefallenen Auftragskosten erfaßt, die wahrscheinlich einbringbar sind. Auftragskosten sind in der Periode, in der sie anfallen, als Aufwand zu erfassen. Hierfür muß absehbar sein, daß bei dem Fertigungsauftrag zumindest die Kosten gedeckt sind (IAS 11.32f.).[329]

Werden die Softwareprodukte indes für den anonymen Markt gefertigt, können die Entwicklungskosten für das Quellprogramm ebenfalls unter den Bedingungen des IAS 38.45 aktiviert werden. Die Kosten für die Vervielfältigung sind Herstellungskosten. Die Software ist folglich als Vorratsvermögen den Vorschriften des IAS 2 „Inventories" folgend abzubilden.[330] Der Herstellungskostenbegriff der IFRS umfaßt produktionsbezogene Vollkosten, die alle Einzelkosten sowie fixe und variable Gemeinkosten einschließen (IAS 2.7 und 2.10).[331]

3.3.5.2. Ausgaben für Forschungs- und Entwicklung

Nach der Definition der IFRS fallen Forschungs- und Entwicklungskosten stets an, wenn ein immaterieller Vermögenswert selbst erstellt wird. Sie sind also die Herstel-

---

328 Vgl. Heuser, Paul J./Theile, Carsten (2003), Rz. 297.
329 Zu Einzelheiten der langfristigen Auftragsfertigung vgl. Seeberg, Thomas (2002).
330 Vgl. Heuser, Paul J./Theile, Carsten (2003), Rz. 297.
331 Vgl. Jacobs, Otto H. (2002), Rz. 21.

lungskosten eines selbsterstellten immateriellen Vermögenswertes.[332] Forschungs- und Entwicklungsausgaben sind demnach nicht allein technologieorientierten Unternehmen oder Unternehmen aus den Bereichen Medizin und Pharma vorbehalten. Die bilanzielle Behandlung von innovations- und inventionsbezogenen Forschungs- und Entwicklungsausgaben richtet sich ebenfalls nach den in Abschnitt 3.3.2 skizzierten Vorschriften.

3.3.5.3. Marken

Für selbst geschaffene Markennamen besteht ein Aktivierungsverbot (IAS 38.51). Werden die Markenrechte einzeln oder zusammen mit dem ganzen Betrieb von Dritten erworben, müssen sie aktiviert werden, wenn dem Markennamen ein künftiger wirtschaftlicher Nutzen zuzurechnen ist (IAS 38.12).[333]

3.3.6. Die jüngste Weiterentwicklung der IFRS

IAS 38 wurde im Rahmen des Business Combinations Project überarbeitet. Die überarbeitete Fassung wurde am 31. März 2004 veröffentlicht. Sie findet für Geschäftsjahre, die nach dem 31. März 2004 beginnen, und für immaterielle Vermögenswerte, die an oder nach diesem Stichtag im Rahmen eines Unternehmenszusammenschlusses erworben wurden, Anwendung. Die wesentlichen Änderungen im Vergleich zu IAS 38 (1998) betreffen die Definition von immateriellen Vermögenswerten, deren Folgebewertung und die Behandlung von Forschungs- und Entwicklungsprojekten, die im Zuge eines Unternehmenszusammenschlusses erworben wurden (IAS 38.BC2 *revised*). Bedeutsame *materielle* Konsequenzen haben vor allem die neuen Regelungen zur Folgebewertung. Die Vorschriften für selbsterstellte immaterielle Vermögenswerte wurden durch die Überarbeitung nicht verändert (IAS 38.BC3 *revised*).

Im einzelnen sehen die neuen Regelungen wie folgt aus:

- Definition eines immateriellen Vermögenswertes: IAS 38.8 *revised* definiert einen immateriellen Vermögenswert als einen identifizierbaren nicht-monetären Vermögenswert ohne physische Substanz. Die Zweckbindung des IAS 38.7 (1998) entfällt, da sie nach Auffassung des IASB für die Klassifikation als *immateriellen* Vermögenswert nicht relevant ist (IAS 38.BC5 *revised*). Das Kriterium der Identifizierbarkeit war in IAS 38 (1998) nicht explizit geregelt. IAS 38 *revised* schließt diese Lücke und legt Separierbarkeit nun als Voraussetzung für Identifizierbarkeit

---

332 Vgl. Heuser, Paul J./Theile, Carsten (2003), Rz. 297.

333 Vgl. Heuser, Paul J./Theile, Carsten (2003), Rz. 297. Irrend Heyd/Sanna, die von einer Ansatzpflicht für Marken *unabhängig* von der Art des Erwerbs ausgehen, sofern die *asset*-Kriterien erfüllt sind. Vgl. Heyd, Reinhard/Sanna, Maria Giulia (2003), S. 17. Das ausdrückliche Aktivierungsverbot soll Meinungsverschiedenheiten bzw. Beurteilungsspielräume bezüglich der Ansatzfähigkeit bestimmter immaterieller Vermögenswerte im Vorfeld ausschließen. Vgl. Baetge, Jörg/von Keitz, Isabel (2002), Rz. 62.

fest. Identifizierbarkeit kann auch vorliegen, wenn der immaterielle Vermögenswert aufgrund von vertraglichen oder gesetzlichen Rechten entsteht.

- Abschreibung immaterieller Vermögenswerte: IAS 38.97 *revised* sieht vor, nur noch immaterielle Vermögenswerte mit *begrenzter* Nutzungsdauer planmäßig abzuschreiben. Immaterielle Vermögenswerte mit *unbestimmter* Nutzungsdauer sind gemäß IAS 38.107 *revised* jährlich einem Werthaltigkeitstest zu unterziehen. Des weiteren ist jährlich zu überprüfen, ob sich die Annahme einer unbestimmten Nutzungsdauer aufrechterhalten läßt (IAS 38.109 *revised*). Eine unbestimmte Nutzungsdauer ist nicht gleichzusetzen mit einer unbegrenzten Nutzungsdauer (IAS 38. 91 *revised*). Für immaterielle Vermögenswerte mit begrenzter Nutzungsdauer wurde die widerlegbare Vermutung, daß diese zwanzig Jahre nicht übersteige, aufgehoben (IAS 38.BC63 *revised*). Diese Regelungen gelten unabhängig von der Art des Erwerbs, also auch für solche Vermögenswerte, die im Rahmen eines Unternehmenszusammenschlusses erworben wurden. Die Gleichbehandlung aller immateriellen Vermögenswerte soll die Entscheidungsnützlichkeit der gewährten Information verbessern (IAS 38.BC52 *revised*).

- Im Rahmen eines Unternehmenszusammenschlusses erworbene Forschungs- und Entwicklungsprojekte: Die Behandlung solcher Projekte war nach IAS 38 (1998) nicht explizit geregelt und wurde uneinheitlich gesehen. IAS 38.42f. *revised* stellt klar, daß Ausgaben, die erworbene Forschungs- und Entwicklungsprojekte betreffen und die nach deren Erwerb anfallen, eigenen Forschungs- und Entwicklungsprojekten gleichzustellen sind. Handelt es sich um Ausgaben für Forschung, sind diese unmittelbar als Aufwand zu verbuchen. Ausgaben für Entwicklung sind zu aktivieren, wenn sie weitere Voraussetzungen erfüllen (IAS 38.43 *revised* mit Verweis auf IAS 38.57 *revised*).[334]

Weitere Änderungen betreffen die Bemessung von Herstellungskosten eines immateriellen Vermögenswertes und die Offenlegung. Gemäß IAS 38.66 *revised* dürfen nurmehr direkt zurechenbare Kosten in die Ermittlung der Herstellungskosten einbezogen werden, jedoch keine Gemeinkosten mehr. Bei der Offenlegung ist nach Vermögenswerten mit begrenzter und solchen mit unbestimmter Nutzungsdauer zu differenzieren (IAS 38. 118 *revised*).

3.4. Die Vorschriften der US-GAAP

3.4.1. Ansatz

In SFAC 6.63 werden *assets* als „probable future economic benefits obtained or controlled by a particular entity as a result of past transactions or events" definiert. Der Nutzenzufluß besteht darin, daß das Gut verkauft oder getauscht werden kann, zur Produktion von Waren und Dienstleistungen eingesetzt oder zur Tilgung von Schulden verwendet werden kann (SFAC 6.30). Der Nutzen kann demnach durch externe oder

[334] Vgl. zu den Aktivierungsvoraussetzungen für Entwicklungskosten auch Abschnitt 3.3.2.

interne Verwertung entstehen.[335] Als offensichtliches Indiz für einen zukünftigen Nutzen sieht das FASB das Vorliegen eines Marktpreises an. Denn jedes Gut, das zu einem Marktpreis ge- oder verkauft wird, stiftet künftigen wirtschaftlichen Nutzen, auch wenn der Erwerb im Verbund mit anderen Gütern, die als eine Bewertungseinheit behandelt werden, oder im Rahmen eines Unternehmenszusammenschlusses erfolgt. Dabei ist es irrelevant, ob das fragliche Gut materieller oder immaterieller Natur ist (SFAC 6.173). Ebenso wird das Anfallen von Kosten (*incurrence of cost*) im Rahmen der Anschaffung oder Herstellung als ein Hinweis auf einen künftigen wirtschaftlichen Nutzen interpretiert. Dies stellt weder ein notwendiges noch ein hinreichendes Kriterium für das Vorliegen eines Vermögenswertes dar, da ein Vermögenswert auch ohne Kosten erworben werden kann und umgekehrt das Entstehen von Kosten nicht zwangsläufig zu einem künftigen Nutzen führt (SFAC 6.180). Daß ein *wahrscheinlicher* künftiger Nutzen verlangt wird, soll der Tatsache Rechnung tragen, daß wirtschaftlichen Vorgängen in der Regel ein bestimmtes Maß an Unsicherheit innewohnt.[336] Ist die Unsicherheit bezüglich des künftigen Nutzens hingegen beträchtlich, sind die Voraussetzungen für das Vorliegen eines *asset* nicht gegeben (SFAC 6.175).

Der künftige Nutzenzufluß muß außerdem vom bilanzierenden Unternehmen kontrollierbar sein, insbesondere muß Dritten der Zugang zu diesem Nutzenzufluß verwehrt werden können. Dies schließt aus, daß ein Objekt *asset* mehrerer Unternehmen ist, obgleich mehreren Unternehmen aus einem Objekt Nutzen zufließen kann. Ausschließlich das Unternehmen, das die Kontrolle über den Nutzenzufluß ausübt, darf das Gut als *asset* bilanzieren, sofern die übrigen Voraussetzungen erfüllt sind (SFAC 6.183). Die Kontrolle über den künftigen Nutzenzufluß wird in der Regel aus *rechtlich* durchsetzbaren Ansprüchen hergeleitet. Dies stellt keine notwendige Bedingung dar, die *wirtschaftliche* Kontrollmacht reicht aus, was Ausdruck einer wirtschaftlichen Betrachtungsweise ist (SFAC 6.187).

Als drittes Merkmal verlangt die *asset*-Definition, daß die Transaktionen, die dem Unternehmen die Kontrolle über den Nutzen des Objektes verschaffen, bereits in der Vergangenheit stattgefunden haben. So werden künftige Nutzenzuflüsse, die aus Vorgängen hervorgehen werden, die nach dem Bilanzstichtag der Berichtsperiode stattfinden, nicht als *assets* der Berichtsperiode angesetzt (SFAC 6.191).

Die Aktivierungsfähigkeit eines *asset* ist nach SFAC 5.65 u.a. an die Zuordenbarkeit eines zuverlässig meßbaren Wertes zu dem Gut geknüpft (*measurability*). Der Vermögenswert muß also in monetären Größen quantifizierbar sein. Zur Konkretisierung der Meßbarkeit gibt das FASB fünf Wertmaßstäbe an: die historischen Anschaffungs- oder Herstellungskosten, die Wiederbeschaffungskosten, den Absatzpreis, den realisierbaren Betrag bzw. den diskontierten Nettozahlungsüberschuß (SFAC 5.67). Nach wel-

[335] Vgl. von Keitz, Isabel (1997), S. 111; Schreiber, Susanne (2002), S. 67.

[336] „Wahrscheinlich" ist in diesem Kontext in der allgemein gebräuchlichen Begriffsauffassung, nicht in einer rechnungslegungsspezifischen oder technischen Bedeutung zu verstehen. Vgl. SFAC 6.25 Fußnote 18. Nach Storey wäre „erwartet" die zutreffendere Vokabel gewesen. Vgl. Storey, Reed K. (1999), S. 1-91.

chen Kriterien der zutreffende Wertansatz zu wählen ist, bleibt offen.[337] Kasuistisch werden einzelnen *assets* bestimmte Wertansätze zugeordnet. So sind immaterielle Vermögenswerte nach SFAC 5.68 zu historischen Kosten anzusetzen. Außerdem muß die Information relevant und verläßlich sein.[338]

Die Verläßlichkeit einer Rechnungslegungsinformation wird nach dem *conceptual framework* determiniert durch Abbildungstreue, Nachprüfbarkeit und Neutralität. Unter Abbildungstreue wird die Übereinstimmung zwischen der Darstellung im Jahresabschluß und dem zugrundeliegenden Geschäftsvorfall verstanden (SFAC 2.63).[339] Nachprüfbarkeit verlangt „die nachvollziehbare Anwendung von Meß- und Erfassungsmethoden [...], um so personenbedingte Verzerrungen zu verhindern"[340] (SFAC 2.81). Als neutral gilt die Darstellung, wenn nur der der Informationsgewährung zugrundeliegende Sachverhalt, nicht aber dessen wirtschaftliche Konsequenzen referiert werden (SFAC 2.98). Zwischen den Kriterien der Relevanz und Verläßlichkeit besteht ein Spannungsverhältnis. Zur Lösung dieses Zielkonfliktes schlägt das FASB die Aktivierung an einem „Zwischenpunkt" (*some intermediate point*) vor, an dem die Information noch Relevanz besitzt, die Unsicherheit jedoch bereits auf ein tolerables Maß reduziert werden konnte (SFAC 5.77). Die Gewichtung der beiden Kriterien in Form von operationalen Ansatzkriterien bleibt indes offen.[341]

Insbesondere bei immateriellen Vermögenswerten kann das Kriterium der Verläßlichkeit eine hohe, teils unüberwindbare Hürde bedeuten.[342] So ist beispielsweise bei Forschungs- und Entwicklungsausgaben, Werbeaufwand oder Ausbildungskosten bereits fraglich, ob überhaupt von einem künftigen Nutzenzufluß auszugehen ist und insofern ein *asset* vorliegt (SFAC 6.175). Doch selbst wenn dies bejaht wird, muß bezweifelt werden, daß die Information dem Kriterium der Verläßlichkeit genügt.[343]

Die Bilanzierung immaterieller Vermögenswerte ist jüngst neu geregelt worden. Im Juni 2001 wurde SFAS 142 „Goodwill and Other Intangible Assets" veröffentlicht, der die bis dato gültige APB Opinion 17 ersetzt. Die Regelungen der APB Opinion 17 zur Bilanzierung selbsterstellter immaterieller Vermögenswerte wurden jedoch unverändert in den neuen Standard übernommen, da der Fokus des Projekts auf Unternehmenszusammenschlüssen und *erworbenen* immateriellen Vermögenswerten lag (SFAS 142.2). Als Grund für die Überarbeitung der Vorschriften nennt das FASB die zunehmende Bedeutung immaterieller Vermögenswerte, die sich nicht zuletzt auch daran

337 In diesem Punkt konnten sich die Board-Mitglieder nicht einigen, so daß die Wertansätze lediglich beschrieben wurden. Vgl. Miller, Paul B./Redding, Rodney J./Bahnson, Paul R. (1998), S. 100. Dies kritisiert auch Solomons, David (1986), S. 122.

338 Beide Charakteristika sind dabei freilich im Sinne des *conceptual framework* der US-GAAP und nicht im Sinne der in Abschnitt 2.4.1.1 und 2.4.2.1 ausgeführten Anforderungskriterien zu verstehen.

339 Zur Kritik am abbildungstheoretischen Konzept vgl. Fußnoten 78 und 122.

340 Kuhlewind, Andreas-Markus (1997), S. 87.

341 Vgl. von Keitz, Isabel (1997), S. 114.

342 Vgl. Schreiber, Susanne (2002), S. 79.

343 Vgl. Schreiber, Susanne (2002), S. 79.

zeigt, daß der Anteil immaterieller Vermögenswerte innerhalb von Transaktionen stetig wächst.[344] Mit Blick hierauf sollten transparente und operationale Ansatzkriterien für immaterielle Vermögenswerte geschaffen werden.[345] Neben den generellen Regelungen des SFAS 142 existiert noch eine Fülle von Spezialvorschriften für bestimmte Formen immateriellen Vermögens.[346]

Charakteristisch für einen immateriellen Vermögenswert ist auch nach Auffassung der US-GAAP das Fehlen physischer Substanz (SFAS 142 Appendix B.27).[347] Nach SFAS 142.9 ist ein immaterieller Vermögenswert, der einzeln oder gemeinsam mit anderen *assets* erworben wurde, zu aktivieren. Dies stellt eine konsequente Umsetzung des *conceptual framework* dar, denn dieses wertet sowohl den Erwerb als auch das Vorliegen eines Marktpreises bzw. das Anfallen von Kosten als Indiz für einen künftigen Nutzenzufluß.[348]

Die Ausgaben für selbsterstellte immaterielle Vermögenswerte, die nicht identifizierbar sind, eine unbestimmte Nutzungsdauer aufweisen oder untrennbar mit einem fortbestehenden Unternehmen verbunden sind, sind als Aufwand der Periode zu erfassen. Die Bedingungen, unter denen ein immaterieller Vermögenswert identifizierbar im Sinne des SFAS 142 ist, werden – auch in anderen Verlautbarungen – nicht spezifiziert.[349] APB Opinion 17 nennt lediglich exemplarisch Patente, Konzessionen und Warenzeichen als identifizierbare immaterielle Vermögenswerte (APB Opinion 17.1). Des weiteren werden in der Literatur Urheberrechte, Copyrights, Marken, Lizenzen u.a. genannt.[350] Das US-amerikanische Schrifttum hat sich daher um Konkretisierung des Kriteriums der Identifizierbarkeit bemüht. Als identifizierbar gelten immaterielle Vermögenswerte dann, wenn sie einzelveräußerbar sind. Die Identifizierbarkeit wird also an das Kriterium der Trennbarkeit vom Unternehmen gekoppelt.[351] Die Separierbarkeit des immateriellen Gutes vom Unternehmen als Ganzes soll insbesondere die

---

344 Vgl. SFAS 142 „Reasons for Issuing This Statement".

345 Vgl. Davis, Maria K. (2002), S. 697.

346 Beispielhaft seien SFAS 2 „Accounting for Research and Development Costs", SFAS 44 „Accounting for Intangible Assets of Motor Carriers", SFAS 50 „Financial Reporting in the Record and Music Industry" und SFAS 86 „Accounting for the Costs of Computer to Be Sold, Leased, or Otherwise Marketed" genannt. Eine umfassende Darstellung dieser Einzelvorschriften gibt Schreiber, Susanne (2002), S. 118-234.

347 Finanzielle *assets* zählen ebenfalls nicht zu den immateriellen Vermögenswerten. Vgl. Kieso, Donald E./Weygandt, Jerry J./Warfield, Terry D. (2003), S. 570.

348 Vgl. auch Diamond, Michael A./Nicolaisen, Donald T. (1997), S. 14-14. Deren Ausführungen basieren auf APB Opinion 17, die ebenfalls eine Aktivierungspflicht für erworbene immaterielle Vermögenswerte vorsah.

349 Vgl. von Keitz, Isabel (1997), S. 119; Hommel, Michael (2001), S. 1943.

350 Vgl. Schildbach, Thomas (2000), S. 102. Die gemäß von Keitz umfassendste Aufzählung liefert Wolosoff, Lester (1991), S. 15-7-15-15. Vgl. von Keitz, Isabel (1997), S. 120.

351 Vgl. Welsch, Glenn A./Newman, D. Paul/Zlatkovich, Charles T. (1986), S. 714; von Keitz, Isabel (1997), S. 55.

Abgrenzung zum Goodwill gewährleisten.[352] Zum Teil wird auch die eindeutige Zuordnung der mit diesem Vermögenswert verbundenen Ausgaben gefordert.[353]

Die Nutzungsdauer eines Vermögenswertes wird determiniert durch eine Vielzahl von Faktoren, die im folgenden Abschnitt näher erläutert werden. Als un*bestimmt* wird die Nutzungsdauer eines *intangible asset* betrachtet, wenn weder rechtliche, regulatorische, vertragliche, wettbewerbliche noch ökonomische Faktoren die Nutzungsdauer des Vermögenswertes beschränken.[354] Dies bedeutet nicht, daß die Nutzungsdauer un*begrenzt* sein muß (SFAS 142.11).

In der APB Opinion 17 ist nur unscharf geregelt, wie mit selbsterstellten immateriellen Vermögenswerten zu verfahren ist, die identifizierbar sind und eine endliche Nutzungsdauer aufweisen. Folglich konnten die entsprechenden Ausgaben aktiviert und abgeschrieben werden oder als Aufwand der Periode erfaßt werden (APB Opinion 17.6; AIN-APB 17).[355] Diese Regelungslücke war dem FASB bei Verabschiedung des SFAS 142 bewußt. Gleichwohl wurde die Vorschrift inhaltlich nicht verändert, das bestehende Aktivierungswahlrecht wurde explizit bestätigt (SFAS 142 Appendix B.23).

3.4.2. Bewertung

Zum Zeitpunkt des Erwerbs wird ein immaterieller Vermögenswert zu Anschaffungskosten aktiviert. Diese stellen im Zugangszeitpunkt den *fair value* des Vermögenswertes dar (SFAS 142.9 i.V.m. SFAS 141.5). Wird der immaterielle Vermögenswert gemeinsam mit anderen Vermögenswerten erworben, so ist der Kaufpreis für diese Gruppe von Vermögenswerten auf die einzelnen Vermögenswerte aufzuteilen.

Wie die Zugangsbewertung selbsterstellter immaterieller Vermögenswerte zu erfolgen hat, wird weder in SFAS 142 noch in APB Opinion 17 spezifiziert.[356] Lediglich die Spezialvorschriften für bestimmte Erscheinungsformen immateriellen Vermögens enthalten hierzu Regelungen.[357] „Was in die Herstellungskosten selbsterstellter, abgrenzbarer immaterieller Vermögensgegenstände einbezogen werden darf und muß [...], läßt sich weder allgemein noch mit Sicherheit sagen."[358]

352 Umgekehrt wird der Goodwill als der Betrag, der den *fair value* der identifizierbaren *assets* überschreitet, definiert. Vgl. Kieso, Donald E./Weygandt, Jerry J./Warfield, Terry D. (2003), S. 578.

353 Vgl. Kieso, Donald E./Weygandt, Jerry J./Warfield, Terry D. (2003), S. 571.

354 Vgl. Kieso, Donald E./Weygandt, Jerry J./Warfield, Terry D. (2003), S. 572.

355 In AIN-APB 17 wurde die Frage gestellt, ob selbsterstellte immaterielle Vermögenswerte, die identifizierbar sind, zu aktivieren sind. Der Interpretation zufolge ändert APB Opinion 17 die vorherrschende Bilanzierungspraxis nicht, nach der einige Unternehmen die entsprechenden Ausgaben aktivieren, andere hingegen als Aufwand der Periode verbuchen. Es wird ausdrücklich auf APB Opinion 17.6 hingewiesen, wo es heißt: „Some companies defer costs incurred to develop identifiable intangible assets while others record the costs as expenses as incurred."

356 Vgl. für die APB Opinion 17 Moody, Lailani (1999), S. 17-3.

357 Beispielsweise SFAS 2 und SFAS 86.

358 Schildbach, Thomas (2000), S. 110 zu APB Opinion 17.

Hinsichtlich der Folgebewertung ist danach zu differenzieren, ob der immaterielle Vermögenswert eine begrenzte oder eine unbestimmte Nutzungsdauer aufweist. Nur im ersten Fall muß der Vermögenswert abgeschrieben werden. Bei der Bestimmung der voraussichtlichen Nutzungsdauer sind folgende Faktoren zu berücksichtigen:

- die Art der voraussichtlichen Nutzung des Vermögenswertes;
- die Nutzungsdauer eines anderen Vermögenswertes, mit denen der immaterielle Vermögenswert in Verbindung steht;
- gesetzliche, regulatorische oder vertragliche Bestimmungen, die die Nutzungsdauer beschränken;
- gesetzliche, regulatorische oder vertragliche Bestimmungen, die die Erneuerung oder Verlängerung der Nutzungsdauer des immateriellen Vermögenswertes ohne substantielle Kosten ermöglichen;
- die Auswirkungen von Überalterung, volkswirtschaftlicher Nachfrage, Wettbewerb oder anderen ökonomischen Gegebenheiten und
- die Höhe der erwarteten Erhaltungsaufwendungen, die erforderlich sind, um die erwarteten künftigen Cash Flows zu generieren.

Immaterielle Vermögenswerte mit unbestimmter Nutzungsdauer werden nicht planmäßig abgeschrieben, sondern jährlich einem Werthaltigkeitstest unterzogen, auf den weiter unten in diesem Abschnitt eingegangen wird.

Ein immaterieller Vermögenswert ist über seine Nutzungsdauer abzuschreiben, sofern diese begrenzt ist. Steht fest, daß die Nutzungsdauer des Vermögenswertes zwar begrenzt ist, aber nicht präzisiert werden kann, so ist sie bestmöglich zu schätzen. Die Abschreibungsmethode soll den Verbrauch bzw. die Abnutzung des *intangible asset* bestmöglich widerspiegeln. Kann der Nutzungsverlauf nicht zuverlässig bestimmt werden, ist der Vermögenswert linear abzuschreiben (SFAS 142.12). Bei der Ermittlung des Gesamtbetrages, der abzuschreiben ist, ist ein Restwert zu berücksichtigen, wenn

- sich ein anderes Unternehmen verpflichtet, den immateriellen Vermögenswert am Ende der Nutzungsdauer zu erwerben, oder
- der Restwert durch Vergleich mit einer anderen Transaktion auf einem Referenzmarkt bestimmt werden kann und dieser Markt auch am Ende der Nutzungsdauer noch existieren wird (SFAS 142.13).

In jeder Berichtsperiode ist die Restnutzungsdauer des immateriellen Vermögenswertes zu schätzen und mit der verbleibenden Abschreibungsdauer zu vergleichen. Stellt sich heraus, daß die voraussichtliche Restnutzungsdauer kürzer ist, ist der Restbuchwert des Vermögenswertes über die verbleibende Nutzungsdauer abzuschreiben. Zeigt sich, daß ein Vermögenswert, der bislang abgeschrieben wurde, eine unbestimmte Nutzungsdauer hat, so ist er einem Werthaltigkeitstest zu unterziehen und fortan nicht mehr planmäßig abzuschreiben.

Im Rahmen des Werthaltigkeitstests ist der *fair value* des immateriellen Vermögenswertes mit dessen fortgeführtem Buchwert zu vergleichen (*fair value test*).[359] Übersteigt der Restbuchwert den *fair value*, ist in Höhe des Differenzbetrages eine außerplanmäßige Abschreibung vorzunehmen. Der *fair value* eines *asset* im Sinne dieses Standards ist der Betrag, zu dem der Vermögenswert zwischen willigen Vertragspartnern ge- oder verkauft werden könnte. Preise, die auf aktiven Märkten ausgehandelt werden, sind der beste Indikator für den *fair value* (SFAS 142.23). Existiert ein solcher nicht, sollte die Schätzung unter Rückgriff auf die besten verfügbaren Informationen vorgenommen werden. Hierfür kommen beispielsweise Preise für vergleichbare *assets* oder die Ergebnisse anderer Bewertungstechniken in Betracht (SFAS 142.24). In vielen Fällen bietet sich eine Barwertermittlung als bestmögliche Bewertungsmethode an (SFAS 144.23). Zur Barwertberechnung sind die geschätzten künftigen Cash Flows heranzuziehen, die in direktem Zusammenhang mit dem immateriellen Vermögenswert stehen und die als Ergebnis des Gebrauchs oder Einsatzes dieses Vermögenswertes gesehen werden. Insofern handelt es sich um die Cash Flows, die während der geschätzten Restnutzungsdauer voraussichtlich erzielt werden können (SFAS 144.18).[360] Zinsverpflichtungen sind nicht zu berücksichtigen. Unzweifelhaft bietet diese Vorgehensweise großen bilanzpolitischen Spielraum, da isolierbare Cash Flows häufig nur schwer bestimmt werden können. „Es bleibt abzuwarten, wie die Bilanzierungspraxis mit dieser Herausforderung umgehen wird und welche Nachweise der Wertermittlung seitens der Prüfung bzw. seitens der SEC verlangt werden.“[361]

3.4.3. Offenlegung

Folgende Informationen bezüglich immaterieller Vermögenswerte, die einzeln oder gemeinsam mit anderen Vermögenswerten erworben wurden, sind *in der Periode des Erwerbs* zu geben:

- Für immaterielle Vermögenswerte, die planmäßig abgeschrieben werden:
    - der Gesamtbetrag immaterieller Vermögenswerte sowie der Betrag, der jeweils einzelnen Gruppen von immateriellen Vermögenswerten zuzuordnen ist;
    - der Gesamtbetrag etwaiger Restwerte sowie der Betrag an Restwerten, der einzelnen Gruppen immaterieller Vermögenswerte zuzuordnen ist;
    - die durchschnittliche Abschreibungsdauer, ebenfalls für den Gesamtbetrag immaterieller Vermögenswerte und nach Gruppen.

- Für die immateriellen Vermögenswerte, die nicht planmäßig abgeschrieben werden, der Gesamtbetrag. Eine Aufteilung nach Gruppen ist vorzunehmen.

- Der Betrag der *research and development assets*, der in der Berichtsperiode erworben und abgeschrieben wurde. Hierbei ist die Position der Gewinn- und Ver-

359 Vgl. Kieso, Donald E./Weygandt, Jerry J./Warfield, Terry D. (2003), S. 582.

360 Dies entspricht der Ausprägung des *fair value* als *value in use*. Vgl. Fußnote 318.

361 Küting, Karlheinz/Weber, Claus-Peter/Wirth, Johannes (2002), S. 61.

lustrechnung anzugeben, in der die Abschreibungsbeträge enthalten sind (SFAS 142.44).[362]

In jeder Berichtsperiode ist ein Anlagespiegel zu erstellen, der nach planmäßig und nicht planmäßig abzuschreibenden immateriellen Vermögenswerten differenziert. Eine Aufteilung nach Gruppen ist vorzunehmen (SFAS 142.45).[363]

3.4.4. Ausgewählte Einzelfragen

3.4.4.1. Software

Bis zur Verabschiedung von SFAS 86 „Accounting for the Costs of Computer Software to Be Sold, Leased or Otherwise Marketed" ließ sich in der Praxis sowohl die sofortige Erfassung von Ausgaben für die Herstellung von Software als Aufwand als auch deren Aktivierung beobachten.[364] Die mit SFAS 86 geschaffenen Bilanzierungsregeln für Computersoftware binden die Bilanzierung der einzelnen Ausgaben an das Kriterium der technischen Durchführbarkeit (*technological feasibility*). Von der technischen Durchführbarkeit eines Softwareprojektes ist auszugehen, wenn das Unternehmen alle Planungs-, Gestaltungs-, Kodierungs- und Testaktivitäten abgeschlossen hat, die erforderlich sind, um die Software gemäß ihrer Designspezifikationen inklusive der verlangten Funktionen, Eigenschaften und Leistungsmerkmale produzieren zu können (SFAS 86.4).[365] Die Kosten, die entstehen, bis die technische Durchführbarkeit gegeben ist, sind Forschungs- und Entwicklungsausgaben und deshalb als Aufwand der Periode zu erfassen (SFAS 86.3).[366] Die Ausgaben zur Herstellung der Software ab dem Beginn der technischen Durchführbarkeit hingegen sind zu aktivieren (SFAS 86.5). Nach dem Erreichen der Absatzreife wiederum sind Ausgaben beispielsweise für Wartung oder Kundenbetreuung Aufwand der Periode (SFAS 86.6). Die Ausgaben für die Vervielfältigung und Dokumentation der Software, Kosten für Schulungsmaterialien und Verpackung werden als Vorratsvermögen aktiviert. Sie werden als Her-

---

362 Vgl. Kieso, Donald E./Weygandt, Jerry J./Warfield, Terry D. (2003), S. 590.

363 Der Exposure Draft forderte zunächst umfangreichere Offenlegungspflichten. Er sah eine Beschreibung der immateriellen Vermögenswerte sowie die Beträge, mit denen sie im Zugangszeitpunkt aktiviert wurden, vor. Daneben waren die Grundannahmen und Methoden, nach denen diese Beträge ermittelt wurden, ebenso anzugeben wie eine Beschreibung der Abschreibungsmethode und die gewichtete durchschnittliche Abschreibungsdauer. In zahlreichen Stellungnahmen wurde auf die hohen mit der Informationsvermittlung verbundenen Kosten verwiesen. Insofern hat das FASB einige der ursprünglich vorgesehenen Offenlegungspflichten eliminiert, ohne jedoch – nach seiner eigenen Einschätzung – eine Einbuße der Entscheidungsnützlichkeit der gewährten Information in Kauf zu nehmen (SFAS 142.B185f.).

364 Vgl. Kieso, Donald E./Weygandt, Jerry, J./Warfield, Terry D. (2003), S. 595.

365 Nach Siebert/Suermann erfolgt „der Übergang vom Forschungs- in das Entwicklungsstadium mit Erreichen der technischen Realisierbarkeit" analog zu IAS 38. Siebert, Hilmar/Suermann, Jan (2003), S. 417f. Siebert/Suermann gehen insofern fehl, als das Kriterium der technischen Realisierbarkeit verlangt, daß Testaktivitäten abgeschlossen sind und die Software reif für die Produktion ist. Gerade dies ist bei Entwicklungstätigkeiten nicht der Fall.

366 Zur Behandlung von Forschungs- und Entwicklungsausgaben siehe Abschnitt 3.4.4.2.

stellungskosten des Umsatzes verbucht, wenn die Software veräußert wird (SFAS 86.9).

Aktivierte Softwareprodukte sind in den Folgeperioden abzuschreiben. Zur Ermittlung der jährlichen Abschreibung sind folgende Beträge zu vergleichen:

- das Verhältnis der Bruttoerträge der Berichtsperiode eines Produktes zum Gesamtbetrag der laufenden und zukünftigen Bruttoerträge des Produkts (ertragsabhängige Abschreibung; *percentage of revenue approach*) und
- der Betrag, der sich bei linearer Abschreibung über die verbleibende Nutzungsdauer ergäbe (*straight-line approach*).[367]

Der jeweils höhere Betrag ist abzuschreiben (SFAS 86.8). Weiterhin sind in jeder Berichtsperiode die aktivierten Softwareausgaben eines Produktes mit dessen *net realizable value* zu vergleichen. Übersteigen die Softwareausgaben den *net realizable value*, sind sie auf diesen abzuschreiben. Der *net realizable value* wird ermittelt als Differenz der geschätzten künftigen Bruttoerträge eines Produktes und der geschätzten zukünftigen Kosten, die für Fertigstellung und Vertrieb des Produktes inklusive Wartung und Kundenbetreuung erforderlich sind (SFAS 86.10).

Gemäß SFAS 86.11 sind die aktivierten Softwareausgaben sowie der Gesamtbetrag, der in der Berichtsperiode planmäßig sowie außerplanmäßig abgeschrieben wurde, offenzulegen (SFAS 86.11).

Zur Bilanzierung selbsterstellter Software, die der internen Nutzung dient, unterteilt SOP 98-1[368] den Erstellungsprozeß der Software in drei Phasen:[369] (1) Produktvorlaufphase, in der beispielsweise das Anforderungsprofil an die Software und die erforderliche Technologie bestimmt werden, (2) die Applikationsentwicklungsphase, in der die Software programmiert, konfiguriert, getestet und installiert wird, und (3) die Postimplementierungsphase, in die Schulungs- und Wartungsaktivitäten fallen (SOP 98-1.17).[370] Ausgaben, die der ersten Phase zuzurechnen sind, sind sofort als Aufwand zu verbuchen (SOP 98-1.20). Ist die Projektvorlaufphase abgeschlossen und ist das Softwareprojekt seitens der Unternehmensleitung genehmigt und seine Finanzierung gesichert, sind die Ausgaben der zweiten Phase zu aktivieren. Darüber hinaus muß es

---

367 Vgl. Kieso, Donald E./Weygandt, Jerry J./Warfield, Terry D. (2003), S. 595f.

368 Die Bilanzierung selbsterstellter Software für den internen Gebrauch ist explizit nicht Gegenstand von SFAS 86. Das FASB kam zu dem Schluß, daß die vorherrschende Bilanzierungspraxis – nämlich die sofortige Verrechnung als Aufwand – nicht falsch sei und insofern kein besonderer Regelungsbedarf bestehe (SFAS 86.2 und 26). Die heterogene Bilanzierungspraxis hat das FASB schließlich doch dazu veranlaßt, eine Verlautbarung zu veröffentlichen. Vgl. Schreiber, Susanne (2002), S. 177f.; Ameen, Philip D./Noll, Daniel J. (1997), S. 14.

369 Damit Software als zur internen Nutzung bestimmt gilt, muß die Software mit dem Ziel erworben oder entwickelt worden sein, den internen Bedürfnissen des Unternehmens zu dienen, und eine eigenständige Planung hinsichtlich der externen Verwertung darf nicht vorliegen. Vgl. SOP 98-1.12.

370 Das FASB betont, daß die Ausgaben nicht immer in der beschriebenen Reihenfolge anfallen müssen. Entscheidend ist nicht der Zeitpunkt der Kostenentstehung, sondern der Charakter der Ausgaben (SOP 98-1.17).

wahrscheinlich sein, daß das Projekt abgeschlossen wird und die Software für den geplanten Zweck eingesetzt wird (SOP 98-1.27). Kann eine dieser Voraussetzungen nicht erfüllt werden, besteht ein Aktivierungsverbot. Die Kosten der Postimplementierungsphase sind wiederum als Aufwand zu verbuchen (SOP 98-1.23).[371] Die aktivierungsfähigen Kosten umfassen Materialkosten und Ausgaben für bezogene Leistungen sowie die Personalkosten der an der Softwareerstellung beteiligten Mitarbeiter, die unmittelbar dem konkreten Projekt zuordenbar sind. Gemeinkosten dürfen nicht angesetzt werden (SOP 98-1.31). Die aktivierten Softwarekosten sind linear abzuschreiben, soweit nicht andere Methoden dem Nutzungsverlauf besser gerecht werden (SOP 98-1.36). Bei der Bestimmung der Nutzungsdauer ist Aspekten wie Überalterung, Wettbewerb und anderen ökonomischen Faktoren Rechnung zu tragen. Insbesondere sind die raschen Veränderungen im Technologiebereich zu berücksichtigen (SOP 98-1.37).[372]

3.4.4.2. Ausgaben für Forschung und Entwicklung

3.4.4.2.1. Interne Forschung und Entwicklung

Nachdem sich in der Praxis für die Bilanzierung von Forschungs- und Entwicklungskosten zunächst unterschiedliche, zum Teil stark divergierende Methoden herausgebildet hatten, entschloß sich das FASB 1973 zu einer expliziten Regelung in SFAS 2 „Accounting for Research and Development Costs“.[373] Zuvor hatte das FASB eine Studie zur Bilanzierung von Forschungs- und Entwicklungskosten in Auftrag gegeben, die zu dem Ergebnis kam, Forschungskosten sollten sofort aufwandswirksam verbucht werden, Entwicklungskosten hingegen aktiviert werden.[374] Wie im folgenden erkennbar wird, schloß sich das FASB dieser Studie nicht an.

Das FASB definiert Forschung als geplante Suche mit dem Ziel, neue Erkenntnisse zu finden, die bei der Entwicklung neuer Produkte, Dienstleistungen, Verfahren bzw. Techniken oder bei der erkennbaren Verbesserung bereits existierender Produkte nützlich sind (SFAS 2.8a). Entwicklung ist die Umsetzung der Erkenntnisse aus dem Forschungsprozeß oder anderer Kenntnisse in eine Planung oder einen Entwurf bzw. eine Konzeption eines neuen Produktes bzw. in eine wesentliche Verbesserung eines existierenden Produktes, das zum Verkauf oder zur internen Nutzung bestimmt sein kann. Nach dieser Definition schließt Entwicklung die konzeptionelle Formulierung sowie Tests unterschiedlicher Produktvarianten, die Konstruktion von Prototypen und den Betrieb von Versuchsanlagen ein. Nicht zum Entwicklungsprozeß zählen hingegen

---

371 Vgl. Schildbach, Thomas (2002), S. 75.

372 Vgl. zur Bilanzierung von zur internen Nutzung bestimmten Software auch Frizlen, Ulrich/ Möhrle, Martin, S. 237-239.

373 Vgl. Schreiber, Susanne (2002), S. 118f.; Grottel, Bernd (2002), S. 104.

374 Vgl. Gellein, Oscar/Newman, Maurice (1973), S. 66-75. Siehe auch Fußnote 306.

routinemäßige bzw. periodische Veränderungen und Weiterentwicklungen bestehender Produkte und Produktlinien (SFAS 2.8b).[375]

Forschungs- und Entwicklungskosten können in Gestalt von Material-[376] und Personalkosten sowie in Form von bezogenen Leistungen auftreten. Als Forschungs- und Entwicklungsausgaben zählen auch anteilige Gemeinkosten, soweit sie mit den Forschungs- und Entwicklungsaktivitäten des Unternehmens in Verbindung stehen. Sie sind unmittelbar als Aufwand der Periode zu verbuchen (SFAS 2.12). Die Identifizierung der Forschungs- und Entwicklungskosten ist dennoch erforderlich, da deren Gesamthöhe im Jahresabschluß jeder Berichtsperiode anzugeben ist (SFAS 2.13).[377]

3.4.4.2.2. Auftragsgebundene Forschung und Entwicklung

Wird Forschung und Entwicklung im Auftrag eines Dritten durchgeführt (*research and development arrangements*), richtet sich die Bilanzierung danach, wer das Risiko des Forschung- und Entwicklungsprozesses trägt.[378] Geht das Risiko vollständig auf den Auftraggeber über, bilanziert der Auftragnehmer die Tätigkeit wie einen normalen Umsatzvorgang (SFAS 68.10).[379] Die Forschungs- und Entwicklungszahlungen sind Herstellungskosten des Umsatzes. Der Auftraggeber verbucht die entsprechenden Zahlungen als Aufwand der Periode (SFAS 68.9).[380] Der Auftragnehmer hat wichtige solcher Forschungs- und Entwicklungsaufträge inklusive der entsprechenden Honorar- und Lizenzvereinbarungen offenzulegen. Außerdem sind die Beträge der mit dem Auftrag verbundenen Aufwendungen und Erträge in jeder Periode, in der eine Gewinn- und Verlustrechnung erstellt wird, anzugeben (SFAS 68.14).

---

375 Vgl. auch Kieso, Donald E./Weygandt, Jerry J./Warfield, Terry D. (2003), S. 585. Zur Konkretisierung der Begriffsdefinitionen von Forschung und Entwicklung gibt das FASB in SFAS 2.9 und 2.10 eine Reihe von Beispielen sowohl für Forschungs- als auch für Entwicklungsaktivitäten.

376 Hinsichtlich der Materialkosten ist zu präzisieren: Material, Maschinen und andere Einrichtungen, für die neben den Forschungs- und Entwicklungsaktivitäten auch andere Einsatz- oder Nutzungsmöglichkeiten im Unternehmen bestehen, sind als (materielle) Vermögensgegenstände zu aktivieren. Die Abschreibungen auf solche Gegenstände, sind den Forschungs- und Entwicklungskosten zuzuordnen. Sind keine alternativen Nutzungsmöglichkeiten im Unternehmen gegeben, fallen sämtliche Ausgaben unter die Forschungs- und Entwicklungskosten und sind demnach sofort als Aufwand zu verbuchen (SFAS 2.11a).

377 Die Begründung des FASB für das Aktivierungsverbot gibt ausführlich wieder Schreiber, Susanne (2002), S. 123-128.

378 Das FASB gibt in SFAS 68.6 eine Reihe von Beispielen, wie das Erfolgsrisiko auf den Auftraggeber transferiert werden kann. Abgesehen von diesen Konstellationen können auch andere Umstände dazu führen, daß das Risiko beim Auftraggeber liegt. Insofern ist die Situation nach Maßgabe einer wirtschaftlichen Betrachtungsweise zu beurteilen (SFAS 68.7f.)

379 Dies gilt nur, wenn die Auftragsvergabe ein Scheingeschäft darstellt, um das Aktivierungsverbot für eigene Forschung und Entwicklung zu umgehen. Vgl. Schildbach, Thomas (2002), S. 74.

380 Vgl. Kieso, Donald E./Weygandt, Jerry J./Warfield, Terry D. (2003), S. 586 Fußnote 18; Nonnenmacher, Rolf (2002), Sp. 848.

3.4.4.3. Marken

Das US-amerikanische Warenzeichenrecht unterscheidet Handels- und Dienstleistungsmarken (*trademarks* und *service marks*) und Handelsnamen (*trade names*).[381] Letztere können nur geschützt werden, wenn sie wie ein Warenzeichen benutzt werden. Das Warenzeichenrecht der USA besteht aus einzelstaatlichen und aus bundesgesetzlichen Normen (*common law* und *Lanham Act*). Nach dem *common law* kann ein Warenzeichen nur durch Annahme und Gebrauch erworben werden.[382] Darüberhinaus existiert ein bundesrechtliches Eintragungssystem für Warenzeichen beim Patent and Trademark Office. Durch prozessuale und materiellrechtliche Vorteile stärkt die Eintragung den Schutz des Inhabers im Vergleich zur bloßen Nutzung des Warenzeichens ohne Eintragung der Rechte. Insbesondere sichert sie den Zugang zu Bundesgerichten bei der Verfolgung von Schutzrechtsverletzungen.[383] Die Eintragung ist gleichwohl nicht verbindlich. Ein Warenzeichen läßt sich zunächst für zehn Jahre schützen.[384] Eine mehrmalige Verlängerung um weitere zehn Jahre ist möglich, weshalb die Lebensdauer grundsätzlich als unendlich gesehen werden kann.[385]

Eine entgeltlich erworbene Marke ist aktivierungspflichtig, da die *asset*-Kriterien des *conceptual framework* erfüllt sind. Mit Blick auf das Vorliegen eines Marktpreises ist auch das Kriterium der Verläßlichkeit erfüllt, welches bei immateriellen Vermögenswerten häufig kritisch zu beurteilen ist. Auch selbstgeschaffene Markennamen erfüllen die *asset*-Kriterien. Der zukünftige Nutzenzufluß einer Marke resultiert aus der schnellen Produktidentifikation und -differenzierung, die letztlich dazu führen soll, daß der Verbraucher für das markierte Produkt ein höheres Entgelt entrichtet als für ein vergleichbares, nicht markiertes Produkt.[386] Da sich das Markenrecht schützen läßt, ist die Kontrolle über die künftigen Nutzenzuflüsse durch das Unternehmen gesichert. Gleichzeitig führt die Registrierung des Markenrechts dazu, daß der entstandene Vermögenswert überhaupt identifizierbar ist.[387] Am verläßlichsten läßt sich der Nutzenzufluß belegen, wenn das Unternehmen einem Dritten eine Lizenz an der Marke einräumt. Das Markenrecht kann nach US-amerikanischem Warenzeichenrecht zudem einzeln veräußert werden. Somit ist die Marke vom Unternehmen separierbar.

Zwar gibt es durch die ständige Erneuerung der Schutzdauer des Markenrechts faktisch keine rechtlichen Gründe, die die Nutzungsdauer begrenzen, jedoch kann unter wirtschaftlichen Gesichtspunkten wie Wettbewerb und Überalterung nicht von einer

---

381 Vgl. Turcon, Rémi J./Zimmer, Daniel (1994), S. 99.

382 Vgl. Elsing, Siegfried/van Alstine, Michael P. (1999), S. 286.

383 Vgl. Turcon, Rémi J./Zimmer, Daniel (1994), S. 104.

384 Vgl. Elsing, Siegfried/van Alstine, Michael P. (1999), S. 289. Bis 1988 betrug die Schutzdauer 20 Jahre, weshalb im Schrifttum häufig noch diese Frist genannt wird. Kieso/Weygandt/Warfield und Moody sprechen von einer zwanzigjährigen Schutzdauer. Vgl. Kieso, Donald E./Weygandt, Jerry J./Warfield, Terry D. (2001), S. 605 (wurde in der neuesten Auflage korrigiert); Moody, Lailani (1999), S. 17-18.

385 Allerdings ist die Verlängerung nur möglich, wenn die Marke im Geschäftsleben benutzt wird.

386 Vgl. Moody, Lailani (1999), S. 17-18.

387 Auch APB Opinion 17.1 nennt unter anderem Warenzeichen als identifizierbare immaterielle Vermögenswerte. Vgl. hierzu auch Abschnitt 3.4.1.

unbestimmten Nutzungsdauer einer Marke ausgegangen werden. APB Opinion 17.22 verlangte, ein Markenrecht wie einen Vermögenswert mit einer bestimmten Nutzungsdauer zu behandeln. Da der Fokus von SFAS 142 auf erworbenen immateriellen Vermögenswerten liegt, beziehen sich die in Appendix A gegebenen Beispiele lediglich auf entgeltlich erworbene Markenrechte. Beispiel 7 räumt allerdings die Möglichkeit ein, daß ein solches Markenrecht eine unbestimmbare Nutzungsdauer haben kann und insofern einem Impairmenttest zu unterziehen ist. Für eine selbsterstellte Marke hätte eine unbestimmbare Nutzungsdauer zur Folge, daß diese nicht aktiviert werden darf (SFAS 142.10). Aktivierbar sind bei selbsterstellten Marken ohnehin nur die Kosten, die für die Beantragung des Schutzrechts aufzuwenden sind, z.B. Rechtsanwaltsgebühren, Gebühren für die Eintragung ins Register und Beratungshonorare (Herstellungskosten der Marke).[388]

3.5. Empfehlungen auf internationaler Ebene

Neben konkreten Normen zu Ansatz, Bewertung, Ausweis und Offenlegung in den einzelnen Regelungskreisen existieren auf internationaler Ebene Empfehlungen hinsichtlich Berichten und Informationen, die über die traditionellen Abschlußinformationen hinausgehen. So hat die IOSCO 1998 Informationsanforderungen für grenzüberschreitende Börsennotierungen verabschiedet (*International Disclosure Standards*). Diese verlangen u.a. Angaben zu der Strategie, die das Unternehmen im Bereich Forschung und Entwicklung in den letzten drei Jahren verfolgt hat, sowie betragsmäßige Angaben über den Forschungs- und Entwicklungsaufwand in dieser Frist.[389] In den USA wurden die *International Disclosure Standards* nahezu wörtlich übernommen. Herzstück der neugefaßten Form 20-F[390] bildet der *Operating and Financial Review and Prospects*, der einen Forschungs- und Entwicklungsbericht den Anforderungen der IOSCO entsprechend verlangt.[391]

Die IFAC hat 1998 eine Studie zur Bewertung und Steuerung von intellektuellem Kapital veröffentlicht. Sie präsentiert keine neuen Vorschläge, sondern lehnt sich eng an das Modell von Skandia bzw. Edvinsson/Malone an.[392]

---

388 Vgl. Kieso, Donald E./Weygandt, Jerry J./Warfield, Terry D. (2003), S. 573.

389 Vgl. International Organization of Securities Commissions (1998).

390 Form 20-F ist Bestandteil der umfangreichen Publizitätspflichten, die sich aus dem US-amerikanischen Wertpapierrecht ergeben. Es ist „ein kombiniertes Anmeldungs- und Berichtsformular (*registration statement and reporting form*), das zur Nutzung durch ausländische Emittenten [...] verlautbart wurde und zugleich das Hauptformular (*core document*) des Integrated Disclosure System der SEC für Auslandsgesellschaften bildet." Hayn, Sven (1997), S. 328.

391 Vgl. Bruns, Hans-Georg/Renner, Wolfgang (2001), S. 7f. und 15.

392 Vgl. International Federation of Accountants (1998), insbesondere Rz. 30-37.

4. Immaterielle Vermögenswerte de lege ferenda

4.1. Abbildung im Abschluß

4.1.1. Bilanzierung dem Grunde nach

4.1.1.1. Bilanzierung als Vermögensgegenstand

Im jüngeren Schrifttum herrscht weitgehend Einigkeit, daß die Abbildung immateriellen Vermögens aufgrund restriktiver Bilanzierungsregeln aus Sicht der Rechnungslegungsadressaten unbefriedigend ist.[393] Diese Einschätzung findet wegen der stetig wachsenden Bedeutung immateriellen Vermögens zunehmend Zustimmung.[394] Für viele Unternehmen aus unterschiedlichen Branchen haben immaterielle Vermögenswerte eine zentrale Bedeutung für den künftigen Unternehmenserfolg.[395] Die Vermutung liegt nahe, daß Rechnungslegungsadressaten Interesse an Informationen über diese immateriellen Vermögenswerte eines Unternehmens haben. Deshalb wird die Streichung des § 248 II HGB vorgeschlagen.[396] Dies führe zu einer Gleichbehandlung von materiellen und immateriellen Vermögenswerten. Da „aufgrund des Aktivierungsverbotes immer weniger ‚Vermögen' in der Bilanz sichtbar"[397] sei, trage die Abschaffung des § 248 II HGB zu einer ordnungsmäßigen Erfüllung der Rechenschaftspflicht bei. Unterstützend wird argumentiert, dies stehe im Einklang mit der 4. EG-Richtlinie und bedeute den Anschluß an die internationale Bilanzierungspraxis.[398]

Eine Besonderheit des deutschen Bilanzrechts ist die Differenzierung auf der Aktivseite in Vermögensgegenstände, Rechnungsabgrenzungsposten und Bilanzierungshilfen.[399] Hebt man das Aktivierungsverbot für selbsterstellte immaterielle Anlagewerte auf, so ist stufenweise zu überprüfen, in welcher der drei Kategorien die Aktivierung vorzunehmen ist.[400]

---

393 Vgl. Arbeitskreis „Immaterielle Werte im Rechnungswesen" der Schmalenbach-Gesellschaft für Betriebswirtschaft e.V. (2001); Fülbier, Rolf Uwe/Honold, Dirk/Klar, Alexander (2000); Maul, Karl-Heinz/Menninger, Jutta (2000).

394 Vgl. Küting, Karlheinz (2002), S. 11.

395 Vgl. Fülbier, Rolf Uwe/Honold, Dirk/Klar, Alexander (2000), S. 834.

396 Vgl. Arbeitskreis „Immaterielle Werte im Rechnungswesen" der Schmalenbach-Gesellschaft für Betriebswirtschaft e.V. (2001). Busse von Colbe propagiert die Streichung „zumindest für den Konzernabschluss". Busse von Colbe, Walther (2000), S. 662; DRS 12 Anhang A2.

397 Arbeitskreis „Immaterielle Werte im Rechnungswesen" der Schmalenbach-Gesellschaft für Betriebswirtschaft e.V. (2001), S. 992.

398 Vgl. Arbeitskreis „Immaterielle Werte im Rechnungswesen" der Schmalenbach-Gesellschaft für Betriebswirtschaft e.V. (2001), S. 992. Dieses Argument hält – wie die Ausführungen in Kapitel 3 gezeigt haben – einer kritischen Überprüfung nicht stand. Generell sind auch US-GAAP und IFRS im Hinblick auf die Aktivierung selbsterstellter immaterieller Anlagewerte eher restriktiv. Die Orientierung an internationalen Rechnungslegungsvorschriften kann demnach nicht als Argument für die Abschaffung des § 248 II HGB herangezogen werden.

399 Vgl. Ballwieser, Wolfgang (2002b), Rz. 2.

400 Diese Unterscheidung ist US-GAAP und IFRS fremd. Man kennt dort nur *assets*, die einen zukünftigen Nutzenzufluß beim Unternehmen verkörpern. Der *asset*-Begriff und der Begriff des handelsrechtlichen Vermögensgegenstandes sind nicht deckungsgleich. Vgl. Förschle, Gerhart/Kroner, Matthias (2003), Rz. 182.

Handelsrechtlich liegt nach herrschender Meinung ein Vermögensgegenstand vor, wenn ein Gut einzelverwertbar ist, d.h., wenn die Transformation in einen Zahlungsmittelzufluß außerhalb des Unternehmens gelingt.[401] „Das Realisationsprinzip gebietet, Ausgaben vor dem Abschlußstichtag, die Umsätze nach dem Bilanzstichtag alimentieren, zu aktivieren. Das Vermögensermittlungsprinzip schränkt dieses Aktivierungsbegehren empfindlich ein. Es gestattet die erfolgsneutrale Erfassung der Ausgabe nur, wenn sie bis zum Bilanzstichtag zu einem greifbaren Vermögenswert geführt hat."[402] Mit anderen Worten ist nicht die Ausgabe selbst, sondern der dadurch erworbene Vermögensgegenstand zu aktivieren.[403] Allgemein darf die abstrakte Bilanzierungsfähigkeit bei als Rechte konkretisierten immateriellen Werten angenommen werden. In Bezug auf Forschungs- und Entwicklungsausgaben ließen sich nach einer Abschaffung des § 248 II HGB beispielsweise selbsterstellte Patente, Gebrauchsmuster, rechtlich geschützte Produktionsverfahren oder Anwendungssoftware ansetzen. Ebenso läßt sich ein Markenrecht aktivieren, nicht aber Werbeausgaben. Läßt sich ein immaterieller Vermögenswert (noch) nicht durch ein Recht schützen, ist die Einzelverwertbarkeit in der Regel schwierig zu beurteilen.[404] Insbesondere ist der Zeitpunkt der Aktivierung problematisch.

Zur Objektivierung des Ansatzzeitpunktes wird erneut die Orientierung an internationalen Rechnungslegungsvorschriften vorgeschlagen. IFRS binden die Aktivierung von Entwicklungsausgaben an bestimmte Voraussetzungen.[405] US-GAAP stellen ähnliche Anforderungen an die Aktivierung selbsterstellter Software. Diese Anforderungen stellen keine Aktivierungskriterien dar, sie dienen vielmehr der Konkretisierung derselben. Vor diesem Hintergrund wird für die Abbildung von immateriellen Vermögensgegenständen in der handelsrechtlichen Bilanz ebenfalls die Formulierung von Kriterien vorgeschlagen, die die abstrakte Aktivierungsfähigkeit, insbesondere die Frage des Ansatzzeitpunktes konkretisieren und objektivieren sollen.[406] Dabei sei der Bezug zu einem Projekt herzustellen, da viele immaterielle Vermögensgegenstände im Rahmen von Projekttätigkeiten entstünden.[407]

Dementsprechend solle der Vermögensgegenstand aktiviert werden, wenn das Projekt initiiert wurde, das Projekt ausreichend präzisiert werden kann – dies verlangt vor allem eine exakte Ausgabenzurechnung –, das Projekt einen wirtschaftlichen Nutzen aufweist, der dargestellt werden kann, und gesichert ist, daß das Projekt weiterhin verfolgt wird. Letztlich verlangen diese Anforderungskriterien eine hinreichende Doku-

---

401 Vgl. Adler, Hans/Düring, Walther/Schmaltz, Kurt (1995), Kommentierung zu § 246 HGB, Rz. 26; vgl. zur abstrakten Aktivierungsfähigkeit ausführlich Abschnitt 3.1.1.1.

402 Hommel, Michael (1998), S. 50.

403 Vgl. Ballwieser, Wolfgang (2002b), Rz. 32; Beisse, Heinrich (1994), S. 16. Vgl. zum Vermögensermittlungsprinzip auch Lorenz, Karsten (2002), S. 28-39 m.w.N.

404 Vgl. Arbeitskreis „Immaterielle Werte im Rechnungswesen" der Schmalenbach-Gesellschaft für Betriebswirtschaft e.V. (2001), S. 992.

405 Vgl. Abschnitt 3.3.2.

406 Vgl. DRS 12 Anhang A5f.

407 Vgl. Arbeitskreis „Immaterielle Werte im Rechnungswesen" der Schmalenbach-Gesellschaft für Betriebswirtschaft e.V. (2001), S. 992.

mentation des Projektes. Gleichwohl dürfe die Aktivierung immaterieller Vermögensgegenständen nicht von der Unternehmensorganisation abhängen.[408]

4.1.1.2. Nachaktivierung von *assets*

Weitere Überlegungen zur Verbesserung der Berichterstattung über immaterielle Vermögenswerte werden in jüngerer Zeit in den USA diskutiert. Sie betreffen das in SFAS 86.3 (sowie in IAS 38.59) kodifizierte Verbot der Nachaktivierung von bereits als Aufwand verbuchten Kosten. Nach den heute gültigen Vorschriften dürfen Anschaffungs- bzw. Herstellungskosten von Software aktiviert werden, wenn die technische Realisierbarkeit des in der Entwicklung befindlichen Gutes nachgewiesen werden kann. Die bis dahin bereits verbuchten Aufwendungen dürfen *nicht* nachträglich angesetzt werden.[409] Dieses Nachaktivierungsverbot empfehlen Lev/Zarowin in eine Zurechnungspflicht umzuwandeln.[410] Im Laufe des Entwicklungsprozesses für ein neues Produkt reduziere sich die Unsicherheit über dessen künftige Nutzenstiftung kontinuierlich.[411] Vor dem Hintergrund eines ausgewogenen Verhältnisses von Relevanz und Zuverlässigkeit sehen Lev/Zarowin die Aktivierung *sämtlicher* mit dem Projekt verbundenen Ausgaben als geboten an. Diese seien in den Folgeperioden planmäßig abzuschreiben.[412] So gelänge der Ansatz eines immateriellen Vermögenswertes zu vollständigen Herstellungskosten (inklusive Forschungs- und Entwicklungskosten) und zugleich würde die Ungleichbehandlung der Aufwendungen, die vor bzw. nach dem Nachweis der technischen Realisierbarkeit angefallen sind, aufgehoben. Voraussetzung wäre ein Nachweis der technischen Realisierbarkeit, wie er bei der Softwareentwicklung bereits gefordert wird.[413] Dadurch solle die künftige Nutzenstiftung objektiviert und die Verläßlichkeit von Ansatz und Bewertung erhöht werden. Um eine willkürliche Nachaktivierung weitestmöglich einzuschränken, könnten die Unternehmen verpflichtet werden, in der Periode, in der erstmalig Aufwendungen für das immaterielle Objekt verbucht wurden, im Anhang entsprechende Angaben zu machen.[414] Dies schaffte ein sogenanntes *off-balance sheet portfolio* möglicherweise zu aktivierender immaterieller Vermögenswerte. Nur Vermögenswerte, die dort enthalten sind, dürften gegebenenfalls nachträglich aktiviert werden.[415]

Nachdem die im Zuge der Nachaktivierung angesetzten Vermögenswerte in den Folgeperioden abgeschrieben werden müssen, erhält der Bilanzleser Informationen dar-

---

408 Vgl. Arbeitskreis „Immaterielle Werte im Rechnungswesen" der Schmalenbach-Gesellschaft für Betriebswirtschaft e.V. (2001), S. 992f.

409 Vgl. Abschnitt 3.4.5.1.

410 Vgl. Lev, Baruch/Zarowin, Paul (1999), S. 376.

411 Vgl. Lev, Baruch (2001), S. 124.

412 Der Vorschlag wurde von Hoegh-Krohn/Knivsfla aufgegriffen. Diese allerdings fordern eine Aktivierung in Höhe sämtlicher Aufwendungen *abzüglich* kumulierter planmäßiger Abschreibungen, die seit Beginn des Erstellungsprozesses bereits vorzunehmen gewesen wären. Vgl. Hoegh-Krohn, Nils E. Joachim/Knivsfla, Kjell Henry (2000), S. 259f.

413 Vgl. Lev, Baruch (2001), S. 125.

414 Vgl. Hoegh-Krohn, Nils E. Joachim/Knivsfla, Kjell Henry (2000), S. 260f.

415 Vgl. auch Powell, Stephen (2003), S. 807-809.

über, wie das Management den künftigen Nutzenbeitrag bzw. den Nutzenverlauf des Vermögenswertes einschätzt.[416] Die Nachaktivierung wäre nur für Projekte erlaubt, die den *feasibility test* bestanden haben. Deshalb gehe der Informationsgehalt dieser Bilanzierungsmethode über die bloße Summation früherer Forschungs- und Entwicklungsausgaben hinaus.[417]

In Deutschland hat Christoffers bereits 1970 die Methode der nachträglichen Aktivierung vorgeschlagen. Unternehmen, „die Entwicklungsarbeiten mit begründeter Aussicht auf Erfolg betreiben"[418], sollten einen Erinnerungsposten für selbsterstellte immaterielle Vermögensgegenstände in Höhe von einer Geldeinheit bilanzieren. Führen die Entwicklungstätigkeiten tatsächlich zu einem bilanzierungsfähigen Vermögensgegenstand, könnten die Aufwendungen nachträglich durch eine Zuschreibung aktiviert werden.

Nachdem die Methode der Nachaktivierung auf Produkte, die eine längere Entwicklungsphase im Unternehmen durchlaufen, beschränkt ist, bleiben immaterielle Wertkomponenten aufgrund von z.B. Restrukturierungs- oder Deregulierungsmaßnahmen in einer Branche von der Aktivierung ausgeschlossen. Durch Restrukturierungsaufwendungen werden Gewinn und folglich buchmäßiges Eigenkapital der Berichtsperiode zu negativ ausgewiesen, während dieselben Größen in den künftigen Jahren zu positiv gezeigt werden, sofern die Restrukturierungsmaßnahmen greifen. Aus diesem Grund schlagen Lev/Zarowin vor, vergangene Jahresabschlüsse anzupassen (*restatement*).[419] Sobald feststeht, daß die Restrukturierungsmaßnahmen erfolgreich sind – und somit Nutzen stiften –, seien sie in den vorangegangenen Berichtsperioden, in denen sie angefallen sind, nachträglich als *asset* zu aktivieren. Der Unterschied zum oben gezeigten Vorschlag der Nachaktivierungspflicht besteht darin, daß nicht sämtliche bislang verbuchten Aufwendungen in der *aktuellen* Berichtsperiode erstmalig zu erfassen sind, sondern bereits abgeschlossene Berichtsjahre nachträglich korrigiert werden. Damit solle der Tatsache Rechnung getragen werden, daß die Unsicherheit, die Rechnungslegungsinformationen mit Zukunftsbezug immanent ist, zumindest nachträglich geheilt werden kann und die Vergleichbarkeit der Informationen im Zeitablauf verbessert wird. Dies sei insbesondere dann von Bedeutung, wenn historische Informationen die Interpretation neuer Nachrichten beeinflussen.[420]

416 Vgl. Lev, Baruch/Zarowin, Paul (1999), S. 379.
417 Vgl. Lev, Baruch/Zarowin, Paul (1999), S. 377.
418 Christoffers, Rudi (1970), S. 170.
419 Vgl. Lev, Baruch/Zarowin, Paul (1999), S. 380.
420 Vgl. Lev, Baruch/Zarowin, Paul (1999), S. 382.

4.1.1.3. Bilanzierung als Rechnungsabgrenzungsposten

Gelingt die Aktivierung immaterieller Vermögenswerte nicht, da die fraglichen Objekte der handelsrechtlichen Aktivierungskonzeption nicht genügen, ist der Ansatz eines aktiven Rechnungsabgrenzungspostens in Erwägung zu ziehen. Die dem deutschen Bilanzrecht eigene Trennung in Vermögensgegenstände und aktive Rechnungsabgrenzungsposten darf aber nicht zu der Annahme verleiten, für aktive Rechnungsabgrenzungsposten gälten weniger enge Aktivierungskriterien als für Vermögensgegenstände. Auch aktive Rechnungsabgrenzungsposten müssen vermögensgebunden und objektiviert sein.[421]

Sie werden für Ausgaben vor dem Abschlußstichtag gebildet, die Aufwand für eine bestimmte Zeit danach darstellen (§ 250 I Satz 1 HGB). Der Zusammenhang zwischen Ausgaben und Aufwand ist durch ein Rechtsverhältnis begründet, das in Gestalt eines schuld- oder sachenrechtlichen Vertrages vorliegen kann. Auch die Vorausleistung in Erwartung des Zustandekommens eines solchen Vertrages kann ausreichen.[422] Der typische Anwendungsbereich sind also gegenseitige Verträge, bei denen zeitbezogene oder zeitraumbezogene Leistungen von der einen Vertragspartei bereits erbracht wurden, die Leistung der Gegenseite aber noch aussteht.[423] Ob Ausgaben Aufwand der abgelaufenen Berichtsperiode oder für eine Zeit nach dem Abschlußstichtag darstellen, bestimmt sich danach, ob der wirtschaftliche Grund für die Ausgabe in der Vergangenheit oder in der Zukunft liegt.[424]

Das Kriterium der bestimmten Zeit (Zeitbestimmtheitspostulat) „verhindert nach dynamischer Interpretation die Aktivierung solcher Ausgaben, die in ihrer Ertragswirkung besonders fraglich sind."[425] Ursprünglich sollten damit Reklameaufwendungen und Entwicklungskosten von der Aktivierung ausgeschlossen werden.[426] Es gilt unstrittig als erfüllt, wenn der Zeitraum kalendermäßig bestimmt bzw. aus dem Sachverhalt durch einfache Rechenoperationen bestimmbar ist. Wird der Zeitraum durch ein ungewisses Ereignis oder durch ein zukünftiges Ereignis, dessen Eintrittszeitpunkt nicht bekannt ist, determiniert, so wird dem Kriterium nach h.M. nicht Genüge geleistet.[427] Die bloße Schätzung des Zeitraums ist mit dem Vorsichtsprinzip nicht vereinbar.[428]

---

421 Vgl. Moxter, Adolf (2003), S. 90. Döllerer vertritt die Auffassung, an Rechnungsabgrenzungsposten seien hinsichtlich der Aktivierung engere Anforderungen zu stellen als an Vermögensgegenstände. Vgl. Döllerer, Georg (1965), S. 329.

422 Vgl. Berger, Axel/Bartels-Hetzler, Sibylle (2003), Rz. 7.

423 Vgl. Sieben, Günter/Ossadnik, Wolfgang (1986), S. 47f.; Berger, Axel/Bartels-Hetzler, Sibylle (2003), Rz. 6; Ballwieser, Wolfgang (2001e), Rz. 8.

424 Vgl. Berger, Axel/Bartels-Hetzler, Sibylle (2003), Rz. 20.

425 Ballwieser, Wolfgang (2001e), Rz. 9.

426 Vgl. Begründung zum Regierungsentwurf AktG 1965, S. 237.

427 Vgl. Hömberg, Reinhold/König, Michael (2002b), Rz. 26f.; Sieben, Günter/Ossadnik, Wolfgang (1986), S. 48f.; Tiedchen, Susanne (1997), S. 2475.

428 Vgl. Beisse, Heinrich (1995), S. 78.

Hier knüpft der Vorschlag des Arbeitskreises „Immaterielle Werte im Rechnungswesen“ der Schmalenbach-Gesellschaft für Betriebswirtschaft e.V. an. Die enge Auslegung des Zeitbestimmtheitspostulats sei aufzugeben, „[e]s sollte bereits genügen, einen mittelbaren, aber statistisch eindeutig nachweisbaren Zusammenhang zwischen der Ausgabe und ihrer späteren Erfolgswirkung herzustellen.“[429] Der Rückgriff auf „statistisch verläßlich berechnete Durchschnittsgrößen umfangreicher Datenkollektive“[430] würde heute bereits akzeptiert. Diese Diskussion ist nicht neu. Schulze-Osterloh argumentiert 1992, in der 4. EG-Richtlinie sei das Kriterium der bestimmten Zeit ohnehin nur in der deutschen Fassung enthalten, nicht jedoch in der englischen bzw. französischen, weshalb „Interpretationsversuche [...], die ganz wesentlich auf die Bestimmtheit des Zeitfaktors abstellen, dem Sinn dieser Vorschrift nicht gerecht“ würden.[431]

4.1.1.4. Ansatz als Bilanzierungshilfe

Letztlich ist zu prüfen, ob der Ansatz als Bilanzierungshilfe möglich ist. Das deutsche Handelsrecht kennt nur (1) aktive latente Steuern, (2) Aufwendungen für Ingangsetzung und Erweiterung des Geschäftsbetriebs und – in der Literatur strittig – (3) den derivativen Geschäfts- oder Firmenwert als Bilanzierungshilfen.[432] Deren Inanspruchnahme soll dem Bilanzierenden trotz der Beschränkung des Bilanzinhalts auf Vermögensgegenstände und Schulden eine periodengerechte Gewinnermittlung ermöglichen.[433] Diese ist durch die sofortige Verrechnung als Aufwand gestört.[434]

Die Subsumption immaterieller Vermögenswerte unter Ingangsetzungs- und Erweiterungsaufwendungen gelingt allenfalls begrenzt und nur im Einzelfall. Als Ingangsetzungskosten dürfen nur Aufwendungen aktiviert werden, die im Zuge des erstmaligen Aufbaus der Innen- und Außenorganisation anfallen.[435] Die Anlaufphase gilt als abgeschlossen, sobald mit einer geregelten Leistungserbringung begonnen werden kann.

---

429 Arbeitskreis „Immaterielle Werte im Rechnungswesen“ der Schmalenbach-Gesellschaft für Betriebswirtschaft e.V. (2001), S. 993.

430 Sieben, Günter/Ossadnik, Wolfgang (1986), S. 50.

431 Schulze-Osterloh, Joachim (1992), S. 664. In der englisch- bzw. französischsprachigen Fassung findet die Terminologie „subsequent financial year“ bzw. „un exercice ultérieur“ Verwendung. Vgl. Schulze-Osterloh, Joachim (1992), S. 664. Zu unterschiedlichen Sprachfassungen der Richtlinienbestimmungen in Bezug auf Rechnungsabgrenzungsposten und richtlinienkonforme Auslegung vgl. Hartung, Werner (1994).

432 Vgl. Ballwieser, Wolfgang (2002b), Rz. 70f.

433 Vgl. Coenenberg, Adolf G. (2003), S. 91f. Weitere in der Literatur genannte Zwecke von Bilanzierungshilfen systematisiert Commandeur. Darunter findet sich u.a. die Vermeidung bzw. Verringerung eines negativen Jahresergebnisses oder die Vermeidung bzw. Verringerung der formellen Überschuldung. Nach Commandeur stellen diese Zwecke gleichzeitig die Voraussetzung dafür dar, daß die Bilanzierungshilfe in Anspruch genommen werden darf, da diese eine Hilfe nur für außergewöhnliche Situationen darstellt. Vgl. Commandeur, Dirk (1986), S. 49 und 134f. Dieser Auffassung wird hier nicht gefolgt, weil sich weder im Gesetz noch in der Gesetzesbegründung ein Anhaltspunkt hierfür finden läßt.

434 Vgl. Nonnenmacher, Rolf (1993), S. 1231.

435 Vgl. Hense, Burkhard/Lawall, Lars (2003), Rz. 2.

Immaterielle Vermögensgegenstände des Anlagevermögens, die in dieser Phase selbsterstellt werden, gelten als Ingangsetzungsaufwendungen.[436] Erweiterungsaufwendungen fallen nach Abschluß der Anlaufphase an. Sie müssen die räumliche oder sonstige *Erweiterung* des Betriebs – z.B. die Aufnahme eines neuen Geschäftszweiges – zum Ziel haben.[437] Hierbei ist eine enge Auslegung des Begriffs geboten. Damit soll sichergestellt werden, daß die Bilanzierungshilfe nicht ständig in Anspruch genommen wird.[438]

Um immaterielle Vermögenswerte, die nicht die Voraussetzungen eines Vermögensgegenstandes oder eines Rechnungsabgrenzungspostens erfüllen, regelmäßig als Bilanzierungshilfe ansetzen zu können, ist eine Gesetzesänderung notwendig. Die 4. EG-Richtlinie läßt hierfür nur einen geringen Spielraum. Sie sieht lediglich für den Ansatz von Forschungs- und Entwicklungskosten in Form einer Bilanzierungshilfe ein Mitgliedsstaatenwahlrecht vor.[439] Die Streichung des § 248 II HGB ist dann nicht mehr ausreichend; der Ansatz von Forschungs- und Entwicklungsaufwendungen als Bilanzierungshilfe ist in einer ergänzenden Norm – beispielsweise nach dem Vorbild der Ingangsetzungs- und Erweiterungsaufwendungen – zu kodifizieren. Eine weitergehende Gesetzesänderung, die den Ansatz weiterer immaterieller Vermögenswerte ermöglicht, scheitert an dem engen Rahmen, den die 4. EG-Richtlinie absteckt.[440] Ob einer Änderung der 4. EG-Richtlinie Chancen einzuräumen sind, läßt sich aus heutiger Sicht nicht beurteilen.

4.1.1.5. Bilanzierung im Rahmen des Portfolioansatzes

Als weitere de lege ferenda-Überlegung wird im Schrifttum die Abkehr vom Grundsatz der Einzelbewertung diskutiert.[441] Er ist Ausfluß des Vorsichtsprinzips und soll Subjektivismen bei der Wertermittlung einschränken.[442] Derzeit sind nach h.M. lediglich Sicherungsgeschäfte vom Grundsatz der Einzelbewertung ausgenommen.[443] Diese werden jedoch als intentional miteinander verknüpfte Geschäftsvorfälle bewußt mit dem Ziel der Risikoreduktion abgeschlossen,[444] was bei immateriellen Vermögenswerten nicht oder nur im Ausnahmefall gegeben ist.

Durch die Bildung homogener Gruppen von immateriellen Vermögenswerten – diese bilden die Bewertungseinheit – solle der diesen Posten immanenten Unsicherheit Rechnung getragen werden. Erweist sich ein einzelnes immaterielles Gut als wertlos, so werde dies im Rahmen der Portfoliobewertung unterschiedlicher Nutzenpotentiale

---

[436] Vgl. Hense, Burkhard/Lawall, Lars (2003), Rz. 2f.; Beater, Axel (2001b), Rz. 6.
[437] Vgl. Hense, Burkhard/Lawall, Lars (2003), Rz. 4f.; Beater, Axel (2001b), Rz. 7.
[438] Vgl. Hense, Burkhard/Lawall, Lars (2003), Rz. 4f.
[439] Vgl. 4. EG-Richtlinie (78/660/EWG) Artikel 9 i.V.m. Artikel 37.
[440] Vgl. Arbeitskreis „Immaterielle Werte im Rechnungswesen" der Schmalenbach-Gesellschaft für Betriebswirtschaft e.V. (2001), S. 994.
[441] Vgl. Pellens, Bernhard/Fülbier, Rolf Uwe (2000), S. 59f.
[442] Vgl. Ballwieser, Wolfgang (2001f), Rz. 18.
[443] Vgl. Ballwieser, Wolfganz (2001f), Rz. 27.
[444] Vgl. Ballwieser, Wolfgang (2002a), Sp. 358.

ausgeglichen. Eine zutreffende Form des Bilanzansatzes könne dies beispielweise für Ausgaben für Forschung und Entwicklung oder für das Know-How der Mitarbeiter sein. Bei Vorliegen mehrerer Forschungsprojekte – wie bei Pharmaunternehmen – ist mit an Sicherheit grenzender Wahrscheinlichkeit davon auszugehen, daß zumindest eines dieser Projekte erfolgreich ist, während jedes einzelne Projekt nur mit einer geringen Wahrscheinlichkeit zum Erfolg führt und deshalb nicht ansatzfähig ist. Ähnlich scheitere unter Einzelbewertungsgesichtspunkten die Aktivierung von Mitarbeiter-Know-How – unabhängig vom gewählten Bilanzierungsstandard – an der fehlenden Kontrolle des Unternehmens über den einzelnen Mitarbeiter, der vorzeitig ausscheiden kann.[445] Im Rahmen einer Portfoliobetrachtung könne der Ansatz des Wissenspotentials auf der Basis einer Menge von Mitarbeitern, die statistischen Erhebungen zufolge nicht der Fluktuation unterworfen ist, erfolgen. Ein Beispiel soll diese Überlegung veranschaulichen:[446]

Ein Unternehmen führt 100 unabhängige Projekte im Bereich Forschung und Entwicklung durch. Die jeweilige unabhängige Erfolgswahrscheinlichkeit beträgt 10%. Wird die Aktivierung an den wahrscheinlichen künftigen Nutzen geknüpft, wären bei einer Einzelbetrachtung keine Forschungs- und Entwicklungsprojekte zu aktivieren, da sie nicht die hinreichende Wahrscheinlichkeit des künftigen Nutzens besitzen. In einer Portfoliobetrachtung, in der das Nutzenpotential der gesamten Projektgruppe betrachtet wird, mangelt es hingegen nicht an der hinreichenden Wahrscheinlichkeit des künftigen Nutzens. Bei 100 Projekten entsteht mit einer Wahrscheinlichkeit von fast 100% mindestens ein künftiger Projekterfolg. Unter Rückgriff auf die Binomialverteilung B (100; 0,1) kann die Zahl der Erfolge als binomialverteilte Zufallsvariable angesehen werden. Die Wahrscheinlichkeit für mindestens einen Erfolg ist die von 1 abgezogene Wahrscheinlichkeit für keinen Erfolg:

$$1-\{f(0/100;0,1)\}=1-\binom{100}{0}\cdot 0,1^{0}\cdot 0,9^{100}=1-0,9^{100}=0,9999734$$

Im Schrifttum wird eine mögliche Gesetzesänderung derzeit nicht präzisiert. Die generelle Streichung des Einzelbewertungsprinzips kann nicht gewollt sein, sie muß auf (bestimmte) immaterielle Vermögenswerte beschränkt bleiben. Die bilanzrechtliche Gestaltung wird aber bislang nicht konkretisiert.

4.1.1.6. Ansatz des originären Goodwill

Anders als diese einzelsubstanzorientierten Überlegungen setzt Mujkanovics Vorschlag, den originären Geschäfts- oder Firmenwert zu aktivieren, am Gesamtwert des

---

445 Vgl. Pellens, Bernhard/Fülbier, Rolf Uwe (2000), S. 59f.

446 Das Beispiel wurde Pellens, Bernhard/Fülbier, Rolf Uwe (2000), S. 59 entnommen.

Unternehmens an.[447] Dieses Ansinnen ist indes nicht neu. Bereits in den sechziger Jahren haben Käfer und Hax die Aktivierung des Goodwill befürwortet.[448] Dem Vorschlag liegt die Überlegung zugrunde, die Zielgröße der Anleger – der Unternehmenswert – könne in einer „einzelsubstanzbestimmten Bilanz nur durch Abbildung eines Ausgleichspostens gelingen, der die bilanzierte Nettosubstanz und die Zielgröße Unternehmenswert in Übereinstimmung bringt."[449] Der originäre Geschäftswert ist die Differenz zwischen dem Zukunftserfolgswert des Unternehmens und dem Bilanzwert der selbständig bilanzierten Substanz und hat insofern Residualcharakter.[450] Er bildet sämtliche Ertragserwartungen ab, die aus den nicht bilanzierten bzw. nicht einzeln bilanzierungsfähigen immateriellen Vermögenswerten resultieren.[451]

Für die Ermittlung des Unternehmenswertes kommen nach Mujkanovic nur die Ertragswert- bzw. die Discounted Cash Flow-Methode in Betracht.[452] Andere Verfahren, die sich insbesondere in jüngster Zeit wachsender Beliebtheit erfreuen, wie z.B. Multiplikatorverfahren oder der Realoptionsansatz, erscheinten nicht geeignet, da sie wissenschaftlich nicht begründbar sind bzw. sich in einem frühen Stadium wissenschaftlicher Auseinandersetzung befinden.[453] Mujkanovic konkretisiert die Unternehmenswertermittlung anhand der drei zentralen Problemfelder (1) Prognose der künftigen Überschüsse, (2) Berücksichtigung von Unsicherheit bzw. Risiko sowie (3) Kapitalisierungszins, deren Einzelheiten hier nicht wiedergegeben werden.[454] Im wesentlichen sei zu berücksichtigen, daß die Ermittlung des originären Geschäfts- oder Firmenwertes Eingang in die Unternehmensberichterstattung finden soll und die Teilprobleme aus Sicht eines externen Adressatenkreises zu beurteilen sind. Deshalb seien gegebenenfalls Typisierungen und Vereinfachungen nötig. Da jede Unternehmenswertermittlung Spielräume und Schätzungen erfordert, seien Angaben zu machen, die dem Rechnungslegungsadressaten eine Beurteilung der Wertermittlung ermöglichen. So sei beispielsweise das verwendete Verfahren anzugeben, die der Schätzung der Einzahlungsüberschüsse zugrundegelegten Szenarien seien zu erörtern, und die berücksichtigte Unsicherheit sei zu explizieren. Letzteres ließe sich insbesondere durch Angaben zur Bandbreite von Verteilungen bzw. durch Sensitivitätsanalysen erreichen.[455]

---

447 Der bilanzielle Charakter des originären Goodwill ist unklar. Bereits für den derivativen Geschäfts- oder Firmenwert ist strittig, ob es sich um einen Vermögensgegenstand oder eine Bilanzierungshilfe handelt. Vgl. Ballwieser, Wolfgang (2002b). Der originäre Goodwill läßt sich genauso wenig als Rechnungsabgrenzungsposten oder Bilanzierungshilfe qualifizieren und muß wohl bilanzrechtlich als ein aliud betrachtet werden.

448 Vgl. Käfer, Karl (1962/1976), S. 23f; Hax, Herbert (1964), S. 650.

449 Mujkanovic, Robin (2002), S. 284.

450 Vgl. Ballwieser, Wolfgang (1998a), S. 283f.; Mujkanovic, Robin (2002), S. 286.

451 So gesehen könnte der Vorschlag Mujkanovics auch unter die deduktiv-summarischen Berichtsansätze, die in Abschnitt 4.2.1 vorgestellt werden, subsumiert werden.

452 Für einen Überblick über die Discounted Cash Flow-Verfahren vgl. Ballwieser, Wolfgang (1998b) sowie über das Ertragswertverfahren Ballwieser, Wolfgang (2001j).

453 Vgl. zum Multiplikatorverfahren Ballwieser, Wolfgang (1991); Ballwieser, Wolfgang (2003c); zum Optionspreisverfahren in der Unternehmensbewertung Ballwieser, Wolfgang (2002f).

454 Vgl. hierzu Mujkanovic, Robin (2002), S. 289-302.

455 Vgl. Mujkanovic, Robin (2002), S. 302; Baetge, Jörg/Schulze, Dennis (1998), S. 939-942.

4.1.2. Bilanzierung der Höhe nach
4.1.2.1. Zugangsbewertung
4.1.2.1.1. Bewertung zu Anschaffungs- und Herstellungskosten

Nach dem heutigen Stand der Diskussion kommen de lege ferenda grundsätzlich drei Wert- bzw. Bewertungskonzeptionen für immaterielle Vermögenswerte in Betracht: (1) der Ansatz zu Anschaffungs- und Herstellungskosten, (2) der Ertragswertansatz und (3) eine kontinuierliche erfolgsneutrale Neubewertung zum *fair value* (nach dem Vorbild der IFRS). Die Anschaffungskosten sind als vorsichtige heuristische Annäherung an den Ertragswert zu verstehen. Sind die künftigen Zahlungsströme unsicher, läßt sich der Wertansatz zu Anschaffungs- und Herstellungskosten als Gegenwartswert antizipierter zukünftiger Zahlungen interpretieren.[456]

Unklar bleibt beim Ansatz zu Anschaffungs- und Herstellungskosten die Abgrenzung der entsprechenden Ausgaben. Pellens/Fülbier argumentieren, die Teilzurechnung stelle im Vergleich zur Vollzurechnung „die (noch) vorsichtigere Heuristik" dar.[457] Gleichwohl fällt die Zuordnung der entsprechenden Aufwandskomponenten schwer. Als Anschaffungs- und Herstellungskosten einer Marke könnte man neben den Eintragungsgebühren sämtliche Werbeausgaben betrachten oder den Teil der Ausgaben, der einen durchschnittlichen Vergleichswert übersteigt.

Bei der Abgrenzung der Anschaffungs- oder Herstellungskosten wirft insbesondere der Portfolioansatz Schwierigkeiten auf. Faßt man beispielsweise unterschiedliche Forschungs- und Entwicklungsprojekte in einem Portfolio zusammen, stellt sich die Frage nach den korrekten Anschaffungs- bzw. Herstellungskosten des Portfolios. Man argumentiert, mindestens eines der beispielhaft herangezogenen 100 Projekte verlaufe statistisch gesehen erfolgreich. Der Ansatz sämtlicher Ausgaben erscheint folglich nicht zutreffend. Welchen Teil der Ausgaben man aber aktiviert, läßt die Diskussion offen. Vor dem Hintergrund der problematischen Konkretisierbarkeit immaterieller Objekte lassen sich möglicherweise auch gar keine zugehörigen Ausgaben identifizieren. Der Ansatz hat dann zu null zu erfolgen.

4.1.2.1.2. Ansatz zum Ertragswert

Als weitere Möglichkeit wird erwogen, immaterielle Vermögenswerte mit ihrem Ertragswert in der Bilanz anzusetzen. Dieser wird ermittelt, indem sämtliche erwarteten künftigen Einzahlungsüberschüsse aus dem immateriellen Gut auf den Betrachtungszeitpunkt abgezinst werden. Nach Pellens/Fülbier ist hierbei ein Zinssatz von 10% zugrundezulegen, der nicht näher begründet wird.[458]

Bereits 1928 hat Rieger „mit großem Nachdruck darauf hingewiesen, daß zur Bewertung von Sachgütern ihr ‚geldliches Schicksal' vorausgeschätzt und durch Diskontie-

[456] Vgl. Ordelheide, Dieter (1988), S. 279-292.
[457] Pellens, Bernhard/Fülbier, Rolf Uwe (2000), S. 61.
[458] Vgl. Pellens, Bernhard/Fülbier, Rolf Uwe (2000), S. 60 und 62-64.

rung ihr ‚heutiger Wert' ermittelt werden müsse."[459] Er zeigt aber gleichzeitig, daß die künftigen Zahlungen nicht hinreichend genau ermittelt werden können und deshalb der Ansatz zu den Anschaffungskosten als Ersatzgröße heranzuziehen sei.

Wenngleich der Ertragswert die ökonomisch richtige Bewertungsmethode darstellt, läßt er sich nicht in die bisherige Bilanzkonzeption einbetten. Kaufmännische Buchhaltung und Bilanzierung basieren auf dem Zahlungsstrom zwischen dem Unternehmen und seinen Eigentümern bzw. der Umwelt. In die Erfolgsermittlung fließen ausschließlich Erträge und Aufwendungen ein, die zu Ein- bzw. Auszahlungen führen.[460] Diese pagatorische Absicherung fehlt dem Ertragswert, weil er nicht auf sicheren Einzahlungen basiert.[461] Außerdem sind Verzerrungen der Wertansätze der einzelnen Bilanzpositionen untereinander die Folge, wenn der Ansatz zum Ertragswert allein immateriellen Objekten vorbehalten bleibt.[462]

4.1.2.2. Folgebewertung: Erfolgsneutrale Neubewertung

Alternativ zu planmäßigen Abschreibungen wird im Schrifttum die erfolgsneutrale kontinuierliche Neubewertung nach dem Vorbild internationaler Rechnungslegung propagiert, die an die Zugangsbewertung zu Anschaffungs- und Herstellungskosten anknüpft.[463] Dieser Vorschlag verlangt fundamentale Änderungen des geltenden Bilanzrechts. Einerseits verstößt die kontinuierliche Neubewertung gegen das Realisationsprinzip, welches zu den wesentlichen Gewinnermittlungsprinzipien des deutschen Bilanzrechts zählt und die Anschaffungs- und Herstellungskosten als Wertobergrenze festlegt.[464] Zum anderen gibt es im deutschen Bilanzrecht keine Möglichkeit, Bewertungsanpassungen unter Umgehung der Gewinn- und Verlustrechnung zu verbuchen. Direkt an das Eigenkapital werden nur Einlagen oder Entnahmen verbucht, des weiteren führt der Saldo aus Erträgen und Aufwendungen zu einer Eigenkapitalveränderung. Andere Möglichkeiten, Eigenkapitalveränderungen abzubilden, kennt das deutsche Bilanzrecht nicht.[465] Letztlich führt diese Methode der Folgebewertung zu einer Abkopplung von Vermögens- und Gewinnermittlung, da der Gewinn – wie er in der Gewinn- und Verlustrechnung ausgewiesen wird – nicht mehr der Vermögensänderung entspricht. Erforderlich wird somit eine Eigenkapitalveränderungsrechnung, die

---

459 Busse von Colbe, Walther (1968), S. 97 mit Verweis auf Rieger, Wilhelm (1928), S. 213.

460 Vgl. Schmalenbach, Eugen (1962), S. 64-66; Rammert, Stefan (1998), S. 772.

461 Ausfluß der Pagatorik ist das Kongruenzprinzip, das in den USA als *clean surplus concept* bekannt ist. Vgl. Beaver, William H. (1998), S. 77f.; Schildbach, Thomas (2002), S. 262-264; grundlegend Seicht, Gerhard (1970), S. 105-109. Nach dem Kongruenzprinzip ist die Summe der Periodenerfolge identisch mit dem Erfolg der Totalperiode eines Unternehmens. Es erfährt durch den Ansatz zum Ertragswert *keine* Verletzung, weil am Ende der Totalperiode im Zuge der Unternehmensliquidation durch den Liquidationserlös die wertmäßige Korrektur stattfindet.

462 Vgl. Pellens, Bernhard/Fülbier, Rolf Uwe (2000), S. 63.

463 Vgl. Pellens, Bernhard/Fülbier, Rolf Uwe (2000), S. 62.

464 Vgl. Ballwieser, Wolfgang (1999), Rz. 18.

465 Ausnahmen bilden im *Konzernabschluß* die Verrechnung von Währungsdifferenzen und die erfolgsneutrale Verrechnung des aktivischen Unterschiedsbetrags aus der Kapitalkonsolidierung nach der Methode der Interessenzusammenführung.

bislang nur für kapitalmarktorientierte Mutterunternehmen Bestandteil des Konzernabschlusses darstellt (§ 297 I Satz 2 HGB).[466]

4.1.3. Offenlegung

Jedes Unternehmen kann auf freiwilliger Basis Informationen veröffentlichen, die über das gesetzlich verlangte Maß hinausgehen. Ort und Form der freiwilligen Berichterstattung unterliegen dann keiner Normierung. Im Schrifttum wird vorgeschlagen, diese freiwilligen Informationen zu immateriellen Vermögenswerten in Form von erweiterten Anhangs- und Lageberichtsangaben zu geben, „[u]m den Bezug zu den Rechenwerken und der Abschlußprüfung nicht zu verlieren."[467]

Insbesondere dem Lagebericht kommt der Zweck der Informationsvermittlung zu.[468] Im Lagebericht sind Informationen über die immateriellen Vermögenswerte denkbar, die einer Aktivierung de lege lata nicht zugänglich sind, z.B. die Zahl der Marken, die Angabe von Werbeausgaben sowie daran anknüpfend Umfrageergebnisse zum Bekanntheitsgrad einer Marke, zum Marktanteil etc. Wenngleich Umfang, Form und Tiefe der freiwilligen Berichterstattung im Lagericht nicht gesetzlich normiert sind, sind die Grundsätze ordnungsmäßiger Lageberichterstattung zu beachten.[469] Zu berücksichtigen ist, daß der Berichterstattung Grenzen gesetzt sind, die aus dem Grundsatz der Willkürfreiheit, dem Aggregationserfordernis und möglichen Konkurrenzreaktionen resultieren. Letztere schränken vor allem die Berichterstattung über Forschung und Entwicklung ein.[470]

Ein Trend zur freiwilligen Berichterstattung ist in den vergangenen Jahren in Gestalt des Value Reporting zu beobachten. Value Reporting verfolgt das Ziel, dem Investor durch über die Pflichtpublizität hinausgehende Informationen eine verbesserte Einschätzung des Unternehmenswertes zu ermöglichen. Differenzen zwischen dem bilanziellen Eigenkapital, der Börsenkapitalisierung und dem Wert des Unternehmens aus

---

466 Auch diese Überlegung ist nicht neu. Bereits 1921 hat Schmidt ein besonderes Konto für die Änderungen des Vermögenswertes vorgestellt. Vgl. Schmidt, Fritz (1921), S. 68-79. Von Schmalenbach stammt der Vorschlag eines aperiodischen Erfolgskontos für Zeitwertabschreibungen. Vgl. Schmalenbach, Eugen (1931), S. 98 und 184-186. Einen Überblick über die Diskussion zur damaligen Zeit gibt Muscheid, Werner (1957), S. 71-80.

467 Pellens, Bernhard/Fülbier, Rolf Uwe (2000), S. 65.

468 Vgl. Baetge, Jörg/Fischer, Thomas R./Paskert, Dierk (1989), S. 7-10.

469 Die Grundsätze ordnungsmäßiger Lageberichterstattung verlangen Richtigkeit, Vollständigkeit, Klarheit, Vergleichbarkeit, Wirtschaftlichkeit bzw. Wesentlichkeit der gewährten Informationen. Weiterhin ist nach Baetge/Fischer/Paskert bei der Informationsvermittlung nach Art und Größe des Unternehmens abzustufen und der Grundsatz der Vorsicht einzuhalten. Letzterer besagt, daß die Lage des Unternehmens im Zweifel schlechter darzustellen ist. Vgl. Baetge, Jörg/Fischer, Thomas R./Paskert, Dierk (1989), S. 16-26. Dieser Auffassung ist jedoch nicht zu folgen, weil die Ungleichbehandlung von Chancen und Risiken im Widerspruch zur Informationsfunktion des Lageberichts steht. Vgl. Ballwieser, Wolfgang (2002c), S. 118; Ballwieser, Wolfgang (2002d), Rz. 97-99.

470 Zu Grenzen der Information im Geschäftsbericht vgl. Sprenger, Reinhard (1976), S. 103-132.

Sicht des Managements sollen auf diese Weise erklärt werden.[471] Neben stillen Reserven und stillen Lasten in den bilanzierten Vermögensgegenständen und Schulden wird im Schrifttum insbesondere auf nicht bilanzierungsfähige Vermögenswerte als Ursache für diese Differenzen verwiesen. Diese gelten als erfolgskritische Faktoren, die im Rahmen des Value Reporting zu berücksichtigen sind.[472]

Die Verbreitung von Informationen über immaterielle Vermögenswerte in der freiwilligen Berichterstattung haben Fischer/Wenzel/Kühn bei Nemax 50-Unternehmen untersucht. Zwar macht ein Großteil der Unternehmen Angaben zu den Bereichen Markt und Wettbewerb, Kunden, Innovation und Prozesse sowie Personal und Informationstechnologie, die Berichtstiefe ist jedoch stark unterschiedlich. Beispielsweise beschreiben 66% der Unternehmen den Markt, in dem sie tätig sind, aber nur 22% der Unternehmen nennen ihre Wettbewerber. Ähnliches gilt für Angaben zum Mitarbeiterstamm: Den Mitarbeiterzuwachs quantifizieren 88% der Unternehmen, über die Mitarbeiterzufriedenheit berichten hingegen nur 6% der Unternehmen.[473] Zu vergleichbaren Ergebnissen kommen Ruhwedel/Schultze für die DAX 100-Unternehmen und Haller/Dietrich für die DAX 30-Unternehmen.[474] Die Berichterstattung hat eher sporadischen Charakter.[475] Insofern kann die bisherige Umsetzung nicht befriedigen. Im Zusammenhang mit dem Value Reporting, aber auch losgelöst davon, wird in jüngster Zeit deshalb verstärkt diskutiert, wie Informationen zu immateriellen Vermögenswerten in standardisierter und aggregierter Form gewährt werden können. Dahinter steht letztlich der Wunsch der Rechnungslegungsadressaten nach horizontaler und vertikaler Vergleichbarkeit der Informationen. Die wichtigsten dieser ergänzenden Rechenwerke und Informationsinstrumente werden im folgenden vorgestellt.

4.2. Abbildung in ergänzenden Informationsinstrumenten

4.2.1. Deduktiv-summarische Ansätze

4.2.1.1. Intangible Assets Statement

Ergänzende Informationsinstrumente, die über immaterielle Vermögenswerte berichten, folgen den in Abschnitt 2.5.2 dargelegten Grundorientierungen. Einer der ersten Vorschläge für ein zusätzliches Berichtsinstrument aus dem deutschsprachigen Raum stammt von Haller, der den Gesamtbewertungsgedanken wie folgt umsetzt:

---

471 Vgl. Arbeitskreis „Externe Unternehmensrechnung" der Schmalenbach-Gesellschaft für Betriebswirtschaft e.V. (2002), S. 2337.

472 Vgl. Eccles, Robert G. u.a. (2002), S. 166.

473 Vgl. Fischer, Thomas M./Wenzel, Julia/Kühn, Christian (2001), S. 1213f. Daß die Berichtstiefe bei der freiwilligen Berichterstattung sehr unterschiedlich ist, zeigt auch die Untersuchung von Fischer/Becker/Wenzel. Die Auswertung läßt aber keine Schlüsse auf einzelne immaterielle Vermögenswerte zu. Vgl. Fischer, Thomas M./Becker, Sabrina/Wenzel, Julia (2002).

474 Vgl. Ruhwedel, Franca/Schultze, Wolfgang (2002), S. 615f.; Haller, Axel/Dietrich, Ralph (2001), S. 1048f.

475 Vgl. Günther, Thomas/Beyer, Dirk (2001), S. 1630.

Marktwert des Unternehmens	
./.	Buchwert des materiellen Nettovermögens
./.	stille Reserven im materiellen Nettovermögen
Saldo I	
./.	Buchwert des bilanzierten immateriellen Vermögens
./.	stille Reserven im bilanzierten immateriellen Vermögen
Saldo II	
./.	isoliert und „objektiviert" bewertbare, aber nicht bilanzierte immaterielle Vermögenswerte (getrennt in unterschiedliche Typen wie Lizenzen, Copy-Rights, Marken, etc.)
Saldo III (Goodwill/Firmenwert)	
./.	nicht identifizierbare Vermögenswerte, d.h. rein wirtschaftliche Vorteile (getrennt in unterschiedliche Typen, soweit noch differenzierbar, z.B. Forschungs- und Entwicklungsaktivitäten, Personalinvestitionen, „Intellectual Capital", etc.)
Saldo IV (nicht mehr spaltbarer Firmenwert)	

Abbildung 2: Intangible Assets Statement[476]

Dieses Intangible Assets Statement soll die Komponenten des Unternehmenswerts differenziert hinsichtlich ihres Konkretisierungs- und Objektivierungsgrades transparent machen.[477] In einer späteren Veröffentlichung modifizieren Haller/Dietrich das Intangible Assets Statement dahingehend, daß die Aufspaltung des Marktwertes des Unternehmens bei Saldo III endet, der dann als Wertresiduum bezeichnet und nicht weiter analysiert wird.[478] Durch die Struktur des Intangible Assets Statement soll die vielzitierte „Wertlücke" zwischen dem Marktwert des Unternehmens und dem bilanziellen Eigenkapital weitgehend erklärt werden.[479] Die vollständige Aufspaltung in objektiv bewertbare Einzelwerte gelingt nicht und stellt auch nicht das Ziel der Berichterstattung dar. „Dieses zu einem bestimmten Zeitpunkt ermittelte Wertresiduum repräsentiert ein Wertgemisch einerseits aus der unternehmerischen Wertgenerierung in den unterschiedlichen IC-Bereichen [Intellectual Capital-Bereichen; Anmerkung der Verfasserin] sowie den Erfolgspotenzialen, die aus der unternehmensspezifischen Kombination von immateriellen und materiellen Werten entstehen."[480] Um entscheidungsnützliche Informationen zu generieren, ist das Intangible Assets Statement durch Analysen und Begründungen anzureichern. Des weiteren ist die Entwicklung im Zeitablauf darzustellen.[481]

---

476 Quelle: Haller, Axel (1998), S. 587f.
477 Vgl. Haller, Axel (1998), S. 588.
478 Vgl. Haller, Axel/Dietrich, Ralph (2001), S. 1049f.
479 Vgl. Haller, Axel/Dietrich, Ralph (2001), S. 1049.
480 Haller, Axel/Dietrich, Ralph (2001), S. 1050.
481 Vgl. Haller, Axel (1998), S. 588f.; Haller, Axel/Dietrich, Ralph (2001), S. 1050-1052.

4.2.1.2. Übergewinnkonzepte

4.2.1.2.1. Calculated Intangible Value

Ähnlich wie das Intangible Assets Statement in der neueren Version (also ohne Saldo IV) stellt der Calculated Intangible Value eine Approximation immateriellen Vermögens dar, ohne dessen Zusammensetzung detailliert aufzuschlüsseln. Der Ansatz unterstellt, daß der Marktwert eines Unternehmens zu einem wesentlichen Teil durch immaterielle Vermögenswerte generiert wird.[482] Demzufolge repräsentiert der Wert immateriellen Vermögens die Fähigkeit eines Unternehmens, höhere Erträge als ein hinsichtlich seiner Vermögensausstattung vergleichbarer Mitbewerber zu erzielen, indem das vorhandene (materielle) Vermögen effektiver genutzt wird.

Der Gesamtwert des immateriellen Vermögens wird „als nachertragsteuerlicher Nettobarwert der Differenz zwischen dem durchschnittlichen Ertrag des [...] betrachteten Unternehmens und dem durchschnittlichen Ertrag der Branche“[483] ermittelt:

$$E_B = GK_U \cdot RoA_B$$
$$E_D = E_U - E_B$$
$$CIV = \frac{E_D - (E_D \cdot St_U)}{Kapitalkosten_U}$$

mit:

E_B	=	durchschnittlicher absoluter Unternehmensertrag in der Branche
GK_U	=	investiertes Kapital des Unternehmens
RoA_B	=	prozentuale Gesamtkapitalrendite der Branche
E_D	=	„Überschußertrag“ des Unternehmens im Vergleich zur Branche
E_U	=	Ertrag des Unternehmens
CIV	=	Calculated Intangible Value
St_U	=	Einkommensteuersatz des Unternehmens.

Nimmt der Calculated Intangible Value im Zeitablauf ab, ist dies als Abnahme künftigen Erfolgspotentials zu deuten, da sich das Unternehmen seinen Mitbewerbern und somit dem Branchendurchschnitt nähert.[484]

482 Vgl. International Federation of Accountants (1998), Rz. 44-46.
483 Kasperzak, Rainer/Krag, Joachim/Wiedenhofer, Marco (2001), S. 1497.
484 Vgl. Dawo, Sascha (2003), S. 17.

4.2.1.2.2. Bewertungsansatz von Gu/Lev

Wie der Calculated Intangible Value stellt auch der Bewertungsansatz von Gu/Lev ein Übergewinnkonzept dar.[485] Die Überlegungen von Gu/Lev setzen an der „Produktionsfunktion" des Unternehmens an, die von materiellen, finanziellen und immateriellen Vermögenswerten als Inputgrößen determiniert wird:

$$\textit{Economic Performance} = \alpha(\textit{Physical Assets}) + \beta(\textit{Financial Assets}) + \delta(\textit{Intangible Assets})$$

Die „wirtschaftliche Leistung" (*economic performance*) des Unternehmens ist der Durchschnitt aus vergangenen und künftigen Gewinnen.[486] Bei der Berechnung dieses Unternehmenserfolgs sind die bereinigten Gewinne der vergangenen drei bis fünf Berichtsperioden heranzuziehen und eine ebenso große Anzahl an erwarteten Gewinnziffern. Zur Schätzung der künftigen Gewinne können Prognosewerte von Analysten berücksichtigt werden. Alternativ sind künftige Umsätze bzw. das Wachstumspotential des Unternehmens zu schätzen. Bei der Durchschnittsbildung ist zukünftigen Gewinnen ein größeres Gewicht beizumessen.

Die Werte des materiellen und finanziellen Vermögens sind Bilanz und Anhang zu entnehmen und gegebenenfalls in Zeitwerte zu überführen. Um den Beitrag der immateriellen Vermögenswerte zum Unternehmenserfolg ermitteln zu können, sind die Parameter α und β zu bestimmen. Sie bilden die „normale" Rendite auf das materielle und finanzielle Kapital des Unternehmens ab. Die durchschnittlichen Nachsteuerrenditen des materiellen und finanziellen Unternehmensvermögens setzen Gu/Lev mit 7% respektive mit 4,5% an, was auf verschiedenen ökonomischen Studien und Analysen beruhe und einen gesamtwirtschaftlichen Durchschnitt darstelle.[487] Für die Anwendung auf ein konkretes Unternehmen empfehlen Gu/Lev, unternehmensspezifische Renditen zu schätzen.

Der Beitrag immateriellen Vermögens zum Unternehmenserfolg ist das Residuum $\delta(\textit{Intangible Assets})$, das als *intangible driven earnings* bezeichnet wird. Es bildet die Ausgangsgröße für eine Reihe künftiger *intangible driven earnings*, die nach folgendem Phasenmodell zu schätzen ist: (1) In den Jahren eins bis fünf sind langfristige gesamtwirtschaftliche Wachstumsprognosen (oder eine umsatzbasierte Prognose) heranzuziehen; (2) in den Jahren sechs bis zehn lassen Gu/Lev diese Prognosewerte gegen die erwartete langfristige gesamtwirtschaftliche Wachstumsrate konvergieren, die mit 3% angenommen wird; (3) ab dem Jahre elf wird eine Wachstumsrate der *intangible driven earnings* in Höhe der gesamtwirtschaftlichen Wachstumsrate unterstellt. Die Kapitalisierung der prognostizierten *intangible driven earnings* führt schließlich zu einem Schätzwert für den Wert des immateriellen Vermögens. Zur Barwertermittlung

485 Vgl. hierzu wie auch zum folgenden Gu, Feng/Lev, Baruch (2001).

486 Gewinne vergangener Berichtsperioden sind um außerordentliche Positionen zu bereinigen.

487 Vgl. Gu, Feng/Lev, Baruch (2001), S. 6.

ist ein Diskontierungsfaktor zu wählen, der das überdurchschnittliche Risiko immaterieller Vermögenswerte reflektiert.[488]

Den Wert für das immaterielle Vermögen setzen Gu/Lev zur Berechnung der Kennzahl *market-to-comprehensive value* ein. Dabei handelt es sich um ein modifiziertes Marktwert-/Buchwertverhältnis, bei dem im Nenner der Wert des immateriellen Vermögens zum bilanziellen Eigenkapital addiert wird.[489] Der *market-to-comprehensive value* soll Erkenntnisse über die Bewertung des Unternehmens durch den Kapitalmarkt ermöglichen. Ein Verhältnis von unter 1 deutet auf eine Unterbewertung durch den Markt hin et vice versa. Im Gegensatz zum „klassischen" Marktwert-Buchwert-Verhältnis werden die Vermögenswerte des Unternehmens bei dieser Kennziffer zu Zeitwerten und einschließlich der immateriellen Wertkomponenten gezeigt.

4.2.1.3. Weitere Bewertungsmodelle

Neben Gu/Levs *market-to-comprehensive value* wird im Schrifttum im Zusammenhang mit immateriellem Vermögen auch häufig mit dem klassischen Marktwert-/Buchwertverhältnis argumentiert. Dieses setzt den Marktwert des Unternehmens ins Verhältnis zum Buchwert des Eigenkapitals. Ein Verhältnis von größer eins wird in der Literatur als Indiz für das Vorhandensein immaterieller Vermögenswerte gesehen.[490] Obwohl die Kennziffer leicht ermittelbar ist, darf nicht übersehen werden, daß Schwankungen in den Marktpreisen zu Veränderungen des Wertes des immateriellen Vermögens führen, die nicht erklärbar sind, und daß bilanzpolitische Maßnahmen die Wertrelation ebenfalls beeinflussen können.[491]

Ähnlich setzt Tobin's q den Marktwert des Eigenkapitals ins Verhältnis zu den Wiederbeschaffungskosten der bilanzierten Aktiva.[492] Die Kennzahl ist eine Reaktion auf die Kritik an der Marktwert-/Buchwertrelation, die Größe – genauer gesagt der Nenner – sei bilanzpolitisch manipulierbar.[493] Tobin hat diese Kennzahl ursprünglich zur Vorhersage von Investititonsentscheidungen unabhängig von makroökonomischen Faktoren entwickelt.[494] Ein q größer eins wird als Monopolrente interpretiert, die „durch die unternehmensspezifische Verwendung der strategischen Ressourcen begründet wird."[495]

---

488 Vgl. Gu, Feng/Lev, Baruch (2001), S. 6f.

489 Vgl. Gu, Feng/Lev, Baruch (2001), S. 21. Zum Marktwert-/Buchverhältnis vgl. nächster Abschnitt.

490 Vgl. statt vieler Haller, Axel (1998), S. 563.

491 Vgl. International Federation of Accountants (1998), Rz. 39; Kasperzak, Rainer/Krag, Joachim/Wiedenhofer, Marco (2001), S. 1496.

492 Vgl. Tobin, James (1969), insbesondere S. 13; Tobin, James (1978), insbesondere S. 422-426.

493 Vgl. International Federation of Accountants (1998), Rz. 42.

494 Vgl. Stewart, Thomas A. (1997), S. 225f.

495 Kasperzak, Rainer/Krag, Joachim/Wiedenhofer, Marco (2001), S. 1496.

4.2.2. Induktiv-analytische Ansätze
4.2.2.1. Intellectual Property Statement

Als induktiv-analytisches Informationsintrument setzt das Intellectual Property Statement nach Maul/Menninger an einzelnen immateriellen Vermögenswerten an, die bewertet und zusammengefaßt werden. Es stellt den ersten konkreten Vorschlag im deutschsprachigen Schrifttum zur substanzorientierten Abbildung des gesamten Spektrums immateriellen Vermögens dar.[496] Die immateriellen Vermögenswerte des Unternehmens werden in den vier Kategorien Kundenbeziehungen, Humankapital, Innovationskapital und Infra- oder Prozeßstruktur dargestellt. Diese Vierteilung gibt gleichzeitig die Struktur des Statement wieder.

Zunächst sind für jede der vier Kategorien immateriellen Vermögens deren wesentliche Bestimmmungsfaktoren zu ermitteln. Eine besonders sorgfältige Analyse verlangt dieser erste Schritt dann, wenn in einem Unternehmen viele Informationen zu einem der Bereiche vorliegen, beispielsweise viele Marken oder Patente vorhanden sind. Die inhaltliche Ausgestaltung und Schwerpunktbildung ist an den Spezifika und Charakteristika des einzelnen Unternehmens zu orientieren. Die Werttreiber sind dann zu quantifizieren, „da man das, was man nicht messen kann, nicht managen kann,“[497] wobei die Quantifizierung aber nicht immer in einer monetären Größe gelingen kann. In Frage kommen insbesondere Indikatoren wie Kundenzufriedenheit oder Fluktuationsrate, weshalb das Intellectual Property Statement auch als Indikatorenmodell bezeichnet wird. Hinter der Veröffentlichung eines Intellectual Property Statement verbirgt sich die Überlegung, daß die Ermittlung, Messung und Veröffentlichung immaterieller Ressourcen diese zentralen Werttreiber des Unternehmens in das Bewußtsein des Managements rückt und sich somit letztlich auf die Unternehmensführung auswirkt.

Zu den ermittelten Größen sind Vorjahreswerte und idealerweise der jeweilige Zielrealisierungsgrad anzugeben. Wie die meisten Vorschläge zur Abbildung immaterieller Vermögenswerte in der Unternehmensberichterstattung steckt auch das Konzept des Intellectual Property Statement noch in den Anfängen. Deshalb existieren noch keine Überlegungen, wie Kombinationseffekte und Interdependenzen zwischen den einzelnen Vermögenswerten bzw. Werttreibern zu berücksichtigen sind.

---

[496] Vgl. hierzu wie auch zum folgenden Maul, Karl-Heinz/Menninger, Jutta (2000).

[497] Maul, Karl-Heinz/Menninger, Jutta (2000), S. 532.

Intellectual Property Statement	1999	Veränderungen ggü. Vj.	1998	Veränderungen ggü. Vj.	1997
I. Kundenbeziehungen					
Zahl der Kunden	1.000	2,0	980	3,2	950
Umsatz der 10 größten Kunden	15.000	15,4	13.000	-7,1	14.000
Durchschnittliche Bestellhäufigkeit	4,0	14,3	3,5	-22,2	4,5
Kundenzufriedenheit in v. H.	90	12,5	80	-5,9	85
Auftragsbestand in Monaten	1,5	25,0	1,2	20,0	1,0
Zahl der Joint Ventures	4	33,3	3	-25,0	4
II. Humankapital					
Zahl der produktiven Mitarbeiter	70	-2,8	72	2,9	70
Zahl der Verwaltungsmitarbeiter	10	-9,1	11	10,0	10
Zahl der Mitarbeiter in Forschung und Entwicklung	5	25,0	4	0,0	4
Ausbildungsstruktur					
Industriekaufleute	4	0,0	4	0,0	4
Akademiker					
Naturwissenschaftliche Ausbildung	5	25,0	4	0,0	4
Betriebswirtschaftliche Ausbildung	2	100	1	0,0	1
Altersstruktur Gesamtunternehmen					
Unter 30 Jahre	35	-5,4	37	5,7	35
30 bis unter 50 Jahre	40	-2,4	41	5,1	39
50 bis unter 65 Jahre	10	11,1	9	-10,0	10
Führungsstruktur 1. und 2. Ebene					
30 bis 55 Jahre	1	-50,0	2	0,0	2
über 55 Jahre	6	20,0	5	66,7	3
Ausbildungsausgaben	10	11,1	9	12,5	8
Fluktuationsrate in v. H.	3	-25,0	4	33,3	3
Durchschnittliche Betriebszugehörigkeit	12	0,0	12	9,1	11
III. Innovationskapital					
Wichtige Marken oder Patente	A,B,C		A,C		A,C
Wert von Marken oder Patenten	1.000	233,3	300	-25,0	400
Zahl der Lizenzverträge	5	66,7	3	-25,0	4
Lizenzeinnahmen	100	5,3	95	5,6	90
Aufwendungen für Markenpflege	50	25,0	40	-11,1	45
Aufwendungen für Forschung und Entwicklung	80	6,7	75	0,0	75
Umsatz mit max. 3 Jahre alten Produkten	20.000	11,1	18.000	0,0	18.000
IV. Infra- und Prozeßstruktur					
Anteil Verwaltungspersonal an der Gesamtzahl der Mitarbeiter in v. H.	11,8	-7,0	12,6	6,2	11,9
Umsatz je Produktivität in TEuro	250	13,6	220	-12,0	250
Wertschöpfung je Mitarbeiter in TEuro	5	25,0	4	-33,3	6
Ausschußquote in v.H.	0,2	-50,0	0,4	100,0	0,2
Ausgaben zur Qualitätssicherung/-verbesserung	20	33,3	15	-16,7	18
Investitionen in Informationstechnologie	15	15,4	13	0,0	13

Abbildung 3: Beispiel für ein Intellectual Property Statement[498]

[498] Quelle: Maul, Karl-Heinz/Menninger, Jutta (2000), S. 532. Anpassung an Euro durch die Verfasserin. Zum Intellectual Property Statement einer Hochschule vgl. Maul, Karl-Heinz (2000), S. 2015.

4.2.2.2. Intellectual Capital Statement

Der jüngste deutsche Beitrag zur freiwilligen Berichterstattung über immaterielle Vermögenswerte in einem gesonderten Berichtsinstrument stammt vom Arbeitskreis „Immaterielle Werte im Rechnungswesen" der Schmalenbach-Gesellschaft für Betriebswirtschaft e.V. (AK Immaterielle) und stellt das von diesem Arbeitskreis konzipierte Intellectual Capital Statement vor.[499] Die Veröffentlichung ist die Ergänzung zu den in Abschnitt 4.1 dargelegten de lege ferenda-Überlegungen und soll die substanzorientierte Abbildung derjenigen immateriellen Vermögenswerte gewährleisten, die auch unter einem reformierten Bilanzrecht nicht aktivierungsfähig sind. Wie das Intellectual Property Statement basiert auch das Berichtsinstrument des AK Immaterielle auf einem Indikatorenmodell. Eine Weiterentwicklung des von Maul/Menninger veröffentlichten Vorschlags liegt u.a. in der Diskussion über die Strategie des Unternehmens in Bezug auf immaterielle Vermögenswerte und deren Einfluß auf den langfristigen Unternehmenserfolg sowie Interdependenzen mit anderen Ressourcen. Für jede Kategorie immaterieller Vermögenswerte[500] nennt der AK Immaterielle grundsätzlich als aussagekräftig erachtete Indikatoren und erläutert diese.[501] Für die ausgewählten Indikatoren soll das Unternehmen jeweils den aktuellen Wert der Berichtsperiode sowie Werte vergangener Berichtsperioden angeben. Wenn möglich, ist ein Zielwert für künftige Perioden zu nennen. Anschließend sind die Indikatoren genau zu definieren und deren Wechselwirkungen untereinander zu erörtern. Schließlich sollten Stand und Entwicklung der einzelnen Kategorien immaterieller Werte kommentiert werden, bevor die Informationen in Form einer Bewertung der immateriellen Werte als Gesamtheit gebündelt werden. Der Vorschlag des AK Immaterielle geht auch insofern weiter als der Berichtsansatz von Maul/Menninger, als Interdependenzen der einzelnen Vermögenskategorien explizit zu berichten sind. Eine Vertiefung erhält die Darstellung auch durch die geforderten dezidierten Erörterungen und Definitionen zu den Indikatoren.

4.2.2.3. Skandia Navigator

Der international meist beachtete und bekannteste Ansatz, der zum Teil als Prototyp der Berichterstattung über immaterielles Vermögen verstanden wird, ist der Skandia-Navigator.[502] Er wurde von Edvinsson/Malone entwickelt und nach der skandinavischen Versicherungsgruppe Skandia benannt, die als eines der ersten Unternehmen für die Jahre 1994 bis 1998 einen Intellectual Capital Report veröffentlicht hat, der in sei-

---

[499] Vgl. Arbeitskreis „Immaterielle Werte im Rechnungswesen" der Schmalenbach-Gesellschaft für Betriebswirtschaft e.V. (2003).

[500] Vgl. zu den Kategorien immaterieller Vermögenswerte nach Auffassung des Arbeitskreises „Immaterielle Werte im Rechnungswesen" der Schmalenbach-Gesellschaft für Betriebswirtschaft e.V. Abschnitt 2.5.2.

[501] Genannt werden beispielsweise Kundenzufriedenheit, Kundenqualität, Marktanteil, wesentliche Marken und Wertbeitrag für die Kategorie Customer Capital.

[502] Vgl. International Federation of Accountants (1998), Rz. 18-37; Financial Accounting Standards Board (2001), S. 32.

ner Struktur diesem Ansatz folgt.[503] Die IFAC propagiert ihn als Vorreiter auf dem Gebiet der Berichterstattung über immaterielle Vermögenswerte.[504]

Die fünf Berichtsperspektiven des Skandia Navigator leiten sich aus der in Abschnitt 2.5.2 skizzierten gesamtwertorientierten Strukturierung immateriellen Vermögens ab: Finanzfokus, Kundenfokus, Humanfokus, Prozeßfokus sowie der Fokus Erneuerung und Entwicklung. Während der Finanzfokus die Ergebnisse der Vergangenheit des Unternehmens widerspiegelt, zeigen der Kunden- und der Prozeßfokus die gegenwärtige Situation des Unternehmens auf. Für die künftige Entwicklung des Unternehmens ist der Fokus Erneuerung und Entwicklung maßgeblich. Der Humanfokus ist die zentrale und erfolgskritische Größe des Unternehmens, die alle anderen Bereiche berührt.[505]

Wenngleich die Kategorisierung immateriellen Vermögens, die dem Skandia Navigator zugrundeliegt, gesamtwertorientiert erfolgt, handelt es sich um ein induktiv-analytisches Berichtsinstrument. Für jeden der fünf Bereiche, sprich für jede Kategorie immateriellen Vermögens, sind Indikatoren zu ermitteln, die einen kausalen Wirkungszusammenhang mit dem immateriellen Vermögen des Unternehmens bzw. dessen Wert haben. Als aussagefähige Indikatoren für den Kundenfokus werden beispielsweise der Marktanteil, Zahl der Mitarbeiter im Vertrieb oder die durchschnittliche Dauer der Kundenverbindung genannt. Für den Humanfokus schlagen Edvinsson/Malone z.B. die Fluktuationsrate, das Durchschnittsalter der Mitarbeiter und die Pro-Kopf-Ausgaben für Weiterbildung vor. Ebenso werden für die anderen Bereiche Indikatoren definiert. Die Indikatoren stellen zum Teil monetäre Größen (z.B. Ergebnis aus laufender Geschäftstätigkeit), aber auch Prozentangaben (z.B. Anteil der Mitarbeiter mit akademischer Ausbildung) oder absolute Werte (z.B. Zahl der Kunden)[506] dar. Insgesamt wurden 111 Indikatoren definiert, 36 davon sind monetäre Größen.[507] Ein direkter Bezug zum Unternehmenswert wird mit dem Berichtsinstrument nicht hergestellt.[508] Im Rahmen des veröffentlichten Berichts wählt Skandia aus sämtlichen Indikatoren diejenigen aus, die als besonders aussagekräftig erachtet werden.

---

503 Seit 1999 veröffentlicht Skandia keinen Intellectual Capital Report mehr im Internet. Eine Begründung hierfür gibt das Unternehmen nicht. Im deutschsprachigen Raum veröffentlichen ausschließlich die Austrian Research Centers und das Deutsche Zentrum für Luft- und Raumfahrt e.V. einen Intellectual Capital Report. Die Struktur des Berichts folgt der Dreiteilung in Human-, Struktur- und Beziehungskapital und ist dem Intellectual Capital Report von Skandia sehr ähnlich. Deshalb wird auf eine ausführliche Darstellung verzichtet.

504 Skandinavische Unternehmen und insbesondere Skandia gelten als Vorreiter der Berichterstattung über immaterielle Vermögenswerte. Vgl. Weber, Claus-Peter (2002), S. 325; Litan, Robert E./Wallison, Peter J. (2000), S. 55; Fincham, Robin/Roslender, Robin (2003), S. 783.

505 Vgl. Edvinsson, Leif/Malone, Michael S. (1997), S. 67-69. Warum Finanz-, Kunden- und Prozeßfokus nach Edvinsson/Malone offensichtlich keinen oder nur untergeordneten Einfluß auf die künftige Unternehmensentwicklung haben, wird nicht erläutert.

506 Diese Größe wird im Bericht von Skandia Real Estate (Abbildung 4) nicht abgebildet.

507 Vgl. Edvinsson, Leif/Malone, Michael S. (1997), S. 151-155.

508 Skandia gibt im *financial focus* zwar den Marktwert des Unternehmens an, dieser wird jedoch nicht weiter aufgespalten.

Ein derartiger Bericht wird für jeden der fünf Teilkonzerne Skandias gegeben, wobei die veröffentlichten Kennzahlen in Abhängigkeit von Branchencharakteristika abweichen. Zwei der fünf Teilkonzerne sind der Versicherungsbranche zuzuordnen, einer dem Bankensektor, einer dem Telekommunikationsbereich und einer dem Immobilienbereich. Selbst die beiden Versicherungsteilkonzerne liefern nicht dieselben Indikatoren, außerdem variieren die ausgewiesenen Indikatoren im Zeitablauf. Ein konsolidierter Intellectual Capital Report wäre insofern wenig informativ.

	1997	1996	1995	1994*
Financial Focus				
Direct yield (%)[509]	5.96	5.93	6.16	6.60
Net operating income (MSEK)	1,130	1,215	1,258	1,399
Market value (MSEK)	19,206	20,092	20,702	21,504
Total yield (%)	7.73	-0.62	5.06	4.44
Customer Focus				
Customer satisfaction index (max. value 100)	69	58	56	n.a.
Average lease (years)	n.a.	8.6	8.5	n.a.
Average rent (SEK/sq.m.)	951	960	970	1,041
Telephone accessibility (%)	60	71	60	n.a.
Human Focus				
Human Capital Index (max. value 100)	n.a.	615	617	n.a.
Employee turnover (%)	10.0	10.1	7.9	7.7
Average years of service with company	12.0	10.0	10.1	10.2
College graduates/ total number of office staff (%)	36	32	31	31
Process Focus				
Occupancy rate measured by area (%)	93.7	91.8	89.7	89.3
Financial occupancy rate (%)	96.2	94.9	93.0	91.2
Net operating income per sq.m. (SEK)	553	569	590	657
Costs per sq.m., Sweden (SEK)	304	274	276	272
Renewal & Development Focus				
Property turnover: purchases (%)	0.2	3.1	3.2	0.8
Property turnover: sales (%)	8.1	1.1	6.1	0.4
Change and development of existing holdings (MSEK)	235	311	333	313
Training expense/administrative expense (%)	0.8	1.0	1.5	1.0

* Indikatoren bzw. andere Angaben, die auf Rechnungslegungsinformationen beruhen, wurden nach Inkrafttreten neuer Bilanzierungsregeln für Versicherungsunternehmen in Schweden zum 1. Januar 1996 nicht angepaßt.

Abbildung 4: Beispiel aus dem Intellectual Capital Report des Skandia-Konzerns[510]

509 Die Kennzahlen *direct yield* und *total yield* werden von Skandia nicht erläutert.

510 Quelle: Skandia Intellectual Capital Prototype Report 1998. Skandia Real Estate ist eine der größten Immobiliengesellschaften Schwedens mit über 300 Holdings.

4.2.2.4. Technologiebilanz

Eine Möglichkeit, ausschließlich über die Forschungs- und Entwicklungsaktivitäten eines Unternehmens in standardisierter und aggregierter Form zu berichten, hat Hartmann 1997 in sehr detaillierter Form mit der Technologiebilanz vorgestellt.[511] Ziel ist die Erfassung der technologischen Substanz eines Unternehmens in strukturierter Form sowie deren Bewertung.[512]

Die Struktur der Technologiebilanz folgt der konventionellen Handelsbilanz. Die Aktivseite gibt die Verwendung von Technologien, die Passivseite deren Herkunft wieder. „Der Zusammenhang von Aktiv- und Passivseite besteht darin, daß die auf der Aktivseite bilanzierten Produkte und Prozesse auf der Passivseite als funktional-abstrakte Lösungsprinzipien dargestellt sind."[513] Unter Prozessen werden Fertigungs- und Verfahrenstechnologien verstanden. Der Unterteilung auf der Aktivseite in Produkte und Prozesse steht passivisch die Unterteilung in Eigen- und in Fremdtechnologien gegenüber. Dabei soll die Dokumentation der Eigentechnologien konzeptionell dem Eigenkapital der konventionellen Bilanz entsprechen. Sie umfassen all diejenigen Technologien, die das Unternehmen selbst entwickelt hat, und solche, an denen das Unternehmen Know-How in dem Umfang besitzt, daß dieses einen Wettbewerbsvorteil begründet.[514]

Auf der zweiten Gliederungsebene der Aktivseite wird anhand des Reifegrades nach Produkten in der Beobachtungsphase, in der Entstehungsphase, in der Marktphase und in der Entsorgungsphase differenziert. Auf der Passivseite werden die Technologien nach dem Qualitätsgefälle des Wissens geordnet. Abgebildet werden Technologien mit Systemprinzip-Wissen, mit Gesetzeswissen, mit Gesetzes- und Beobachtungswissen sowie mit Beobachtungs- und Fertigkeitswissen. „Gesetzeswissen spiegelt den einer Technologie zugrundeliegenden theoretisch-naturwissenschaftlichen Erkenntnisstand wider. Beobachtungswissen bedeutet, Kenntnisse über Ursache-Wirkungsbeziehungen einer Technologie zu haben, jedoch nicht über die zugrundeliegenden Theorien. Fertigkeitswissen bedeutet letztlich technisches Können im Sinne der Bedienfähigkeit von z.B. Maschinen. Vermag ein Unternehmen die drei vorgenannten Wissens-Komponenten kombiniert und lösungsbezogen einzusetzen, so verfügt das Unternehmen über Systemprinzip-Wissen."[515]

---

511 Ein weiteres, komplexes Modell zur Bewertung von Technologien hat jüngst Hall entworfen. Da der Zweck der Technologiebewertung nach Hall aber in der Entscheidungsvorbereitung und Kontrolle bestehender Projekte sowie gegebenfalls in der Identifizierung neuer Projektnotwendigkeiten und nicht in der Berichterstattung an externe Adressaten besteht, soll dieses Modell im Rahmen der vorliegenden Arbeit nicht weiter diskutiert werden. Vgl. Hall, Karl (2002). Einen Überblick über bedeutsame Methoden der Technologiebewertung, die allerdings nicht den Charakter eines Berichterstattungsinstrumentes aufweisen, liefert Becker, Wolfgang (2002), Sp. 1952-1955.

512 Vgl. Hartmann, Matthias (1997), S. 141.

513 Hartmann, Matthias (1998), S. 1013.

514 Vgl. Hartmann, Matthias (1997), S. 161.

515 Hartmann, Matthias (1998), S. 1015.

Die Bewertung der Strukturelemente erfolgt anhand des Indikators Technologieattraktivität, die im wesentlichen durch das Weiterentwicklungspotential der Technologie bestimmt wird.[516] Für die Bewertung werden die Technologien in Basis-, Schlüssel- und Schrittmachertechnologien eingeteilt. Schrittmachertechnologien befinden sich in einem frühen Entwicklungsstadium, lassen aber bereits großes Wettbewerbspotential erkennen. Sie werden nur vom bilanzierenden Unternehmen oder sehr wenigen Wettbewerbern beherrscht. Auch Schlüsseltechnologien beeinflussen die Wettbewerbsfähigkeit, jedoch nicht in gleichem Maße wie Schrittmachertechnologien. Sie werden nur von wenigen Wettbewerbern beherrscht, aber bereits häufiger in Produkten und Prozessen eingesetzt als Schrittmachertechnologien.

Als Basistechnologie werden solche Technologien klassifiziert, die von nahezu allen Wettbewerbern beherrscht werden und die in den meisten Produkten und Prozessen integriert sind, so daß ihr potentielles Anwendungsspektrum als weitgehend ausgeschöpft angesehen werden kann. Folglich hat eine Basistechnologie nur eine geringe Ertrags- und Kostenhebelwirkung und ist als wenig attraktiv einzustufen. Die Attraktivität der einzelnen Technologien wird durch eine fünfstufige Skala von null bis vier ausgedrückt, wobei die Werte null und vier Extremen vorbehalten sind. Basistechnologien werden mit 1 bewertet, Schlüsseltechnologien mit 2 und Schrittmachertechnologien mit 3.

Alle Technologien auf der Aktiv- und Passivseite sind auf diese Weise zu bewerten. Passivisch ist demnach das Anwendungspotential der Technologien zu analysieren. Auf der Aktivseite ist nach den in Produkten und Prozessen inkorporierten Technologiearten zu fragen. Ergibt sich dort nach der Bewertung ein Überhang, handelt es sich um einen Technologieüberschuß, der auf der Passivseite abgebildet wird. Ein Überschuß bedeutet, daß das Unternehmen seine Technologien effizient in den aktivierten Produkten und Prozessen einsetzt. Umgekehrt zeigt ein Fehlbetrag, daß das Unternehmen zwar über Technologien verfügt, diese aber nicht ausreichend in Produkten und Prozessen einsetzt.

Die Analogie der Technologiebilanz zur konventionellen Handelsbilanz ermöglicht deren Auswertung mittels Kennzahlenanalyse. Hartmann hat hierzu eine Reihe von Kennzahlen entwickelt, die im Rahmen einer technologieorientierten Unternehmensbeurteilung von Interesse sein können. Beispielsweise soll die Kennzahl Produktvorsteuerungsgrad Auskunft darüber geben, ob das Unternehmen an der Forschung und Entwicklung von Produkten arbeitet, die den künftigen Markterfolg sichern. Der Produktvorsteuerungsgrad setzt die summierte Technologieattraktivität der Produkte in der Beobachtungs- und Entstehungsphase in Relation zur Technologieattraktivität der Produkte in der Marktphase. Die ermittelte Kennzahl soll als Maß für die Intensität der Forschungs- und Entwicklungsarbeiten an neuen Produktgenerationen dienen. Ein Wert über 1 zeigt, daß das Unternehmen mehr Produkte mit insgesamt hoher Technologieattraktivität in der Beobachtungs- oder Entstehungsphase hat als solche in der Marktphase. Dies kann als Indiz dafür gewertet werden, daß sich das Unternehmen der

516 Vgl. Hartmann, Matthias (1998), S. 1017-1020.

Entwicklung hochwertiger „Nachwuchstechnologien" widmet, was zur Sicherung der Wettbewerbssituation beiträgt. Abbildung 5 auf Seite 105 zeigt ein Beispiel für die Technologiebilanz eines fiktiven Unternehmens.

4.2.2.5. Weitere Bewertungsmodelle und Berichtsansätze

Auch im Bereich der induktiv-analytischen Berichtsansätze finden sich weitere Vorschläge im Schrifttum, die den bereits dargelegten Modellen entweder ähnlich sind oder auf wenig Resonanz im Schrifttum stoßen. Beispielhaft seien folgende drei genannt:

- *Der Intellectual Capital Navigator nach Stewart*[517]: Dem Intellectual Capital Navigator liegt die Unterteilung des immateriellen Vermögens in Human-, Struktur- und Kundenkapital zugrunde. Für jede der drei Erscheinungsformen sind jeweils drei Schlüsselindikatoren zu wählen, die hohen Einfluß auf den Unternehmenserfolg haben, außerdem ist das Marktwert-/Buchwertverhältnis zu ermitteln. Das immaterielle Vermögen des Unternehmens ist nun zu visualisieren, indem diese zehn Indikatoren in einem Kreis als Achsen vom Mittelpunkt zum Kreisbogen abgebildet werden. Auf diesen Achsen werden Skalen abgetragen, die den Werten des jeweiligen Indikators entsprechen, wobei der kleinste oder schlechteste Wert im Zentrum des Kreises liegt, auf dem Kreisbogen wird der beste bzw. der Zielwert abgetragen. Verbindet man nun die Werte der Indikatoren auf jeder Achse miteinander, erhält man ein Polygon, das die Stärken und Schwächen des Unternehmens im Bereich der immateriellen Werte veranschaulichen soll („Radar Chart").

- *Das integrierte Indikatorensystem nach North/Probst/Romhardt*[518]: Das Indikatorensystem von North/Probst/Romhardt setzt an der Kritik an anderen Modellen zur Bewertung immateriellen Vermögens an. Insbesondere weisen North/ Probst/Romhardt darauf hin, daß es „[e]in allgemeingültiges Set der ‚zehn wichtigsten Wissensindikatoren' [...] nicht geben [kann]."[519] Deshalb propagieren die Autoren ein mehrstufiges Indikatorensystem, das Indikatoren getrennt für die organisationale Wissensbasis, Interventionen (Maßnahmen, die ergriffen werden, um die Wissensbasis zu verändern), Übertragungseffekte und die Ergebnisse der Geschäftstätigkeit darstellt. Aus diesen Interventionen resultieren Zwischenerfolge und Übertragungseffekte, die zu finanziellen und nicht-finanziellen Ergebnissen führen. Die finanziellen Ergebnisse werden in der traditionellen Bilanz abgebildet, die Veränderungen der organisationalen Wissensbasis werden in einer Wissensbilanz beschrieben und bewertet. Hierzu sind wiederum Indikatoren aus vier unterschiedlichen Indikatorenklassen heranzuziehen, die den Prozeß der Wissensmessung widerspiegeln. Der Vorteil dieses Indikatorensystems besteht darin, daß neben den Veränderungen auch die Ursachen für die Veränderungen und die Quellen der Wertdifferenzen ablesbar sind.

---

517 Vgl. Stewart, Thomas A. (1997), S. 243-246; Stewart, Thomas A. (1998), S. 236-239.

518 Vgl. North, Klaus/Probst, Gilbert/Romhardt, Kai (1998), S. 163-166.

519 North, Klaus/Probst, Gilbert/Romhardt, Kai (1998), S. 166.

- *Das Value Chain Scoreboard nach Lev*[520]: Levs Value Chain Scoreboard stellt ein wertschöpfungsorientiertes Informationssystem dar. Die Informationsvermittlung durch das *Scoreboard* folgt dem Prozeß der „Innovationserstellung". Dieser wird disaggregiert in die neun Bereiche (*information boxes*) *internal renewal, acquired capabilities, networking, intellectual property, technological feasibility, internet, customers, performance* und *growth prospects*. Auch hier sind für jeden Teilbereich Indikatoren auszuwählen, die quantifizierbar, standardisiert und nachweislich empirisch mit dem Unternehmenswert verknüpft sein sollen.

520 Vgl. Lev, Baruch (2001), S. 110-118.

Technologiebilanz

Technologie-Verwendung	
A. Prozesse	
I. Prozesse in der Beobachtungsphase	
Digitales Bedrucken von Plastik	9
Interoperabilität der Kartensysteme	8
II. Prozesse in der Entstehungsphase	
Interaktive Codierung der Chips	24
III. Prozesse in der Marktphase	
Bedrucken von Plastik nach konventionellen Methoden	3
Laminieren	3
Magnetstreifencodierung	2
Implantieren von Chips	4
Sequentielle Codierung der Chips	11
Optisches Personalisieren (Lasergravur bzw. Thermotransfer)	4
IV. Prozesse in der Entsorgungsphase	
Stanzen und Schneiden	1
Prägen von Karten	1
B. Produkte	
I. Produkte in der Beobachtungsphase	
Hybridkarten: kontaktbehaftete/ kontaktlose Chipkarten	11
II. Produkte in der Entstehungsphase	
Hybridkarte: analog/digital	9
Hybridkarte: Optochipkarte	17
Multifunktionale Prozessorkarte	21
III. Produkte in der Marktphase	
Prozessorchipkarte	14
Speicherchipkarte	9
Magnetstreifenkarte	6
Prägekarte	5
Plastikkarte ohne Datenträger	4
IV. Produkte in der Entsorgungsphase	
Dünnplastikkarte	2
Papierkarte	2
Summe	170

Technologie-Herkunft	
A. Eigentechnologien	
I. Technologien mit Systemprinzip-Wissen	
Prägen	0
Softwarecodierung sequentiell	2
Trenntechnologie	1
Papierpersonalisierungstechnik	0
Papierfalztechnik	0
II. Technologien mit Gesetzeswissen	
Pixeldruck	
Pflichtenheft für Maschinen zur interaktiven	3
Softwarecodierung	4
III. Technologien mit Gesetzes- und Beobachtungswissen	
Laminiertechnik nach Insert-Methode	3
Chip-Implantierung in optische Karten	3
Codierung der Optochipkarte	4
IV. Technologien mit Beobachtungs- und Fertigkeitswissen	
Anwendung der Drucktechnik	1
Anwendung der Laminiertechnik	2
Chip-Implantieren nach Heißklebetechnik	2
Optische Personalisiertechnik	2
Softwarecodierung interaktiv	4
Anwendung der Kryptotechnologie	4
B. Fremdtechnologien	
I. Technologien mit Systemprinzip-Wissen	
Prägemaschinen	1
II. Technologien mit Gesetzeswissen	
Analogtechnologie	0
Radiofrequenztechnologie	2
Antennenherstellungstechnologie	2
Verbindungstechnologie Modul-Antenne	3
Verschlüsselungsalgorythmen	3
III. Technologien mit Gesetzes- und Beobachtungswissen	
Magnetstreifenmaterialtechnologie	1
Optokartentechnologie	1
IV. Technologien mit Beobachtungs- und Fertigkeitswissen	
Druckfarbenmischung	1
Druckfarben für unterschiedliche Kunststoffe	2
Druckmaschinen	1
Laminiermaschinen	1
Implantiermaschinen	2
Personalisierungsmaschinen für Thermotrans-fer und Laser	2
Chip- bzw. Halbleitertechnologie	4
Chipkartenbetriebssysteme	3
Softwaretechnologie für Betriebssysteme	2
Know-how über Betriebssystemwechsel	3
Personalisiermaschinen für Chipkodierung	3
C. Technologieüberschuß	98
Summe	170

Abbildung 5: Beispiel einer Technologiebilanz für ein Chipkartenunternehmen[521]

[521] Quelle: Hartmann, Matthias (1997), S. 215.

5. Empirische Evidenz

5.1. Vorbemerkung

Im Schrifttum finden sich häufig Aussagen, Abschlüsse auf Basis fortgeführter historischer Kosten hätten aufgrund der Veränderungen des Wirtschaftslebens – insbesondere des Wandels von einer Industrie- zu einer Dienstleistungs- und Hochtechnologiegesellschaft – an Relevanz eingebüßt.[522] Insbesondere immaterielle Vermögenswerte werden für diese Entwicklung verantwortlich gemacht, da sie als relevant gelten, bislang aber nicht oder nur in geringem Umfang angesetzt werden können. In diesem Kapitel sollen deshalb die Ergebnisse empirischer Untersuchungen und Studien zur Relevanz von immateriellen Vermögenswerten analysiert werden. Ziel ist es zu erkennen, ob immaterielle Vermögenswerte aus Kapitalmarkt- und aus Expertensicht relevant sind. Untersuchungen zur Wertrelevanz von Rechnungslegungsgrößen werden als verbundene Tests auf Relevanz und Verläßlichkeit durchgeführt, „because an accounting amount will be value relevant, i.e., have a predicted significant relation with share prices, only if the amount reflects information relevant to investors in valuing the firm and is measured reliably enough to be reflected in share prices."[523] Bei der Auswahl der Studien wird unterschiedliche Erscheinungsformen immateriellen Vermögens sowie unterschiedliche Untersuchungstypen berücksichtigt. Außerdem wird aktuellen Forschungsergebnissen ein besonderes Augenmerk gewidmet.

5.2. Studien zur Kapitalmarktrelevanz von Rechnungslegungsinformationen (Regressionsrechnungen)

5.2.1. Relevanz von Informationen über Forschung und Entwicklung

5.2.1.1. Zusammenhang zwischen Forschungs- und Entwicklungsvermögen und Marktwert oder Aktienrendite: Die Studie von Lev/Sougiannis (1996)

5.2.1.1.1. Untersuchungsaufbau

Das FASB lehnt die Aktivierung von Forschungs- und Entwicklungsausgaben mit der Begründung ab, eine Korrelation zwischen Forschungs- und Entwicklungsausgaben und künftigen Umsätzen, Gewinnen oder Marktanteilen hätte empirisch nicht nachgewiesen werden können.[524] Seit der Verabschiedung des SFAS 2 „Accounting for Research and Development Costs" im Jahre 1974 sind die Forschungs- und Entwicklungsausgaben insbesondere im Zuge der Entstehung neuer technologieorientierter Bran-

---

522 Vgl. Elliott, Robert K./Jacobson, Peter D. (1991); Jenkins, Edmund L. (1994); Rimerman, Thomas W. (1990) und Sever, Mark V./Boisclair, Ronald E. (1990). Neuere empirische Studien können eine abnehmende Relevanz von Rechnungslegungsinformationen nicht bestätigen. Diese Studien zeigen eine im Zeitablauf gesunkene Erklärungskraft der Gewinngröße, für den Buchwert des Eigenkapitals hingegen eine steigende. Vgl. Collins, Daniel W./Maydew, Edward L./Weiss, Ira S. (1997); Francis, Jennifer/Schipper, Katherine (1999).

523 Barth, Mary E./Beaver, William H./Landsman, Wayne R. (2001), S. 80. Vgl. auch Ewert, Ralf/Wagenhofer, Alfred (2000), S. 49; Kuhner, Christoph (2001), S. 533.

524 Vgl. SFAS 2.41. Das FASB bezieht sich in dieser Aussage auf die Studie von Newman, Maurice (1968), die auf Daten aus den Jahren 1954 bis 1965 zurückgreift, sowie auf die Studien von Johnson, Orace (1967) und Milburn, Alex J. (1971). Letztere läßt sich heute nicht mehr beschaffen.

chen in den USA deutlich gestiegen.[525] Eine vergleichbare Entwicklung kann auch in Deutschland beobachtet werden.[526]

Vor diesem Hintergrund testen Lev/Sougiannis die Wertrelevanz der Investitionen in Forschung und Entwicklung an einer Stichprobe von 2.600 Unternehmen des produzierenden Gewerbes, die Forschung und Entwicklung betreiben.[527] Die Gesamthöhe dieser immateriellen Investitionen läßt sich nicht dem Jahresabschluß entnehmen und ist zu schätzen. Zunächst wird deshalb der Zusammenhang zwischen den Ausgaben für Forschung und Entwicklung und den Gewinnen der Folgeperioden ermittelt, um das firmenspezifische Forschungs- und Entwicklungsvermögen sowie dessen Abschreibungsrate zu errechnen. Bei der Ermittlung des F&E-Vermögens wird also von einem fundamentalen Zusammenhang zwischen dem Wert der *assets* und den mittels dieser *assets* generierten Gewinnen ausgegangen. Der Gewinn wird zunächst als eine Funktion materieller und immaterieller Vermögenswerte (inklusive Forschungs- und Entwicklungsvermögen) definiert. Er errechnet sich als operatives Ergebnis vor Abschreibungen und Ausgaben für Forschung und Entwicklung sowie Marketing und wird als Maß für den wirtschaftlichen Nutzen der Forschungs- und Entwicklungsausgaben verstanden.[528] Nachdem die Wertrelevanz von Forschungs- und Entwicklungsaufwand untersucht werden soll, wird der Bereich Forschung und Entwicklung aus der Gruppe immaterieller Vermögenswerte isoliert. Als Forschungs- und Entwicklungsvermögen wird ein (zu ermittelnder) Anteil sämtlicher bis dahin getätigter Forschungs- und Entwicklungsaufwendungen auf Basis historischer Werte (also ohne fiktive Abschreibungen) erfaßt.[529] Somit wird die Ausgangsfunktion für den Gewinn modifiziert: Gewinn ist nun eine Funktion des Forschungs- und Entwicklungsvermögens, der materiellen und der restlichen immateriellen Vermögenswerte. Daneben werden auch Marketingausgaben berücksichtigt.[530]

Die Ergebnisse dieser Schätzungen sind Basis für die periodische Anpassung von Gewinnen und Buchwerten des Eigenkapitals an eine fiktive Aktivierung des Forschungs- und Entwicklungsvermögens. Die Schätzwerte für die Jahre 1975 bis 1981 werden

---

525 Vgl. Lev, Baruch/Sougiannis, Theodore (1996), S. 108.

526 Vgl. Statistisches Bundesamt (2002b).

527 Die Daten hierzu werden CRSP, Compustat und dem NBER R&D Master File entnommen. Vgl. Lev, Baruch/Sougiannis, Theodore (1996), S. 112. Zum NBER R&D Master File vgl. Hall, Bronwyn H. (1990).

528 Ein Zusammenhang zwischen Forschungs- und Entwicklungsausgaben und dem nicht-operativen Bereich wie z.B. Verwaltungsaufwand oder Aufwendungen, die aus dem Finanzbereich resultieren, wird als unplausibel erachtet. Vgl. Lev, Baruch/Sougiannis, Theodore (1996), S. 111.

529 Vgl. Lev, Baruch/Sougiannis, Theodore (1996), S. 110-113. Eine andere Möglichkeit, das F&E-Vermögen zu bestimmen, ist, die Differenz zwischen dem Marktwert des Unternehmens und dessen Buchwert bzw. Wiederbeschaffungskosten zu berechnen. Diese Vorgehensweise liegt den Studien von Cockburn, I./Griliches, Z. (1988) und Hall, Bronwyn (1993) zugrunde. Sie birgt ein Zirkularitätsproblem, weil Marktpreise in der Regel aus Finanzinformationen abgeleitet werden und diese dann nicht zur Berechnung eben dieser Informationen herangezogen werden können. Vgl. Lev, Baruch/Sougiannis, Theodore (1996), S. 110f.

530 Es findet für sämtliche Größen eine Skalierung um die jährlichen Umsätze statt, um Heteroskedastizität zu mildern.

verwendet, um die entsprechenden Größen des Berichtsjahrs 1982 anzupassen. Dementsprechend werden die Schätzwerte der Jahre 1975 bis 1982 zur Anpassung der Größen des Jahres 1983 herangezogen.[531] Die Schätzwerte für die Regressionskoeffizienten der Jahre 1975 bis 1981 werden gemittelt und für die Berechnung der jährlichen Abschreibungsrate des Forschungs- und Entwicklungsvermögens verwendet. Diese berechnet sich als das Verhältnis des Nutzenbeitrags des laufenden Jahres zum gesamten Nutzen. Der angepaßte Gewinn entspricht demnach dem Gewinn nach US-GAAP zuzüglich Forschungs- und Entwicklungsaufwendungen und abzüglich Abschreibungen auf die fiktiv aktivierten Forschungs- und Entwicklungsaufwendungen.[532]

Die Wertrelevanz wird zum einen in einem innerperiodischen Regressionsmodell getestet, bei der die jährliche Aktienrendite (*return model*) oder der Aktienkurs (*price model*) durch die Gewinnziffern nach US-GAAP und durch die Abweichung zum Gewinn bei fiktiver Aktivierung – quasi der im berichteten Gewinn enthaltene „Fehler" – erklärt wird (Basismodell).[533] Das Modell wird jeweils um die Veränderung dieser beiden Variablen im Vergleich zum Vorjahr erweitert. In einem dritten Modell wird der berichtete Gewinn nach Forschungs- und Entwicklungsaufwand durch den Gewinn nach US-GAAP vor Forschungs- und Entwicklungsaufwand ersetzt. Ist der Gewinn *nach* Forschungs- und Entwicklungsaufwand nämlich erklärende Variable, ist der Forschungs- und Entwicklungsaufwand eine Komponente sämtlicher unabhängiger Variablen und könnte insofern mit unterschiedlichen Koeffizienten korrelieren.[534]

Zum anderen wird der intertemporale Zusammenhang zwischen den an die fiktive Aktivierung angepaßten Variablen und den Renditen der Folgeperioden getestet. Damit soll der Frage nachgegangen werden, ob sich Investoren der Wertrelevanz von Informationen über Forschung und Entwicklung vollständig bewußt sind oder ob sie diese nur partiell reflektieren.[535] Die zugrundegelegte Regression lehnt sich an ein Modell von Fama/French an, in dem Aktienrenditen zeitverzögert auf bestimmte Fundamentaldaten regressiert werden.[536] Diesem Modell fügen Lev/Sougiannis das Forschungs- und Entwicklungsvermögen skaliert um den Marktpreis des Eigenkapitals als weitere Variable hinzu.[537]

---

531 1975 wurden die Vorschriften des SFAS 2 erstmals angewendet.

532 Aus Gründen der Komplexitätsreduktion wird keine Steuerabgrenzung berücksichtigt.

533 Nach Kothari/Zimmerman führt die gleichzeitige Verwendung von Kurs- *und* Renditemodellen zu aussagefähigeren Ergebnissen. Vgl. Kothari, S.P./Zimmerman, Jerold L. (1995), S. 157 und 183.

534 Vgl. Lev, Baruch/Sougiannis, Theodore (1996), S. 124f.

535 Diese Überlegung zu einer solch partiellen „Anpassung" der Forschungs- und Entwicklungsaufwendungen analogisiert den *post earnings announcement drift*. Bernard/Thomas haben gezeigt, daß Investoren auf unerwartete Gewinne am Tage der Bekanntgabe reagieren, die Reaktion aber insofern unvollständig ist als sich im folgenden weitere systematische Veränderungen der Rendite nachweisen lassen. Vgl. Bernard, Viktor L./Thomas, J.K. (1990).

536 Es handelt sich um das systematische Risiko, die Börsenkapitalisierung, das Buchwert-/Marktwertverhältnis, das Verhältnis von Buchwert der gesamten *assets* zum Buchwert des Eigenkapitals und das Verhältnis von Gewinn zum Marktwert des Eigenkapitals.

537 Vgl. Lev, Baruch/Sougiannis, Theodore (1996), S. 129-134.

5.2.1.1.2. Untersuchungsergebnisse

Die Ergebnisse der Schätzungen zur Ermittlung des Forschungs- und Entwicklungsvermögens werden hier gebündelt, da die Schätzungen getrennt für unterschiedliche Branchen und unterschiedliche Zeitfenster innerhalb des Untersuchungszeitraumes durchgeführt werden. Sie zeigen beispielsweise im Zeitraum 1975 bis 1990 eine durchschnittliche „Nutzungsdauer" (gemeint ist der Zeitraum, in dem Forschungs- und Entwicklungsausgaben positive Gewinnwirkung haben) von neun Jahren in der Chemie- und Pharmabranche, was die längste Dauer darstellt. Den kürzesten Wert erzielt die Branche wissenschaftliche Geräte (*scientific instruments*) mit fünf Jahren.[538] Der Nutzen, der aus einem USD Investition in Forschung und Entwicklung resultiert, variiert in diesem Zeitraum zwischen 2.628 USD für Chemie und Pharma und 1.663 USD für Computer Hardware.[539] Die Anpassungen der den Geschäftsberichten zu entnehmenden Größen auf Basis dieser Schätzungen sind substantiell. Der Gewinn wird bei sofortiger Verbuchung als Aufwand in der Elektronikindustrie um 26,8% niedriger ausgewiesen (Spitzenwert), der Durchschnitt liegt bei 20,55%. Für den Buchwert des Eigenkapitals ergibt sich nach den Anpassungen im Durchschnitt ein um 22,2% höherer Wert.[540]

Sowohl im einperiodigen Rendite- als auch im Preismodell ist die fiktive Aktivierung der Forschungs- und Entwicklungsausgaben, also die Differenz zwischen berichtetem und angepaßtem Gewinn (der „Fehler"), positiv und statistisch hochsignifikant.[541] Des weiteren ist der Koeffizient dieser Differenz substantiell größer als der der berichteten Gewinngröße. Im Preismodell beträgt der Unterschied ca. 50%. Die Schätzwerte für das Forschungs- und Entwicklungsvermögen sind ebenfalls hochsignifikant. Die Ausgaben für Forschung und Entwicklung sowie das Forschungs- und Entwicklungsvermögen sind also wertrelevant für die Investoren. Die Stichprobe enthält eine Vielzahl von Unternehmen, deren Forschungs- und Entwicklungsausgaben verhältnismäßig gering sind. Um daraus resultierende Verzerrungen zu vermeiden, werden die Regressionsrechnungen anschließend nur mit Unternehmen, deren Verhältnis von Forschungs- und Entwicklungsvermögen zu Eigenkapital im oberen Quartil liegt, durchgeführt. Im Renditemodell sind die Koeffizienten für die fiktive Aktivierung größer und stärker signifikant als die Werte der gesamten Stichprobe. In zwei Fällen, in denen der Koeffzient in der Gesamtstichprobe statistisch nicht signifikant ist, zeigt er für die

538 Vgl. Lev, Baruch/Sougiannis, Theodore (1996), S. 120.

539 Dabei ist zu berücksichtigen, daß dies den Beitrag zum operativen Gewinn vor Verwaltungs- und Finanzierungskosten und vor Steuern darstellt.

540 Vgl. Lev, Baruch/Sougiannis, Theodore (1996), S. 123.

541 Die Differenz zwischen der Veränderung dieser beiden Größen im Vergleich zum Vorjahr ist hingegen nicht signifikant, was an der Stabilität der Forschungs- und Entwicklungsaufwendungen im Zeitablauf liegen dürfte.

Unternehmen mit großem Forschungs- und Entwicklungsvermögen hochsignifikante Werte.[542] Das Bestimmtheitsmaß liegt im Renditemodell zwischen 9% und 13%, im Preismodell zwischen 44% und 55%.

Im intertemporalen Regressionsmodell ergibt sich für die Verhältnisgröße Forschungs- und Entwicklungsvermögen zu Marktwert des Eigenkapitals ein positiver und statistisch signifikanter Koeffizient. Dies gilt in noch stärkerem Maße für die forschungs- und entwicklungsintensiven Unternehmen (oberes Quartil). Der Koeffizient beträgt hier annähernd das Achtfache des Wertes der Gesamtstichprobe (0,0114 im Vergleich zu 0,0015). Die Aktienkurse reflektieren folglich das fiktive Forschungs- und Entwicklungsvermögen nicht zutreffend. Das Bestimmtheitsmaß beträgt für die Gesamtstichprobe 4% und für die forschungs- und entwicklungsintensiven Unternehmen 6%.

5.2.1.2. Zusammenhang zwischen Forschungs- und Entwicklungsausgaben und Marktwert oder Aktienrendite

5.2.1.2.1. Die Studie von Chan/Lakonishok/Sougiannis (2001)

5.2.1.2.1.1. Untersuchungsaufbau

Ausgangspunkt für die Studie von Chan/Lakonishok/Sougiannis ist die Fragestellung, ob Aktienmärkte den Wert der Forschungs- und Entwicklungsausgaben von technologieorientierten Unternehmen zutreffend reflektieren, obwohl diese Ausgaben nicht aktiviert werden dürfen und die Investoren deshalb nur über unzureichende Informationen verfügen.[543] Hierzu wird im ersten Schritt untersucht, ob Maßgrößen für die Forschungs- und Entwicklungsintensität Einfluß auf Aktienrenditen haben. Es wird eine Anlagestrategie nachgebildet, die sich an der Forschungs- und Entwicklungsintensität von Unternehmen orientiert. Für jedes Stichprobenunternehmen werden die Verhältnisgrößen Forschungs- und Entwicklungsaufwand zu Umsätzen sowie Forschungs- und Entwicklungsaufwand zur Börsenkapitalisierung als Maßgrößen für die Forschungs- und Entwicklungsintensität berechnet.[544] Alle beobachteten Aktien werden anhand dieser Maßgrößen in eine Reihenfolge gebracht und auf fünf Portfolios aufgeteilt (Ermittlung der Quintile). Ein zusätzliches Portfolio ist für die Aktien der Unternehmen, die keinen Forschungs- und Entwicklungsaufwand haben, vorgese-

---

542 Eine Verzerrung der Ergebnisse bedingt dadurch, daß nur erfolgreiche Unternehmen, deren Forschungs- und Entwicklungsaufwendungen tatsächlich eine positive Auswirkung auf Gewinn und Buchwert haben, wird durch die Berechnung des Jensen's Alpha ausgeschlossen. Bestünde die Stichprobe nur aus überdurchschnittlich erfolgreichen Unternehmen, müßte das Jensen's Alpha positiv und signifikant sein. Dies ist in der Gesamtstichprobe nicht der Fall. Vgl. Lev, Baruch/ Sougiannis, Theodore (1996), S. 128f.

543 Vgl. Chan, Louis K. C./Lakonishok, Josef/Sougiannis, Theodore (2001), S. 2432.

544 Betrachtet werden zunächst alle inländischen Aktien, die an der NYSE, AMEX oder der NASDAQ notiert sind und deren Daten bei Compustat und CRSP verfügbar sind, im Zeitraum 1975-1995.

hen.[545] Da längerfristige Bewertungseffekte untersucht werden sollen, werden die Renditen der folgenden drei Jahre berechnet.[546]

Überschußrenditen könnten auf dem höheren Risiko beruhen, das Unternehmen haben, die Forschung und Entwicklung betreiben. Häufig läßt sich zudem beobachten, daß forschungs- und entwicklungsintensive Unternehmen in der Vergangenheit nur geringe Renditen erzielt haben, die schließlich „aufgeholt" werden. Chan/Lakonishok/Sougiannis nehmen deshalb Anpassungen vor, um diese Effekte zu kontrollieren. In einer Zeitreihenregression wird der Einfluß von Größe und Buchwert-Marktwert-Verhältnis, der langfristigen und der mittelfristigen historischen Rendite und des Überschusses des Marktindices über die risikofreie Anlage auf die monatliche Überschußrendite des *Portfolios* über die risikofreie Anlage (*treasury bill rate*) geschätzt.[547]

Zuletzt testen Chan/Lakonishok/Sougiannis, ob die Volatilität der Renditen mit der Höhe der Forschungs- und Entwicklungsausgaben zusammenhängt. Hintergrund der Überlegungen ist das Informationsdefizit der Investoren über die Forschungs- und Entwicklungsaktivitäten der Unternehmen. Die fehlende Information führt zu einem hohen Grad an Unsicherheit über die künftige Unternehmensentwicklung, was in volatilen Aktienrenditen und somit in hohen Kapitalkosten resultieren könnte. Zu diesem Zweck werden die Forschungs- und Entwicklungsintensität (relativ zu den Umsätzen), die Firmengröße (logarithmiert) und das Firmenalter (logarithmiert) auf die Standardabweichung der monatlichen Renditen (basierend auf den Renditen der folgenden zwölf Monate) regressiert.[548] Die durchschnittlichen Schätzwerte für die Koeffizienten über alle Untersuchungsjahre werden dann einer Zeitreihenanalyse unterzogen.[549]

5.2.1.2.1.2. Untersuchungsergebnisse

Bemißt man die Forschungs- und Entwicklungsintensität bei den Portfoliotests nach dem Verhältnis von Forschungs- und Entwicklungsausgaben zu Umsätzen, ergibt sich für alle fünf Portfolios in den drei Jahren, die der Portfoliobildung folgen, eine durchschnittliche jährliche Rendite in Höhe von 19,65%. Im Vergleich dazu beträgt die durchschnittliche Rendite der Unternehmen, die keine Forschung und Entwicklung betreiben, im gleichen Zeitraum 19,5%. Die jährlichen Bruttorenditen sind in allen

545 Effekte, die aus der Börsenkapitalisierung oder dem Marktwert-Buchwert-Verhältnis resultieren, werden kontrolliert.

546 Dabei wird davon ausgegangen, daß die Aktien nach dem Kauf gehalten werden.

547 Die lang- bzw. mittelfristigen historischen Renditen werden jeweils gemessen als die Differenz zwischen einem Portfolio mit „Gewinnern" und einem mit Verliererwerten. Als *winners* bzw. *losers* werden die Aktien des oberen respektive des unteren Quintils definiert. Als langfristige vergangene Renditen werden die eines Zeitraums, der fünf Jahre vor dem jeweiligen Untersuchungszeitpunkt beginnt und ein Jahr davor endet, herangezogen. Der Zeitraum für die mittelfristigen historischen Renditen beginnt sieben Monate zuvor und endet einen Monat zuvor. Vgl. Chan, Louis K. C./Lakonishok, Josef/Sougiannis, Theodore (2001), S. 2448.

548 Effekte, die aus Branchenbesonderheiten resultieren, werden kontrolliert. Die Branchenklassifikation orientiert sich am zweistelligen SIC-Code.

549 Vgl. Chan, Louis K. C./Lakonishok, Josef/Sougiannis, Theodore (2001), S. 2452.

Portfolios annähernd gleich. In dem genannten Dreijahreszeitraum zeigt sich in dem Portfolio mit der höchsten Forschungs- und Entwicklungsintensität eine durchschnittliche jährliche Rendite von 19,52% (im Vergleich zu den genannten 19,65% als Durchschnittswert für alle Portfolios). Kontrolliert man Größen- und Buchwert-Marktwert-Effekte, ergibt sich im Portfolio mit der höchsten Forschungs- und Entwicklungsintensität eine durchschnittliche Überschußrendite von 2,45% im Dreijahreszeitraum. Paßt man den Buchwert um die Forschungs- und Entwicklungsausgaben an, schrumpft die Rendite auf 1,74%.[550]

Grundsätzlich korrelieren die beiden Maßgrößen für Forschungs- und Entwicklungsintensität miteinander. Trotzdem gibt es viele Unternehmen, die hohe Forschungs- und Entwicklungsausgaben im Verhältnis zum Umsatz haben, im Verhältnis zum Marktwert jedoch keine besonders hohen Werte erreichen. Vielmehr zeigt sich – zieht man das Verhältnis von Forschungs- und Entwicklungsausgaben zu Marktwert des jeweiligen Unternehmens als Maßgröße heran – für das Portfolio mit den höchsten Verhältniszahlen (Spitzenquintil) in den fünf Jahren vor der Portfoliobildung eine jährliche Durchschnittsrendite von 9,89%, was den mit Abstand niedrigsten Wert im Betrachtungszeitraum darstellt. Die Unternehmen ohne Forschungs- und Entwicklungsaufwand hingegen weisen im gleichen Zeitraum eine Rendite von 20,25% auf. In den Jahren, die der Portfoliobildung folgen, ergibt sich hingegen ein anderes Bild: Unternehmen mit hoher Forschungs- und Entwicklungsintensität erzielen im der Portfoliobildung folgenden Berichtsjahr eine Rendite von 26,47%, verglichen mit 19,87% bei Unternehmen ohne Forschungs- und Entwicklungsaufwand.[551] Auch wenn Größeneffekte (Börsenkapitalisierung) und das Buchwert-Marktwert-Verhältnis kontrolliert werden, bleibt bei dem Spitzenquintil eine Überrendite von 6,12%, was einen Unterschied zum Portfolio mit der niedrigsten Forschungs- und Entwicklungsintensität von 7,83%-Punkten bedeutet. Wird der Buchwert um das Forschungs- und Entwicklungsvermögen angepaßt, zeigen sich ähnliche Ergebnisse: die Überrendite des Spitzenportfolios beträgt 5,39% im Vergleich zu -1,78% im untersten Quintil. Dies bedeutet eine Spanne von 7,17%-Punkten. Eine mögliche Erklärung könnte sein, daß der Markt die Signale des Managements in Bezug auf Forschungs- und Entwicklungsausgaben zunächst unterbewertet. Die Unternehmensführung hält trotz der spärlichen Renditen an der Forschungs- und Entwicklungsstrategie fest, obwohl dies den Gewinnausweis belastet. Dies erachtet der Markt als Signal dafür, daß das Management die Investitionen langfristig weiterhin als lohnend erachtet. Diese Interpretation wird auch von der Beobachtung gestützt, daß die Unternehmen im Spitzenquintil in den fünf Jahren nach der Portfoliobildung mit einem durchschnittlichen jährlichen Gewinnwachstum von 17,13% den mit Abstand höchsten Wert erzielen (zum Vergleich: der zweithöchste Wert läßt sich im Portfolio ohne Forschungs- und Entwicklungsausgaben beobachten und liegt bei 10,15%).[552]

---

550 Vgl. Chan, Louis K. C./Lakonishok, Josef/Sougiannis, Theodore (2001), S. 2442.

551 Vgl. Chan, Louis K. C./Lakonishok, Josef/Sougiannis, Theodore (2001), S. 2443. Dieser Erholungseffekt, der bei den Unternehmen mit der schlechtesten Rendite in den vergangenen Jahren eintritt, wurde bereits von De Bondt/Thaler und LaPorta et al. beobachtet. Vgl. De Bondt, Werner F.M./Thaler, Richardt (1985); La Porta, Rafael et al. (1997).

552 Vgl. Chan, Louis K. C./Lakonishok, Josef/Sougiannis, Theodore (2001), S. 2246.

0,55% Überrendite monatlich kann im Spitzenportfolio nicht durch die gewählten Risikofaktoren erklärt werden, wie die Regressionsrechnungen zu den Einflußfaktoren der Überrendite zeigen. Im zweiten bzw. dritten Jahr beträgt dieser Wert 0,52% bzw. 0,53%. Die historischen Renditen zeigen negative Koeffizienten.[553] Die Ergebnisse des ersten Teils der Untersuchung halten Größen- und Buchwert-Marktwert-Anpassungen Stand. Die hohen Renditen von forschungs- und entwicklungsintensiven Unternehmen können folglich nicht nur durch deren unterdurchschnittliche Performance in vergangenen Jahren erklärt werden.[554] Dies bestätigen auch weitere Tests (z.B. auf Basis der Sharpe-Ratio).

Die Regressionsrechnung zur Volatilität der Renditen zeigt einen durchschnittlichen Koeffizienten für die Forschungs- und Entwicklungsintensität von 0,0963. Die Unternehmen, deren Aktien in dem Spitzenquintil enthalten sind, haben eine durchschnittliche Forschungs- und Entwicklungsintensität von 23%. Verglichen mit den Unternehmen ohne Forschungs- und Entwicklungsausgaben berechnet das Regressionsmodell unter sonst gleichen Bedingungen eine um 2,21% höhere Volatilität der monatlichen Rendite für die forschungs- und entwicklungsintensiven Unternehmen. Die durchschnittliche Volatilität aller Unternehmen, die Forschung und Entwicklung betreiben, liegt bei rund 13%. Vor diesem Hintergrund erachten Chan/Lakonishok/ Sougiannis die Forschungs- und Entwicklungsintensität als „economically important."[555] Ihnen zufolge verursachen die derzeitigen Bilanzierungsvorschriften für Forschungs- und Entwicklungsaufwendungen Kapitalkosten, weil die unzureichende Information über den Forschungs- und Entwicklungsbereich zu einer höheren Volatilität der Renditen führt.

5.2.1.2.2. Die Simulationsstudie von Healy/Myers/Howe (2002)

5.2.1.2.2.1. Untersuchungsaufbau

Die wohl jüngste Studie zur Bilanzierung von Forschungs- und Entwicklungsausgaben haben Healy/Myers/Howe 2002 veröffentlicht.[556] Auch sie untersucht den Zusammenhang zwischen der Rendite eines Unternehmens und dessen Forschungs- und Entwicklungsaufwand, jedoch mit Simulationen. Aufgrund dieser Einzigartigkeit und ihrer Aktualität soll ihr in dieser Arbeit im Vergleich zu den anderen Untersuchungen ein etwas größerer Umfang eingeräumt werden. Die Studie von Healy/Myers/Howe verwendet eine Monte-Carlo-Simulation eines pharmazeutischen Forschungsprogramms zur Entwicklung von Arzneimitteln bzw. deren Vermarktung. Der Simulation liegen die Wahrscheinlichkeiten zugrunde, mit denen das Programm eine Phase *erfolgreich* durchläuft und folglich den nächsten Abschnitt erreicht. Diese Wahrscheinlichkeiten spiegeln vom Unternehmen nicht oder nur begrenzt beeinflußbare Ereignisse wider, wie z.B. die Entdeckung eines neuen Medikaments oder die (Nicht-)Zu-

[553] Das Bestimmtheitsmaß liegt für sämtliche Regressionen zwischen 92% und 97%.
[554] Vgl. Chan, Louis K. C./Lakonishok, Josef/Sougiannis, Theodore (2001), S. 2450.
[555] Chan, Louis K. C./Lakonishok, Josef/Sougiannis, Theodore (2001), S. 2453.
[556] Vgl. Healy, Paul M./Myers, Stewart, C./Howe, Christopher D. (2002).

lassung durch die FDA.[557] Neben den Erfolgswahrscheinlichkeiten werden auch die entsprechenden Kosten für Forschung und Entwicklung sowie Ertragserwartungen modelliert.[558] Healy/Myers/Howe simulieren die Rechnungslegungsgrößen von 500 Unternehmen. Der Simulationszeitraum beträgt 32 Jahre und beginnt mit dem Entschluß zu einer mehrjährigen Grundlagenforschung.[559] Die Grundlagenforschung wird unabhängig von ihrem wissenschaftlichen oder ökonomischen Erfolg über den gesamten Zeitraum des Simulationsmodells betrieben. Dabei fallen in jedem Unternehmen jährlich Kosten in Höhe von 8,7 Mio. USD für Forschungseinrichtungen und -tätigkeiten an. In jedem Jahr werden vier Stoffe entdeckt, die mit einer Wahrscheinlichkeit von 60% die nächste Entwicklungsphase erreichen, die also entwicklungsfähig sind.[560]

Sind derartige Stoffe im Rahmen der Grundlagenforschung entdeckt worden, beginnt die Phase der vorklinischen Tests, die sich über einen Zeitraum von drei Jahren erstreckt. In dieser Phase werden die Hauptzusammensetzung des Medikaments und ein genehmigungsfähiges Produktionsverfahren entwickelt. Außerdem wird das Zulassungsverfahren bei der FDA aufgenommen. In diesem Abschnitt fallen jährlich Kosten in Höhe von 4,7 Mio. USD an. Die Wahrscheinlichkeit, daß ein Wirkstoff diese Phase erfolgreich durchläuft, beträgt 90%. Hieran schließt sich ein Zeitraum klinischer Tests an, der drei Phasen umfaßt. In Phase I der klinischen Tests wird die Sicherheit der Wirkstoffe an einer Gruppe gesunder Probanden untersucht. Phase I dauert ein Jahr und verursacht Kosten in Höhe von 2,8 Mio. USD. 75% der getesteten Wirkstoffe erreichen Phase II der klinischen Tests. In diesem weitere zwei Jahre dauernden Abschnitt des Forschungsprogramms werden Sicherheit und Wirksamkeit an einer kleinen Gruppe von Versuchspatienten getestet. Die entstehenden Kosten belaufen sich auf 3,2 Mio. USD jährlich, die Erfolgswahrscheinlichkeit beträgt 50%. Phase III (drei Jahre) führt die Untersuchungen fort und ist mit Kosten von 6 Mio. USD jährlich verbunden. Die Erfolgswahrscheinlichkeit ist 85%. Nach dieser Phase kann die endgültige Zulassung bei der FDA beantragt werden. Die Prüfung des Zulassungsantrags nimmt drei Jahre in Anspruch und verursacht 1,1 Mio. USD Kosten jährlich. Die Wahrscheinlichkeit, daß der Zulassungsantrag positiv beschieden wird, wird mit 75% angesetzt.[561]

Bevor mit der Vermarktung begonnen werden kann, muß eine Produktionsstätte errichtet werden. Die dadurch entstehenden Kosten hängen von der erforderlichen Pro-

[557] Die verwendeten Erfolgswahrscheinlichkeiten greifen die Ergebnisse der Studien von DiMasi, Joseph A. (1995) und DiMasi, Joseph A. et al. (1995) auf. Es werden nur wissenschaftliche oder medizinische Ereignisse modelliert, die zum Abbruch des Forschungsprogramms führen, hingegen keine wirtschaftlichen Gründe, wenngleich die Studien von DiMasi auch hierzu Daten beinhalten. Vgl. Healy, Paul M./Myers, Stewart C./Howe, Christopher D. (2002), S. 683f.

[558] Die simulierten Forschungs- und Entwicklungsaufwendungen basieren ebenfalls auf den Studien von DiMasi, Joseph A. (1995) und DiMasi, Joseph A. et al. (1995), die Ertragserwartungen auf den Analysen von Grabowski, Henry G./Vernon, John M. (1990).

[559] Vgl. Healy, Paul M./Myers, Stewart, C./Howe, Christopher D. (2002), S. 678f.

[560] Vgl. Healy, Paul M./Myers, Stewart, C./Howe, Christopher D. (2002), S. 681.

[561] Vgl. Healy, Paul M./Myers, Stewart, C./Howe, Christopher D. (2002), S. 683f.

duktionskapazität ab, die wiederum von den Absatzerwartungen für das jeweilige Medikament abhängt. Die erwarteten Absatzmengen werden simuliert, indem die neu entwickelten Medikamente zufällig einer von fünf Klassen zugeteilt werden. Dabei wird unterstellt, daß 60% der neu entwickelten Medikamente eine durchschnittliche Absatzmenge erzielen werden und jeweils 10% entweder über oder deutlich über bzw. unter oder deutlich unter der durchschnittlichen Absatzmenge liegen. Korrespondierend zur Absatzmenge verhalten sich auch die Kosten bzw. Investitionen in den entsprechenden Kategorien. Die Produktionskosten betragen 40% der in der Spitze erwarteten Umsatzerlöse.[562] Insgesamt belaufen sich die Produktionskosten auf 168,2 Mio. USD für Spitzenprodukte, 66,2 Mio. USD für Durchschnittsprodukte und 3,1 Mio. USD für Produkte mit einem unterdurchschnittlichen Absatz. 25% dieser Kosten fallen in den letzten beiden Jahren der Zulassungsphase an und jeweils 5% in den verbleibenden zehn Jahren der Vermarktung.[563]

Der Vermarktungszeitraum wird ebenfalls in fünf Phasen unterteilt. Für jede dieser Phasen werden Marketingkosten als Prozentsatz vom Umsatz simuliert. Wie hoch der jeweilige Anteil ist, hängt davon ab, in welcher Vermarktungsphase sich das Medikament befindet: Beginnend mit 100% des Umsatzes reduzieren sich die Marketingkosten auf 6,5% des Umsatzes im letzten Vermarktungsabschnitt. Die Zahlen werden getrennt für die unterschiedlichen Absatzerwartungen (durchschnittlich, unterdurchschnittlich etc.) ermittelt.[564] Nachfrageänderungen oder andere Ereignisse, die den Absatz des Medikaments unvorhersehbar beeinflussen, werden durch einen Variator simuliert, der auch die Erträge künftiger Perioden beeinflußt.

Im Modell von Healy/Myers/Howe werden nun drei Bilanzierungsmethoden für Forschungs- und Entwicklungsaufwendungen gegenübergestellt: die *cash-expense method*, die *full-cost method* und die *successful-efforts method*. Nur die *cash-expense method* entspricht den derzeit gültigen US-amerikanischen Bilanzierungsvorschriften. Sie erfaßt sämtliche Forschungs- und Entwicklungsaufwendungen sofort als Aufwand in der Gewinn- und Verlustrechnung. Bei der *full-cost method* hingegen werden die Forschungs- und Entwicklungsausgaben ab der Phase I der klinischen Tests aktiviert und linear über die geschätzte Nutzungsdauer abgeschrieben. Die Nutzungsdauer beginnt annahmegemäß mit der Vermarktung und beträgt 10 Jahre. Eine außerplanmäßige Abschreibung wird erforderlich, wenn der Ertragswert des Forschungs- und Entwicklungsvermögens den Buchwert unterschreitet. Auch bei der *successful-efforts method* werden die Forschungs- und Entwicklungsausgaben zunächst aktiviert und abgeschrieben.[565] Die Abschreibung kann linear über zehn Jahre oder proportional zu den erwarteten Erträgen erfolgen. Erreicht ein Medikament die nächste Phase des

562 Anpassungen werden mit Blick auf Skalenerträge vorgenommen.

563 Vgl. Healy, Paul M./Myers, Stewart, C./Howe, Christopher D. (2002), S. 684.

564 Die Ertragsschätzungen basieren auf den Untersuchungen von Grabowski, Henry G./Vernon, John M. (1990) und Grabowski, Henry G./Vernon, John M. (1994).

565 Die Methode ist angelehnt an die US-amerikanischen Bilanzierungsvorschriften für Such- und Probebohrungskosten öl- und gasfördernder Industrien (SFAS 19).

Entwicklungsprogramms nicht, ist das Projekt unverzüglich und in voller Höhe außerplanmäßig abzuschreiben.[566]

Im Regressionsmodell wird der Zusammenhang zwischen der Rendite eines Unternehmens (abhängige Variable)[567] und dem Jahresüberschuß vor Forschungs- und Entwicklungsaufwand, dem erwarteten Forschungs- und Entwicklungsaufwand sowie den Veränderungen der beiden Größen (unabhängige Variablen) untersucht. Für die *full-cost method* und die *successful-efforts method* sind im Regressionsmodell noch die Abschreibungsbeträge sowie deren Veränderung im Vergleich zum Vorjahr zu berücksichtigen.[568]

Weiterhin untersuchen Healy/Myers/Howe die Auswirkungen von bilanziellen Gestaltungsmaßnahmen. Im Modell wird angenommen, es sei der Unternehmensleitung möglich, außerplanmäßige Abschreibungen hinauszuzögern, um einen Verlustausweis oder einen Gewinneinbruch zu verhindern. Hierzu werden die Unternehmen in zwei Gruppen unterteilt: solche, die Bilanzpolitik betreiben, und solche, die von Bilanzgestaltungsmaßnahmen keinen Gebrauch machen. Erstere nutzen Gestaltungsspielräume stets, wenn der Gewinn andernfalls negativ wäre oder im Vergleich zum Vorjahr sinken würde. Die Wahrscheinlichkeit, daß ein Unternehmen der bilanzgestaltenden Gruppe von Unternehmen zuzuordnen ist, wird mit 25%, 50%, 75% und 100% angenommen. Die außerplanmäßigen Abschreibungen dürfen zu Zwecken der Bilanzgestaltung entweder um 50% oder um 100% verschoben werden. Sie werden im Fall von Verlustvermeidung in späteren Geschäftsjahren nachgeholt, wenn der Gewinn die Kapitalkosten übersteigt. Wurden die außerplanmäßigen Abschreibungen hinausgezögert, um einen Gewinneinbruch zu verhindern, werden diese in Geschäftsjahren mit steigenden Gewinnen in einem Umfang nachgeholt, der die Gewinnveränderung positiv läßt.[569]

Zuletzt soll die Relevanz der drei Bilanzierungsmethoden für Forschungs- und Entwicklungsaufwendungen getestet werden, indem die Ertragswerte der Unternehmen prognostiziert werden. Die Schätzung erfolgt mit dem Buchwert des Eigenkapitals und einem branchenspezifischen Multiplikator. Schließlich werden die Prognosefehler jeder Berichtsperiode und für jede der drei Bilanzierungsmethoden analysiert. Für den Relevanztest werden zunächst die Durchschnittswerte für die *gesamte* Stichprobe für jede Berichtsperiode und jede der drei Bilanzierungsmethoden ermittelt. Zur Prognose wird dann der Buchwert der Berichtsperiode mit dem Multiplikator der vorangegangenen Periode multipliziert. Schließlich wird der mittlere absolute Prognosefehler (MAFE) berechnet.[570]

---

566 Vgl. Healy, Paul M./Myers, Stewart, C./Howe, Christopher D. (2002), S. 687f.

567 Im Rahmen dieser Studie ist die Rendite als die Veränderung des Ertragswertes zuzüglich ausgeschütteter Dividenden dividiert durch den Ertragswert der Vorperiode definiert.

568 Vgl. Healy, Paul M./Myers, Stewart, C./Howe, Christopher D. (2002), S. 694-696.

569 Vgl. Healy, Paul M./Myers, Stewart, C./Howe, Christopher D. (2002), S. 701.

570 Vgl. Healy, Paul M./Myers, Stewart, C./Howe, Christopher D. (2002), S. 704.

5.2.1.2.2.2. Untersuchungsergebnisse

Die Regressionsrechnungen zeigen für die *cash-expense method* für die Koeffizienten der Forschungs- und Entwicklungsausgaben und deren Veränderung 2,4 und 14,7 als mittleren Schätzer. Beide Werte sind signifikant von null verschieden. In den einzelnen Berichtsperioden ergeben sich aber deutliche Schwankungen: die Werte liegen zwischen -0,7 und 6,0 für die Forschungs- und Entwicklungsausgaben und 6,5 und 27 für deren Veränderung. Die Koeffzienten der Gewinngröße variieren über den gesamten Untersuchungszeitraum beträchtlich, bis zum Jahr 27 sind sie instabil und nicht signifikant. In den Jahren 27-32 stabilisieren sie sich bei Werten zwischen 0,2 und 0,3 und sind signifikant. Die Schätzer für die Veränderung der Gewinngröße schwanken noch stärker. Das Bestimmtheitsmaß für die *cash-expense method* beträgt im Mittel 9,2% und schwankt zwischen 4% und 18%.[571]

Bei Anwendung der *full-cost method* im Simulationsmodell ergeben sich positive Koeffizienten für die Veränderung der Forschungs- und Entwicklungsaufwendungen und für die Veränderung der Gewinngröße. Die Werte sind signifikant. Die Schätzer für die Forschungs- und Entwicklungsausgaben absolut zeigen für die Jahre 26-32 positive signifikante Werte, im Zeitraum zwischen den Jahren 14 und 25 sind sie instabil und nicht signifikant. Weniger als 0,3% der Unternehmen verbuchen außerplanmäßige Abschreibungen auf die aktivierten Forschungs- und Entwicklungsausgaben. Das mittlere Bestimmtheitsmaß beträgt für die *full-cost method* annähernd 10%, was einen höheren Erklärungsgehalt dieser Bilanzierungsmethode im Vergleich zur *cash-expense method* nahe legt. Diese Schlußfolgerung läßt sich durch einen F-Test für 12 von 19 Berichtsperioden bestätigen. Ökonomisch betrachtet ist der Unterschied zwischen den beiden Bilanzierungsmethoden in allen Berichtsperioden gering.[572]

Der Zusammenhang zwischen der Rendite der Unternehmen und der Gewinngröße ist bei Anwendung der *successful-efforts method* um einiges stärker. Die Werte für das Bestimmtheitsmaß variieren zwischen 5,3% und 23,9% mit einem Mittelwert von 13,9% bei linearer Abschreibung und 14,3% bei ertragsabhängiger Abschreibung. Die Werte, die die *successful-efforts method* liefert, sind damit um mehr als 50% höher als für die *cash-expense method* und um mehr als 30% höher als für die *full-cost method*. Ein F-Test bestätigt, daß die Erklärungskraft der *successful-efforts method* für jede Berichtsperiode signifikant höher ist als die der beiden anderen Methoden. Ob die Abschreibungen linear oder ertragsabhängig vorgenommen werden, führt nicht zu signifikanten Unterschieden. Die höhere Erklärungskraft kann auf die außerplanmäßigen Abschreibungen zurückgeführt werden. Die Schätzer für die Koeffizienten nehmen Werte zwischen -3,4 und -12,8 an, der Mittelwert ist -8,8 für lineare Abschreibung und -8,4 für ertragsproportionale. Die Werte sind signifikant. Der mittlere Schätzer für den Koeffizienten für Forschungs- und Entwicklungsausgaben beträgt 2,7 bei linearer Abschreibung, 1,3 bei ertragsproportionaler. Auch die Schätzer für die Veränderung der Forschungs- und Entwicklungsausgaben sind signifikant niedriger als die Werte für die

---

571 Vgl. Healy, Paul M./Myers, Stewart C./Howe, Christopher D. (2002), S. 696f.

572 Vgl. Healy, Paul M./Myers, Stewart C./Howe, Christopher D. (2002), S. 698.

cash-expense method. Die außerplanmäßigen Abschreibungen stellen also ein direkteres Erfolgsmaß zur Beurteilung des Projekterfolges dar. Die Schätzer für die Veränderung der Gewinngröße sind in Übereinstimmung mit den Ergebnissen für die *cash-expense method* und die *full-cost method* positiv und signifikant.[573]

Die *successful-efforts method* zeigt eine höhere Erklärungskraft für die Rendite des Unternehmens als die beiden anderen Bilanzierungsmethoden. Die Unterschiede lassen sich durch die Möglichkeit des Managements, interne Informationen über Erfolg oder Scheitern von Forschungs- und Entwicklungsprojekten in Form außerplanmäßiger Abschreibungen zu veröffentlichen, erklären. Diese Möglichkeit besteht bei den beiden anderen Methoden nicht: Die *cash-expense method* verbucht alle Forschungs- und Entwicklungsaufwendungen sofort in der Gewinn- und Verlustrechnung, bei der *full-cost method* treten außerplanmäßige Abschreibungen nur sehr selten auf.[574]

Das Hinauszögern von außerplanmäßigen Abschreibungen wie im vorigen Abschnitt dargestellt beeinflußt die Ergebnisse der Regression nicht. Die Erklärungskraft der Rechnungslegungsinformationen variiert, je nachdem, ob 50% oder 100% der erforderlichen Abschreibungen in künftige Perioden verschoben werden. Werden nur 50% der Abschreibungen verschoben, bleibt der Koeffizient auch signifikant, wenn 100% der Unternehmen Verluste vermeiden und 75% Gewinnrückgänge vermeiden. Für 100% der Abschreibungen bleibt der Koeffizient signifikant, wenn nur 50% der Unternehmen Verluste und 25% Gewinnrückgänge vermeiden. Erwartungsgemäß sinkt das Bestimmtheitsmaß kontinuierlich, wenn die Zahl der manipulierenden Unternehmen steigt.[575]

Die Tests zur Vorhersagegenauigkeit der drei Bilanzierungsmethoden zeigen für die *cash-expense method* den höchsten MAFE, für die *successful-efforts method* den niedrigsten. Die Vorhersagegenauigkeit des Ertragswertes (ermittelt mit Hilfe eines Branchenmultiplikators) ist folglich mit den Rechnungslegungsinformationen, die die *successful-efforts method* generiert, am höchsten. Die Unterschiede zur *full-cost method* und zur *cash-expense method* sind signifikant.[576] Die Buchwerte, die sich bei Anwendung der *full-cost method* ergeben, übertreffen die Werte, die die *cash-expense method* errechnet, hinsichtlich der Prognosefähigkeit, da die Eigenkapitalbuchwerte gemäß der *cash-expense method* niedriger sind und der Ertragswert folglich unterschätzt wird.

---

573 Vgl. Healy, Paul M./Myers, Stewart C./Howe, Christopher D. (2002), S. 700.

574 Bei der *full-cost method* werden außerplanmäßige Abschreibungen gebildet, wenn der Buchwert der aktivierten Forschungs- und Entwicklungsausgaben den Ertragswert überschreitet. Zur Ermittlung des Ertragswertes sind die künftigen Umsatzerlöse zu schätzen und zu diskontieren. Nur wenn sich daraus ein niedrigerer Betrag als die aktivierten Forschungs- und Entwicklungskosten ergibt, kommt es zu einer außerplanmäßigen Abschreibung. Bis dahin werden fehlgeschlagene Forschungs- und Entwicklungsprojekte genauso behandelt wie erfolgreiche. So erklärt sich, daß bei Anwendung der *full-cost method* nur 0,3% der Unternehmen außerplanmäßige Abschreibungen vornehmen. Die außerplanmäßigen Abschreibungen werden zudem zu einem späteren Zeitpunkt als bei Anwendung der *successful-efforts method* vorgenommen.

575 Vgl. Healy, Paul M./Myers, Stewart C./Howe, Christopher D. (2002), S. 702f.

576 Der Unterschied zur *cash-expense method* ist signifikant auf dem 1%-Niveau, zur *full-cost method* auf dem 5%-Niveau.

Bei Anwendung der *successful-efforts method* ergibt sich zwischen den beiden alternativen Abschreibungsmethoden (linear oder ertragsproportional) kein signifikanter Unterschied. Berücksichtigt man auch hier bilanzpolitische Gestaltungsspielräume, ergibt sich für die *successful-efforts method* ein höherer MAFE, wenn die Gestaltungsmaßnahmen zur Verlustvermeidung eingesetzt werden. Erwartungsgemäß steigt der Vorhersagefehler bei steigender Zahl von Unternehmen, die von Gestaltungsspielräumen Gebrauch machen. Die so errechneten mittleren Prognosefehler sind signifikant höher als die Werte ohne Gestaltungsmaßnahmen. Die Werte, die sich für Bilanzgestaltungsmaßnahmen zur Vermeidung eines Gewinnrückgangs ergeben, zeigen im wesentlichen dasselbe Ergebnis.

5.2.1.3. Marktreaktionen auf die Bekanntgabe zusätzlicher Forschungs- und Entwicklungsausgaben

5.2.1.3.1. Die Studie von Woolridge (1988)

5.2.1.3.1.1. Untersuchungsaufbau

Woolridge verfolgt das Ziel, den Zusammenhang zwischen der Ankündigung von strategischen Investitionsentscheidungen und Aktienkursreaktionen zu untersuchen.[577] Hierzu analysiert er 634 Ankündigungen von 347 verschiedenen Unternehmen aus 81 Ländern, die in den Jahren 1972 bis 1984 veröffentlicht wurden. Die Ankündigungen werden nach strategischer Grundausrichtung der Investitionsentscheidung in die vier Kategorien

(1) Bildung eines *joint venture,*
(2) Forschung und Entwicklung,
(3) Produktstrategien und
(4) Investition in Expansion bzw. Modernisierung

unterteilt. Die Stichprobe Forschung und Entwicklung besteht aus 45 Ankündigungen, die sowohl über Investitionen in neue Projekte als auch über die Weiterführung bestehender Forschungs- und Entwicklungsprogramme berichten.[578] Woolridge ermittelt nun die Aktienkursänderungen für einen Zweitageszeitraum (den Tag der Ankündigung, der als Tag 0 bezeichnet wird, sowie den vorangegangenen)[579] und für einen Dreißigtageszeitraum, der mit dem der Ankündigung folgenden Tag beginnt. Die Renditen werden marktadjustiert berechnet (Basis Standard & Poors 500).

---

577 Vgl. Woolridge, J. Randall (1988), S. 31.

578 Vgl. Woolridge, J. Randall (1988), S. 32.

579 In allen Fällen wurde die Ankündigung am Tag 0 im Wall Street Journal veröffentlicht. In einigen Fällen wurde die Ankündigung am Tag –1 bekannt. Mit der Betrachtung dieses Zweitageszeitraums soll die Marktreaktion deshalb zutreffend abgebildet werden. Vgl. Woolridge, J. Randall (1988), S. 33 Fußnote 23.

5.2.1.3.1.2. Untersuchungsergebnisse

In der *gesamten* Stichprobe von 634 Ankündigungen zeigt sich für den Zweitageszeitraum eine positive marktadjustierte Rendite von 0,65%. Die Renditen betragen 0,295% für Tag -1 und 0,355% für Tag 0 und stellen die größten Werte im gesamten betrachteten Zeitraum von insgesamt 32 Tagen dar. Über zweiunddreißig Tage übertrifft die Rendite dieser Aktien Standard & Poors 500 um rund 1%.[580]

Für den Zweitageszeitraum wird für alle 45 Ankündigungen, die Forschungs- und Entwicklungsprojekte betreffen, eine durchschnittliche marktadjusierte Rendite von 1,2% ermittelt. Davon entfallen 0,944% auf Tag -1 und 0,251% auf Tag 0. In den folgenden dreißig Tagen läßt sich kein Kursrückgang beobachten. Unterteilt man die Stichprobe in Ankündigungen über neue und fortgeführte Projekte, zeigen sich für fortgeführte Projekte positivere Marktreaktionen.[581] Woolridge interpretiert die durchwegs positiven Reaktionen der Aktienmärkte auf strategische Investitionsentscheidungen als Indiz dafür, daß die Investoren diese Entscheidungen mit positiven künftigen Zahlungsströmen verbinden. Insofern widerlegen diese Ergebnisse die populäre Aussage, die Marktteilnehmer seien kurzsichtig und daher auf kurzfristige Erfolge fokussiert.[582]

5.2.1.3.2. Die Studie von Chan/Kensinger/Martin (1992)

5.2.1.3.2.1. Untersuchungsaufbau

Die verbreitete Auffassung, die Finanzmärkte seien kurzsichtig und daher an kurzfristigen Erfolgen interessiert, war auch für Chan/Kensinger/Martin Ausgangspunkt einer Untersuchung über die Aktienkursreaktionen auf die Bekanntgabe von Informationen über Forschungs- und Entwicklungsprojekte. Aktienkurse bleiben bei der Veröffentlichung von Informationen, die die Erwartungen von Investoren und Analysten lediglich bestätigen und nicht übertreffen, vielfach unverändert oder sinken. Deshalb werden in die Stichprobe nur solche Ankündigungen einbezogen, die *höhere* Forschungs- und Entwicklungsausgaben als im Vorjahr bekanntgeben.[583] Um auszuschließen, daß Manager nur über solche Forschungs- und Entwicklungsprojekte berichten, von denen sie sich eine besonders gute Resonanz erwarten, wird eine Kontrollstichprobe gebildet. Diese besteht aus Unternehmen, deren veröffentlichte Jahresabschlüsse zwar Informationen über den gestiegenen Forschungs- und Entwicklungsaufwand enthalten, die Pläne selbst aber nicht gesondert bekanntgeben. Ferner untersuchen Chan/Kensinger/Martin mit Blick auf die weithin unterstellte Kurzsichtigkeit des Marktes die Kursentwicklung, wenn gleichzeitig mit den Informationen über Forschungs- und Entwicklungsprojekte eine gesunkene bzw. eine gestiegene Gewinnziffer angekündigt wird. Ebenso wird differenziert nach den Kursreaktionen bei Hochtechnologieunternehmen und Unternehmen klassischer Industrien.

---

580 Vgl. Woolridge, J. Randall (1988), S. 33.
581 Vgl. Woolridge, J. Randall (1988), S. 33f.
582 Vgl. Woolridge, J. Randall (1988), S. 35.
583 Vgl. Chan, Su H./Kensinger, John W./Martin, John D. (1992), S. 60.

Die Unternehmensnachrichten werden der Dow Jones News Retrieval Service-Datenbank entnommen, die Kursinformationen entstammen der CRSP-Datenbank. Betrachtet wird der Zeitraum 1979 bis 1985, um eine Vergleichbarkeit mit anderen Studien zu gewährleisten.[584] Es lassen sich 79 Ankündigungen von 51 unterschiedlichen Unternehmen identifizieren, die ausgewertet werden können.[585] Diese werden in folgende vier Klassen unterteilt:

(a) Kategorie I enthält (quantifizierte) Ankündigungen, den Forschungs- und Entwicklungsaufwand zu steigern, ohne daß zugleich weitere oder weiterführende Informationen gegeben werden.
(b) Kategorie II umfaßt Ankündigungen, die neben Informationen über steigenden Forschungs- und Entwicklungsaufwand auch eine Gewinnprognose geben.
(c) Kategorie III beinhaltet neben Bekanntmachungen zu Forschung und Entwicklung das Quartalsergebnis.
(d) Kategorie IV nimmt solche Ankündigungen auf, die neben steigendem Forschungs- und Entwicklungsaufwand einen künftigen Anstieg der Investitionsausgaben insgesamt berichten.[586]

Zuletzt wird die Ausgangsstichprobe (95 Ankündigungen) danach unterteilt, ob die ausgewiesenen Ergebnisse des Quartals, in dem die Ankündigung gemacht wurde, höher (dies ist bei 62 Bekanntmachungen der Fall) oder niedriger (33 Bekanntmachungen) als im Vergleichsquartal des Vorjahres ausfallen. Dies soll zusätzliche Rückschlüsse auf die Kurzsichtigkeit des Marktes zulassen.

5.2.1.3.2.2. Untersuchungsergebnisse

Die Aktienkursreaktionen der größeren Stichproben mit 95 Ankündigungen sind im Durchschnitt signifikant positiv. Dies gilt auch, wenn die Veröffentlichung in eine Phase sinkender Unternehmensgewinne fällt. Die größte Kursbewegung läßt sich am Tag der Ankündigung und dem darauffolgenden beobachten. Am Tag der Ankündigung (Tag 0) liegt die durchschnittliche Überrendite bei 0,85%, was im gesamten Zeitfenster von 43 Tagen um den Bekanntmachungstag herum der größte Wert an einem einzelnen Tag ist. Der Wert ist signifikant auf dem 1%-Niveau. Die Überrendite am Tag 1 ist mit 0,53% kleiner, aber ebenfalls signifikant. Für die Tage 0 und 1 ergibt sich damit eine kumulierte Überrendite von 1,38% (signifikant auf dem 1%-Niveau). Diese Resultate werden nicht durch Ausreißer verursacht. Am Tag der Bekanntmachung beträgt der Anteil der positiven Aktienkursbewegungen 61%, am darauffolgenden Tag sind es 58% (zum Vergleich: im restlichen Zeitraum vor und nach der Ankündigung sind es nur 49%). Von 95 Ankündigungen weisen 50 im Zweitageszeitraum eine kumulierte Überrendite von über 1% auf. Die Kursbewegungen ziehen sich damit durch

584 Welche Studien hier konkret gemeint sind, lassen Chan/Kensinger/Martin offen.

585 Die Ankündigungen stammen zu 70% von Hochtechnologieunternehmen, darunter 50% Pharmaunternehmen und jeweils 18% Unternehmen aus den Branchen Elektronik und Datenverarbeitung. Vgl. Chan, Su H./Kensinger, John W./Martin, John D. (1992), S. 61.

586 Vgl. Chan, Su H./Kensinger, John W./Martin, John D. (1992), S. 61f.

die gesamte Stichprobe und sind nicht von einigen besonders großen Kursschwankungen verursacht.[587]

Wiederholt man die Tests mit den 55 Ankündigungen der Kategorie I, kommt man zu ähnlichen Ergebnissen: Die kumulierte Überrendite im Zweitageszeitraum beträgt dann 1,34%. Für Kategorie IV, die 30 Bekanntmachungen umfaßt, liegt der Wert bei 1,65%.[588] Wenngleich die Ergebnisse aufgrund der unterschiedlichen Größe der beiden Teilstichproben nicht unmittelbar miteinander verglichen werden können, so lassen sie sich gleichwohl als Indiz dafür interpretieren, daß die gleichzeitige Ankündigung von weiteren Investitionen positiv vom Markt aufgenommen wird und die Kursreaktion auf die Ankündigung von Forschungs- und Entwicklungsaufwand zusätzlich verstärkt.[589]

Die Unterteilung der Stichprobe in Abhängigkeit von der Veränderung der Quartalsergebnisse im Vergleich zum Vorjahr zeigt im Zweitageszeitraum eine Überrendite von 1,54% für Unternehmen mit gestiegenem Quartalsergebnis und 1,01% für Unternehmen mit gesunkenem Quartalsergebnis.[590] Dieses Ergebnis läßt den Schluß zu, daß der Markt nicht kurzfristig denkt, sondern aggressive Strategien im Forschungs- und Entwicklungsbereich des Unternehmens auch in Zeiten eines Gewinnrückgangs honoriert. Die Differenzierung in Hochtechnologieunternehmen und Unternehmen klassischer Industrien zeigt für letztere nur in 25% der Ankündigungen eine positive Kursreaktion, die durchschnittliche Überrendite ist sogar negativ (-0,9%). Bei den Hochtechnologieunternehmen kommt es in 71% der Ankündigungen zu einer Kurssteigerung, die im Durchschnitt 2,1% beträgt.[591]

Im Ergebnis bestätigt die Studie von Chan/Kensinger/Martin die Ergebnisse Wooldridges insoweit, als sich positive Ankündigungseffekte bei der Bekanntmachung von steigendem Forschungs- und Entwicklungsaufwand nachweisen lassen. Allerdings gilt dies nach Chan/Kensinger/Martin nicht uneingeschränkt, sondern nur für technologieintensive Unternehmen. Bei Unternehmen klassischer Industrien läßt sich gar ein gegenteiliger Effekt beobachten. Diese Differenzierung trifft Woolridge in seiner Studie nicht. Die vielzitierte Kurzsichtigkeit des Kapitalmarktes wird durch diese Untersuchung in Frage gestellt.

5.2.1.4. Kritik und Ergebnis für die Arbeit

Studien, die sich mit der Relevanz von immateriellen Vermögenswerten in Form von Forschung und Entwicklung befassen, stoßen häufig auf das Problem, die Stichprobe zutreffend abzugrenzen. Die Identifikation von forschungs- und entwicklungsintensiven Unternehmen über den SIC-Code kann allenfalls ein Indiz für eine hohe For-

---

587 Vgl. Chan, Su H./Kensinger, John W./Martin, John D. (1992), S. 62f.

588 Die Werte sind jeweils signifikant. Das Signifikanzniveau ist in diesen beiden Fällen nicht angegeben.

589 Vgl. Chan, Su H./Kensinger, John W./Martin, John D. (1992), S. 63f.

590 Beide Werte sind statistisch signifikant.

591 Vgl. Chan, Su H./Kensinger, John W./Martin, John D. (1992), S. 64.

schungs- und Entwicklungsintensität sein, da nur eine Aussage darüber getroffen werden kann, was branchenüblich zu erwarten ist. Weitere Annahmen oder zusätzliche Kriterien sind erforderlich. Am verläßlichsten erscheint die Abgrenzung von Chan/Lakonishok/Sougiannis, die den Forschungs- und Entwicklungsaufwand ins Verhältnis zu Umsätzen bzw. zur Börsenkapitalisierung setzen, um hinsichtlich der Forschungs- und Entwicklungsintensität zu differenzieren.[592] Andererseits wird an dieser Studie auch besonders deutlich, daß die unterschiedlichen Abgrenzungen zu abweichenden Untersuchungsergebnissen führen. Der Vergleich der Ergebnisse der unterschiedlichen Studien ist insofern unmöglich. Während Lev/Sougiannis beispielsweise generell auf produzierendes Gewerbe abstellen (SIC 200 bis 399), untersuchen Chan/Lakonishok/Souginannis auch Softwareunternehmen (SIC 737) sowie Chemie- und Pharmaunternehmen (SIC 283). Chan/Kensinger/Martin hingegen ordnen die Chemiebranche dem *low technology*-Bereich zu. Die Abgrenzung forschungs- und entwicklungsintensiver Unternehmen ist folglich nicht einheitlich und läßt nur die isolierte Analyse der Ergebnisse der einzelnen Studien zu.

Da Healy/Myers/Howe mit simulierten Daten arbeiten, stellt die Stichprobenabgrenzung keine Schwierigkeit dar. Zudem sind sie als einzige in der Lage, die Relevanz unterschiedlicher Bilanzierungsmethoden – auch solcher, die derzeit nicht zulässig sind – miteinander zu vergleichen. Die Simulation umfaßt die Forschungs- und Entwicklungsprojekte von 500 Pharmaunternehmen über einen Zeitraum von 32 Jahren, was die Zahl der praktischen Beobachtungsmöglichkeiten bei weitem übersteigt.[593] Insofern kann bei dieser Studie von einer hohen Rechengenauigkeit ausgegangen werden. Beim Vergleich unterschiedlicher Bilanzierungsmethoden erzielt die *successful-efforts method* die besten Ergebnisse. Die Überlegenheit dieser Methode erscheint plausibel, da nur die Forschungs- und Entwicklungsprojekte als Aktivposition ausgewiesen werden, die allesamt noch nicht fehlgeschlagen sind. So lange die Projekte erfolgreich sind, haben sie voraussichtlich positiven Einfluß auf künftige Zahlungsströme und insofern auf die Rendite. Die Ergebnisse der Studie müssen jedoch insofern kritisch gesehen werden, als das Modell ein Zirkularität enthält. Die Kosten für Marketing und Produktion werden als Prozentsatz vom Umsatz berechnet. Diese Größen determinieren schließlich die Cash Flows, aus denen der Ertragswert der Unternehmen ermittelt wird. Dieser ist Grundlage für die Berechnung der Rendite, die Gegenstand der linearen Regressionsgleichung ist. Daß sich bei Anwendung desselben Verfahrens zur Datenerzeugung und -analyse ein Zusammenhang nachweisen läßt, erscheint logisch.[594]

Ungeachtet dieser Einschränkung zeigt sich die Relevanz künftiger Erfolgswirkung auch an den Ergebnissen der Studien zu den Ankündigungseffekten. Wenn sich – wie insbesondere Chan/Kensinger/Martin zeigen – auch in Phasen sinkender Gewinne signifikant positive Aktienkursreaktionen auf die Bekanntgabe zusätzlicher Forschungs- und Entwicklungsaufwendungen nachweisen lassen, honorieren Investoren offensicht-

592 Allerdings kann auch die Börsenkapitalisierung durch spekulative Einflüsse erheblich schwanken und die Stichprobenabgrenzung so verzerren.

593 Vgl. Dotzler, Martina (2002), S. 35.

594 Vgl. Dotzler, Martina (2002), S. 35.

lich zukünftige Effekte. Insgesamt zeigen die empirischen Studien zur Relevanz von Forschung und Entwicklung uneinheitliche Ergebnisse, wobei Aussagen, daß Forschungs- und Entwicklungsaufwand relevant ist, erkennbar überwiegen. Einen hinreichenden Nachweis für die Wertrelevanz von Forschung und Entwicklung erbringen diese Studien gleichwohl nicht.

5.2.2. Relevanz von Informationen über Markenwerte

5.2.2.1. Die Studie von Barth et al. (1998)

5.2.2.1.1. Untersuchungsaufbau

Die Studie von Barth et al. untersucht den Zusammenhang zwischen dem Wert der Marke(n) eines Unternehmens und dem Aktienkurs bzw. der Aktienrendite.[595] Als Markenwert werden die im Rahmen der jährlichen Erhebung der Financial World veröffentlichten Werte herangezogen, die anhand des von Interbrand entwickelten Modells zur Markenbewertung ermittelt wurden.

Nach dem Interbrand-Modell sind zwei Faktoren wertbestimmend für eine Marke: die markenbezogenen Netto-Erträge und ein Multiplikator, der die Markenstärke wiedergibt. Die markenbezogenen Netto-Erträge werden im Zuge einer Differenzbetrachtung ermittelt: Vom operativen Gewinn nach Steuern wird der Betrag abgezogen, der mit einem *no name*-Produkt hätte verdient werden können. Nach Gesprächen mit Aktienanalysten und der Analyse von Geschäfts- und Segmentberichten schätzen die Analysten von Financial World das Kapital, das erforderlich ist, um die markenbezogenen Umsätze zu generieren. Hierzu sind branchenorientierte Mittelwerte heranzuziehen. Financial World illustriert die Vorgehensweise am Beispiel der Markenbewertung von Gilette. Im Bereich Körperpflege läßt sich im Branchenmittel ein Verhältnis von gebundenem Kapital (*capital employed*) und Umsatz in Höhe von 0,38 beobachten, d.h. daß 38 USD Kapital erforderlich sind, um 100 USD an Umsätzen zu generieren. Weiterhin wird unterstellt, daß die nicht markierte Version des Produkts eine 5%ige Netto-Rendite vor Steuern auf dieses Kapital erzielen würde. Der Überschuß der geschätzten Nach-Steuer-Gewinne des Markenprodukts über die geschätzten Nach-Steuer-Gewinne des *no name*-Produkts sind die markenbezogenen Gewinne.[596]

In den Markenstärke-Multiplikator fließen sieben Faktoren ein,[597] die mit Punktwerten versehen werden und insgesamt eine Summe von maximal 100 Punkten ergeben können (Scoringwert). Dieser Scoringwert wird auf Basis von Erfahrungsdaten in einen Multiplikator überführt. Das Produkt aus diesen beiden Faktoren ergibt den Wert der Marke.[598]

---

595 Vgl. Barth, Mary E. et al. (1998), S. 41f.

596 Vgl. Barth, Mary E. et al. (1998), S. 63-66.

597 U.a. die Fähigkeit der Marke, den Markt zu beeinflussen, die Stabilität und die Internationalität.

598 Vgl. Barth, Mary E. et al. (1998), S. 63-66. Zum Markenbewertungsmodell von Interbrand sowie zwei weiteren Methoden der Markenbewertung und deren kritischer Würdigung vgl. Aders, Christian/Wiedemann, Florian (2001).

Die Studie berücksichtigt 1.204 Marken, die nach dem Interbrand-Modell bewertet wurden, aus dem Zeitraum 1992 bis 1997.[599] Beobachtet wurden 595 Firmengeschäftsjahre, die 183 börsennotierten Unternehmen zuzuordnen sind. Die weiteren erforderlichen Informationen für die restlichen Variablen werden Compustat und CRSP entnommen.[600] Der erste Test untersucht den Zusammenhang zwischen der Börsenkapitalisierung und dem Markenwert, der zweite Test zwischen Markenwertänderungen und Aktienrenditen.

Die Markenwerte werden dazu durch die Anzahl der ausgegebenen Aktien dividiert und auf den Marktwert je Aktie regressiert. In einem zweiten Test wird die Veränderung des Markenwertes auf die jährlichen Aktienrenditen regressiert. Neben dem Test der Wertrelevanz der Markenwerte soll dies zugleich eine Aussage darüber ermöglichen, ob Informationen über Markenwerte das Kriterium der Rechtzeitigkeit erfüllen.[601]

5.2.2.1.2. Untersuchungsergebnisse

Den Regressionsrechnungen zufolge sind die Markenwerte wertrelevant, und die Veränderungen des Markenwertes innerhalb einer Berichtsperiode korrelieren positiv mit den Aktienrenditen. Dies gilt sowohl für die Betrachtung des gesamtes Zeitraums als auch für die Schätzungen, die für die einzelnen Geschäftsjahre ermittelt wurden. Da Markenwerte als relevant erachtet werden, müssen sie ein Mindestmaß an Verläßlichkeit aufweisen, da sie sonst von den Investoren nicht berücksichtigt würden.

Der Koeffizient des Markenwertes liegt in der Gesamtbetrachtung des Zeitraums mit 0,29 unter dem des Buchwertes (0,64), was plausibel erscheint, da der Markenwert mehr Schätzfehler enthält als der Buchwert des Eigenkapitals.[602] Gerade weil der Markenwert nicht objektiviert ermittelbar ist, ist er nicht im Eigenkapital enthalten. Werden die einzelnen Jahre des Untersuchungszeitraumes, der sich auf 1991 bis 1996 erstreckt, separat untersucht, ergibt sich im Mittel ein Koeffizient von 0,26 für den Buchwert und von 0,25 für den Markenwert. Beide Informationen werden also von Investoren kurzfristig annähernd gleich eingeschätzt. Des weiteren zeigt sich, daß die Veränderungen des Markenwertes signifikant positiv mit den jährlichen Aktienrenditen korrelieren, was nach Barth et al. darauf hindeutet, daß zumindest ein Teil der Markenwertänderung zeitnah erfaßt wird.[603]

---

599 Die Markenwerte greifen auf die Ergebnisse der Geschäftsjahre 1991 bis 1996 zurück.

600 Vgl. Barth, Mary E. et al. (1998), S. 44.

601 Durch eine weitere Regressionsgleichung schließen Barth et al. eine Verzerrung der Ergebnisse dadurch, daß der Markenwert vom Marktwert des Eigenkapitals abhängigt, aus. Der Markenwert wird hierzu als Funktion des Marktwertes des Eigenkapitals und weiterer Faktoren, wie z.B. der Marketingaufwendungen oder des Wachstums der Umsatzerlöse, dargestellt. Vgl. Barth, Mary E. et al. (1998), S. 52-54.

602 Vgl. Barth, Mary E. et al. (1998), S. 55.

603 Vgl. Barth, Mary E. et al. (1998), S. 56.

5.2.2.2. Die Studie von Seethamraju (2003)

5.2.2.2.1. Untersuchungsaufbau

Seethamraju untersucht die Relevanz von selbstgeschaffenen und von derivativ erworbenen Marken. Die Stichprobe besteht aus 237 Unternehmen aus den Branchen Nahrungsmittel, Chemie, Telekommunikation, Elektronik/Computer und Bekleidung, deren Marketingausgaben bei Compustat verfügbar sind. Informationen zu den Marken werden der CCH Trademark Research Corporation Database entnommen. Der Untersuchungszeitraum umfaßt die Jahre 1993 bis 1997. Der durchschnittliche Markenwert aller Stichprobenunternehmen beträgt 1997 8,6 Mrd. USD, der durchschnittliche Buchwert ist 1,7 Mrd. USD. Das Marktwert-Buchwert-Verhältnis beträgt im Durchschnitt 4,9, woraus Seethamraju folgert, neben Marken seien weitere nichtbilanzierte immaterielle Vermögenswerte in den Unternehmen vorhanden. Die bilanzierten immateriellen Vermögenswerte machen 511 Mio. USD aus. Es existieren durchschnittlich 60,4 Marken in den Unternehmen und jährlich werden 7,5 neue Marken registriert.[604]

Zunächst setzt sich Seethamraju zum Ziel, den ökonomischen Nutzen einer Marke zu zeigen, indem der Zusammenhang des Werts der Marke mit dem Umsatz untersucht wird. Seethamraju transformiert eine Cobb-Douglas-Produktionsfunktion in eine Linearfunktion, indem alle Variablen (Umsatz als erklärte Variable, Anlagevermögen, Zahl der Angestellten, Anzahl der Marken und Marketingausgaben als erklärende Variablen) logarithmiert werden. Die Regressionsschätzung wird auf zwei Arten vorgenommen: einmal mit den Logarithmen der innerperiodischen Variablen und zum zweiten mit den Veränderungen der Logarithmen der erklärenden Variablen über einen Vierjahreszeitraum.[605]

Der Koeffizient der Variablen „Anzahl der Marken" wird dann dazu verwendet, den Umsatz, der auf Marken zurückzuführen ist, zu schätzen. Hierzu wird der Koeffizient mit der prozentualen Veränderung der Zahl der Marken im Jahr 1997 und mit den Umsätzen des Jahres 1997 multipliziert. Die so ermittelten markenbezogenen Umsätze können als Zahlungsstrom, der aus der Marke resultiert, interpretiert werden. Seethamraju nimmt nun an, daß dieser Zahlungsstrom unendlich ist und unterstellt einen Diskontierungszins von 10%. Der so ermittelte Markenwert wird nun eingesetzt, um die Wertrelevanz als Zusammenhang zwischen Marktwert des Eigenkapitals und den Schätzern für den Markenwert zu testen. Hierbei wird das Ohlson-Modell verwendet.[606] Der geschätzte Markenwert wird in diesem Modell als eine Information betrachtet, die die Jahresabschlußdaten nicht reflektieren (*other information*). Daher wird sie neben den Marketingausgaben und dem Umsatzzuwachs als zusätzliche erklärende

---

604 Die Stichprobenstatistik wird tabellarisch wiedergegeben, wobei bei diesen Angaben eine Stichprobengröße von n = 184 zugrundegelegt ist. Worauf die Abweichung zu der im Text genannten Stichprobe von n = 237 zurückzuführen ist, wird nicht erläutert.

605 Es werden Dummyvariablen für industriebedingte Effekte und Effekte, die aus der Wahl des Untersuchungsjahres resultieren, verwendet. Vgl. Seethamraju, Chandrakanth (2003), S. 236.

606 Vgl. Ohlson, James (1995). Zum Feltham-Ohlson-Modell und dessen empirischer Validierung anhand von 753 deutschen und amerikanischen Unternehmen vgl. Stromann, Hilke (2003).

Variable eingeführt. Wenn sich für die Variable Markenwert nun ein positiver Koeffizient ergibt, ist der Markenwert eine wertrelevante Information, die im Jahresabschluß nicht enthalten ist.[607]

Anschließend wird in einer Ereignisstudie anhand von 187 Transaktionen (von 120 Unternehmen stammend) aus den Jahren 1993 bis 1998 der Zusammenhang zwischen der Ankündigung durch ein Unternehmen, eine Marke zu erwerben, und der Aktienrendite untersucht. Die Statistik für die Stichprobenunternehmen zeigt eine durchschnittliche Börsenkapitalisierung von 9,2 Mrd. USD und einen durchschnittlichen Buchwert von 1,8 Mrd. USD. Die Renditegrößen entstammen CRSP. Beobachtet wird ein Dreitageszeitraum, in dessen Mitte der Tag der Ankündigung des Markenerwerbs liegt. Die kumulierte Bruttorendite dieses Dreitageszeitraums wird auf die Markentransaktion zurückgeführt.

Zuletzt analysiert Seethamraju, ob die Veröffentlichung von quantitativen Informationen über den Markenkauf zu abweichenden Renditen im Vergleich zur Veröffentlichung rein qualitativer Informationen führt. Dazu wurde die Ausgangsstichprobe unterteilt in solche Unternehmen, die Informationen wie die Größe des Marktes, der durch die Marke abgedeckt wird, das zukünftige Potential der Marke und den Kaufpreis geben, und solche, die lediglich die Transaktion bekanntgeben, ohne diese näher zu quantifizieren. Letztere machen 60% der Stichprobe aus.[608]

5.2.2.2.2. Untersuchungsergebnisse

Die Regressionsschätzungen ergeben im Ohlson-Modell für die Variablen Marketingausgaben und Umsatzzuwachs jeweils einen Koeffizienten, der nicht signifikant von null verschieden ist. Der Koeffizient des Markenwertes hingegen ist auf dem 1%-Niveau stets positiv und signifikant von null verschieden. Das Bestimmtheitsmaß beträgt 48,6%. Diese Ergebnisse wurden unter Verwendung von Markenwerten, die auf Basis von Fünfjahreszahlungsströmen berechnet wurden, wiederholt, was zu annähernd gleichen Ergebnissen führte.[609]

Die Ereignisstudie zeigt im Dreitagesfenster durchschnittliche Bruttorenditen von 1,7%, der Median liegt bei 0,4%. Beide Werte sind signifikant auf dem 1%-Niveau. Marktadjustiert ergibt sich auf dem 1%-Niveau eine Überrendite von 1,5%. Differenziert man innerhalb der Stichprobe zwischen solchen Unternehmen, die im Zusammenhang mit der Markentransaktion quantitative Informationen publizieren, und solchen, die sich auf rein qualitative Daten beschränken, ergibt sich für die Unternehmen mit quantitativen Angaben eine höhere Rendite, die bei 2,5% liegt. Die Rendite dieser Unternehmen ist auf dem 1%-Niveau signifikant von null verschieden. Die durchschnittliche Bruttorendite der „Qualitativpublizierer" liegt bei 1,1%. Dieser Wert ist

---

607 Vgl. Seethamraju, Chandrakanth (2003), S. 236-239.
608 Vgl. Seethamraju, Chandrakanth (2003), S. 240-243.
609 Vgl. Seethamraju, Chandrakanth (2003), S. 239f.

allerdings nicht signifikant.[610] Insgesamt wertet Seethamraju seine Ergebnisse als eine Bestätigung dafür, daß selbsterstellte Marken meßbar und wertrelevant sind. Ferner sieht er mit Blick auf die Ergebnisse der Ereignisstudie Informationen über derivativ erworbene Marken als wertrelevant an. Quantitative Informationen führen dabei zu höheren (Über-)Renditen als qualitative Angaben.

5.2.2.3. Kritik und Ergebnis für die Arbeit

Beide Studien kommen zu dem Ergebnis, der Markenwert sei relevant für den Aktienkurs des Unternehmens. Die Schwächen der Inputgrößen beider Untersuchungen sind nicht zu übersehen. Das Markenbewertungsmodell von Interbrand ist letztlich eine Multiplikatormethode. Deren Determinaten, die markenbezogenen Netto-Erträge und der Multiplikator, sind von einer ganzen Reihe von Subjektivismen geprägt. Markenbezogene Umsätze anhand eines branchendurchschnittlichen gebundenen Kapitals zu ermitteln, läßt die Spezifika einer jeden Marke außer Acht, die aber wertbestimmend sind, da sie den Ausschlag zum Kauf eines Produktes geben sollen. Durchschnittliche Werte führen nur dann nicht zu einer falschen Ermittlung des Markenwertes, wenn von vornherein klar ist, daß die Marke nur einen branchendurchschnittlichen Wert hat. Dann wiederum ist ein signifikanter Einfluß des Markennamens auf den Aktienkurs zu bezweifeln. Die 5%ige Nettorendite auf dieses durchschnittlich gebundene Kapital ist nicht theoretisch abgeleitet. Zudem sind die Einflußfaktoren des Multiplikators theoretisch nicht fundiert, es handelt sich um intuitiv ermittelte Faktoren. Offenkundig wird die Subjektivität des Modells, wenn der Scoringwert auf Basis von Erfahrungsdaten in einen Multiplikator überführt wird. Zwar betonen Barth et al., es handle sich bei der Studie um einen verbundenen Test auf Relevanz und Zuverlässigkeit, was letztlich für alle Relevanzstudien gilt. Die Schwächen von Markenbewertungsmodellen sind Investoren aber bewußt.[611] Möglicherweise spiegeln die Ergebnisse der Studie den hohen Bekanntheitsgrad der Unternehmen, die nach Interbrand über einen hohen Markenwert verfügen, wider. Dieser beeinflußt die Kaufentscheidungen der Investoren.

Auch Seethamrajus Markenwerte basieren auf Schätzungen. Umsatzsteigerungen, die auf Produktivitätsverbesserungen zurückzuführen sind, werden in der Ausgangsregression nicht berücksichtigt. Auch hier ist der Diskontierungszins in Höhe von 10% willkürlich. Vor diesem Hintergrund liefern diese Studien keinen hinreichenden Beleg für die Relevanz von Markenwerten.

---

610 Vgl. Seethamraju, Chandrakanth (2003), S. 242f.

611 Dies zeigen auch die Ergebnisse der Studie von Günther/Beyer/Menninger (Abschnitt 5.3), wenngleich sich diese auf eine andere Grundgesamtheit beziehen.

5.2.3. Relevanz von Softwareausgaben: Die Studie von Aboody/Lev (1998)

5.2.3.1. Untersuchungsaufbau

Die Aktivierung von Softwareausgaben gemäß SFAS 86 stellt die einzige Ausnahme des Aktivierungsverbots von Forschungs- und Entwicklungsausgaben im Regelungskreis der US-GAAP dar. Softwarekosten bilden insofern einen idealen Untersuchungsgegenstand, da sich an ihnen die Wirkungen alternativer Bilanzierungsmethoden für immaterielle Vermögenswerte testen lassen. Neben dieser Überlegung sahen sich Aboody/Lev auch durch die Forderung der Software Publishers Association, den Standard abzuschaffen, veranlaßt, die Wertrelevanz dieser Ausgaben zu untersuchen.[612] Die Stichprobe besteht aus 163 Unternehmen, die nach den Compustat Files von 1995 im Softwarebereich tätig sind (SIC Code 7370-7372). Im untersuchten Zeitraum (1987-1995) vervierfachten sich Umsatz und Aktiva der Stichprobenunternehmen annähernd. Die Durchschnittswerte liegen in beiden Fällen deutlich über dem jeweiligen Median. Die Stichprobe enthält also eine kleine Zahl sehr großer Unternehmen. Die Aktivierungsintensität (*capitalization intensity*)[613] zeigt bis 1992 sowohl einen Median als auch einen Durchschnittswert zwischen 25% und 30%, der anschließend stark abfällt. Dieses drastische Absinken führen Aboody/Lev hauptsächlich auf Unternehmen zurück, die neu in den Markt eintreten und weniger Softwarekosten aktivieren als die alteingesessenen Unternehmen.[614]

Zu Beginn werden die Stichprobenunternehmen danach unterteilt, ob sie ihre Softwareentwicklungskosten aktivieren (*capitalizers*) oder als Aufwand verbuchen (*expensers*). Nachdem SFAS 86 die Aktivierung von technologischen Aspekten der Softwareentwicklung abhängig macht, könnten ökonomische Faktoren, die der Softwareentwicklung zugrundeliegen, die Entscheidung zu aktivieren, beeinflussen. Beispielsweise könnte die sofortige Verbuchung als Aufwand für Produkte mit kurzer Entwicklungsdauer, die Aktivierung hingegen für solche mit mehrjähriger Entwicklungsdauer adäquat sein. Aboody/Lev kategorisieren die Produkttypen wie folgt: Systemsoftware (*business applications*), Lern- und Unterhaltungssoftware (*education and entertainment*), Fertigungssoftware (*engineering*) und Softwarepakete (*PC packaged soft-*

---

612 Vgl. Aboody, David/Lev, Baruch (1998), S. 161f. Die Software Publishers Association wendete sich am 14. März 1996 mit einem Brief an das FASB und forderte überraschenderweise die Abschaffung des SFAS 86, da die unmittelbare Verbuchung der Softwareausgaben als Aufwand die Jahresabschlüsse von Softwarefirmen verläßlicher mache. Softwareentwicklungsausgaben haben nach Auffassung der Software Publishers Association keine Voraussagekraft für künftige Erfolge und seien angesichts der steigenden Volatilität des Softwaremarktes zunehmend mit Unsicherheit behaftet. Der Brief ist in Auszügen wörtlich zitiert. Vgl. Aboody, David/Lev, Baruch (1998), S. 161.

613 Die Aktivierungsintensität ist das Verhältnis des jährlich aktivierten Teils der Softwarenentwicklungskosten zu den gesamten Entwicklungskosten (sowohl aktivierte als auch direkt als Aufwand verbuchte). Vgl. Aboody, David/Lev, Baruch (1998), S. 166.

614 Die geringere Aktivierungsintensität junger Unternehmen resultiert aus der häufig noch ausstehenden technologischen Realisierbarkeit der Softwareprojekte. Außerdem könnten Kapitalmarktreaktionen in besonderem Maße junge Unternehmen zur Verbuchung der Kosten als Aufwand veranlassen, um die Glaubwürdigkeit der Kapitalmärkte in die Berichterstattung zu stärken. Vgl. Aboody, David/Lev, Baruch (1998), S. 166.

ware).[615] Von allen Stichprobenunternehmen verbuchen 34 sämtliche Ausgaben als Aufwand, 102 aktivieren einen Teil ihrer Entwicklungskosten. Zwölf Unternehmen wechselten im Untersuchungszeitraum zwischen beiden Methoden und wurden entsprechend jedes Jahr umklassifiziert. Fertigungssoftware ist der einzige Produkttyp, der fast durchgängig eine Aktivierung zeigt (96,7%). Bei den anderen Produkttypen lassen sich keine statistisch signifikanten Unterschiede zwischen den beiden Bilanzierungsmethoden ermitteln.

Um die Relevanz der Aktivierung von Softwareausgaben zu testen, wird zunächst die jährliche Aktienrendite auf folgende Variablen regressiert:

(1) die jährliche Veränderung der aktivierten Softwareausgaben;
(2) die jährliche Veränderung der Ausgaben für Softwareentwicklung bei *expensers*;
(3) die jährliche Veränderung der Ausgaben für Softwareentwicklung bei *capitalizers*;
(4) die jährliche Veränderung der Abschreibung auf die aktivierten Softwareausgaben bei *capitalizers*;
(5) den jährlichen Nettogewinn;
(6) die Veränderung des Nettogewinns sowie
(7) den Prognosewert aus der oben skizzierten Regressionsrechnung für die Aktivierungsintensität (Regression 1).[616]

In einer weiteren Regressionsrechnung wird der Zusammenhang zwischen dem Aktienkurs als abhängiger Variable und (1) dem Gewinn je Aktie, (2) dem Buchwert des Eigenkapitals je Aktie abzüglich der aktivierten Software und (3) dem Betrag der aktivierten Software je Aktie als unabhängige Variablen ermittelt (Regression 2).[617] Regression 3 testet den Zusammenhang zwischen den aktivierten Softwareausgaben sowie weiteren Variablen und künftigen Gewinnen. Dies soll eine Aussage über die Prognoserelevanz der Softwareausgaben ermöglichen. Dazu wird die Veränderung des Gewinns (operativer Gewinn oder Nettogewinn) vor Entwicklungsausgaben auf die Vorjahres-Veränderung[618] (1) der aktivierten Softwareentwicklungskosten, (2) der als Aufwand verbuchten Entwicklungsausgaben (für *capitalizers* nimmt die Variable den Wert 0 an) bzw. (3) der Entwicklungsausgaben der aktivierenden Unternehmen (für *expensers* nimmt die Variable den Wert 0 an) und (4) auf den Prognosewert für die Softwareaktivierung aus der Regression zur Aktivierungsintensität regressiert. Außerdem wird erneut eine Dummyvariable für das Geschäftsjahr berücksichtigt sowie die Veränderung des Gewinns im Vorjahr. Insgesamt werden vier Regressionsrechnungen

615 Die Einteilung folgt Deloitte & Touche (1996).
616 Sämtliche Variablen – mit Ausnahme des Prognosewerts für die Aktivierungsintensität – werden durch den Marktwert zu Beginn des Berichtsjahrs geteilt. Zusätzlich wird noch eine Variable als Indikator für das Berichtsjahr eingeführt. Die Variable nimmt den Wert 1 an, wenn ein beobachteter Wert aus dem untersuchten Berichtsjahr stammt, ansonsten 0. Vgl. Aboody, David/Lev, Baruch (1998), S. 170f.
617 Die Dummyvariable für das Geschäftsjahr ist ebenfalls berücksichtigt.
618 t-1 im Vergleich zu t-2.

durchgeführt: jeweils für die beiden Gewinngrößen (operativer Gewinn und Nettogewinn), die Veränderung im Vergleich zum Vorjahr und im Vergleich zur Gewinngröße zwei Jahre zuvor.[619]

5.2.3.2. Untersuchungsergebnisse

In Regression 1 für den gesamten Untersuchungszeitraum zeigen die Koeffizienten der Veränderung der jährlichen Aktivierung und der Abschreibung der aktivierten Beträge erwartungsgemäß ein positives bzw. ein negatives Vorzeichen und sind statistisch hochsignifikant. Auch für die separaten Regressionsrechnungen für die einzelnen Untersuchungsjahre ergibt sich ein durchschnittlich positiver Koeffizient (1,71) für die Veränderung der jährlichen Aktivierung, der in sechs von neun untersuchten Jahren signifikant ist. Ebenso ist die Veränderung der Abschreibung der aktivierten Beträge in den einzelnen Jahren durchweg negativ. Die Werte sind in vier Jahren signifikant. Hingegen ist der Koeffizient der als Aufwand verbuchten Softwareausgaben im gesamten Untersuchungszeitraum mit 0,67 vergleichsweise gering und zudem nicht signifikant. Die Betrachtung der einzelnen Jahre zeigt drei signifikante Werte. Das niedrige Signifikanzniveau bei den *expensers* könnte auf die geringe Zahl an Unternehmen in dieser Teilstichprobe zurückzuführen sein. Denkbar ist auch, daß dies die Reaktion der Anleger auf die fehlende Information über die Erfolge der Entwicklungstätigkeiten widerspiegelt.[620]

Entgegen den Erwartungen ist der Koeffizient der Entwicklungskosten, die von *capitalizers* als Aufwand verbucht wurden, negativ und nicht signifikant. Möglicherweise können die Anleger nicht unterscheiden, ob der Aufwand wegen des gescheiterten Durchführbarkeitstests verbucht wurde oder die Produktentwicklung sich noch im Anfangsstadium befindet und ein Durchführbarkeitstest noch gar nicht stattgefunden hat. Durch die separate Analyse der einzelnen Untersuchungsjahre kann zugleich ein Argument der Software Publishers Association entkräftet werden. Diese hatte behauptet, die aktivierten Softwareausgaben verlören im Zeitablauf an Relevanz. Die Ergebnisse von Aboody/Lev zeigen aber nicht signifikante Koeffizienten in den ersten drei Jahren des Untersuchungszeitraums (1987-1989) und signifikante Werte (10%-Niveau) in den Jahren 1990 bis 1995. Im Zeitablauf hat die Glaubwürdigkeit der *software assets* also zugenommen.[621]

Regression 2 zeigt einen positiven, statistisch signifikanten Koeffizienten für den Buchwert der aktivierten Softwareausgaben. Gleichwohl ist der Koeffizient im Vergleich zu dem des Buchwertes des adjustierten Eigenkapitals (0,57 vs. 2,189) gering. Beschränkt man die Regressionsrechnung auf die 25% der Unternehmen mit der höchsten Aktivierungsintensität, erhält man für den Buchwert der aktivierten Softwareausgaben einen Koeffizienten in Höhe von 1,33. Ein positiver Koeffizient ergibt sich stets

---

619 Vgl. Aboody, David/Lev, Baruch (1998), S. 172f.
620 Vgl. Aboody, David/Lev, Baruch (1998), S. 175.
621 Vgl. Aboody, David/Lev, Baruch (1998), S. 173-175.

auch bei separater Regression der einzelnen Untersuchungsjahre. Allerdings ist der Wert in den Jahren 1987 und 1988 nicht signifikant.[622]

Regressionsrechnung 3 zur Prognoserelevanz zeigt erwartungsgemäß einen positiven Koeffizienten für die „verzögerte" (t – 1) Veränderung der jährlichen Softwareaktivierung. Der Wert ist in jeder der vier Regressionen signifikant. Es besteht also ein Zusammenhang zwischen der Veränderung der aktivierten Softwareausgaben und künftigen Gewinnen. Außerdem ist der Koeffizient der aktivierten Software größer als der Koeffizient der als Aufwand verbuchten Ausgaben bei *expensers*. Dieser wiederum ist größer als der Koeffizient der als Aufwand verbuchten Softwareausgaben der *capitalizers*. Jedoch sind die Werte für letzteren mit einer Ausnahme nicht signifikant. Dies könnte darauf zurückzuführen sein, daß die als Aufwand verbuchten Ausgaben eines *capitalizers* einem sehr frühen Entwicklungsstadium zuzuordnen sind und Projekte betreffen, die den Durchführbarkeitstest nicht bestanden haben. Die Rangfolge der Koeffizienten ist konsistent mit der Argumentation des FASB, aktivierte Softwareausgaben seien Projekten zuzurechnen, die kurz vor dem Abschluß stehen, und stünden deshalb in starkem Zusammenhang mit kurzfristigen Gewinnen. Bei den Ausgaben der *expensers* ist dies nicht der Fall.[623]

5.2.3.3. Kritik und Ergebnis für die Arbeit

Die Ergebnisse von Aboody/Lev bestätigen die Relevanz immateriellen Vermögens auch für den Fall von Software. Daneben lassen sich auch Aussagen über die Akzeptanz neuer Rechnungslegungsstandards gewinnen. Nachdem die Koeffizienten der aktivierten Softwareausgaben in den ersten drei Jahren des Untersuchungszeitraums, der unmittelbar an die Einführung des SFAS 86 anschließt, nicht signifikant sind, wird diese Aktivposition offensichtlich als nicht ausreichend verläßlich eingestuft. Da in den folgenden Jahren signifikante Werte zu beobachten sind, werden die Informationen aber grundsätzlich als relevant erachtet. Das Signifikanzniveau ist mit 10% allerdings verhältnismäßig gering. Aboody/Lev mutmaßen, die Anleger stünden in den ersten Jahren nach Anwendung von SFAS 86 der Aktivierung von Softwareausgaben kritisch gegenüber.[624] Daß die Werte des Koeffizienten deutlich hinter dem des buchmäßigen Eigenkapitals zurückbleiben, stützt diese These. Die Investoren scheinen des Risikos gewahr zu sein, das dieser Bilanzposition immanent ist. So gesehen verblüfft, daß bei Unternehmen mit hoher Aktivierungsintensität der Koeffizient höher liegt als für die gesamte Stichprobe. Wird ein hoher Anteil der Softwarekosten aktiviert, ist die Wahrscheinlichkeit, daß nicht werthaltige Kostenkomponenten angesetzt wurden, höher, als wenn ohnehin nur ein kleiner Teil aktiviert wird. Den Investoren könnte eine niedrige Aktivierungintensität eine besonders restriktive Vorgehensweise bei der Aktivierung und somit die Werthaltigkeit der Aktivposition signalisieren. Dies ist aber offensichtlich nicht der Fall. Möglicherweise honorieren die Investoren die umfassende Aktivierung, da ihnen so die Vermögenslage transparent erscheint. Bei Unternehmen,

---

622 Vgl. Aboody, David/Lev, Baruch (1998), S. 176f.

623 Vgl. Aboody, David/Lev, Baruch (1998), S. 178.

624 Vgl. Aboody, David/Lev, Baruch (1998), S. 176.

die einen Großteil ihrer Softwareentwicklungsausgaben aktivieren, kommt diesen Ausgaben so eine höhere Bedeutung zu.

Bei der Einordnung der Ergebnisse ist zu berücksichtigen, daß der Untersuchungszeitraum in eine Phase enormen Wachstums in der Softwarebranche fällt. Dadurch ist die Zahl der Stichprobenunternehmen in den einzelnen Untersuchungsjahren stark unterschiedlich (n=58 in 1987 und n=130 in 1994). Insbesondere Aussagen über die Veränderung der Koeffizienten im Zeitablauf sind deshalb kritisch zu sehen. Außerdem ist angesichts des Abschwungs in der Softwarebranche in den vergangenen drei Jahren zu erwarten, daß sich die Untersuchungsergebnisse künftig anders darstellen. Die Investoren werden aktivierte Softwareausgaben bereits heute vermutlich kritischer einschätzen.

5.2.4. Aussagekraft von Studien zur Bewertungsrelevanz

Studien zur Bewertungsrelevanz wurden in jüngster Zeit im Schrifttum heftig kritisiert. Insbesondere wird in Frage gestellt, ob sich deren Ergebnisse zur Beurteilung von Rechnungslegungsfragen heranziehen lassen.[625] Untersuchungen zur Wertrelevanz fragen nach empirisch messbaren Korrelationen von Rechnungslegungsgrößen mit der Börsenkapitalisierung und mit den Renditen und signifikant positiven Regressionskoeffizienten der jeweils untersuchten unabhängigen Variable(n).[626] Die Höhe der Korrelation wird dabei als ein Maß für die Güte der Rechnungslegung verstanden. Mit der Orientierung an Börsenkapitalisierung und Aktienrenditen basieren Relevanzstudien auf der Annahme, vornehmlich Eigenkapitalgeber seien die Nutzer von Rechnungslegungsinformationen.[627] Die Informationsinteressen von Fremdkapitalgebern können durch diese Studien nicht abgebildet werden. Für eine ausgewogene Beurteilung von Rechnungslegungsfragen greifen die Ergebnisse von Relevanzstudien folglich zu kurz, da sie reine Assoziationsstudien bleiben. Zudem ist fraglich, ob der Regressand das Informationsinteresse zutreffend abbildet.[628]

Eine weitere Schwäche zeigen Ewert/Wagenhofer am Vergleich zweier unterschiedlich genauer Rechnungslegungssysteme: Das ungenauere System weist die höhere Korrelation der ausgewiesenen Erfolge mit den Aktienrenditen auf. Unter dem Gesichtspunkt der Entscheidungsnützlichkeit kann ein ungenaues Rechnungslegungssystem jedoch nicht vorziehenswürdig sein.[629] Die rein korrelationsorientierte Analyse führt folglich zu falschen Schlüssen. Zudem vernachlässigen Relevanzstudien, daß in den Preisbildungsprozeß am Kapitalmarkt neben Rechnungslegungsinformationen auch weitere Informationen einfließen. Letztere können ebenfalls Preisänderungen bewirken. Hohe Korrelationen sind dann jedoch kein Hinweis auf die Informations-

---

625 Vgl. Wagenhofer, Alfred/Ewert, Ralf (2003), S. 131-135; Holthausen, Robert W./Watts, Ross L. (2001); Ronen, Joshua (2001).

626 Vgl. Wagenhofer, Alfred/Ewert, Ralf (2003), S. 130.

627 Vgl. Holthausen, Robert W./Watts, Ross L. (2001), S. 24.

628 Vgl. Holthausen, Robert W./Watts, Ross L. (2001), S. 18.

629 Vgl. Wagenhofer, Alfred/Ewert, Ralf (2003), S. 131f.

wirkung von Rechnungslegungsgrößen.[630] Die jeweiligen Studien werden im Rahmen dieser Arbeit deshalb nur als Hinweis auf die Relevanz von immateriellen Vermögenswerten interpretiert. Der deduktive Nachweis der Relevanz immaterieller Vermögenswerte erfolgt in Kapitel 6.[631]

5.3. Expertenbefragung: Die Studie von Günther/Beyer/Menninger (2003)

5.3.1. Untersuchungsaufbau

Vor dem Hintergrund der zunehmenden Bedeutung immaterieller Vermögenswerte für den Unternehmenserfolg und der steten Bemühungen, diese zu klassifizieren, zu messen und geeignete Berichtsinstrumente zu deren Abbildung zu schaffen, haben sich Günther/Beyer/Menninger zum Ziel gesetzt, die Möglichkeiten und Hürden einer Berichterstattung über immaterielle Vermögenswerte *aus Sicht der Unternehmen* zu untersuchen.[632] Die Untersuchung ist die bislang einzige Befragung von Unternehmen am deutschen Kapitalmarkt zur Relevanz immateriellen Vermögens. Im einzelnen soll gezeigt werden, welche externen und internen Faktoren den langfristigen Unternehmenserfolg determinieren und welche *immateriellen* internen Faktoren relevant für den Unternehmenserfolg sind. Außerdem werden Antworten auf die Fragen gesucht, ob das unternehmensinterne Kontrollsystem immaterielle Vermögenswerte überhaupt berücksichtigt und wie unterschiedliche Erscheinungsformen immateriellen Vermögens im internen Kontrollsystem gemessen und bewertet werden.[633] Abschließend wird untersucht, wie die Unternehmen die Verarbeitung von Informationen über immaterielle Vermögenswerte durch den Kapitalmarkt einschätzen und ob sich hierbei Unterschiede zwischen verschiedenen Branchen ergeben.

Die Grundgesamtheit besteht aus Unternehmen des CDAX, die den Branchen Medien, Technologie, Pharmazie/Gesundheitswesen, Software und Telekommunikation angehören, da in diesen Branchen ein besonders intensiver Einsatz immaterieller Vermögenswerte angenommen wird. In Vorbereitung der Befragung wurden Experteninterviews mit (Finanz-)Vorständen ausgewählter Stichprobenunternehmen und mit Mitarbeitern von Wirtschaftsprüfungsgesellschaften mit entsprechender Branchenerfahrung geführt. Auf Basis der Ergebnisse dieser Experteninterviews wurde ein Fragebogen konzipiert.[634] Dieser wurde an 343 Unternehmen versendet (Grundgesamtheit); die

---

630 Vgl. Wagenhofer, Alfred/Ewert, Ralf (2003), S. 133f. Dies ist auch dann der Fall, wenn die Preisentwicklung auf einer fehlerhaften Auswertung von Fundamentaldaten beruht (*noise trading*). Vgl. Ronen, Joshua (2001), S. 243.

631 Vgl. hierzu Abschnitt 6.1.

632 Vgl. Günther, Thomas/Beyer, Dirk/Menninger, Jutta (2003), S. 2f. Die Ergebnisse dieses Arbeitspapiers wurden in gekürzter Fassung und in deutscher Sprache von PwC Deutsche Revision AG veröffentlicht. Vgl. PwC Deutsche Revision AG (2003).

633 Zu den dieser Studie zugrundeliegenden Kategorien immaterieller Vermögenswerte vgl. Abbildung 3.

634 Der Fragebogen wird im Arbeitspapier nicht wiedergegeben.

Rücklaufquote betrug 24%. 54 davon konnten ausgewertet werden (dies entspricht 16% der Grundgesamtheit).[635]

Zur Ermittlung der Relevanz von Informationen über immaterielle Vermögenswerte werden die Unternehmen über die für den Unternehmenserfolg kritischen externen wie internen Faktoren befragt. Der Fragebogen differenziert in Anlehnung an Porters Modell der Wettbewerbskräfte nach den externen Faktoren Kunden, Lieferanten, Wettbewerb hinsichtlich Qualität, Wettbewerb hinsichtlich Kosten, Wettbewerb hinsichtlich Zeit und Flexibilität, Verdrängung durch Ersatzprodukte und sonstigem Umfeld.[636] Als interne Erfolgsfaktoren stehen im Fragebogen vier Kategorien von immateriellen Vermögenswerten sowie materielle und finanzielle Ressourcen zur Auswahl. Von den Unternehmen ist die Stärke deren Einflusses auf den Unternehmenserfolg zu nennen (1 = kein Einfluß; 5 = sehr starker Einfluß).[637]

Im folgenden wird analysiert, ob die Unternehmen angesichts der Relevanz immaterieller Vermögenswerte ihre interne oder externe Berichterstattung verändert haben oder ob die Berichterstattung immaterielle Erfolgsfaktoren überhaupt reflektiert. Günther/Beyer/Menninger untersuchen, ob und wie externe und interne Faktoren im internen Berichtssystem abgebildet werden und wie die Meßbarkeit immaterieller Vermögenswerte von den Unternehmen eingeschätzt wird. Von Interesse ist insbesondere die Frage, ob die Unternehmen die identifizierten Erfolgsfaktoren innerhalb ihres internen Kontrollsystems rein qualitativ oder quantitativ oder gemischt abbilden. Zur Meßbarkeit werden die Unternehmen befragt, ob bestimmte immaterielle Vermögenswerte monetär oder nicht-monetär (oder sowohl als auch) gemessen werden können oder ob diese *nicht* meßbar sind. Zum anderen ist anzugeben, welcher Wertansatz für Vermögenswerte, die monetär gemessen werden können, als zutreffend erachtet wird.[638]

Hinsichtlich der externen Berichterstattung werden die Unternehmen zur Relevanz von Grundsätzen ordnungsmäßiger Rechnungslegung für die freiwillige Berichterstattung über immaterielle Vermögenswerte befragt. Im einzelnen stehen Verläßlichkeit, Klarheit, Vollständigkeit, Stetigkeit und Wesentlichkeit zur Auswahl. Die Teilnehmer haben anzugeben, ob sie diese Grundsätze als nicht relevant (=1) oder als sehr relevant (=5) erachten. Weiterhin wird analysiert, ob Informationen über interne und externe Erfolgsfaktoren nur auf Unternehmensebene, segmentiert oder auf beide Arten gegeben werden und ob diese Informationen qualitativer oder quantitativer Natur sind.

---

635 Weder Branchenzugehörigkeit noch Geschäftsmodell (Produktion, Handel, Dienstleistung) oder Unternehmensgröße führen zu Verzerrungen der Rücklaufquote, weshalb die Stichprobe repräsentativ ist (Chi-Quadrat-Tests). Vgl. Günther, Thomas/Beyer, Dirk/Menninger, Jutta (2003), S. 6f.

636 Vgl. Porter, Michael E. (1979), insbesondere S. 141. Porter geht von fünf grundlegenden Faktoren aus, die den Wettbewerb in einer Branche determinieren: die Verhandlungsmacht der Kunden, die der Lieferanten, andere Marktteilnehmer, der Eintritt neuer Marktteilnehmer sowie Ersatzprodukte. Insofern ist die Differenzierung der externen Faktoren im Fragebogen feiner.

637 Vgl. Günther, Thomas/Beyer, Dirk/Menninger, Jutta (2003), S. 7-10.

638 Vgl. Günther, Thomas/Beyer, Dirk/Menninger, Jutta (2003), S. 10-14.

Schließlich werden die Unternehmen befragt, welchen Hürden sie für eine weitergehende Berichterstattung über die internen und externen Faktoren des Unternehmenserfolgs sehen.[639] Zum Schluß wird die Einstellung der Unternehmen zur Sensitivität des Aktienmarktes bezüglich Informationen über die einzelnen internen und externen Erfolgsfaktoren untersucht. Anzugeben ist insbesondere, ob die Kapitalmarktreaktionen als zu niedrig, angemessen, zu stark oder als nicht gegeben empfunden werden.[640]

5.3.2. Untersuchungsergebnisse

Hinsichtlich der Auswirkungen auf den Unternehmenserfolg kommt Kunden als externem Faktor die größte Bedeutung zu (Mittelwert = 4,2; Standardabweichung = 0,6), gefolgt von Wettbewerb hinsichtlich Qualität (4,1; 0,7) und Wettbewerb hinsichtlich Kosten (4,0; 0,8). Am geringsten wird die Einflußstärke der Lieferanten gesehen (2,7; 1,0). Die Faktoren mit den höchsten Mittelwerten zeigen zugleich die geringsten Standardabweichungen. Zwischen den einzelnen Branchen ergeben sich lediglich geringfügige Unterschiede. Bei Kunden und allen Dimensionen des Wettbewerbs als bedeutendste Umfeldfaktoren zeigt sich kein signifikanter Unterschied zwischen den einzelnen Branchen.[641] Von den internen Erfolgsfaktoren wird dem Humankapital die größte Bedeutung für den Unternehmenserfolg beigemessen (4,6; 0,5). Die Standardabweichung ist mit 0,5 im Vergleich zu den anderen Faktoren signifikant niedriger (1%-Level). Es folgen direkt wertschöpfende Prozesse (4,0; 0,9) und Innovationskapital (3,9; 0,9). Das Schlußlicht bilden materielle Ressourcen mit einem Mittelwert von 2,5 (Standardabweichung 0,9). Untergliedert man nach den einzelnen Branchen, bleibt Humankapital durchgängig der bedeutendste Einflußfaktor. Der höchste Mittelwert wird in der Softwareindustrie mit 4,7 erreicht, zugleich liegt hier die Standardabweichung mit 0,48 am niedrigsten.[642]

Die Befragung zum internen Berichtssystem ergibt nur im Bereich der Kostengrößen überwiegend rein quantitative Informationen. Alle anderen Information werden vorwiegend rein qualitativ gegeben. Die Unterschiede zwischen dem Faktor Kostenwettbewerb und den anderen Erfolgsfaktoren sind signifikant. 42% der Unternehmen berücksichtigen den Faktor Lieferanten in ihrem internen Steuerungssystem gar nicht. Beim Faktor Wettbewerb hinsichtlich Zeit und Flexibilität liegt der Wert immerhin noch bei 23%. Zugleich wird die Hypothese getestet, die Messung der externen Faktoren erfolge unabhängig von der ihnen beigemessenen Relevanz. Diese Hypothese kann nur für die Faktoren Lieferanten und Verdrängung durch Ersatzprodukte widerlegt werden, die den niedrigsten Einfluß auf den Unternehmenserfolg haben. Bei allen anderen externen Faktoren zeigt sich keine stärkere Fokussierung innerhalb des internen Berichtssystems, wenn ein Faktor als besonders relevant für den künftigen Erfolg erachtet wird. Dies führt letztlich zu einer Informationslücke. Bei der Analyse der internen Erfolgsfaktoren zeigt sich erwartungsgemäß eine klare Betonung quantitativer

---

639 Vgl. Günther, Thomas/Beyer, Dirk/Menninger, Jutta (2003), S. 14-22.
640 Vgl. Günther, Thomas/Beyer, Dirk/Menninger, Jutta (2003), S. 22-25.
641 Vgl. Günther, Thomas/Beyer, Dirk/Menninger, Jutta (2003), S. 8.
642 Vgl. Günther, Thomas/Beyer, Dirk/Menninger, Jutta (2003), S. 8-10.

Meßvorgänge bei materiellen und finanziellen Ressourcen. Humankapital als bedeutendster Erfolgsfaktor wird von 60% der Unternehmen rein qualitativ gemessen, 19% berücksichtigen diesen Faktor überhaupt nicht für die Unternehmenssteuerung. Es lassen sich signifikante Unterschiede zwischen den Nennungen zu materiellen und finanziellen Ressourcen einerseits und zu immateriellen Ressourcen andererseits nachweisen. Dies stützt die Vermutung, die Abbildung immaterieller Vermögenswerte im internen Kontrollsystem bereite aufgrund deren unzureichender Meßbarkeit Schwierigkeiten.[643]

Die Hypothese, die wahrgenommene Relevanz der einzelnen Faktoren und deren Art der Abbildung im internen Berichtssystem seien unabhängig, kann nicht abgelehnt werden. Insofern spiegeln die Informationssysteme die unterschiedliche Relevanz der einzelnen internen Faktoren für den Unternehmenserfolg nicht zutreffend wider, was erneut zu einer Informationslücke führt. Werden immaterielle Vermögenswerte weiter spezifiziert, zeigt sich, daß nur Patente, Lizenzen und selbstentwickelte Software als monetär meßbare Werte verstanden werden. Andere immaterielle Werte werden als nicht-monetär meßbar eingeschätzt.[644] Jeweils mehr als ein Drittel der Unternehmen betrachten soziale Kompetenz, Umweltkompetenz und organisationale Fähigkeiten als grundsätzlich nicht meßbar. Hinsichtlich der nicht-monetären Messung immaterieller Werte können deskriptive Größen und deduktive Kennzahlen unterschieden werden.[645] Für Patente, Marken, Lizenzen und selbstentwickelte Software gibt mehr als die Hälfte der Unternehmen an, beide Bewertungsmodelle als nicht adäquat zu empfinden (Werte zwischen 54% und 61%), was mit den Aussagen zur Meßbarkeit korrespondiert. Befragt man die Unternehmen, ob ein Wertansatz auf Basis historischer Kosten oder ein erfolgsorientierter Wertansatz auf Basis künftiger Erträge bei der monetären Bewertung immaterieller Vermögenswerte zutreffend ist, korrespondieren die Antworten ebenfalls mit den oben genannten Untersuchungsergebnissen: Nur bei Patenten, Lizenzen und selbstentwickelter Software liegt der Anteil der Unternehmen, die beide Methoden zurückweisen, unter 40%. Bei anderen immateriellen Vermögenswerten liegen die Nennungen größtenteils zwischen 77% und 98%, bei Marken beträgt der Wert 60%.[646]

Die Antworten zur Relevanz von Grundsätzen zur freiwilligen externen Unternehmensberichterstattung zeigen eine hohe Bedeutung aller fünf abgefragten Prinzipien. Die Anforderungen an freiwillige Berichterstattung sehen die Unternehmen also als vergleichbar hoch wie bei der Pflichtpublizität an. Zum jetzigen Zeitpunkt werden in vielen Fällen gar keine Informationen über die externen Erfolgsfaktoren Lieferanten

---

643 Vgl. Günther, Thomas/Beyer, Dirk/Menninger, Jutta (2003), S. 10-12.

644 Hierunter fallen auch Marken. Markenbewertungsmodelle scheinen demnach Vorbehalten zu begegnen.

645 Mit deskriptiven Größen ist hier beispielsweise die Zusammenstellung von Kennzahlen ohne inneren Zusammenhang gemeint. Mit deduktiven Kennzahlen sind solche gemeint, die aus den Unternehmenszielen abgeleitet sind wie z.B. die Balanced Scorecard. Zur Balanced Scorecard vgl. Kaplan, Robert S./Norton, David P. (1997). Zur Würdigung der Balanced Scorecard vgl. Küpper, Hans-Ulrich (2001), S. 367-374.

646 Vgl. Günther, Thomas/Beyer, Dirk/Menninger, Jutta (2003), S. 12-14.

und Ersatzprodukte veröffentlicht (56% bzw. 47% der Nennungen). Werden Informationen über die anderen externen Faktoren zur Verfügung gestellt, geschieht dies zumeist auf Gesamtunternehmensebene und nicht segmentiert. Die Informationen, die auf Gesamtunternehmensebene veröffentlicht werden, sind vorwiegend qualitativer Natur. Nur hinsichtlich des Kundenfaktors und des Faktors Kostenwettbewerb geben 17% bzw. 27% der Unternehmen rein quantitative Informationen. Unabhängigkeit zwischen der wahrgenommenen Relevanz der Faktoren und der Art der Information kann statistisch nicht für alle Faktoren verneint werden. Die externe Berichterstattung berücksichtigt demnach ebenso wie das interne Berichtssystem die Bedeutung der Einflußfaktoren unzureichend. Zugleich kann die Unabhängigkeit zwischen der Messung externer Erfolgsfaktoren im internen Kontrollsystem und der Art der veröffentlichten Information mit Ausnahme des Faktors Kunden nicht zurückgewiesen werden.[647]

Eine Hürde für die Veröffentlichung von Informationen über die externen Faktoren ist in erster Linie die Besorgnis, die eigene Wettbewerbsposition zu schwächen. Mangelnde Relevanz spielt nur bei den Informationen über die Lieferanten eine Rolle, was konsistent mit den bisherigen Untersuchungsergebnissen ist. Ebenso werden Meßbarkeit und Objektvierung als problematisch gesehen. Würdigungsprobleme seitens der Adressaten stellen kein Hemmnis dar.[648]

Informationen zu internen Faktoren (Ressourcen) werden mehrheitlich auf Gesamtunternehmensebene gegeben. Der Anteil der Unternehmen, die ausschließlich segmentierte Informationen berichten, liegt für alle Faktoren im einstelligen Prozentbereich. Die Berichterstattung erfolgt bei finanziellen Ressourcen bei 60% der Unternehmen quantitativ. Immerhin legen 19% der Unternehmen Informationen über diese Ressourcen rein qualitativ vor, was überrascht, da im Unternehmen quantitative Informationen vorliegen müssen. Bei den anderen Faktoren handelt es sich erwartungsgemäß um überwiegend rein qualitative Informationen.[649] Über Humankapital berichten immerhin 26% der Unternehmen überhaupt nicht, bei unterstützenden Prozessen liegt der Wert gar bei 41%. Als Berichtshemmnisse werden auch hier Meßbarkeit, Wettbewerbsnachteile und Objektivierungsprobleme gesehen, wobei diese bei finanziellen Ressourcen eine stark untergeordnete Rolle spielen und vornehmlich bei Human-, Kunden-, Innovations- und Prozeßkapital zum Tragen kommen. Fehlende Relevanz und Würdigungsprobleme seitens der Adressaten spielen eine deutlich untergeordnete bis gar keine Rolle. Auf die Frage, ob die eigene Berichterstattung ein zutreffendes Bild der Unternehmenssituation liefert und insofern als befriedigend empfunden wird, antworteten 79% der Unternehmen positiv.[650]

78% der befragten Unternehmen sehen sich – obwohl die eigene Berichterstattung als befriedigend empfunden wird – unterbewertet. Nur 2% geben an, überbewertet zu sein. Die Untersuchung zur Informationsverarbeitung liefert uneinheitliche Ergebnisse. Die

647 Vgl. Günther, Thomas/Beyer, Dirk/Menninger, Jutta (2003), S. 14-18.
648 Vgl. Günther, Thomas/Beyer, Dirk/Menninger, Jutta (2003), S. 18.
649 Bei unterstützenden Prozessen geben 45% der Unternehmen aber gar keine Informationen, dieser Wert ist höher als der Anteil der Unternehmen, die rein qualitativ berichten (43%).
650 Vgl. Günther, Thomas/Beyer, Dirk/Menninger, Jutta (2003), S. 19-22.

Reaktionen des Marktes auf Informationen über externe Erfolgsfaktoren werden für den Kostenwettbewerb, Kunden, Ersatzprodukte und sonstige Umfeldbedingungen vorwiegend als adäquat erachtet (Werte zwischen 38% und 44%). Die Reaktionen auf Veröffentlichungen zu Qualitätswettbewerb, Wettbewerb bezüglich Zeit und Flexibilität und Lieferanten werden als nicht wahrnehmbar oder zu gering eingestuft. Keiner der Faktoren wird als überwiegend zu gering oder überzogen in seinem Einfluß auf den Kurs gesehen. Die Sensitivität des Kapitalmarktes hinsichtlich materieller Ressourcen als internem Erfolgsfaktor wird von 55% der Unternehmen als adäquat empfunden, bei finanziellen Ressourcen sind es 62%. Die Kapitalmarktreaktionen auf Primär- und auf unterstützende Prozesse werden von 43% bzw. 50% der Unternehmen als nicht wahrnehmbar erachtet. Bei Humankapital sind die Ergebnisse weniger eindeutig: 33% der Unternehmen betrachten die Reaktionen des Kapitalmarktes als nicht wahrnehmbar, 35% als zu niedrig und weitere 30% als angemessen. Innovations- und Kundenkapital zeigen ähnlich uneinheitliche Werte. Sowohl für die externen als auch für die internen Faktoren wird die Unabhängigkeit zwischen Relevanz und Sensitivität des Kapitalmarktes getestet. Für die externen Faktoren kann die Unabhängigkeitshypothese nicht widerlegt werden, was bedeutet, daß der Kapitalmarkt aus Sicht der Unternehmen nicht in der Lage ist, relevante Informationen zutreffend zu verarbeiten. Ein möglicher Grund könnte die Qualität der Berichterstattung sein. Folglich wird die Unabhängigkeit der wahrgenommenen Sensitivität und der Art der veröffentlichten Daten (qualitativ vs. quantitativ) einerseits und der Berichtsebene (Gesamtunternehmen vs. Segmente) andererseits getestet. Die Unabhängigkeitshypothese kann nicht verworfen werden. Bei den internen Faktoren kann die Unabhängigkeit von wahrgenommener Sensitivität und wahrgenommener Relevanz nur für Primärprozesse und finanzielle Ressourcen widerlegt werden. Bei allen anderen Faktoren, auch bei immateriellen Vermögenswerten, ist von einer unzureichenden Informationsverarbeitung am Kapitalmarkt auszugehen.[651]

5.3.3. Kritik und Ergebnis für die Arbeit

Die Studie bestätigt die hohe Bedeutung, die immateriellen Vermögenswerten für den Erfolg eines Unternehmens im Schrifttum zugesprochen wird, auch aus Unternehmenssicht. Dies gilt insbesondere für Humankapital als internem und Kunden als externem Faktor. Sowohl interne als auch externe Faktoren werden in der externen Berichterstattung wie auch im internen Reporting zum Teil unzureichend abgebildet. Als größte Hürde für eine umfassendere Berichterstattung erweist sich die fehlende Meßbarkeit dieser Faktoren.

Aus theoretischer Sicht ist unklar, ob die Bedeutung für den Unternehmenserfolg eine Aussage darüber darstellt, ob ein Faktor direkten Einfluß auf die bilanzielle Gewinngröße hat, ob der Begriff des Unternehmenserfolges wertorientiert interpretiert wird oder als das Erreichen strategischer Ziele zu verstehen ist. Relevanz wird von den Autoren der Studie offensichtlich als Wertrelevanz verstanden. Künftige Studien, die

---

[651] Vgl. Günther, Thomas/Beyer, Dirk/Menninger, Jutta (2003), S. 22-25.

den Einfluß immaterieller Vermögenswerte auf Aktienrenditen untersuchen, sind angekündigt.[652] Dies läßt darauf schließen, daß Wertrelevanz als Aussage über den Einfluß auf die Börsenkapitalisierung verstanden wird.[653] Fraglich ist, ob die antwortenden Unternehmen ein korrespondierendes Verständnis von Relevanz besitzen oder Relevanz als Einflußfaktor der Gewinngröße der Berichtsperiode begreifen oder im Sinne genereller Bedeutung interpretieren. Da der Fragebogen nicht im Arbeitspapier wiedergegeben ist, kann nicht beurteilt werden, ob eine Klärung der Begriffe erfolgt ist.[654] Nachdem die Unternehmen aussagen, der Kapitalmarkt sei nicht in der Lage, relevante Informationen zutreffend zu verarbeiten, scheinen sie Relevanz aber nicht als Wertrelevanz zu verstehen. Diese unterschiedliche Begriffsauffassung bei Autoren und Teilnehmern schmälert die Aussagekraft der Ergebnisse. Insgesamt läßt die Studie detaillierte Ausführungen zur methodischen Vorgehensweise vermissen. Fraglich ist, ob die Befragung von Führungskräften ausreichend zur Ermittlung von Erfolgsfaktoren ist. Nur die Aussagen von Unternehmen, die langfristig erfolgreich agieren, dürfen hierzu überhaupt herangezogen werden. Selbstverständlich ist nicht einmal dann zuverlässig davon auszugehen, daß die Erfolgsfaktoren richtig identifiziert wurden.

Die hohe Relevanz, die Grundsätzen zur Unternehmensberichterstattung beigemessen wird, kann als Indiz für den Wunsch nach einer Regulierung der Berichterstattung über immaterielle Vermögenswerte interpretiert werden. Für die derzeit noch freiwillige Berichterstattung sollen nach dem Wunsch der Unternehmen vergleichbare Kriterien gelten wie für Pflichtpublizität. Das Kriterium der Vollständigkeit wird nach den Erkenntnissen der Befragung derzeit nicht erfüllt. Unglaubwürdig ist die Aussage, ein fairer Einblick in die Unternehmenslage sei durch die externe Berichterstattung gewährleistet. Angesichts der Relevanz immaterieller Vermögenswerte, der Schwierigkeiten ihrer Meßbarkeit und der angegebenen weiteren Hemmnisse bei der Bereitstellung von Informationen kann der derzeitige Stand der Berichterstattung nicht befriedigen. Hierbei fällt insbesondere die fehlende Veröffentlichung von Informationen über das Humankapital bei 26% der Unternehmen ins Gewicht. Die Untersuchung zeigt gerade die Lücken, die sowohl das interne Reporting als auch die externe Berichterstattung im Hinblick auf immaterielles Vermögen haben. Daß 19% der Unternehmen Humankapital als wichtigste Ressource sogar bei der internen Steuerung überhaupt nicht berücksichtigen, verwundert trotz der Schwierigkeiten seiner Messung.

Ansonsten mögen die Ergebnisse dieser Studie nicht weiter überraschen. Gleichwohl sind die Hürden für eine (weitergehende) Berichterstattung über immaterielle Vermögenswerte bislang nirgends *aus Unternehmenssicht* in einer empirischen Untersuchung analysiert worden. Die Untersuchung unterstreicht das Erfordernis eines Regelwerkes zur Abbildung immateriellen Vermögens, macht aber zugleich deutlich, daß dieses bestimmte Kriterien erfüllen muß, insbesondere die Quantifizierbarkeit der Informationen. Ob die derzeit im Schrifttum diskutierten Vorschläge dem Kriterium der Quantifizierbarkeit sowie den weiteren Anforderungen an eine informationsorientierte

652 Vgl. Günther, Thomas/Beyer, Dirk/Menninger, Jutta (2003), S. 4.

653 Vgl. hierzu Abschnitt 2.4.1.1.

654 Des weiteren kann nicht überprüft werden, ob die Fragestellung wissenschaftlichen Anforderungen entspricht. Vgl. Bortz, Jürgen/Döring, Nicola (2002), S. 254-256.

Unternehmensberichterstattung genügen, soll daher im folgenden Kapitel untersucht werden.

6. Kritische Würdigung
6.1. Relevanz
6.1.1. Berichterstattung de lege lata
6.1.1.1. HGB

Für eine umfassende Würdigung der Berichterstattung über immaterielle Vermögenswerte ist die Analyse der Relevanz aus empirischer Sicht nicht ausreichend. Relevanz ist zudem aus logisch-deduktiver Sicht zu zeigen. Überprüft wird auch, ob Bilanzierungsvorschriften und Reformvorschläge den weiteren Anforderungen an eine informationsorientierte Berichterstattung genügen.

Immaterielle Vermögenswerte determinieren für viele Unternehmen Wettbewerbsfähigkeit und Bestand in künftigen Perioden.[655] Sie tragen entscheidend dazu bei, den künftigen Unternehmenserfolg zu sichern. Es ist plausibel, daß Informationen über diese Vermögenswerte für Rechnungslegungsadressaten relevant sind:

(1) Aus Sicht der Unternehmenseigner mindern Aufwendungen für immaterielle Ressourcen zunächst den Zahlungsstrom, den sie als Residualgröße aus dem Unternehmen erhalten. Diese Ausgaben werden getätigt, um *künftig* positive Erfolgsbeiträge zu erzielen. Somit haben sie Auswirkungen auf den zu erwartenden Zahlungsstrom. Um diese Auswirkungen abschätzen zu können, brauchen Eigenkapitalgeber Informationen über Investitionen in immaterielle Vermögenswerte.

(2) Die Ansprüche der Fremdkapitalgeber sind – abgesehen von Deliktgläubigern – vertraglich fixiert. Der Zahlungsstrom, der an die Gläubiger fließt, ist dann beeinflußt, wenn Investitionen in immaterielle Vermögenswerte unterlassen werden und Wettbewerbsfähigkeit und somit Unternehmensfortführung nicht gewährleistet sind. Die Vermögensposition der Gläubiger ist auch betroffen, wenn diese Investitionen zu Illiquidität oder Überschuldung führen. Praktisch ist dies wohl nicht bedeutsam, da Unternehmen, denen eine Schieflage droht, nicht zwingend notwendige Ausgaben für Forschung und Entwicklung, Werbung oder Fortbildungsmaßnahmen kürzen oder streichen werden. Obwohl die Höhe der vereinbarten Zins- und Tilgungsleistungen im Falle erfolgreicher Investitionen in immaterielle Vermögenswerte durch künftige positive Erfolgsbeiträge unverändert bleibt,[656] nimmt deren *Sicherheit* in den folgenden Geschäftsjahren zu. Fließen Ausschüttungen an die Anteilseigner, kann dies den Gläubigern ein Indiz dafür sein, daß ihre Zahlungen gesichert sind.[657] Im Insolvenzfall können Informationen über immaterielle Ressourcen von Interesse sein, wenn sie zu einem greifbaren Vermögenswert geführt haben, der im Rahmen des Insolvenzverfahrens verwertet werden kann oder

---

[655] Für Forschungs- und Entwicklungsaufwendungen vgl. Schröder, Jakob (2001), S. 1; Ranker, Daniel/Wohlgemuth, Frank/Zwirner, Christian (2001), S. 277. Für immaterielle Vermögenswerte allgemein vgl. statt vieler Kahre, Burkhard/Schwetje, Jan-Norbert (2003), S. 123.

[656] Eine Ausnahme stellt ein Forderungsverzicht mit Besserungsschein oder ein Rangrücktritt dar. Vgl. Buth, Andrea/Hermanns, Michael (1998), Rz. 28-32.

[657] Vgl. Moxter, Adolf (1982), S. 222; Flury, Cornelia (1999), S. 45.

der als Kreditsicherheit vereinbart wurde.[658] Deshalb sind Informationen über immaterielle Vermögenswerte entscheidungsrelevant.[659]

Das Aktivierungsverbot des § 248 II HGB enthält dem Rechnungslegungsadressaten insofern entscheidungsrelevante Informationen vor. Dieses Einblickshemmnis wird durch Offenlegungspflichten nur unzureichend geheilt, da im Lagebericht nur Angaben zu Forschung und Entwicklung, nicht aber zu anderen immateriellen Vermögenswerten zu machen sind. Ein Externer hat keine Möglichkeit, sich einen Einblick in das selbsterstellte immaterielle Vermögen des Unternehmens zu verschaffen, wenn der Bilanzierende nicht freiwillig Informationen bereitstellt. Nach den derzeit gültigen handelsrechtlichen Aktivierungsvorschriften sind Eigen- und Fremdkapitalgeber von der Informationsfreudigkeit des Bilanzierenden abhängig.

Ein *ertragsstarkes* Unternehmen verkraftet den durch Investitionen in immaterielle Ressourcen verursachten Aufwand problemlos. Dessen Manager werden grundsätzlich bereit sein, Informationen über immaterielle Vermögenswerte zu geben, weil sie positive Signale senden wollen. Ein hohes Eigeninteresse werden sie daran hingegen nicht haben, weil sie keine Gewinnerwartungen und damit Begehrlichkeiten bei den Eignern wecken wollen und sich nicht unnötig unter Erfolgsdruck gesetzt sehen wollen.[660] Die Manager von *ertragsschwachen* Unternehmen werden indes eher bereit sein, zusätzliche Informationen über immaterielle Vermögenswerte bereit zu stellen, um Reputationsverluste zu vermeiden. Andernfalls könnten ihnen mangelnde Fähigkeiten unterstellt werden. Mit entsprechenden Informationen beugen sie negativen Auswirkungen auf die Beziehungen zu Gläubigern vor.[661] In diesem Fall besteht ein Anreiz zu freiwilliger Publizität. Wie im Schrifttum gezeigt wird, ist es aber unwahrscheinlich, daß sich am Markt das richtige Maß an Informationen einstellt.[662] Deshalb darf der Umfang der bereitgestellten Informationen nicht dem Gutdünken des Bilanzierenden überlassen werden, sondern muß reguliert werden.

Erhalten Fremdkapitalgeber die gewünschten Informationen nicht, entsteht ihnen kein unmittelbarer Schaden. Die Ausgaben für immaterielle Ressourcen und Vermögenswerte werden als Aufwand verbucht. Dies hat keinen negativen Einfluß auf die an die Fremdkapitalgeber zu leistenden Zahlungen, so lange das Unternehmen dadurch nicht insolvent wird. Die Fremdkapitalgeber profitieren sogar davon, wenn das Ausschüttungspotential geringer ist, weil dies den Fortbestand des Unternehmens sichert. Im

---

658 Vgl. zur Kreditsicherung durch immaterielle Vermögenswerte King, Alfred M./Henry, Jay M. (1999), S. 34.

659 So auch Berndt, Thomas (2003), S. 832.

660 Vgl. Moxter, Adolf (1985), S. 262; Grottel, Bernd (2002), S. 254. Grottel nennt weitere Gründe, warum Manager das Ausschüttungspotential minimieren: (1) Bei Einbehaltung finanzieller Ressourcen können die Manager über deren Allokation selbst entscheiden und auch individuelle, nicht-pekuniäre Ziele verfolgen; (2) Lohn- und Gehaltsforderungen sollen durch einen niedrigen Gewinnausweis begrenzt werden.

661 Vgl. Grottel, Bernd (2002), S. 255.

662 Vgl. für einen prägnanten Überblick zur Signaltheorie, sowie zum Marktversagen durch Über- und Unterproduktion von Informationen Wagenhofer, Alfred/Ewert, Ralf (2003), S. 279-326; Merkt, Hanno (2001), S. 213-220.

Jahr des Zugangs wird das Unternehmen die Investitionen nur tätigen, wenn die erforderlichen Mittel im Unternehmen vorhanden sind. Bei Aktivierung kann vielmehr in *späteren* Perioden eine außerplanmäßige Abschreibung erforderlich werden, wenn die Werthaltigkeit des immateriellen Gutes in Zweifel zu ziehen ist. Weil die außerplanmäßige Abschreibung das Unternehmen unerwartet trifft, kann sie bei entsprechender Größenordnung eine Schieflage auslösen. Erhalten die Fremdkapitalgeber (bei sofortiger Verrechnung als Aufwand) keine Informationen über die immateriellen Vermögenswerte, können sie nicht unterscheiden, ob die Ertragslage aufgrund restriktiver Bilanzierungsnormen schlecht dargestellt wird oder aufgrund von Fehlinvestitionen seitens der Manager tatsächlich schlecht ist.

Schaden entsteht den Fremdkapitalgebern, wenn die fehlenden Informationen zu einer Fehleinschätzung der Bonität führen und diese Bonitätsbeurteilung Grundlage für Kreditgewährung oder -verlängerung ist. Einerseits können die Gläubiger Kreditausfälle erleiden. Andererseits werden sie bei einer Überschätzung der Bonität einen nicht risikoadjustierten und deshalb zu niedrigen Zinssatz verlangen. Bei Unterschätzung der Bonität entgeht ihnen (Zins-)Ertrag, wenn die Bonitätseinstufung Grund dafür ist, kein Fremdkapital zur Verfügung stellen bzw. Kredite nicht zu verlängern. Informationen über immaterielle Vermögenswerte sind also für Fremdkapitalgeber relevant und damit ist das handelsrechtliche Aktivierungsverbot, das noch dazu nicht durch entsprechende Offenlegungsvorschriften ergänzt wird, unbefriedigend.

Schwerwiegender ist das Aktivierungsverbot für die Eigenkapitalgeber. Es schränkt die Ausschüttungsmöglichkeiten ein, was sich unmittelbar auf die aktuelle Vermögensposition der Anteilseigner auswirkt. Aus Sicht der Anteilseigner ist das Aktivierungsverbot also abzulehnen. Außerdem sind Informationen über immaterielle Vermögenswerte aus Sicht der Eigenkapitalgeber wichtig, da deren Investitionsentscheidung eine Prognose der künftig zu erwartenden Ausschüttungen verlangt.[663] Da hierzu vergangene Geschäftsperioden zu analysieren sind und der Letztjahresgewinn ermittelt werden muß, besteht für die Eigenkapitalgeber die Gefahr, künftige Entnahmemöglichkeiten zu unterschätzen und Anteile aus diesem Grund zu veräußern. Umgekehrt werden sich potentielle Eigenkapitalgeber nicht zum Anteilserwerb entschließen.

Auch die Bewertung der immateriellen Vermögensgegenstände, die nicht in den Anwendungsbereich des § 248 II HGB fallen und somit aktiviert werden dürfen, ist unter dem Gesichtspunkt der Relevanz negativ zu beurteilen. Fortgeführte Anschaffungs- und Herstellungskosten stellen die Wertobergrenze dar.[664] Informationen über historische Kosten sind nach Auffassung von Teilen des Schrifttums für die Entscheidungen der Rechnungslegungsadressaten nicht nützlich.[665] Steigen die Vermögensgegenstände

---

663 Argumente, die auf die Ausschüttung von Gewinnen abstellen, sind aber strenggenommen zu vernachlässigen, weil im Rahmen dieser Arbeit nationale Besonderheiten außer Acht gelassen werden sollen. Abschlüsse nach IFRS und US-GAAP haben keinen Ausschüttungsbemessungszweck.

664 Dieses Argument trifft freilich auf sämtliche Vermögensgegenstände zu.

665 Vgl. American Accounting Association Committee on Accounting and Auditing Measurement 1989-90 (1991), S. 94; Siegel, Stanley (1997), S. 83.

im Zeitablauf im Wert, kann dies mit historischen Kosten nicht abgebildet werden. Wenn immaterielle Vermögenswerte die zentralen Werttreiber sind, ist deren Wertentwicklung im Zeitablauf aber von Interesse. Die handelsrechtliche Wertobergrenze stellt demnach ein Einblickshemmnis dar und ist unter dem Aspekt der Relevanz abzulehnen. Ökonomisch sinnvoll und insofern relevant wäre der Ansatz des Ertragswertbeitrags.[666] „Ertragswert und Discounted Cash Flow resultieren aus der Diskontierung der den Eigentümern in Zukunft auf Grund des Unternehmenseigentums zufließenden Zahlungsströmen und verkörpern das Konsumpotential der Eigentümer."[667] Dieser anspruchsvollen Forderung kann Bilanzierung aber generell – nicht nur im Hinblick auf immaterielle Vermögenswerte – nicht gerecht werden, da sich die Ertragswertbeiträge nicht isolieren lassen. Zudem wäre deren Objektivierung problematisch.[668] Dem Ansatz zum Ertragswert fehlt zudem die pagatorische Absicherung.[669]

In einer „ökonomischen Theorie der kaufmännischen Bilanz"[670] interpretiert man deshalb die Anschaffungs- und Herstellungskosten als vorsichtige heuristische Annäherung an den Ertragswert.[671] Doch auch wenn man Identität von Anschaffungs- und Herstellungskosten und Ertragswert des Vermögenswertes im Zugangszeitpunkt unterstellt, entsprechen sich die fortgeführten Anschaffungs- und Herstellungskosten und Ertragswertbeiträge in den Folgeperioden nur zufällig.[672] Voraussetzung wäre, daß die planmäßigen Abschreibungen gleich der Minderung des Zukunftserfolgswertes sind. Ein linearer Abschreibungsverlauf fußt folglich auf der Annahme, die Fähigkeit eines Vermögenswertes, künftig Nutzen in Form von Einzahlungsüberschüssen zu generieren, nehme gleichmäßig über die Nutzungsdauer ab.[673] Steigerungen des Zukunftserfolgswertes lassen sich mit diesen Annahmen nicht vereinbaren. Gerade immaterielle Vermögenswerte können aber beträchtliche Wertzuwächse erzielen.

6.1.1.2. IFRS

Wenngleich die *asset*-Definition der IFRS (und US-GAAP) vom Begriff des handelsrechtlichen Vermögensgegenstandes abweicht, gelten obige Aussagen für die internationalen Vorschriften großteils in ähnlicher Weise. Zwar stellt ein Jahresabschluß nach IFRS mehr Informationen über immaterielle Vermögenswerte bereit als ein Abschluß nach HGB. So müssen Entwicklungsaufwendungen unter den in Abschnitt 3.3.2 genannten Voraussetzungen aktiviert werden. Zudem bilden Forschungs- und Entwicklungsaufwendungen nach IFRS den Oberbegriff für sämtliche Kosten, die zur Erstel-

---

[666] Vgl. American Accounting Association Committee on Accounting and Auditing Measurement 1989-90 (1991), S. 93.

[667] Ballwieser, Wolfgang (2002d), Rz. 32.

[668] Vgl. Ballwieser, Wolfgang (2002d), Rz. 33. Verläßlichkeit wird ausführlich in Abschnitt 6.4 diskutiert.

[669] Vgl. zum Anschaffungswert als pagatorischem Wert Kosiol, Erich (1981), Sp. 250f.; Schweitzer, Marcell (1993), Sp. 1491.

[670] Ordelheide, Dieter (1988), S. 295.

[671] Vgl. auch Käfer, Karl (1962/1976), S. 124; Ordelheide, Dieter (1988), S. 295.

[672] Vgl. Mujkanovic, Robin (2002), S. 194.

[673] Vgl. Beyhs, Oliver (2001), S. 250.

lung eines immateriellen Vermögenswertes erforderlich sind. Die Aktivierungsvoraussetzungen für Entwicklungskosten sind aber restriktiv, und zudem existieren explizite Ansatzverbote für bestimmte immaterielle Vermögenswerte, so daß der Kreis der aktivierungsfähigen selbsterstellten immateriellen Vermögenswerte nach IFRS nur geringfügig größer ist als der nach deutschem Handelsrecht.[674] Des weiteren ist das in IAS 38.59 (IAS 38.71 *revised*) kodifizierte Nachaktivierungsverbot unter dem Aspekt der Relevanz unbefriedigend. Erfüllt der Vermögenswert die Ansatzkriterien, erfolgt die Zugangsbewertung zu einem zu niedrigen Wert, weil nur Teile der gesamten Herstellungskosten (Entwicklungsausgaben) angesetzt werden dürfen.[675] Die Bilanzadressaten werden über den Wert des Gutes – verstanden als Summe der zu dessen Erlangung erforderlichen Ausgaben – nicht informiert und können diesen auch nicht selbst ermitteln. Der in der Bilanz angesetzte Wert ist somit aussagelos.

Teile der Literatur sehen im Ansatz eines Vermögenswertes zum *fair value* den relevanten Wertansatz und ziehen ihn einer Bewertung zu historischen Kosten vor.[676] Da beim Ansatz zum *fair value* ein Kauf bzw. Verkauf des Vermögenswertes am Bewertungsstichtag unterstellt wird, zeige sich ein „konzeptionelle[r] Gegenwartsbezug [...], da an den fiktiven Wertabfluß oder Wertzufluß zum Bewertungszeitpunkt angeknüpft wird."[677] Der *fair value* könne als Konsens der Marktteilnehmer interpretiert werden, in welcher Höhe ein Vermögenswert *künftige* Einzahlungen generieren wird.[678] So gesehen bedeuten historische Kosten – abgesehen vom Zugangszeitpunkt – ein Einblickshemmnis. IFRS wären wegen der Neubewertung eines Vermögenswertes gemäß *allowed alternative treatment* dann als vorziehenswürdig einzuschätzen, da im Gegensatz zum deutschen Bilanzrecht relevante Wertansätze möglich sind. Dagegen ist einzuwenden:

(1) Da die Voraussetzung für die Anwendung der Methode das Vorhandensein eines aktiven Referenzmarktes ist, der für immaterielle Vermögenswerte aufgrund ihrer Individualität nur selten existiert, kommt die Methode praktisch nicht zur Anwendung.[679] Insofern darf man die Ansatz- und Bewertungsvorschriften der IFRS für immaterielle Vermögenswerte unter dem Gesichtspunkt der Relevanz der zur Verfügung gestellten Informationen wohl als nur konzeptionell besser betrachten.

(2) Fraglich ist, ob der *fair value* gemessen an der Relevanz den optimalen Wert darstellt. Ein Investor interessiert sich „nicht in erster Linie für den Marktwert einzelner Vermögensgegenstände [...] des Unternehmens, in das er investiert hat,

---

674 Jedoch kann das Unternehmen die Aktivierung durch entsprechende Sachverhaltsgestaltung beeinflussen, was für die Rechnungslegungsadressaten nicht transparent ist. Vgl. Wulf, Inge (2001), S. 128 und 139f. So gesehen liegt für den Ansatz von Entwicklungsaufwendungen bilanzpolitischer Spielraum vor.

675 Vgl. Wagenhofer, Alfred (2003), S. 209.

676 Vgl. Siegel, Stanley (1997), S. 83; Willis, Diana W. (1998), S. 855.

677 Mujkanovic, Robin (2002), S. 115.

678 Vgl. Beyhs, Oliver (2002), S. 252.

679 Vgl. Hoffmann, Wolf-Dieter/Lüdenbach, Norbert (2003), S. 565.

sondern vielmehr für den Marktwert des Unternehmens selbst. Eine von zufälligen Zeitwertänderungen beeinflußte Vermögensermittlung ist hierfür kein geeigneter Indikator."[680] Zweifelhaft ist, ob der *fair value* als eine bessere Annäherung an den Ertragswert bzw. den Ertragswertbeitrag des Vermögenswertes zu interpretieren ist als die Bewertung zu Anschaffungs- und Herstellungskosten.[681] Man interpretiert ihn dann als die „marktmäßige Konkretisierung der Mindestertragserwartungen aus einer Investition."[682] Wegen des Einzelbewertungsprinzips ist die Absicht, einen Unternehmensteilwert abbilden zu wollen, aber fraglich, weil Synergieeffekte und selbstgeschaffener Goodwill zu vernachlässigen sind.[683]

(3) Nicht zuletzt muß die Relevanz des *fair value* in der Ausprägung als *exit value* bezweifelt werden, wenn für die fraglichen Objekte überhaupt keine Verkaufsabsicht besteht.[684]

Aus Sicht der Gläubiger kann die Neubewertungsmethode einen relevanten Wertansatz bieten, wenn es sich um einen im Insolvenzfall verwertungsfähigen Vermögenswert handelt, da der *fair value* auf den realisierbaren Zahlungsstrom bei Veräußerung abzielt. Dies ist insbesondere dann denkbar, wenn der *fair value* als Marktpreis (und nicht als Barwert der erwarteten Zahlungsströme) ermittelt wird. Der *fair value* entspricht jedoch *nicht* dem Liquidationswert und kann allenfalls als Indiz für diesen interpretiert werden. Ein steigender Wertansatz im Zeitablauf kann aber als ein Indiz für die Wettbewerbsfähigkeit des Unternehmens und damit für die Sicherheit der Zins- und Tilgungsleistungen gesehen werden. Gleichwohl darf diese Interpretation nicht unkritisch erfolgen. Veränderungen von Marktwerten können neben ökonomischen Faktoren auch spekulative Einflüsse als Ursache haben.[685] Solche Wertansätze weisen dann aber zweifelsfrei keine Relevanz auf, weil sie keine nachhaltige Wertentwicklung bedeuten und nicht ökonomisch begründbar sind.

Die Offenlegungsregeln der IFRS sind umfangreicher als die nach deutschem Bilanzrecht, weshalb nach IFRS mehr relevante Informationen zur Verfügung gestellt werden. DRS 12 allerdings nivelliert diesen Vorsprung, da die dort normierten Offenlegungsvorschriften nahezu inhaltsgleich zu denen der IFRS sind.

---

680 Kley, Karl-Ludwig (2001), S. 2258, der eine *fair value*-basierte Bilanzierung kritisch analysiert.

681 Vgl. Ordelheide, Dieter (1988), S. 279-292.

682 Jüttner, Uwe (1993), S. 174.

683 Vgl. Ballwieser, Wolfgang (2001f), Rz. 18.

684 Kley kritisiert in diesem Zusammenhang, bei der Bewertung von Vermögensgegenständen und Schulden, die im gewöhnlichen Geschäftsbetrieb nicht zur jederzeitigen Veräußerung bzw. Tilgung vorgesehen sind, stehe der *fair value* im Widerspruch zum Grundsatz der Unternehmensfortführung. Bei Fortführung des Geschäftsbetriebs seien diese *fair values* nämlich nicht realisierbar. Vgl. Kley, Karl-Ludwig (2001), S. 2259. Diese Argumentation gilt nur bei Ausprägung des *fair value* als *exit price*. A.A. wohl Jäger, Rainer/Himmel, Holger (2003), S. 425, 429.

685 Vgl. Kley, Karl-Ludwig (2001), S. 2259.

6.1.1.3. US-GAAP

Nach US-GAAP ist die Bilanzierung selbsterstellter immaterieller Vermögenswerte, die identifizierbar sind und eine endliche Nutzungsdauer aufweisen, nur unscharf geregelt.[686] Dies führt zu einem faktischen Ansatzwahlrecht.[687] Wahlrechte sind aus Sicht der Rechnungslegungsadressaten abzulehnen.[688] Wird das Wahlrecht, selbsterstellte immaterielle Vermögenswerte zu aktivieren, nicht ausgeübt, werden relevante Informationen unterschlagen. Nachdem die Aktivierung unter den genannten Voraussetzungen möglich ist, können nach US-GAAP grundsätzlich mehr relevante Informationen zur Verfügung gestellt werden als nach HGB. Zudem ermöglichen bestimmte Einzelverlautbarungen einen extensiveren Bilanzansatz als nach HGB oder IFRS. So dürfen Ausgaben für Direktmarketing unter bestimmten Voraussetzungen angesetzt werden.[689] Hierbei spielt auch eine Rolle, daß in etlichen dieser Verlautbarungen Ansatzkriterien festgelegt sind, die dem Bilanzierenden einen erheblichen Ermessensspielraum einräumen und somit den Kreis der potentiell aktivierungsfähigen Güter erweitern.[690] So kann ein Abschluß nach US-GAAP im Vergleich zu einem nach HGB oder IFRS mehr relevante Informationen über immaterielle Vermögenswerte liefern.

Folgt man der Auffassung, der *fair value* sei eine bessere Annäherung an den Ertragswert bzw. Ertragswertbeitrag, wäre ein Vorteil bezüglich der Relevanz der vermittelten Information bei US-GAAP auch darin zu sehen, daß selbsterstellte immaterielle Werte mit unbestimmter Nutzungsdauer nicht planmäßig abgeschrieben werden müssen. Die Annäherung an den Ertragswertbeitrag gelingt durch planmäßige Abschreibungen wie gezeigt allenfalls zufällig. Der *impairment test* hingegen verlangt den mindestens jährlichen Vergleich von Buchwert und *fair value* und ermöglicht so gesehen eine bessere Annäherung an den Ertragswertbeitrag. Wird der *fair value* als Veräußerungswert ermittelt, bedeutet der *impairment test* jedoch eine willkürliche Annäherung an den Ertragswert, so lange keine Veräußerung geplant ist. Letztlich liefern alle drei Regelungssysteme entscheidungsrelevante Informationen, sie enthalten dem Bilanzadressaten aber auch erkennbar relevante Informationen vor.

6.1.2. Berichterstattung de lege ferenda

6.1.2.1. Abbildung im Abschluß

Das Argument, die derzeit gültigen Bilanzierungsnormen behinderten den zutreffenden Einblick in die Vermögens-, Finanz- und Ertragslage, weil relevante Informatio-

---

686 Dies gilt auch für einige Einzelverlautbarungen für besondere immaterielle Werte. Vgl. Schreiber, Susanne (2002), S. 304.

687 Wulf spricht von einem Einschätzungsspielraum, der die Legung stiller Reserven zumindest nicht ausschließt. Vgl. Wulf, Inge (2001), S. 127.

688 Vgl. Ballwieser, Wolfgang (2001a), S. 160.

689 Vgl. SOP 93-7.33. Weitere Beispiele sind der Ansatz von selbsterstellten Mastertonträgern und Lizenzen (SFAS 50), selbsterstellten Filmen (SFAS 139 i.V.m. SOP 00-2) oder Güterfernverkehrskonzessionen (SFAS 44). Eine detaillierte Darstellung dieser Einzelverlautbarungen liefert Schreiber, Susanne (2002), S. 118-234.

690 Vgl. von Keitz, Isabel (1997), S. 223.

nen nicht abgebildet werden, machen sich jene zunutze, die eine Reform der Bilanzierungs- und Offenlegungsvorschriften fordern. Tatsächlich sind alle der in Kapitel 4 erläuterten de lege ferenda-Überlegungen bzw. Berichtsinstrumente in der Lage, relevante Informationen über immaterielle Vermögenswerte bereit zu stellen. Sie werden allesamt dem Kriterium der Relevanz in besserem Maße gerecht, als wenn im Rahmen der derzeit gültigen Normen die Aktivierung – sei es aufgrund eines Verbots oder wegen Nichtausübung eines Wahlrechts – sowie die Bereitstellung zusätzlicher Informationen unterbleibt.

Die Diskussion um die Abschaffung des § 248 II HGB erhält durch die in Abschnitt 5.2.1.2.2. dargestellte Studie Auftrieb.[691] Nach den von Healy/Myers/Howe gewonnenen Aussagen ist die Wertrelevanz von aktivierten Forschungs- und Entwicklungskosten höher einzuschätzen als von solchen, die sofort als Aufwand verbucht werden. Ansonsten herrscht offensichtlich Uneinigkeit über die unterschiedliche Wirkung von Ansatz oder Offenlegung.[692] Das FASB sieht die Offenlegung von Informationen nicht als Substitut für den Ansatz in der Bilanz an, wenn die Ansatzkriterien erfüllt sind (SFAC 5.9). Der Untersuchungsgegenstand bereitet im Schrifttum Schwierigkeiten, weil sich die Effekte von Ansatz und Offenlegung nur schwer unterscheiden lassen.[693] In einem jüngst veröffentlichten Beitrag vergleichen Barth/ Clinch/Shibano die bloße Offenlegung von Informationen mit dem aggregierten Ansatz (gemeinsam mit anderen Posten in *einer* Bilanzposition) sowie zusätzlichen Angaben, mit dem isolierten Ansatz in einer eigenen Bilanzposition (*separate line item*) und mit dem aggregierten Ansatz ohne zusätzlichen Angaben. Danach bestimmt die „Qualität" der drei Informationsquellen (1) angesetzter Betrag, (2) veröffentlichte Information und (3) Information, die sich aus dem Aktienkurs des jeweiligen Unternehmens ergibt, gemeinsam mit der Rechnungslegungsexpertise der Investoren die Preiseffizienz.[694] Der separate Ansatz führt im Vergleich zur bloßen Offenlegung stets zu einer höheren Informationseffizienz. Weiterhin ergibt sich im Modell für den aggregierten Ansatz (sowohl mit als auch ohne zusätzliche Angaben) bei höherer „Qualität" des angesetzten Betrages nicht stets eine höhere Preiseffizienz und vice versa. Überraschenderweise kann der Ansatz eines nicht als verläßlich einzuschätzenden Betrages bei gleicher Relevanz zu höherer Informationseffizienz führen als die bloße Bekanntmachung.[695]

---

691 Vgl. Fülbier, Rolf Uwe/Honold, Dirk/Klar, Alexander (2000), S. 843 zum bereits 1999 veröffentlichten Arbeitspapier von Healy/Myers/Howe.

692 Vgl. Barth, Mary E./Clinch, Greg/Shibano, Toshi (2003), S. 584f. mit Verweis auf empirische Studien zu unterschiedlichen Bilanzierungsthemen.

693 Vgl. Bernard, Viktor L./Schipper, Katherine (1994) zitiert nach Barth, Mary E./Clinch, Greg/Shibano, Toshi (2003), S. 585. Das Arbeitspapier von Bernard/Schipper läßt sich nicht mehr beschaffen.

694 Mit der Qualität des angesetzten Betrags meinen Barth/Clinch/Shibano den Umfang, in dem der angesetzte Betrag den Wert des Unternehmens erklärt. Vgl. Barth, Mary E./Clinch, Greg/Shibano, Toshi (2003), S. 591.

695 Vgl. Barth, Mary E./Clinch, Greg/Shibano, Toshi (2003), S. 581 und 603f.

Für bestimmte Gestaltungsformen der betrieblichen Altersvorsorge zeigt die Untersuchung von Davis-Friday/Folami/Liu/Mittelstaedt, daß die ergebniswirksame Berücksichtigung im Jahresabschluß eine höhere Entscheidungsrelevanz besitzt als die bloße Angabe im Anhang.[696] Wenngleich es sich bei den Aufwendungen für Altersvorsorge anders als bei immateriellen Vermögenswerten um eine künftige Belastung des Unternehmens handelt und die Ergebnisse deshalb nicht kritiklos übertragen werden dürfen, kann man diese Erkenntnisse zumindest als Indiz dafür interpretieren, daß die Aktivierung von immateriellen Vermögenswerten der Information mit einem zusätzlichen Berichtsinstrument im Hinblick auf die Entscheidungsrelevanz vorziehenswürdig ist.[697]

Hierbei kommt möglicherweise zum Tragen, daß der Ansatz von den Eigen- und Fremdkapitalgebern als verläßlichere Information eingestuft wird, denn damit eine Information relevant ist, muß sie hinreichend verläßlich sein.[698] Voraussetzung ist die Akzeptanz der jeweils gültigen Aktivierungskonzeption. Nur dann wird der Bilanzansatz höher geschätzt als eine andere Information in Jahresabschluß oder Lagebericht. Des weiteren lassen sich für Deutschland die schlechten Erfahrungen anführen, die Bilanzadressaten mit der Lageberichterstattung in den vergangenen Jahren machen mußten.[699] Diese dürften dazu beitragen, daß die Adressaten die Aktivierung als relevant erachten und vorziehen. In engem Bezug hierzu steht die Quantifizierbarkeit, die in Abschnitt 6.6 diskutiert wird.

Die Nachaktivierung von zunächst als Aufwand verbuchten Ausgaben für immaterielle Werte ist unter dem Aspekt der Relevanz ambivalent zu beurteilen. Einerseits können die Adressaten dem Vorgang entnehmen, daß Investitionen voriger Perioden erfolgreich waren und zu einem aktivierungsfähigen *asset* geführt haben. Der Vermögensausweis des Unternehmens wird vervollständigt.[700] Somit werden für die Erfolgsprognose relevante Informationen abgebildet, zumal der Wertansatz dann den tatsächlichen Ausgaben zur Erlangung des Vermögenswertes entspricht. Die Nachaktivierung kann aber andererseits leicht zu einer Überschätzung künftiger Erfolge führen. Üblicherweise werden Investoren die Nachaktivierung als ein Zeichen dafür interpretieren, daß die Investitionen der Vergangenheit Früchte tragen. Kann das Unternehmen aus irgendeinem Grund seine Wettbewerbssituation nicht halten, fällt die Fehleinschätzung bei Nachaktivierung gravierender aus als bei kontinuierlicher Aufwandsverbuchung.[701]

---

696 Vgl. Davis-Friday, Paquita Y./Folami, L. Buky/Liu, Chao-Shin/Mittelstaedt, H. Fred (1999). Zur Vorziehenswürdigkeit der Berücksichtigung in Bilanz und Gewinn- und Verlustrechnung im Vergleich zu ergänzenden Informationen in Anhang und Lagebericht vgl. auch die Studie von Gassen zur Internetpublizität: Gassen, Joachim (2001), S. 424.

697 Wobei sich beide Ansätze selbstverständlich nicht gegenseitig ausschließen, auch bei Aktivierung von immateriellen Vermögenswerten kann die Veröffentlichung eines zusätzlichen Berichtsinstruments sinnvoll sein.

698 Vgl. Ewert, Ralf/Wagenhofer, Alfred (2000), S. 49: „Offengelegte Unternehmensinformationen können bei skeptischen Anlegern nur dann eine Informationswirkung entfalten, wenn ihnen wenigstens in gewissem Umfang Glaubwürdigkeit attestiert werden kann."

699 Vgl. Ballwieser, Wolfgang (1997), S. 164-184; Hartung, Sven (2002), S. 157-179.

700 Vgl. Dawo, Sascha (2003), S. 312.

701 Vgl. Litan, Robert E./Wallison, Peter J. (2000), S. 46f.

Der Ansatz des originären Goodwill verlangt eine Gesamtbewertung des Unternehmens, die stets subjektabhängig vorzunehmen ist. Für unterschiedliche Berichtsadressaten kann daraus keine relevante Information erwachsen, da ihre individuellen Parameter nicht vollumfänglich im Bewertungsvorgang und damit im originären Goodwill berücksichtigt werden können. Somit ist dieser für Zwecke der Berichterstattung ungeeignet.

6.1.2.2. Abbildung in ergänzenden Berichtsinstrumenten

6.1.2.2.1. Deduktiv-summarische Ansätze

Gleichwohl sind Informationen über immaterielle Werte im Unternehmen generell relevant. Sie müssen nicht zwangsläufig in der konventionellen Handelsbilanz gegeben werden. Alternative Berichtsformen sind zu diskutieren. Deduktiv-summarische Ansätze als eine Art alternativer Berichtsinstrumente liefern nur in sehr begrenztem Umfang relevante Informationen. Dabei mutet der Informationsgehalt des Intellectual Assets Statement nach Haller noch am größten an, weil neben der Identifizierung der stillen Reserven isolierbare immaterielle Vermögenswerte quantifiziert und nach Kategorien ausgewiesen werden. Unklar bleibt, wie nicht identifizierbare Vermögenswerte berücksichtigt werden sollen.[702] Hier liegt ein Widerspruch in sich vor, was vermutlich auch der Grund dafür ist, daß dieser Rechenschritt in der neueren Version des Intellectual Assets Statement nicht enthalten ist. Der Informationsgehalt der einzelnen Salden für aktuelle und potentielle Gläubiger ist allerdings gering, da der Marktwert des Unternehmens – gemeint ist wohl die Börsenkapitalisierung[703] – den Ausgangspunkt der Rechnung bildet. Für Fremdkapitalgeber ist die Börsenkapitalisierung keine relevante Größe, da sie den an sie fließenden Nettozahlungsstrom in Form von Zins- und Tilgungsleistungen nicht beeinflußt. Die spektakulären Zusammenbrüche der Unternehmen der New Economy zeigen, daß eine hohe Börsenkapitalisierung keine Gewähr für das Fortbestehen eines Unternehmens ist. Fremdkapitalgeber dürfen folglich nicht von einer hohen Börsenkapitalisierung auf die Sicherheit ihrer Zahlungsansprüche schließen. Für Fremdkapitalgeber besitzen die einzelnen Salden mithin keine Relevanz.

Für Eigenkapitalgeber ist die Börsenkapitalisierung insofern relevant, als der Anteilspreis deren (Stichtags-)Vermögen darstellt und etwaige Veräußerungsgewinne determiniert und insofern für Desinvestitionsüberlegungen entscheidungserheblich ist.[704] Allerdings spiegelt die Börsenkapitalisierung stets nur die hochgerechnete individuelle Wertschätzung von den Käufern und Verkäufern wider, die zuletzt zum Zuge kamen.[705] Kern des Intellectual Assets Statement sollen aber vielmehr die unterschied-

---

702 Vgl. Ballwieser, Wolfgang (2002e), S. 300.

703 So auch Ballwieser, Wolfgang (2002e), S. 300.

704 Vgl. Streim, Hannes (1994), S. 399; Flury, Cornelia (1999), S. 43. Die Börsenkapitalisierung entspricht wegen zu beobachtender Paketzuschläge in der Regel nicht dem Preis für den Erwerb des gesamten Unternehmens. Vgl. Ballwieser, Wolfgang (2002e), S. 300; Mandl, Gerwald/Rabel, Klaus (1997), S. 244f.

705 Vgl. bereits Moxter, Adolf (1962), S. 609.

lichen Salden sein. Die Differenz zwischen Börsenkapitalisierung und Buchwert des Eigenkapitals ist eine Kennzahl, mit der im Schrifttum gerne die Existenz immaterieller Vermögenswerte „nachgewiesen" wird.[706] Der Aktienkurs, der die Börsenkapitalisierung bestimmt, richtet sich freilich nach Angebot und Nachfrage. Dahinter verbirgt sich eine Gesamtwertermittlung auf Basis eines Investitionskalküls. Die Vertragsparteien müssen ihren individuellen Grenzpreis ermitteln, damit die Transaktion für sie vorteilhaft ist.[707] Da der Buchwert des Eigenkapitals eine substanzorientierte Einzelaufstellung von (aktivierungsfähigen) Vermögenswerten ist, liegt auf der Hand, daß sich zwischen diesen beiden unterschiedlichen Wertmaßstäben eine Differenz ergibt. Kursschwankungen bedeuten Veränderungen dieser Differenz, die nicht mit dem Zu- oder Abgang immateriellen Vermögens – mag dieses identifizierbar sein oder nicht – erklärt werden können. Führt man sich nun vor Augen, wie sich die Marktwert-Buchwert-Verhältnisse einiger Unternehmen in den vergangenen drei Jahren entwickelt haben (vgl. Abbildung 6), wird deutlich. wie gering die Relevanz des Intellectual Assets Statement ist. Er liegt einzig in der Identifizierung immaterieller Vermögenswerte und stiller Reserven, den Salden kommt kein Aussagegehalt zu.

Auch die Aussagekraft des Wertes des immateriellen Vermögens nach dem Bewertungsansatz von Gu/Lev ist in Frage zu stellen. Den Unternehmenserfolg bzw. dessen Quellen in der von Gu/Lev proklamierten Weise zu spalten, bedeutet nicht nur, die Summe der einzelnen (identifizierbaren) immateriellen Vermögenswerte bzw. deren Erfolgsbeiträge als immaterielles Vermögen zu verstehen, sondern auch Synergieeffekte, die aus dem kombinativen Einsatz von finanziellen und materiellen Vermögenswerten resultieren. Mögen diese auch immaterieller Natur sein, stellen sie gleichwohl nicht die interessierende Größe dar.

Ein ständig steigender Wert des immateriellen Vermögens kann als Hinweis auf erfolgreiche Unternehmensaktivitäten interpretiert werden. Die Gewinngröße selbst bzw. deren Spaltung (Ertragslage) stellt hierbei aber im Vergleich zu einem dergestalt ermittelten Wert für das immaterielle Vermögen den aussagekräftigeren Indikator dar.[708] Für die Prognose der künftigen Unternehmensentwicklung müßten Fremd- und Eigenkapitalgeber Informationen darüber erhalten, welche Arten immateriellen Vermögens im Unternehmen vorhanden sind. Dies ermöglicht Aussagen darüber, wie diversifiziert das immaterielle Vermögen ist und ob in zukunftsträchtige Vermögenswerte investiert wurde. Daraus lassen sich Einschätzungen der künftigen Wettbewerbsfähigkeit ableiten. Aus Sicht der Fremdkapitalgeber sind Informationen über die einzelnen immateriellen Vermögenskomponenten zudem relevant, um abschätzen zu können, ob im Insolvenzfall verwertungsfähiges immaterielles Vermögen vorliegt.

---

[706] Vgl. statt vieler Mouritsen, Jan/Bukh, Per N.D./Larsen, Heine T. (2002), Sp. 769.
[707] Vgl. Moxter, Adolf (1983b), S. 10.
[708] Vgl. zur Bedeutung der Ertragslage Coenenberg, Adolf G. (1986).

MW/BW Unternehmen	2000	2001	2002
AOL	837,32	798,79	0,88
CocaCola	14,47	9,18	8,22
Disney	2,19	1,67	1,24
Fresenius Medical Care	2,53	2,07	1,09
IDS Prof. Scheer	3,60	1,95	1,14
Infineon	4,91	2,40	0,82
L'Oréal	9,35	7,59	6,60
Microsoft	5,02	6,71	4,74
Nokia	20,76	11,13	4,92
SAP	14,94	14,53	8,12
Schering	4,98	4,56	2,76

Abbildung 6: Marktwert-Buchwert-Verhältnisse[709]

Konzeptionell schief ist der Bewertungsansatz von Gu/Lev, weil zur Ermittlung der wirtschaftlichen Leistung künftige Gewinne heranzuziehen, die Werte des materiellen und finanziellen Vermögens hingegen der Bilanz zu entnehmen sind und allenfalls in Zeitwerte überführt werden dürfen. Insofern ist die Datenbasis auf der linken und rechten Seite der Gleichung nicht äquivalent. Nicht nachvollziehbar ist auch, warum für die Parameter des materiellen und finanziellen Vermögens der gesamtwirtschaftliche Durchschnitt heranzuziehen ist. Der Bewertungsansatz soll gerade bei Unternehmen mit hohem immateriellen Vermögen angewendet werden. In so einem Fall von durchschnittlichen Renditen auf materielles und finanzielles Vermögen auszugehen, kann nicht zu adäquaten Ergebnissen führen, weil diese Renditen vielfach unterdurchschnittlich sein werden. Schließlich stellt das immaterielle Vermögen die ausschlaggebende Erfolgsquelle dar. Letztlich gilt weitere Kritik der von Gu/Lev proklamierten Erfolgsspaltung. Aufwendungen und Erträge, die das Jahresergebnis und somit die „wirtschaftliche Leistung" determinieren, werden vom Unternehmen als Ganzes verursacht. Allenfalls läßt sich eine Aufteilung auf unterschiedliche Geschäftsbereiche vornehmen.[710] Sie einzelnen *assets* zuzuordnen, ergibt keinen Sinn, weil gerade deren kombinativer Einsatz Ergebnisbeiträge verursacht.[711] Konzeptionell befriedigt der Ansatz folglich nicht und kann deshalb auch keine relevanten Informationen liefern.

709 Quelle: http://www.onvista.de. Ähnlich Ballwieser, Wolfgang (2003a), S. 4-6.

710 Vgl. zu unterschiedlichen Konzepten der Erfolgsspaltung Ziolkowski, Ulrich (1990).

711 Dieses Argument analogisiert die Feststellung Mülhaupts, „daß die Zurechnung bestimmter Aktiva oder Gruppen von Aktiva zu bestimmten Passiva oder Gruppen von Passiva [...] nicht nur betriebswirtschaftlich unzulässig, sondern auch unrealistisch ist. Der Unternehmer kennt [...] keine Zweckbindung der Finanzierungsmittel und damit auch keine isolierte objekt-, gruppen- oder vermögensbezogene Finanzierung, er kennt nur eine einheitlich Kasse, in die alle dem Unternehmenszweck gewidmeten Mittel fließen [...]." Mülhaupt, Ludwig (1966), S. 55.

Vergleichbares gilt für den Calculated Intangible Value. Warum ein „Überertrag" im Vergleich zur Branche ausschließlich auf immaterielles Vermögen zurückzuführen sein soll, ist nicht einleuchtend. Aussagelos ist die Größe vor allem dann, wenn man ein Unternehmen betrachtet, das in einer Branche tätig ist, wo immaterielle Vermögenswerte den Unternehmenserfolg maßgeblich bestimmen. Ein Softwareunternehmen entwickelt sich möglicherweise nur durchschnittlich im Verhältnis zur Branche, was zu einem Calculated Intangible Value gleich null führen würde. Gleichwohl kann ein hohes immaterielles Vermögen im Unternehmen vorhanden sein. Auch dieser Ansatz ist folglich nicht in der Lage, Adressaten mit relevanten Informationen zu versorgen.

6.1.2.2.2. Induktiv-analytische Ansätze

Den Wunsch nach Informationen über Art und Struktur des immateriellen Vermögens, denen die deduktiv-summarischen Ansätze nicht gerecht werden, können die induktiv-analytischen Modelle in besserem Maße erfüllen. Das Intellectual Property Statement nach Maul/Menninger deckt mit den Kategorien Kundenbeziehungen, Human-, Innovationskapital und Infra- und Prozeßstruktur vier wichtige Erscheinungsformen immateriellen Vermögens ab. Der Skandia Navigator sortiert etwas anders.[712] Das Intellectual Capital Statement des AK Immaterielle unterteilt feiner nach sieben Kategorien und hat deshalb eine höhere Berichtstiefe.[713] Es werden zudem *mehr* relevante Informationen zur Verfügung gestellt, weil für jede der sieben Kategorien Angaben zu machen sind.

Allen drei Berichtsansätzen ist gemeinsam, daß nicht sämtliche Informationen in Form von monetären Größen gegeben werden (können). Monetäre Größen haben den Vorteil, daß der Berichtsadressat sie ins Verhältnis zu den ihn interessierenden Größen – also Zins- und Tilgungszahlungen oder Ausschüttungsbeträge – setzen kann.[714] Deshalb sind nicht-monetäre Indikatoren weniger relevant für die Berichtsadressaten als monetäre Werte. Charakteristisch für Indikatoren ist, daß kein eindeutiger und gesicherter Bezug zu der Eigen- und Fremdkapitalgeber interessierenden Zielgröße gegeben ist.[715] Aber auch bei monetären Angaben liegt der Bezug zur aus Adressatensicht interessierenden Größe nicht immer auf der Hand. Für die Beurteilung der künftigen Unternehmensentwicklung spielen neben der Aufstellung der einzelnen Vermögenswerte auch deren Kombinationseffekte und Interdependenzen eine Rolle. Schwierigkeiten bereitet, daß sich immaterielle Vermögenswerte häufig nicht eindeutig und überschneidungsfrei abgrenzen lassen. Das Intellectual Capital Statement des AK Immaterielle ist bislang das einzige Berichtsinstrument, das Aussagen zu Kombinationseffekten und Interdependenzen verlangt. Darüberhinaus ist für die berichteten Indikatoren eine exakte Definition erforderlich. Nur wenn diese im Rahmen des Berichts veröffentlicht wird, sind die Informationen relevant, da sie nur dann zutreffend beurteilt werden können und überhaupt Aussagekraft besitzen.

---

712 Vgl. Abschnitt 2.5.2.
713 Vgl. zur Feinheit von Informationen Hacker, Bernd (2002), S. 34-36 m.w.N.
714 Vgl. hierzu ausführlich Abschnitt 6.6.
715 Vgl. Küpper, Hans-Ulrich (2001), S. 346.

Insbesondere beim Skandia Navigator wird deutlich, daß eine Indikatorgröße wie z.B. der Human Capital Index ohne detaillierte Erläuterung, wie sie ermittelt wird, inhaltsleer und mithin aussagelos bleibt.[716] Dieser Nachteil im Vergleich zum Vorschlag des AK Immaterielle läßt sich heilen, indem detaillierte Aussagen zu den Wechselwirkungen und Indikatoren ergänzt werden. Es handelt sich nicht um eine konzeptionelle Unzulänglichkeit. Nicht zuletzt wird die Relevanz dieser drei Berichtsansätze maßgeblich dadurch bestimmt, welche Indikatoren ausgewählt werden. Damit relevante Informationen vermittelt werden, müssen diese möglichst unmittelbaren Einfluß auf den künftigen Unternehmenserfolg haben. Wünschenswert wäre, daß dieser Einfluß wissenschaftlich belegt ist.[717] Dies widerspricht allerdings der Charakteristik von Indikatoren.

Die Technologiebilanz informiert über Forschungs- und Entwicklungsaktivitäten. Da diese für den Unternehmenserfolg von entscheidender Bedeutung sind, liefert dieses alternative Berichtsinstrument relevante Informationen. Es zeigt detailliert die technologische Substanz des Unternehmens. Da die vermittelten Informationen aber keine monetären Größen, sondern ordinalskalierte Werte enthalten, ist es nicht möglich, die Angaben der Technologiebilanz ins Verhältnis zum erwarteten Zahlungsstrom aus dem Unternehmen zu setzen bzw. die Auswirkungen auf den erwarteten Zahlungsstrom abzuschätzen. Es lassen sich allerdings z.B. Einschätzungen darüber ableiten, ob künftig positive Erfolgsbeiträge aus dem Forschungs- und Entwicklungsbereich zu erwarten sind oder ob die Aktivitäten dazu beitragen, daß das Unternehmen seine Wettbewerbssituation halten kann und somit die Existenz des Unternehmens gesichert ist. Allerdings bleiben die Informationen auf den Technologiebereich des Unternehmens beschränkt. Andere immaterielle Vermögenswerte und damit relevante Informationen bleiben außer Acht. Für besonders forschungsintensive Unternehmen, deren übrige immaterielle Ressourcen von untergeordneter Bedeutung sind, mag dies akzeptabel sein. Ansonsten stellt die Technologiebilanz unter dem Gesichtspunkt der Relevanz nicht das optimale Berichtsinstrument dar. Insbesondere das Intellectual Capital Statement des AK Immaterielle ist vorziehenswürdig.

6.2. Wesentlichkeit

6.2.1 Berichterstattung de lege lata

Das Kriterium der Wesentlichkeit filtert nach einer pragmatischen Interpretation aus der Menge der relevanten Informationen diejenigen heraus, die kosten-nutzenanalytischen Gesichtspunkten standhalten. Das Prinzip der Wesentlichkeit ist gleichwohl nicht dazu geeignet, über den Ansatz von Aktiven oder Passiven zu entscheiden.[718] Insofern hilft es bei der Beurteilung von Ansatz und Bewertung immateriellen Vermögens de lege lata nicht weiter. Hinsichtlich des Ausweises immaterieller Vermögensgegenstände kennt das deutsche Handelsrecht zwar ein Wesentlichkeitskriterium, aber keine Wesentlichkeitsgrenzen in Form von expliziten Schwellenwerten. § 265 VII Nr. 1 HGB bestimmt lediglich, daß die mit arabischen Ziffern versehenen

716 Vgl. Litan, Robert E./Wallison, Peter J. (2000), S. 57.
717 Vgl. Lev, Baruch (2001), S. 115.
718 Vgl. Ballwieser, Wolfgang (1999), Rz. 78.

Posten in der Bilanz – bei immateriellem Vermögen sind dies Konzessionen, Geschäftswert und geleistete Anzahlungen – zusammengefaßt werden dürfen, wenn „sie einen Betrag enthalten, der für die Vermittlung eines den tatsächlichen Verhältnissen entsprechenden Bildes im Sinne des § 264 Abs. 2 nicht erheblich ist." Eine Wesentlichkeitsgrenze in Form eines konkret explizierten Schwellenwertes bestimmt das HGB nicht. Gleiches gilt für die internationalen Rechnungslegungsvorschriften. Ob ein Posten für einen zutreffenden Einblick in die Vermögens-, Finanz- und Ertragslage erheblich ist, ist einzelfallbezogen zu beurteilen. Maßgeblich ist in der Regel der Anteil des Postens an der Gesamtsumme der entsprechenden Bilanzpostengruppe.[719] Die Offenlegungsvorschriften des HGB beschränken sich auf Aussagen zu Forschung und Entwicklung im Lagebericht sowie die Angaben im Anlagegitter und sind nicht an das Kriterium der Wesentlichkeit geknüpft. Differenzierter sind hier die Regelungen des DSR. Die Offenlegungsvorschriften sind deutlich umfangreicher als nach HGB. Bestimmte dieser Offenlegungspflichten (DRS 12.28 und 12.30) sind an die Wesentlichkeit der Information geknüpft. Gleiches gilt für IFRS.[720]

Die Vorschriften der US-GAAP enthalten keine Offenlegungsvorschriften, die explizit an das Wesentlichkeitskriterium gebunden sind. Jedoch werden bestimmten Offenlegungspflichten für jede größere Gruppe von immateriellen Vermögenswerten (*any major intangible asset class;* SFAS 142.44) verlangt. Die Norm kann dahingehend interpretiert werden, daß aus sämtlichen Gruppen immaterieller Vermögenswerte, die im Unternehmen vorhanden sind, nur die größeren auszuwählen und die entsprechenden Angaben zu machen sind. Es handelt es sich dann um eine Frage der Wesentlichkeit, weil aus sämtlichen relevanten Informationen diejenigen auszuwählen sind, deren Analyse ein angemessenes Kosten-Nutzen-Verhältnis aufweist. Verlangt die Wendung, *sämtliche* Vermögenswerte auf größere Gruppen aufzuteilen, wird auf die Feinheit von Informationen abgestellt.[721]

Ausweis- und Offenlegungspflichten an das Kriterium der Wesentlichkeit der Information zu binden, beeinflußt die Effizienz von Jahresabschlußerstellung und -analyse positiv. Die Kosten der Abschlußerstellung und -prüfung sind niedriger, wenn nur die wesentlichen der relevanten Informationen zu berücksichtigen sind. Gleiches gilt für die Analyse des Abschlusses durch die Adressaten im Hinblick auf ihr Entscheidungskalkül.[722] Schwierigkeiten entstehen, wenn zwischen Bilanzersteller und Berichtsadressaten unterschiedliche Auffassungen darüber bestehen, was für den Abschluß des gesamten Unternehmens von wesentlicher Bedeutung ist. Maßgeblich ist der Informationsbedarf des Adressaten. Dieser muß vom Ersteller erst typisierend festgelegt werden. Hier sind die in der Praxis üblichen Wesentlichkeitsgrenzen hilfreich, da diese sich eindeutig kommunizieren lassen. Diese sind in keinem der Regelungssysteme festgelegt und lassen sich dort wie gezeigt auch nur schwer verankern. Zudem setzen die jetzigen Regelungen die Wesentlichkeitsbedingung nur vereinzelt ein, weshalb sie unter dem Aspekt der Wesentlichkeit als unbefriedigend anzusehen sind.

---

719 Vgl. Beater, Axel (2001a), Rz. 19.

720 Vgl. Abschnitt 3.3.4 bzw. IAS 38.111 (b).

721 Vgl. Fußnote 713.

722 Vgl. Krönert, Björn (2001), S. 69.

6.2.2. Berichterstattung de lege ferenda

Das Prinzip der Wesentlichkeit kann nicht dazu herangezogen werden, über den Ansatz von immateriellen Vermögenswerten zu entscheiden. Insofern kann die Abschaffung des § 248 II HGB nicht beurteilt werden. Denkbar ist, den Ausweis daran zu koppeln, ob die Ausgaben für immaterielle Ressourcen eine bestimmte Größenordnung, die sich z.B. in Prozent der Bilanzsumme oder der Umsatzerlöse festlegen ließe, überschreiten. Bei Überschreiten der Wesentlichkeitsgrenze könnte die Aktivierung in einer eigenen Bilanzposition erwogen werden, bei Unterschreiten der Ansatz bei anderen Vermögenswerten. Für Forschungs- und Entwicklungsaufwendungen hieße das beispielsweise die eigenständige Aktivierung im Gegensatz zum Einbezug in die Herstellungskosten eines Vermögensgegenstandes. Diese Wesentlichkeitsgrenze läßt sich nicht theoretisch ableiten und bleibt deshalb willkürlich.[723]

Die Entscheidung, ob ein zusätzliches Berichtsinstrument wie das Intellectual Capital Statement oder die Technologiebilanz zu erstellen ist, läßt sich ebenfalls an solchen Verhältnisgrößen verankern. Insbesondere bei der Veröffentlichung von zusätzlichen Berichtsinstrumenten sind hinsichtlich des Wesentlichkeitskriteriums Kostengesichtspunkte zu berücksichtigen. Die Erfassung und Bewertung der einzelnen Technologien in der Technologiebilanz verlangt Expertenwissen sowie genaue Markt- und Konkurrenzbeobachtung und ist insofern mit Kosten verbunden. Viele der Angaben, die Maul/Menninger für das Intellectual Property Statement vorschlagen, sind ebenfalls aufwendig zu ermitteln. Beispielsweise verlangt die Angabe der Kundenzufriedenheit möglicherweise eine jährliche Kundenbefragung. Gleiches gilt für den Skandia Navigator und das Intellectual Capital Statement. Weitere Kosten erwachsen im Rahmen der periodischen Abschlußprüfung, wenn das zusätzliche Berichtsinstrument als prüfungspflichtiges Element des Jahresabschlusses konstituiert würde.

Da sich die Messung des Nutzens der durch zusätzliche Berichtsinstrumente bereitgestellten Informationen aber nicht operationalisieren läßt und somit der Informationsumfang, an dem sich Grenznutzen und Grenzkosten entsprechen, nicht bestimmt werden kann, bleibt erneut der Rückgriff auf Schwellenwerte. Das Prinzip der Wesentlichkeit gilt aber nicht nur für die Entscheidung, ob ein zusätzliches Berichtsinstrument zu erstellen ist. Auch die einzelnen Angaben sind jeweils an diesem Kriterium zu messen. Hier fällt die Beurteilung schwer und kann ausschließlich einzelfallbezogen erfolgen. Greift man das Beispiel der Kundenzufriedenheit auf, kann es aufwendig und teuer sein, wenn diese jährlich im Rahmen einer schriftlichen Kundenbefragung ermittelt werden muß. Bei einem Unternehmen hingegen, das seine Waren vorwiegend über das Internet vertreibt, ist es einfach, die Informationen zu beschaffen, wenn in das Bestellformular einige Fragen integriert sind, die vom Kunden im Rahmen der Bestellung auszufüllen sind. Generell werden extern zu beschaffende Daten kostenintensiv sein und deshalb das Wesentlichkeitskriterium nicht erfüllen.

---

[723] Vgl. Ballwieser, Wolfgang (1985b), S. 63f.

Anhand des Kriteriums der Wesentlichkeit – genauer anhand von Schwellenwerten – kann auch über die Notwendigkeit eines deduktiv-summarischen Berichtsinstruments als Ergänzung zum Jahresabschluß entschieden werden. Für die Berichtsansätze selbst stellt sich die Frage der Wesentlichkeit der Information letztlich nicht, da bereits deren Relevanz zu bezweifeln ist. Zwar ist die Analyse dieser Instrumente nicht aufwendig, da sie alle in einen Wert bzw. in wenige Werte münden. Weil aber von einem äußerst geringen Informationsnutzen auszugehen ist, ist gleichwohl fraglich, ob die Auswertung der Modelle kosten-nutzen-analytischen Gesichtspunkten standhält. Das Kriterium der Wesentlichkeit ist nicht geeignet zu entscheiden, welche der de lege ferenda-Überlegungen vorziehenswürdig ist.

6.3. Vollständigkeit

6.3.1. Berichterstattung de lege lata

Eine vollständige Abbildung sämtlicher immaterieller Ressourcen und Vermögenswerte ist nach nationalen und internationalen Regelungskreisen nicht möglich. Dies liegt einerseits an den jeweiligen Definitionen des Vermögensgegenstandes und des *asset*-Begriffs, andererseits an konkreten Aktivierungsverboten. Die Kontrolle über den künftigen Nutzenzufluß, die sowohl nach IFRS als auch nach US-GAAP notwendiges Kriterium für das Vorliegen eines *asset* ist, schließt beispielsweise Mitarbeiter-Know-How, Kundenbeziehungen oder auch Standortvorteile von der Aktivierung aus, da das Unternehmen den daraus resultierenden Nutzenzufluß nicht kontrollieren kann und somit kein *asset* vorliegt. Bei Mitarbeiter-Know-How und Kundenbeziehungen liegt dies auf der Hand, aber auch Standortvorteile, die sich aus der Nähe zu einer anderen Einrichtung ergeben, lassen sich durch das Unternehmen nur im Ausnahmefall kontrollieren. Bei den beiden erstgenannten Beispielen wird die fehlende *asset*-Eigenschaft durch IAS 38.15f. sogar durch ein explizites Ansatzverbot unterstrichen. Ein Ansatzverbot gilt auch für andere selbst geschaffene Vermögenswerte, was der Forderung nach einer vollständigen Abbildung des immateriellen Vermögens ebenfalls entgegensteht. Die fehlende Vollständigkeit der gewährten Information wird in keinem der Regelungskreise durch Anhangsangaben oder andere zusätzliche Informationsinstrumente geheilt. Lediglich der deutsche Lagebericht verlangt ergänzende Informationen zu Forschung und Entwicklung; andere immaterielle Werte bleiben außer Acht.

6.3.2. Berichterstattung de lege ferenda

Die Vorschriften zur Bilanzierung immaterieller Vermögenswerte in allen drei Regelungskreisen sind unter dem Aspekt der Vollständigkeit der vermittelten Information zu kritisieren.[724] Deshalb sind sämtliche de lege ferenda-Vorschläge, die zusätzliche Informationen über immaterielles Vermögen liefern, hinsichtlich des Kriteriums der

[724] Vgl. Pellens, Bernhard/Fülbier, Rolf Uwe/Sellhorn, Thorsten (2001), S. 91, die die Erfassung immateriellen Vermögens in allen drei Systemen als restriktiv bezeichnen. Vgl. auch Arbeitskreis „Immaterielle Werte im Rechnungswesen" der Schmalenbach-Gesellschaft für Betriebswirtschaft e.V. (2001), S. 992.

Vollständigkeit im Vergleich zu den geltenden Vorschriften vorziehenswürdig. Die Abschaffung des § 248 II HGB ist also wünschenswert, da sie den aktivierungsfähigen Teil des immateriellen Vermögens vergrößert. So trägt sie zu einem vollständigeren Bilanzansatz bei. Gleichwohl können nur Güter, die die Kriterien eines handelsrechtlichen Vermögensgegenstandes erfüllen, angesetzt werden.[725] Eine vollständige Abbildung des immateriellen Vermögens ist insofern nicht möglich, weshalb das Vollständigkeitsgebot trotz Abschaffung des § 248 II HGB relativer Natur bleibt. Daran ändert auch die Aktivierung als Rechnungsabgrenzungsposten nichts, denn nicht alle immateriellen Vermögenswerte können das Zeitbestimmtheitspostulat – selbst bei dessen weiter Auslegung – erfüllen. Gleiches gilt für die Bilanzierungshilfe, da die Subsumption unter Ingangsetzungs- und Erweiterungsaufwendungen nur im Einzelfall gelingen wird. Auch die Methode der Nachaktivierung greift nur bei aktivierungsfähigen Vermögenswerten und führt deswegen zwar zu einem vollständigeren Ansatz. Sie allein bewirkt aber auch keinen lückenlosen Ansatz. Gleiches gilt, wenn potentiell aktivierungsfähige Vermögenswerte bereits bei Anfall der ersten Ausgaben in einem *off balance sheet-portfolio* dokumentiert werden.

Die Bilanzierung im Rahmen des Portfolioansatzes trägt ebenfalls nicht zu einem vollständigen Ansatz oder zu einer vollständigen Abbildung immaterieller Vermögenswerte bei. Zum einen kommt die Portfoliobewertung ohnehin nur für wenige Kategorien immateriellen Vermögens in Frage. Zum anderen ist der zugrundeliegende Gedanke gerade, mehrere immaterielle Objekte zu bündeln und einer Gruppenbewertung zu unterziehen. Dies bringt zwangsläufig mit sich, daß die einzelnen im Portfolio enthaltenen immateriellen Objekte nicht erkennbar sind. Dieser Nachteil könnte durch zusätzliche Anhangsangaben über die im Portfolio befindlichen Objekte geheilt werden. Da der Vorschlag noch nicht ausgereift ist, ist derzeit noch völlig unklar, wie die Zugangsbewertung zu erfolgen hat. Da im Schrifttum argumentiert wird, mindestens eines einer Vielzahl von Projekten führe mit einer Wahrscheinlichkeit von nahezu 100% zum Erfolg, darf das Portfolio konsequenterweise nur mit einem Bruchteil seiner Anschaffungs- bzw. Herstellungskosten angesetzt werden. Damit ist die Forderung nach Vollständigkeit nicht erfüllt.

Deduktiv-summarische Ansätze setzen sich gerade diese vollständige wertmäßige Abbildung der immateriellen Vermögenswerte im Sinne einer Gesamtbewertung zum Ziel, da sie auf einem Barwertkalkül basieren. Sie wollen das aus dem immateriellen Vermögen des Unternehmens Herausholbare zeigen. Sie weisen allesamt konzeptionelle Schwächen auf, die in Abschnitt 6.1.2.2.1 erörtert wurden. Das immaterielle Vermögen wird folglich nicht zutreffend ermittelt. Insofern kann auch nicht von Vollständigkeit ausgegangen werden. Der Unternehmensgesamtwert ist zwar die die Eigenkapitalgeber interessierende Größe. Dieser ist jedoch subjektabhängig unter Berücksichtigung höchst individueller Präferenzen zu ermitteln.[726] Jene kennt das berichtende Unternehmen nicht und kann deshalb allenfalls von einem typisierten Eigenkapitalgeber ausgehen. Selbst wenn die methodische Vorgehensweise theoretisch ak-

---

[725] Zu den Merkmalen eines handelsrechtlichen Vermögensgegenstandes vgl. Abschnitt 3.1.1.

[726] Vgl. Ballwieser, Wolfgang/Leuthier, Rainer (1986), S. 548f.

zeptabel wäre, wird Vollständigkeit in der Unternehmensberichterstattung als lückenlose Berichterstattung über *alle relevanten Sachverhalte* verstanden.[727] Dies erfordert eine umfassende Einzeldarstellung der immateriellen Vermögenskomponenten und folgt somit einer substanzorientierten Betrachtung. Erst diese versetzt die Eigenkapitalgeber oder Fremdkpitalgeber in die Lage, eigene Einschätzungen über künftige Zahlungsströme oder die Bonität des Unternehmens zu treffen. Gerade diese Form von vollständiger Berichterstattung können die deduktiv-summarischen Ansätze nicht leisten, da sie nur einen summierten Wert für das immaterielle Vermögen liefern. Aus diesen Gründen ist auch der Vorschlag Mujkanovics, den originären Goodwill anzusetzen, abzulehnen.

Eine Einzeldarstellung liefern die induktiv-analytischen Ansätze. Dabei ist die Technologiebilanz der Vorschlag, der das Kriterium der Vollständigkeit am schlechtesten erfüllt, da die Informationen auf den Forschungs- und Entwicklungsbereich des Unternehmens begrenzt sind. Umfassender sind die Ansätze von Maul/Menninger, Skandia und dem AK Immaterielle, weil sie unterschiedliche Kategorien immateriellen Vermögens einbeziehen. Die Ansätze lassen sich aber nicht in eine Rangfolge bringen, da die Vollständigkeit durch die unternehmensindividuelle Ausgestaltung determiniert wird. Eine möglichst große Zahl von Informationen in Form von Indikatoren, monetären Angaben und anderen Werten erfüllt den Wunsch nach vollständiger Abildung am besten. Das Intellectual Capital Statement des AK Immaterielle erscheint im Vergleich mit dem Skandia Navigator und dem Intellectual Property Statement besonders feingliedrig. Werden sämtliche Kategorien immateriellen Vermögens in die Berichterstattung einbezogen und Aussagen zu Interdependenzen getroffen, kann eine möglichst vollständige Darstellung gewährleistet werden.

Die fehlende physische Substanz hat zur Folge, daß eine lückenlose Aufstellung immateriellen Vermögens nicht gelingt. Ein sehr hohes Maß an Vollständigkeit kann durch die Kombination der de lege ferenda-Vorschläge erreicht werden. Die immateriellen Vermögenswerte, die auch nach Abschaffung des § 248 II HGB nicht als Vermögensgegenstand, Rechnungsabgrenzungsposten oder Bilanzierungshilfe aktivierungsfähig sind, fänden Berücksichtigung in einem ergänzenden Berichtsinstrument. Induktiv-analytische Ansätze sind hierbei vorziehenswürdig.

6.4. Verläßlichkeit

6.4.1. Berichterstattung de lege lata

6.4.1.1. HGB

Wie gezeigt sind Informationen über immaterielle Vermögenswerte unstrittig relevant. Relevanz steht in einem bekannten Spannungsverhältnis mit der Objektivierung von Rechnungslegungsinformationen.[728] Im deutschen Bilanzrecht findet einerseits das Verläßlichkeitsprinzip eine stärkere Betonung als die Relevanz von Informationen.

---

727 Vgl. Abschnitt 2.4.1.3.

728 Vgl. Moxter, Adolf (1983a), S. 134; SFAC 5.76-77.

Andererseits muß jede Information ein Mindestmaß an Verläßlichkeit aufweisen, damit sie überhaupt relevant sein kann. Wird also die Relevanz einer Information verworfen, kann einerseits mangelnde Relevanz der Information an sich oder aber mangelnde Verläßlichkeit ursächlich sein.[729]

Angesichts der geringeren Betonung der Relevanz im Vergleich zur Objektivierung im deutschen Handelsrecht ist einleuchtend, daß die Informationen über immaterielle Vermögenswerte, die ein Jahresabschluß nach HGB vermittelt, der Forderung nach Verläßlichkeit in hohem Maße gerecht werden. Das Prinzip des entgeltlichen Erwerbs bei immateriellen Anlagewerten durchbricht das Vollständigkeitsgebot. Es ist Ausfluß des Vorsichts- und Objektivierungsprinzips und spiegelt dessen hohen Stellenwert wider. Wird das immaterielle Anlagegut Gegenstand des Rechts- und Geschäftsverkehrs, entfällt die Unsicherheit hinsichtlich Greifbarkeit und Wertbestimmung und die Aktivierungsfähigkeit ist gegeben.[730] In Folge des entgeltlichen Erwerbs erfolgt die Zugangsbewertung zu Anschaffungskosten. Diese bergen im Vergleich zu Herstellungskosten den Vorteil, daß sie Ergebnis der Wertvorstellungen *zweier* Beteiligter sind.[731] Dies gilt aber nur, wenn *unabhängige* Dritte Vertragspartei sind. Deshalb ist die überwiegende Meinung des Schrifttums, der innerkonzernliche Erwerb sei ausreichend, unter Objektivierungsgesichtspunkten abzulehnen.[732] Der Willkür soll beim innerkonzernlichen Erwerb Einhalt geboten werden, indem nach herrschender Meinung die Anschaffungskosten einem Marktvergleich zu unterziehen sind. Der Marktvergleich stößt bei immateriellen Vermögenswerten aber auf Grenzen, weil diese höchst individuell sind und keine aktiven Referenzmärkte existieren. Bei immateriellen Vermögensgegenständen des Umlaufvermögens stellt sich zudem die Frage, wie sich die Herstellungskosten verursachungsgerecht zuordnen lassen.[733] Des weiteren zeichnen sich die Wahlbestandteile der Herstellungskosten zum Teil durch Ferne zum Herstellungsprozeß aus, so daß deren Zurechnung stets mit Unsicherheit behaftet ist.[734]

Objektivierungsvoraussetzungen prägen das Handelsrecht in dreierlei Hinsicht. Neben der Beschränkung der konkreten Aktivierungsfähigkeit begrenzen der Grundsatz der Einzelbewertung und das Anschaffungskostenprinzip die Abbildung immateriellen Vermögens.[735] Das Einzelbewertungsprinzip sichert, daß der Wertansatz nach HGB intersubjektiv nachprüfbar ist und solche Güter nicht angesetzt werden können, deren Wert sich ausschließlich aus der Kombination mit anderen Vermögenskomponenten ergibt. Sie müssen bei isolierter Betrachtung zu null angesetzt werden.[736] Auch das

[729] Vgl. Kuhner, Christoph (2001), S. 533. Nach der Definition Kirschenheiters hingegen ist Verläßlichkeit nicht Voraussetzung für die Relevanz von Rechnungslegungsinformationen. Er geht vielmehr von einem Substitutionsverhältnis aus. Vgl. Abschnitt 2.4.2.1.

[730] Vgl. Hommel, Michael (1998), S. 177.

[731] Vgl. Döllerer, Georg (1969), S. 505.

[732] Vgl. Moxter, Adolf (1989), S. 238.

[733] Vgl. für Software des Umlaufvermögens Bormann, Michael (1991), S. 14f.

[734] Vgl. Ellrott, Helmut/Schmidt-Wendt, Dietrich (2003b), Rz. 355.

[735] Vgl. Dawo, Sascha (2003), S. 265.

[736] Vgl. Moxter, Adolf (1978b), S. 1807.

Anschaffungskostenprinzip schränkt subjektives Ermessen ein, indem unrealisierte Gewinne nicht ausgewiesen werden dürfen.

Zu diskutieren ist, ob das Aktivierungsverbot und insbesondere dessen restriktive Auslegung in Einzelfällen möglicherweise zur Überobjektivierung führt. Die Unsicherheit über die Werthaltigkeit ist schließlich nicht allen immateriellen Objekten in gleichem Maße immanent.[737] Dafür spricht auch die Gesetzesbegründung zu § 153 III AktG a.F., die davon ausgeht, daß immaterielle Güter „in der Regel" schwer schätzbar und daher unsicher sind.[738] Der Gesetzgeber geht offensichtlich von Ausnahmetatbeständen aus, anderenfalls macht die Formulierung keinen Sinn. Diese Ausnahmen kasuistisch zu regeln, widerspräche der Systematik deutschen Handelsrechts.

6.4.1.2. IFRS

IFRS wählen einen anderen Weg. Sie knüpfen die Aktivierung selbsterstellter immaterieller Vermögenswerte an eine Reihe von Voraussetzungen,[739] was augenscheinlich der Objektivierung dienen soll.[740] Auf diese Voraussetzungen richtet sich die Kritik des Schrifttums, da der Ansatz von Entwicklungskosten durch entsprechende Sachverhaltsgestaltung beeinflußt werden kann.[741] Spielräume, die aus Sachverhaltsgestaltung resultieren, sind ebenso wie Ermessensspielräume jedem Rechnungslegungssystem immanent und lassen sich – anders als explizite Wahlrechte – nicht eliminieren.[742] Auch nach HGB läßt sich die Hürde des § 248 II HGB umschif-fen, wenn selbsterstellte immaterielle Anlagewerte innerhalb eines Konzerns nur mit dem Zweck veräußert werden, deren konkrete Aktivierungsfähigkeit im Einzelabschluß herbeizuführen.[743] Gleichwohl ist nach IFRS nicht geregelt, wie der Nachweis über die erfüllten Ansatzkriterien zu erbringen ist.[744] Zu fordern ist ein Nachweis eines Dritten, z.B. in Form eines Sachverständigengutachtens. Bei der Beurteilung des künftigen Nutzenzuflusses, der für die Aktivierung von *assets* ausschlaggebend ist, ist externen Hinweisen ohnehin ein stärkeres Gewicht beizumessen als internen.[745] Externe Nachweise erhöhen grundsätzlich die intersubjektive Nachprüfbarkeit.[746] Diese Anforderung auf die Ansatzkriterien von Entwicklungskosten auszudehnen, ist nur konsequent. Eine restriktive Auslegung der Ansatzkriterien ist der Objektivierung dienlich, hat allerdings zur Folge, daß Entwicklungskosten nicht oder nur zu einem sehr geringen Teil angesetzt werden können. Daß das Unternehmen technisch in der Lage ist, den Vermö-

---

737 Vgl. von Keitz, Isabel (1997), S. 247.
738 Vgl. Begründung des Regierungsentwurfs zu § 153 III AktG a.F., S. 244.
739 Vgl. Abschnitt 3.3.2.
740 Vgl. von Keitz, Isabel (1997), S. 191.
741 Vgl. Wulf, Inge (2001), S. 139f.
742 Vgl. Baetge, Jörg/Ballwieser, Wolfgang (1977), S. 215.
743 Zu weiteren häufig praktizierten Formen sachverhaltsgestaltender Bilanzpolitik sowie zur Grenzziehung zwischen der Gestaltung im Rahmen des rechtlich zulässigen und illegalen Maßnahmen vgl. Schulze zur Wiesch, Dietrich (1981), S. 62-65.
744 Vgl. von Keitz, Isabel (1997), S. 192 (für IAS 9).
745 Vgl. Abschnitt 3.3.2.
746 Vgl. Baetge, Jörg/von Keitz, Isabel (2002), Rz. 40.

genswert fertig zu stellen, kann beispielsweise erst im Endstadium des Entwicklungsprozesses nachgewiesen werden. Gleiches gilt für den Nachweis, daß sämtliche Ressourcen verfügbar sind, die zum Abschluß der Entwicklung erforderlich sind. Damit wäre der Objektvierungszweck dieser Kriterien übererfüllt.

Eine Besonderheit der IFRS ist die Bewertung der immateriellen Vermögenswerte zum *fair value* (*allowed alternative treatment*). Der *fair value* ist nicht als zuverlässiger Wertansatz einzuschätzen. IFRS fordern zwar, im Rahmen der Ermittlung des *fair value* auf Preise eines aktiven Marktes zurückzugreifen. Preisverzerrungen durch spekulative Einflüsse können allerdings die Verläßlichkeit stören. Streng genommen muß man für einen eindeutigen *fair value* sogar vollkommene und vollständige Märkte voraussetzen.[747] Nur hier „existiert für jede Position ein einziger Marktpreis, der sämtliche bewertungsrelevanten Informationen inkorporiert."[748] Bei unvollkommenen und unvollständigen Märkten differieren nämlich Kauf- und Verkaufspreis, und beide Regelungssysteme lassen offen, auf welchen der beiden Preise dann abzustellen ist.[749] Wird der immaterielle Vermögenswert ausschließlich intern genutzt, ist die Bezugnahme auf einen Marktpreis fragwürdig und führt zur Scheinobjektivierung.

Bei immateriellen Vermögenswerten, die im Zuge eines Unternehmenskaufs erworben wurden, darf der *fair value* als Barwert der erwarteten Zahlungsströme ermittelt werden. Das Unternehmen muß hierzu Annahmen über deren Höhe, zeitliche Struktur und Risiko treffen. Es handelt sich um subjektive Einschätzungen. Insbesondere bei mehrjährigen Betrachtungszeiträumen ist die Verläßlichkeit nicht mehr gewährleistet.[750] Problematisch ist auch die Bestimmung des adäquaten Diskontierungszinses, der erheblichen Einfluß auf den Wertansatz hat.[751] Neben diesen konzeptionellen Schwächen des Wertansatzes erscheint auch die Verbuchung von Wertzuwächsen des immateriellen Vermögenswertes in der Neubewertungsrücklage fraglich. Zwar ist die Buchung ergebnisneutral. Das Eigenkapital wird trotzdem zu hoch ausgewiesen, weil der Betrag weder realisiert ist noch eine Einzahlung seitens der Anteilseigner dahintersteht. Angesichts der aufgezeigten Subjektivismen muß stark bezweifelt werden, daß eine Realisation in späteren Perioden in jedem Fall erfolgen wird. Dies gilt insbesondere, wenn der Vermögenswert zur internen Nutzung bestimmt ist. In diesen Fall kommt noch hinzu, daß Erfolge, die durch den Einsatz des immateriellen Vermögenswertes erzielt werden, doppelt ausgewiesen werden: einmal in Gestalt höherer Umsatzerlöse, andererseits im Rahmen der Neubewertung in der Rücklage.

---

747 Vgl. American Accounting Association Committee on Accounting and Auditing Measurement, 1989-90 (1991), S. 93. Bei vollkommenen und vollständigen Märkten existiert indes kein Bilanzierungsproblem. Vgl. Beaver, William H./Demski, Joel S. (1979), S. 39f.

748 Hitz, Jörg-Markus/Kuhner, Christoph (2000), S. 899.

749 Vgl. Ballwieser, Wolfgang (2002e), S. 298.

750 Vgl. Kley, Karl-Ludwig (2001), S. 2259.

751 Vgl. Mujkanovic, Robin (2002), S. 244; Kahle, Holger (2002), S. 49. Dies stellt sogar das FASB heraus. Vgl. SFAC 7.68.

6.4.1.3. US-GAAP

Die Kritik am *fair value* gilt für die US-GAAP in gleicher Weise. Kritik erstreckt sich des weiteren auf das faktische Ansatzwahlrecht, das aus der unscharfen Regelung für selbsterstellte immaterielle Vermögenswerte hervorgeht. Wahlrechte sind abzulehnen, weil sie einer objektivierten Rechnungslegung entgegenstehen.[752] „Der erste Grundsatz einer jeden Rechenschaft lautet, daß derjenige, der Rechenschaft zu geben hat, nicht selber darüber entscheiden darf, wie weit er sich der Rechenschaft entzieht."[753] Zuverlässige Informationsvermittlung und Rechenschaft verlangen also gerade das Zurückdrängen subjektiver Elemente.[754]

Rechnungslegung steht wie gezeigt im Spannungsfeld von Relevanz und Objektivierung. Alle drei Regelungskreise enthalten objektivierende Normelemente. Erkennbar ist, daß der Verläßlichkeit im deutschen Handelsrecht im Vergleich zu den internationalen Vorschriften ein deutlich höherer Stellenwert eingeräumt wird.[755] Den Vorschriften der US-GAAP und der IFRS fehlt es zum Teil an intersubjektiver Nachprüfbarkeit, weshalb dem Bilanzierenden im Vergleich zum HGB ein größerer Ermessensspielraum bleibt.[756] „Eine radikale Objektivierung des Bilanzinhalts setzte [allerdings] voraus, daß man nur solche Posten, Bewertungsmethoden und Zusatzangaben berücksichtigte, bei denen keine intersubjektiven Beurteilungsunterschiede zu erwarten sind; Bilanzinhalte reichten dann freilich kaum wesentlich über den Kassenbestand hinaus."[757]

6.4.2. Berichterstattung de lege ferenda

6.4.2.1. Abbildung im Abschluß

6.4.2.1.1. Ansatz als Vermögensgegenstand

Die Abschaffung des § 248 II HGB bewirkt nur die konkrete Aktivierungsfähigkeit eines Bruchteils der Ausgaben für immaterielle Vermögenswerte, nämlich der Ausgaben, die zu einem Vermögensgegenstand (z.B. zu Marken, Patenten oder Gebrauchsmustern) führen. Der Ansatz dieser Werte ist unter dem Gesichtspunkt der Verläßlichkeit nicht entgeltlich erworbener immaterieller Vermögensgegenstände kritisch zu be-

---

752 Vgl. Hartle, Joachim (1984), S. 96.

753 Schneider, Dieter (1987), S. 411. Vgl. auch Schneider, Dieter (1971), S. 611; Gjesdal, Froystein (1981), S. 219f.

754 Vgl. Baetge, Jörg (1970), S. 16. Zum Teil wird im Schrifttum die Eliminierung von Wahlrechten mit dem Hinweis gefordert, Rechnungslegung müsse den richtigen Gewinn ermitteln. Dieses Argument setzt aber ein abbildungstheoretisches Konzept von Rechnungslegung voraus und ist deshalb zu verwerfen. Vgl. Hartle, Joachim (1984), S. 24.

755 Vgl. Kahle, Holger (2002), S. 65f. Schön kommt bei einem Vergleich der Bilanzierungsvorschriften für immaterielle Vermögenswerte nach HGB und US-GAAP zu dem Ergebnis, daß trotz der unterschiedlichen Zielvorstellungen in beiden Ländern „bezüglich der bilanziellen Behandlung von immateriellen Einzelwerten faktisch ähnliche Objektivierungsrestriktionen" herrschen, jedoch unterschiedlich begründet. Schön, Michael (1997), S. 164.

756 Vgl. von Keitz, Isabel (1997), S. 254.

757 Moxter, Adolf (2003), S. 16.

urteilen. Während bei einem Patent der Zeitpunkt der Eintragung als Zugangszeitpunkt betrachtet werden kann, fällt es bei den meisten anderen immateriellen Vermögenswerten schwer zu beurteilen, „ob überhaupt ein Zugang gegeben war, also wirklich ein Vermögenswert (kein Nonvaleur) erworben wurde.“[758] Dies trifft insbesondere dann zu, wenn es sich um wirtschaftliche Vorteile handelt, die sich nicht schützen lassen, und wenn sich dem Unternehmen keine Möglichkeiten bieten, seine Investitionen zu sichern.[759] Gleichermaßen ist eine zuverlässige Abgangskontrolle aufgrund der Flüchtigkeit immaterieller Werte nur schwer möglich. Fraglich ist, ob die Aktivierung der im Zusammenhang mit der Schaffung des Vermögensgegenstandes entstandenen Ausgaben einen verläßlichen Wertmaßstab darstellt.[760] Denkbar ist beispielsweise, daß ein Forschungs- und Entwicklungsprojekt aus mehreren Teilprojekten besteht, von denen einige zwar möglicherweise nicht erfolgreich abgeschlossen werden können, die aber letztlich doch Erkenntnisse hinsichtlich des „Endproduktes“ geliefert haben. Die Abgrenzung des Vermögenswertes bzw. die Abgrenzung, welcher Teil der Forschungs- und Entwicklungsausgaben als „Herstellungskosten“ des immateriellen Vermögensgegenstandes aktiviert werden darf, mutet dann willkürlich an.

Schwierig ist die Bestimmung der Herstellungskosten auch bei Marken. Üblicherweise endet die Schaffung eines Vermögensgegenstandes, wenn dieser seiner Bestimmung gemäß dauernd nutzbar ist.[761] Diese Abgrenzung ist bei Marken problematisch, da kein Zeitpunkt existiert, zu dem sie fertiggestellt sind. Entscheidend bei der Schaffung und Etablierung einer Marke ist nicht der Zeitpunkt der Eintragung. Zwar sichert die Eintragung die Rechte an der Marke. Wirtschaftliche Bedeutung erlangt die Marke aber erst, wenn sie bei Konsumenten einen bestimmten Bekanntheitsgrad erreicht hat. Dies dauert im Regelfall Jahre.[762] Hierzu sind insbesondere ständig wiederkehrende Ausgaben für Werbekampagnen und sonstige Maßnahmen zur Imagepflege erforderlich.[763] Ein klar umrissener Herstellungsvorgang ist demnach bei einer Marke nicht gegeben.[764]

Bei Software läßt sich hingegen verhältnismäßig einfach feststellen, wann der Herstellungsvorgang abgeschlossen ist. Ausschlaggebend ist, ob die Software einsatzfähig ist und den an sie gestellten Anforderungen entspricht. Hingegen ist bei Software *während* des Herstellungsprozesses bis zum Schluß ungewiß, ob die Software in der gewünschten Form einsatzfähig sein wird. Fraglich ist deshalb, ab welchem Zeitpunkt der Ansatz zu Herstellungkosten in der Bilanz erfolgen darf. Es sind zusätzliche Ob-

---

758 Moxter, Adolf (1979), S. 1102.

759 Vgl. Moxter, Adolf (1979), S. 1108; Dawo, Sascha (2003), S. 19.

760 Kritisch Döllerer, Georg (1969), S. 505. Ebenso Moxter, Adolf (1979), S. 1105: „Selbst Betriebswirte haben freilich oft ganz illusorische Vorstellungen von der Möglichkeit, einzelnen immateriellen Anlagewerten [...] die von diesen ‚verursachten‘ Kosten zuzurechnen.“

761 Vgl. Ellrott, Helmut/Schmidt-Wendt, Dietrich (2003b), Rz. 367; Wiedmann, Harald (2003), Kommentierung zu § 255 HGB, Rz. 50.

762 Es läßt sich zwar beobachten, daß Konsumenten schon nach kurzer Zeit Assoziationen mit einer Marke verbinden. Bedeutsam für das Markenimage sind jedoch die langfristig und über zahlreiche Wiederholungen aufgebauten Assoziationen. Vgl. Greinert, Markus (2003), S. 330.

763 Vgl. Esch, Franz-Rudolf/Wicke, Andreas (2001), S. 47-55.

764 Vgl. Greinert, Markus (2003), S. 330.

jektivierungskriterien erforderlich, wie dies auch die US-GAAP für selbsterstellte Software bereits regeln. Nach US-GAAP beinhalten mehrere Verlautbarungen, die sich mit immateriellen Vermögenswerten auseinandersetzen, besondere zusätzliche Aktivierungskriterien.[765] „Es handelt sich daher gewissermaßen um eine einzelfallbezogene Objektivierung, genauer gesagt um eine sachgruppenbezogene Objektivierung."[766] Fraglich ist, wie solche Kriterien in das deutsche Bilanzrecht zu integrieren sind. Die Abschaffung des § 248 II HGB allein ist dann nicht ausreichend. Es widerspricht allerdings dem deutschen Bilanzrecht, Sonderfälle explizit zu regeln. Bilanzrechtserfordernisse werden vielmehr durch Gerichte präzisiert. Des weiteren ist die Kommentierung bei der Gesetzesauslegung heranzuziehen.[767] Diese muß sich erst im Laufe der Zeit herausbilden und ist häufig nicht einheitlich. Zudem ist sie nicht bindend, so daß dieser Weg der Verläßlichkeit der Bilanzierung von immateriellen Vermögenswerten nicht zuträglich wäre.

Nach Moxter liegen immaterielle Objekte erfassungstechnisch gesehen ohnehin im Grenzbereich von Einzel- und Gesamtbewertung.[768] Die Werthaltigkeit eines selbsterstellten immateriellen Vermögensgegenstandes ist nicht durch den Markt bestätigt. Aktive Märkte für immaterielle Vermögenswerte finden sich kaum.[769] Sie können in der Regel deshalb nicht existieren, weil die für immaterielle Vermögensgegenstände wertbildenden Faktoren (Umfeldentwicklungen und unternehmensspezifische Charakteristika wie Personen, Synergieeffekte, Strategien) ständigen Veränderungen unterworfen sind und deshalb die Vergleichbarkeit stark eingeschränkt ist.[770] Die Argumentation, ein gewissenhafter Kaufmann tätige Ausgaben nur für Werthaltiges,[771] führt letztlich dazu, daß alle Ausgaben ansatzfähig sind und bedeutet eine induktive Vorgehensweise. Daß sich mit den Forschungs- und Entwicklungsausgaben eine Gewinnerwartung verbindet, ist unzweifelhaft. Das Objektivierungserfordernis schließt jedoch aus, daß „jeweils im konkreten Bilanzierungsfall geprüft wird, ob ‚Gewinnwirksamkeit' und damit ein Aktivum gegeben ist."[772] Letztlich kann es sich stets nur um generelle Gewinnvermutungen handeln. Auch vor dem Hintergrund des Spannungsverhältnisses von Relevanz und Verläßlichkeit ist fraglich, zu welchem Zeitpunkt die Aktivierung erfolgen darf. Die Werthaltigkeit eines selbsterstellten Vermögensgegenstandes läßt sich erst zu einem späten Zeitpunkt völlig zuverlässig und objektiviert beurteilen. Wartet der Bilanzierende solange mit dem Bilanzansatz, verliert

---

765 Neben der Bilanzierung von Softwarekosten handelt es sich beispielsweise um den Ansatz von selbsterstellten Mastertonträgern und von Lizenzen der Schallplatten- und Musikindustrie gemäß SFAS 50 oder die Aktivierung von Ausgaben für Direct Response Advertising gemäß SOP 93-7. Vgl. Schreiber, Susanne (2002), S. 255-258.

766 Schreiber, Susanne (2002), S. 255.

767 Vgl. Ballwieser, Wolfgang (2003b), S. 345.

768 Vgl. Moxter, Adolf (1978a), S. 821.

769 Vgl. Gu, Feng/Lev, Baruch (2001), S. 3; Haller, Axel (1998), S. 567.

770 Vgl. Haller, Axel (1998), S. 567. Ausnahmen hiervon sind spezifische Märkte für Konzessionen, Abbau- und Nutzungsrechte oder z.B. Filmrechte.

771 Vgl. zum „aus der Lebenserfahrung gewonnenen Grundsatz [...], daß der Kaufmann für das, was er zahlt, einen Gegenwert erhält [...]." BFH-Urteil vom 2.5.1961, S. 924.

772 Moxter, Adolf (1979), S. 1107.

die Information an Relevanz.[773] Das FASB schlägt hinsichtlich dieses Zielkonfliktes die Aktivierung an einem „Zwischenpunkt"[774] vor, an dem die Unsicherheit in einem im Verhältnis zur Relevanz tolerablen Maß reduziert werden konnte.[775] Wie dieser Vorschlag operationalisiert werden kann, bleibt indes offen.

Neben den Schwierigkeiten, die die Zugangsbewertung mit sich bringt, wirft auch die Wertentwicklung im Laufe der Zeit und damit die Folgebewertung Probleme auf.[776] Das Unternehmen besitzt die Möglichkeit, die Wertentwickung zu beeinflussen, z.B. durch die Initiierung von Anschlußprojekten oder Werbemaßnahmen. Die gezeigte Wertflüchtigkeit und deren nicht greifbare Geschwindigkeit stehen einer objektivierten Folgebewertung zudem im Wege. Auch hier kommt das Fehlen eines Referenzmarktes zum Tragen.[777]

6.4.2.1.2. Ansatz als Rechnungsabgrenzungsposten

Das Kriterium der Verläßlichkeit steht auch der Aktivierung bestimmter Ausgaben als Rechnungsabgrenzungsposten entgegen. Das Argument, statistische Auswertungen würden bei Auslegung des Zeitbestimmtheitspostulats bereits akzeptiert,[778] repräsentiert eine Mindermeinung. Zudem ist fraglich, was unter umfangreichen Datenkollektiven zu verstehen ist und welche immateriellen Vermögenswerte auf diesem Wege angesetzt werden sollen. Umfangreiches statistisches Datenmaterial dürfte allenfalls bei Großunternehmen, z.B. bei Versicherungen, vorliegen. „Erfahrungswerte" eines durchschnittlichen mittelständischen Unternehmens sind nicht ausreichend. Die notwendigen Anwendungsvoraussetzungen (Größe des Unternehmens, verfügbare Datensätze etc.) können nur kasuistisch geregelt werden. Die Anwendung auf Direktwerbemaßnahmen – wie vom AK Immaterielle beispielhaft angeführt – kann also nur akzeptiert werden, wenn die entsprechenden Voraussetzungen erfüllt sind, mithin hinreichend Datenmaterial im Unternehmen vorhanden ist. Bei anderen Marketingausgaben läßt sich die Erfolgswirkung in künftigen Perioden ohnehin nicht statistisch nachweisen, so daß diese als Aufwand zu verbuchen sind.[779] Ebenso kommt der Ansatz nicht bei Forschungs- und Entwicklungsaufwendungen in Frage, da jedes Projekt höchst individuell ist und von früheren Erfolgen nicht auf künftige geschlossen werden darf. Das Kriterium der Verläßlichkeit kann demnach bei diesem de lege ferenda-Vorschlag nicht als erfüllt angesehen werden.

---

773 Vgl. bezüglich des Nutzenzuflusses eines *asset* von Keitz, Isabel (1997), S. 114; Schreiber, Susanne (2002), S. 78f.

774 Das FASB spricht in diesem Zusammenhang von „some intermediate point" (SFAC 5.77).

775 Vgl. SFAC 5.77.

776 Vgl. Haller, Axel (1998), S. 568.

777 Vgl. Haller, Axel (1998), S. 568.

778 Vgl. Arbeitskreis „Immaterielle Werte im Rechnungswesen" der Schmalenbach-Gesellschaft für Betriebswirtschaft e.V. (2001), S. 993.

779 So auch der Arbeitskreis „Immaterielle Werte im Rechnungswesen" der Schmalenbach-Gesellschaft für Betriebswirtschaft e.V. (2001), S. 993.

6.4.2.1.3. Ansatz als Bilanzierungshilfe

Die gezeigten Objektivierungsprobleme lassen sich durch den Ansatz als Bilanzierungshilfe nicht beseitigen. Die Qualität dieser Aktivposition wird so jedoch erkennbar zum Ausdruck gebracht und ermöglicht dem sachkundigen Bilanzleser Rückschlüsse auf die Erschwernisse hinsichtlich der Objektivierung, was durch eine Ausschüttungssperre noch unterstrichen würde. Für Ingangsetzungs- und Erweiterungsaufwendungen gemäß § 269 HGB hat der Gesetzgeber die Problematik der Folgebewertung durch die Regelung des § 282 HGB gelöst: Die Bilanzierungshilfe ist in den folgenden Geschäftsjahren zu mindestens einem Viertel abzuschreiben. Diese Regelung läßt sich für immaterielle Vermögenswerte ebenfalls treffen.

6.4.2.1.4. Nachaktivierung und *restatement*

Die Methode der Nachaktivierung und ein *restatement* voriger Jahresabschlüsse reduzieren die Unsicherheit der Informationen deutlich. Hinsichtlich des *restatement* ist zu bezweifeln, daß der so erreichte Vorteil bezüglich der Verläßlichkeit in einem vertretbaren Verhältnis zum Aufwand steht. Schließlich bedeutet die Anpassung früherer Jahresabschlüsse erneut Prüfungskosten. Der Grundsatz der Wirtschaftlichkeit, welcher im Rahmen dieser Arbeit nicht expliziert wurde, sollte bei der Entwicklung neuer Bilanzierungs- und Berichterstattungsregeln bzw. bei der ökonomischen Analyse von Normen stets berücksichtigt werden. Bei der Beurteilung eines *restatement* voriger Jahresabschlüsse wird das Spannungsverhältnis zwischen Verläßlichkeit und Relevanz besonders anschaulich erkennbar. Das *restatement* ermöglicht das völlige Zurückdrängen der Unsicherheit, mithin ein Höchstmaß an Verläßlichkeit. Dies wird durch eine erhebliche Einbuße an Relevanz erkauft, da Unternehmensinformationen im Zeitablauf zunehmend an Bedeutung für künftige Entscheidungen verlieren. Bedenklich ist der Vertrauensverlust in die *aktuelle* Berichterstattung, der durch ein *restatement* entstehen kann. Zwar werden Jahresabschlüsse vorangegangener Perioden nur in Form der Aktivierung von Ausgaben korrigiert, so daß sich Vermögens- und Ertragslage nachträglich verbessern. Insofern dürfte Eigen- und Fremdkapitalgebern aus dem *restatement* kein unmittelbarer Schaden entstehen. Möglicherweise veranlaßt dies die Adressaten gleichwohl, die Glaubwürdigkeit aktueller Geschäftszahlen in Zweifel zu ziehen, da diese ohnehin in künftigen Perioden zu korrigieren sind. Ob der Korrekturbedarf in der Wahrnehmung der Adressaten auf immaterielle Vermögenswerte beschränkt bleibt, ist fraglich. Damit werden Jahresabschlüsse, für die noch kein *restatement* vorliegt, möglicherweise als fehlerhaft angesehen. Unmittelbarer Schaden kann Eigen- und Fremdkapitalgebern aus Fehleinschätzungen entstehen, wenn sie im *restatement* einen regelmäßigen Vorgang sehen und davon ausgehen, daß Vermögens- und Ertragslage stets „nachgebessert" werden.

6.4.2.1.5. Portfolioansatz

Die Abkehr vom Grundsatz der Einzelbewertung und somit die Bilanzierung im Rahmen der Portfoliobewertung führt nicht zu einem verläßlichen Bilanzansatz. Das Einzelbewertungsprinzip ist Ausfluß des Vorsichtsprinzips und soll subjektivem Ermessen gerade Einhalt gebieten, weshalb seine Abschaffung der Verläßlichkeit von Informationen nicht zuträglich sein kann.[780] Insbesondere soll durch „den Grundsatz der Einzelbewertung [...] verhindert werden, dass Wertsteigerungen und Wertminderungen gegeneinander saldiert werden und dadurch das Vorsichtsprinzip durchbrochen würde."[781] Anders als Sicherungsgeschäfte, die unter bestimmten Voraussetzungen als Ausnahme vom Einzelbewertungsprinzip zu behandeln sind, werden einzelne Forschungsprojekte nicht zu Zwecken der Gesamtrisikominimierung initiiert. Ebensowenig werden Mitarbeiter unter diesem Aspekt eingestellt. Deshalb hat die Portfoliobildung auch keinen Einfluß auf die ökonomische Situation des Investitionsobjektes. Insofern ist diese Form der bilanzrechtlichen Behandlung irreführend. Da die Portfoliobildung nicht ökonomisch begründet ist, darf sie auch die an Eigen- oder Fremdkapitalgeber fließenden Zahlungsströme nicht beeinflussen. Das Portfolio wird schließlich nur gebildet, um die Forschungs- und Entwicklungsaufwendungen mit Hilfe eines statistischen Arguments aktivieren zu können. Die entsprechenden Aufwendungen werden nicht (vollständig) in der Gewinn- und Verlustrechnung erfaßt, sondern aktiviert, weshalb das Ausschüttungspotential wächst. Der bilanzrechtliche Charakter eines solches Portfolios ist völlig schleierhaft, was die Verläßlichkeit ebenfalls beeinträchtigt. Mit dem Portfolioansatz, wie er im Zusammenhang mit immateriellen Vermögenswerten im Schrifttum diskutiert wird, läßt sich letztlich jede Ertragserwartung ansetzen. Liegt die Wahrscheinlichkeit zu einem Vertragsabschluß nach einem Kundenbesuch bei 10%, dürfte der Bilanzierende so gesehen bei hundert vereinbarten Kundenbesuchen einen Umsatzerlös verbuchen. Eine vernünftige Grenzziehung ist ausgeschlossen.

Unklar ist nach dem jetzigen Stand der Diskussion bei der Portfoliobewertung vor allem, (1) auf welche Formen immateriellen Vermögens sie anzuwenden ist und (2) nach welchen Kriterien homogene Gruppen von immateriellen Vermögenswerten zu bilden sind. Dürfen beispielsweise beim Mitarbeiter-Know-How alle Mitarbeiter zusammengefaßt werden oder sind kleinere „Bewertungseinheiten" zu bilden? Diese könnten nach organisatorischen Gesichtspunkten abgegrenzt werden. Denkbar ist auch, Portfolios anhand der persönlichen Merkmale der Mitarbeiter wie Alter, Familienstand oder Qualifikation zu bilden. Diese Daten haben in der Regel größeren Einfluß auf die Fluktuationsrate als die Abteilungszugehörigkeit. In jedem Fall sind die Kriterien aber unklar und lassen sich nur einzelfallabhängig festlegen. Ein Folgeproblem, das aus der Bilanzierung im Rahmen eines Portfolioansatzes resultiert, ist die zutreffende Zugangs- bzw. Folgebewertung. Insbesondere bei Mitarbeitern stellt sich die Frage, welche Kosten(komponenten) anzusetzen sind. Als Anschaffungs- bzw. Herstellungskosten der Mitarbeiterqualität könnte man die Personalausgaben betrach-

---

780 Vgl. Ballwieser, Wolfgang (2001f), Rz. 18.

781 Wiedmann, Harald (2003), Kommentierung zu § 252 HGB, Rz. 20.

ten. In Frage könnte aber auch nur der Teil des Gehalts kommen, der einen Durchschnittswert übersteigt. Denkbar sind ebenso Weiterbildungskosten. Ökonomisch sinnvoll ist der Ertragswert, der aber – wie bei der Kritik am *fair value* gezeigt – eine Reihe von Objektivierungsproblemen mit sich bringt. Schwierig ist, den *Anteil* der gesamten Kosten abzugrenzen, denn der Ansatz *aller* Kosten würde ja gerade dem Fluktuationsrisiko nicht gerecht.

Ähnlich verhält es sich bei Forschungs- und Entwicklungsaufwendungen, die im Schrifttum den Ausgangspunkt der Überlegungen zum Portfolioansatz gebildet haben.[782] Auch hier ist fraglich, welcher Teil der Ausgaben angesetzt werden darf. Hinsichtlich der Folgebewertung drängt sich die Überlegung auf, wie mit dem Scheitern eines zentralen Projekts zu verfahren ist. Die Wahrscheinlichkeit für mindestens einen Erfolg unter den restlichen Projekten bleibt nahezu unverändert. Das Forschungs- und Entwicklungsportfolio zum gleichen Wertansatz weiterzuführen, liefert keinen zutreffenden Einblick in die Finanz- und Vermögenslage und mutet deshalb willkürlich an; die Höhe einer außerplanmäßigen Abschreibung läßt sich wiederum nicht objektiviert ableiten.

6.4.2.1.6. Ansatz des originären Goodwill

Gegen das Prinzip der Einzelbewertung und somit gegen Objektivierungserfordernisse verstößt auch Mujkanovics Vorschlag, den originären Goodwill als Differenz zwischen Gesamt- und Substanzwert zu bilanzieren. In die Gesamtwertermittlung gehen eine Fülle von individuellen Wertungen ein. Subjektbezogen sind nicht nur die zu prognostizierenden Erträge, auch die Alternativverzinsung muß auf den Unternehmenseigner zugeschnitten sein.[783] Zudem ist im Rahmen einer Unternehmensbewertung angesichts der Unsicherheit zukünftiger Entwicklungen „von mittleren, also weder betont optimistischen noch pessimistischen Erwartungen"[784] auszugehen. Unter dem Aspekt der Verläßlichkeit von Informationen müßten Erwartungen zugrundegelegt werden, die darunter liegen, also pessimistischer sind. So reduziert sich die Wahrscheinlichkeit, daß Vermögenswerte zu einem höheren als dem tatsächlichen Wert ausgewiesen werden.[785] Für die Analyse der wirtschaftlichen Lage eines Unternehmens mag der Unternehmensgesamtwert und damit der originäre Goodwill ein geeigneter Erfolgsmaßstab sein,[786] für Rechenschaftszwecke scheidet er hingegen aus.

---

782 Vgl. Pellens, Bernhard/Fülbier, Rolf Uwe (2000), S. 59f.
783 Vgl. Moxter, Adolf (1983b), S. 23f.
784 Hax, Herbert (1964), S. 647; vgl. auch Moxter, Adolf (1962), S. 616-620.
785 Zum Vorsichtsprinzip vgl. Moxter, Adolf (1962), S. 624f.
786 Vgl. Hax, Herbert (1964), S. 646.

6.4.2.2. Abbildung in ergänzenden Berichtsinstrumenten

6.4.2.2.1. Deduktiv-summarische Ansätze

Die Objektivierungsprobleme bei der Abbildung immateriellen Vermögens beschränken sich nicht auf die traditionellen Rechenwerke, alternative Berichtsansätze sind im Hinblick auf die Verläßlichkeit der vermittelten Information ebenfalls kritisch zu beurteilen. Beim Intellectual Assets Statement ist bereits die Ausgangsgröße – die Börsenkapitalisierung – ein Wert, der zwar nachprüfbar ist, aber spekulativen Einflüssen unterworfen sein kann. Stille Reserven lassen sich nur bei marktgängigen Vermögensgegenständen zuverlässig aufdecken. Ballwieser fordert, schwer nachprüfbare Werte zumindest als solche zu kennzeichnen.[787] Zur Bildung des Saldo III ist die Subtraktion isoliert und „objektiviert" bewertbarer immaterieller Vermögenswerte erforderlich. Daß Haller den Begriff objektiviert selbst in Anführungszeichen setzt, macht deutlich, welche Unsicherheit diesen Wertansätzen eigen ist.[788] Für die genannten immateriellen Vermögenswerte (Lizenzen, Marken etc.) existieren keine aktiven Märkte, und eine Objektivierung ist deshalb kaum möglich. Schließlich „nicht identifizierbare Vermögenswerte" quantifizieren und subtrahieren zu wollen, ist ein Widerspruch in sich und führt zu völlig willkürlichen Wertansätzen.[789]

Auch der Calculated Intangible Value ist von Subjektivismen geprägt. Unklar bleibt, anhand welcher Kriterien die Abgrenzung einer Branche zu erfolgen hat, wie die Durchschnittsbildung für Branchen- und Unternehmensertrag zu erfolgen hat und wie die Kapitalkosten zu ermitteln sind. Jede dieser Variablen birgt beträchtlichen Ermessensspielraum. Eine objektivierte Berechnung des Calculated Intangible Value ist somit nicht möglich. Ebenso verlangt der Bewertungsansatz von Gu/Lev, Prognosewerte von Analysten für künftige Gewinnziffern heranzuziehen oder eigene Schätzungen vorzunehmen. Bei der Durchschnittsbildung ist zukünftigen Gewinnen, die unsicher sind, höheres Gewicht beizumessen. Schätzwerte sind auch für die durchschnittlichen unternehmensindividuellen Nachsteuerrenditen des materiellen und finanziellen Vermögens erforderlich. Es ist zudem völlig unklar, wie die Erfolgsspaltung durch einen Externen vorgenommen werden soll, um überhaupt zu Schätzwerten gelangen zu können. Alle genannten Faktoren öffnen der Willkür Tür und Tor, weshalb dieser Berichtsansatz unter dem Aspekt der Objektivierung zu verwerfen ist.

6.4.2.2.2. Induktiv-analytische Ansätze

Die Unsicherheiten, die bei den deduktiv-summarischen Ansätzen aus der Gesamtbewertung erwachsen, können durch die einzelsubstanzorientierten Modelle vermieden werden. Doch weisen auch diese zahlreiche Subjektivismen auf. Während die Struktur dieser Berichtsformen in Form von Kategorien immateriellen Vermögens vorgegeben ist, sind die einzelnen Bestimmungsfaktoren vom Unternehmen festzulegen. Damit kann auf individuelle Unternehmenscharakteristika eingegangen und der Singularität

787 Vgl. Ballwieser, Wolfgang (2002e), S. 300.

788 Vgl. Haller, Axel (1998), S. 588.

789 Vgl. Ballwieser, Wolfgang (2002e), S. 300.

immaterieller Vermögenswerte Rechnung getragen werden. Gleichzeitig ist es möglich, die Indikatoren abzubilden, die auch zur Unternehmenssteuerung und im internen Berichtswesen eingesetzt werden, was für die Adressaten besonders aufschlußreich sein kann.[790] Dieser Vorteil wird aber durch Entobjektivierung erkauft. Zum einen ist das interne Berichtswesen nicht standardisiert und seine Ausgestaltung bleibt dem Unternehmen selbst überlassen.[791] Weiters besteht die Gefahr, daß der Bilanzierende sich auf die Faktoren beschränkt, die ihn im gewünschten Licht er-scheinen lassen. Der Abschlußprüfer jedoch kann anhand interner Aufzeichnungen und Protokolle einen auf Basis des *management approach* erstellten Bericht besonders gut nachprüfen, was der Objektivierung dienlich ist.[792] Das Intellectual Capital Statement nennt zumindest grundsätzlich als aussagekräftig erachtete Faktoren und geht insofern weiter als das Intellectual Property Statement nach Maul/Mennninger. Es ließe sich leicht verankern, daß der Bilanzierende, sofern er in der Berichterstattung von diesen Faktoren abweicht, dies zu begründen hat. Dies ist der Verläßlichkeit der Informationen zuträglich und ermöglicht gleichwohl eine „maßgeschneiderte" Berichterstattung. Zu fordern ist auch, daß sämtliche Indikatoren exakt definiert und erläutert werden. Nur so kann die Unsicherheit hinsichtlich der publizierten Kennzahlen auf ein akzeptables Maß reduziert werden. Das Intellectual Capital Statement ist auch hier weiter. Die Defizite lassen sich aber beim Skandia Navigator und beim Ansatz von Maul/Menninger problemlos beheben.

Die Technologiebilanz ist unter dem Gesichtspunkt der Objektivierung ebenfalls kritisch zu beurteilen. Zwar läßt sich die Existenz der verschiedenen bilanzierten Technologien in der Regel nachprüfen, deren Bewertung anhand der fünfstufigen Ordinalskala ist jedoch subjektiv. Sowohl die Gliederung nach dem Reifegrad auf der Aktivseite als auch die Einstufung der Technologieattraktivität verlangt neben exakten Markt- und Konkurrenzbeobachtungen subjektive Einschätzungen seitens des Unternehmens. Hierbei spielen insbesondere die künftige Unternehmensstrategie sowie das Know-How der Mitarbeiter eine ausschlaggebende Rolle. Nicht zuletzt verbindet sich mit dem Bewertungsprozeß auch eine Prognose, denn für die Einstufung z.B. als Schrittmachertechnologie sind subjektive Aussagen über Produktlebenszyklen, erwartete wirtschaftliche Entwicklungen oder auch das Käuferverhalten der Zukunft erforderlich. Auch wenn der Forschungs- und Entwicklungsprozeß bislang erfolgreich verlaufen ist, sind Aussagen über die Technologieattraktivität in Zweifel zu ziehen, wenn das Unternehmen nicht über die nötigen Kenntnisse verfügt, den Prozeß abzuschließen und ein marktfähiges Produkt zu erstellen bzw. ein marktfähiges Produkt professionell zu vertreiben. Ebenso birgt die Abgrenzung von Eigentechnologien als solche Technologien, an denen das Unternehmen Know-How in dem Umfang besitzt, daß dieses einen Wettbewerbsvorteil begründet, erheblichen Gestaltungsspielraum. Gleiches gilt für die Ordnung nach dem Qualitätsgefälle des Wissens auf der Passivseite. Insgesamt muß die Verläßlichkeit der Technologiebilanz kritisch beurteilt werden, weil die einzelnen Parameter zahlreiche Einschätzungen seitens des Bilanzierenden verlangen und

---

790 Dieser Gedanke analogisiert den *management approach* in der Segmentberichterstattung. Vgl. kritisch Hacker, Bernd (2002), S. 59f.; Haller, Axel (2002), Sp. 2190.

791 Vgl. Benecke, Birka (2000), S. 240.

792 Vgl. Hacker, Bernd (2002), S. 194f. für den Segmentbericht.

nicht zuletzt abhängig von unternehmensindividuellen Gegebenheiten sind. Wie im folgenden erkennbar wird, steht Verläßlichkeit bei den induktiv-analytischen Ansätze in engem Zusammenhang mit Vergleichbarkeit und Quantifizierbarkeit von Information.

Aus Sicht der Rechnungslegungsadressaten wird das Vertrauen in Informationen und damit deren Einschätzung als verläßlich nicht nur von der Qualität der Normen bestimmt. Entscheidend ist, ob für zusätzliche Berichtsinstrumente eine Prüfungspflicht konstituiert wird oder diese eine freiwillige Ergänzung bleiben. „Durch Prüfungen sind die Informationen, die eine Rechnungslegung liefern kann, weniger ‚verrauscht' und verzerrt; sie sind mithin zuverlässiger."[793] Eine Prüfungspflicht kann der Gesetzgeber freilich erst normieren, wenn die Überlegungen weiter ausgereift und die Ansätze hinreichend präzisiert sind.

6.5. Vergleichbarkeit

6.5.1. Berichterstattung de lege lata

Die restriktiven Aktivierungsvorschriften des deutschen Handelsrechts bieten dem Adressaten hinsichtlich des immateriellen Vermögens nur eine schmale Informationsbasis, was den intertemporalen und zwischenbetrieblichen Vergleich erschwert. Für den Adressaten ist nicht erkennbar, ob und in welcher Höhe selbsterstelltes immaterielles Vermögen vorhanden ist. Folglich kann dessen Wertentwicklung im Zeitablauf nicht nachvollzogen werden. Ein intertemporaler Vergleich der Vermögenslage ist unmöglich. Weiters läßt sich das immaterielle Vermögen unterschiedlicher Investitionsobjekte nicht vergleichen. Für derivativ erworbenes immaterielles Vermögen ist der Wertansatz auf die Anschaffungskosten begrenzt. Eine Wertentwicklung über diese Grenze hinaus kann nicht abgebildet werden. Es entstehen stille Reserven, die die Vergleichbarkeit behindern.[794] Die Herstellungskosten für immaterielles Umlaufvermögen sind nach der in § 255 II HGB definierten Bandbreite zu bemessen. Die zahlreichen fakultativen Herstellungskostenbestandteile stehen dem zwischenbetrieblichen Vergleich ebenfalls im Wege.

Die Aufwendungen für immaterielle Ressourcen werden zudem nicht in separaten Positionen der Gewinn- und Verlustrechnung ausgewiesen und können deshalb nicht isoliert analysiert werden. Für Eigen- und Fremdkapitalgeber wäre aber insbesondere eine detaillierte Ertragsanalyse bzw. Erfolgsspaltung für die Prognose der künftigen Unternehmensentwicklung und für den Vergleich unterschiedlicher Investitionsobjekte hilfreich. Zudem führt die sofortige Aufwandsverrechnung zu einer Unterbewertung der aktuellen Jahresergebnisse und zu einer Überbewertung künftiger Ergebnisse. Denn in künftigen Perioden werden die Erfolge aus den Investitionen in immaterielle Ressourcen erzielt, ohne daß diesen dann die Aufwendungen, die diese alimentiert haben, ge-

---

[793] Hachmeister, Dirk (2001), S. 19. Auch Berndt spricht sich für eine Aufstellungspflicht aus. Vgl. Berndt, Thomas (2003), S. 832.

[794] Allgemeiner formuliert Wulf, die in stillen Reserven eine „Aussageeinschränkung" sieht. Wulf, Inge (2001), S. 93.

genüberstehen.[795] Damit sind Jahresabschlüsse eines Unternehmens im Zeitablauf nur eingeschränkt vergleichbar. Auch der zwischenbetriebliche Vergleich leidet, wenn der Adressat nicht zumindest Informationen darüber erhält, ob sich das Unternehmen gerade in der Investitionsphase befindet oder bereits deren Erfolge abschöpft. Darüber hinaus kann die Darstellung im Lagebericht auf qualitative Informationen beschränkt bleiben.[796] Der Vergleich qualitativer Angaben fällt jedoch schwer.

Ermessensspielräume bergen die Wahl der Abschreibungsmethode und die Nutzungsdauerschätzung bei derivativ erworbenem immateriellem Anlagevermögen sowie die Bemessung der Herstellungskosten beim Umlaufvermögen.[797] Diese hemmen die Vergleichbarkeit zusätzlich. Die Regelungen des HGB stellen dem Adressaten folglich einen Informationsumfang bereit, der sowohl den horizontalen als auch den vertikalen Vergleich der Vermögens-, Finanz- und Ertragslage erschwert. Allerdings sind die restriktiven Regelungen für selbsterstelltes immaterielles Anlagevermögen wahlrechtsfrei und liefern insofern vergleichbare Informationen, als die Deduktionsbasis für eine Jahresabschlußanalyse einheitlich ist.

Dies trifft auf einen Abschluß nach IFRS nicht zu. Vergleichbarkeit ist nur gewährleistet, wenn die Ansatzkriterien für Entwicklungskosten einheitlich ausgelegt werden. Es ist aber ungeregelt, in welcher Form die jeweiligen Nachweise erbracht werden sollen. Deshalb ist unvermeidbar, daß die Unternehmen unterschiedlich restriktiv vorgehen und mithin keine vergleichbaren Informationen produzieren. Der Herstellungskostenumfang ist – anders als im HGB – eindeutig bestimmt, was unter dem Aspekt der Vergleichbarkeit begrüßenswert ist. Ganz unproblematisch ist die Zugangsbewertung trotzdem nicht, da sich der Herstellungszeitraum bei immateriellen Werten oftmals nur schwer abgrenzen läßt. Schwerer wiegt das Wahlrecht bei der Folgebewertung zwischen planmäßiger Abschreibung (*benchmark treatment*) und kontinuierlicher Neubewertung (*allowed alternative treatment*).[798] Die so gewonnenen Wertansätze sind von grundlegend unterschiedlicher Natur und sind deshalb der Vergleichbarkeit der Abschlußinhalte nicht zuträglich. Besonders drastisch entwickelt sich der Unterschied zwischen den beiden Bewertungsmethoden im Zeitablauf bei einem *asset*, das kontinuierlich im Preis steigt, weil nach *benchmark treatment* Abschreibungen vorgenommen werden und der Wertansatz sinkt, bei *allowed alternative treatment* kontinuierliche Neubewertungen hingegen zu einem steigenden Wertansatz führen. Ferner ist die Häufigkeit von Neubewertungen von der Volatilität des Zeitwertes abhängig, so daß Abschlüsse mehrerer Unternehmen eine inhomogene Bewertungsbasis haben können. Wenn – wie Baetge/von Keitz empfehlen – die Neubewertung jährlich durchgeführt wird, ist dies nicht ausschlaggebend.[799] Bei längeren Abständen zwischen zwei

795 Vgl. zur Alimentationsformel Moxter, Adolf (2003), S. 102; Moxter, Adolf (1986), S. 30.
796 Vgl. Ellrott, Helmut (2003), Rz. 42.
797 Bei Nicht-Kapitalgesellschaften kommen noch die Abschreibungen im Rahmen vernünftiger kaufmännischer Beurteilung (§ 253 IV HGB) hinzu.
798 Vgl. Baetge, Jörg/Thiele, Stefan (1997), S. 18.
799 Vgl. Baetge, Jörg/von Keitz, Isabel (2002), Rz. 97.

Neubewertungsvorgängen ist denkbar, daß Wertveränderungen zeitverzögert und damit nicht in der Berichtsperiode ihres Entstehens abgebildet werden.[800]

Die im vorigen Abschnitt skizzierten Objektivierungsprobleme beim *fair value* wirken sich auch auf die Vergleichbarkeit der Jahresabschlußinformationen aus, was für IFRS ebenso wie für US-GAAP gilt. Subjektive Einschätzungen stehen einem zwischenbetrieblichen Vergleich stets im Wege und bergen letztlich auch die Gefahr, daß diese im Zeitablauf nicht stetig getroffen werden. Förderlich für die Vergleichbarkeit wirken sich hingegen die stark präzisierten Offenlegungsvorschriften aus, die zusätzlich Vorjahreswerte erfordern. Diese könnten zusätzlich um Angaben zu nicht angesetzten immateriellen Vermögenswerten ergänzt werden.

Die Aussagen zu den Offenlegungsvorschriften der IFRS sind problemlos auf US-GAAP übertragbar. Vergleichbarkeit ist also grundsätzlich gegeben. Anders stellt sich die Beurteilung der Ansatzvorschriften dar. Hier sticht das faktische Ansatzwahlrecht für selbsterstellte immaterielle Vermögenswerte ins Auge. Wahlrechte beeinträchtigen stets die zwischenbetriebliche Vergleichbarkeit. Darüberhinaus sind die Vorschriften für immaterielle Vermögenswerte in einer Vielzahl von Standards geregelt und diskutieren zahlreiche Sonderfälle. Diese kasuistische Rechtsgestaltung führt zu Inkonsistenzen. So wurden in den speziellen Standards zum Teil unterschiedliche Ansatzkriterien zugrundegelegt.[801] Dies verwundert nicht, da das *conceptual framework* erst 1985 verabschiedet wurde und bis dahin nicht auf allgemeine Ansatzregeln zurückgegriffen werden konnte.[802] In Konsequenz sind Abschlüsse, die unterschiedliche immaterielle Vermögenswerte enthalten, nur bedingt vergleichbar. Der Adressat muß sich bei der Beurteilung mehrerer Investitionsobjekte darüber im klaren sein, daß unterschiedliche Arten immateriellen Vermögens abweichende Auswirkungen auf die Vermögens-, Finanz- und Ertragslage haben.

6.5.2. Berichterstattung de lege ferenda

Unter dem Aspekt der Vergleichbarkeit ist die Streichung des § 248 II HGB begrüßenswert. Durch eine Aktivierungspflicht läßt sich das immaterielle Vermögen sowohl zwischenbetrieblich als auch intertemporal besser vergleichen als wenn die Aufwendungen in den entsprechenden Positionen der Gewinn- und Verlustrechnung untergehen. So gesehen stellt auch der Ansatz als Bilanzierungshilfe eine Verbesserung der gegenwärtigen Situation dar. Allerdings hat der deutsche Gesetzgeber für Ingangsetzungs- und Erweiterungsaufwendungen und aktive latente Steuern als den beiden erlaubten Bilanzierungshilfen ein Aktivierungswahlrecht normiert. Wahlrechte schränken wie gezeigt die Vergleichbarkeit von Rechnungslegungsinformationen ein und sind daher abzulehnen. Insofern müßte eine Bilanzierungshilfe für Aufwendungen für immaterielle Ressourcen mit Blick auf die geforderte Vergleichbarkeit als aktivie-

---

800 Für materielle Vermögenswerte mit unbedeutenden Marktpreisschwankungen empfiehlt IAS 16.32 alle drei bis fünf Jahre eine Neubewertung.

801 Vgl. von Keitz, Isabel (1997), S. 168.

802 Vgl. Kuhlewind, Andreas-Markus (1997), S. 3.

rungs*pflichtige* Bilanzposition ausgestaltet sein, was dem Charakter der Bilanzierungshilfe aber widerspricht. Weitere de lege ferenda-Überlegungen müssen dieser Schwierigkeiten gewahr sein und die bilanzrechtliche Ausgestaltung einer solchen Bilanzposition konkretisieren.

Bestimmte immaterielle Vermögenswerte zu Zwecken der Aktivierungsfähigkeit in einem Portfolio zu bündeln, bringt unter dem Aspekt der Vergleichbarkeit nur Nachteile. Aus Sicht des Bilanzlesers sind im Fall von Forschungs- und Entwicklungsausgaben Informationen über die einzelnen Projekte, die damit verbundenen Aufwendungen und erwartete Erträge interessant, nicht die Gesamtbetrachtung in einem Portfolio. Wie das Portfolio zu bewerten ist, wird im Schrifttum nicht thematisiert. Da argumentiert wird, mit einer Wahrscheinlichkeit von nahezu 100% werde mindestens eines aller Projekte ein Erfolg, kann letztlich nur ein Bruchteil der entsprechenden Ausgaben aktiviert werden. Deshalb läßt sich der Wert des Portfolios nicht ins Verhältnis zu den an Eigen- und Fremdkapitalgeber fließenden Zahlungen setzen. Unterschiedliche Investitionsobjekte können so nicht verglichen werden. Zu Zwecken der Vergleichbarkeit ist mindestens erforderlich, daß das Verhältnis von aktivierten und als Aufwand verbuchten Ausgaben bei allen Unternehmen und im Zeitablauf gleich ist. Erhält der Adressat hingegen detaillierte und quantifizierte Informationen über die einzelnen Forschungs- und Entwicklungsprojekte, kann er deren Auswirkungen auf die künftige Vermögens-, Finanz- und Ertragslage eher selber einschätzen. Hinsichtlich der Portfoliobildung hat der Bilanzierende beträchtliche Spielräume, die sich m.E. auch durch entsprechende Normgebung nicht vollständig ausschalten lassen. Auch insofern ist Vergleichbarkeit nicht gegeben.

Die Nachaktivierung von bereits als Aufwand verbuchten Ausgaben liefert Informationen über das immaterielle Vermögen und ermöglicht deshalb erst dessen intertemporalen und zwischenbetrieblichen Vergleich. Zu den jetzigen Bilanzierungsnormen stellt dieser de lege ferenda-Vorschlag deshalb eine erkennbare Verbesserung dar. Auch ein *restatement* vergangener Jahresabschlüsse ist hinsichtlich der Vergleichbarkeit von Jahresabschlußinformationen begrüßenswert. Die Über- bzw. Unterbewertung von Jahresergebnissen kann damit vermieden werden, die temporale und zwischenbetriebliche Vergleichbarkeit profitieren. Diese Verbesserung tritt jedoch sowohl bei der Nachaktivierung als auch beim *restatement* erst mit zeitlicher Verzögerung ein. Nachaktiviert werden Ausgaben vorangegangener Berichtsperioden erst, wenn feststeht, daß diese einen bilanzierungsfähigen immateriellen Vermögenswert begründet haben. Bis zu diesem Zeitpunkt hat der Adressat nur dann Informationen über das (entstehende) immaterielle Vermögen, wenn zugleich der Vorschlag eines *off-balance sheet portfolio* umgesetzt wird. In stärkerem Maße gilt dies für das *restatement*, da die Jahresabschlüsse *vergangener* Berichtsperioden korrigiert werden. Für die aktuelle Berichtsperiode liegen nach wie vor keine vergleichbaren Informationen über das immaterielle Vermögen vor.

Die unter dem Aspekt der Verläßlichkeit erörterten Vorbehalte gegen Mujkanovics Vorschlag, den originären Geschäfts- oder Firmenwert zu aktivieren, strahlen auch auf die Vergleichbarkeit aus. Der Unternehmenswert ist stark subjektiv zu ermitteln. Damit Unternehmenswerte vergleichbar wären, müßten sämtliche Annahmen für die Unternehmenswertermittlung identisch getroffen oder aber offengelegt werden, damit die Adressaten selbst Anpassungen vornehmen können. Dies ist praktisch unmöglich. Wenngleich der Unternehmenswert den für die Eigentümer relevanten Wertmaßstab darstellt, ist er wegen mangelnder Vergleichbarkeit für die Rechnungslegung unbrauchbar.

Der Vergleich von Informationen der deduktiv-summarischen Berichtsansätze scheitert ebenfalls an der mangelnden Objektivierung, die diesen Wertermittlungen innewohnen. Wertansätze, die eine Vielzahl von bewerterabhängigen Annahmen und Prognosen erfordern, nebeneinander zu stellen und darauf die Entscheidung zwischen alternativen Investitionsobjekten fußen zu lassen, ist Unsinn. Geringfügige Veränderungen des Annahmenkatalogs bewirken deutliche Ergebnisabweichungen. Man mag diese Ansätze als ersten Analyseschritt eines Externen akzeptieren;[803] den Anforderungen an Vergleichbarkeit externer Berichterstattung genügen sie nicht.

Die induktiv-analytischen Ansätze von Maul/Menninger und dem AK Immaterielle sowie der Skandia Navigator sind grundsätzlich in der Lage, die Vergleichbarkeit der Jahresabschlußinformationen zu fördern, weil sie eine Aufzählung der wichtigsten immateriellen Vermögenswerte bieten. Diese Informationen bleiben dem Adressaten ansonsten vorenthalten. Er muß zum Zwecke des Vergleichs unterschiedlicher Investitionsobjekte eigene Annahmen über die zentralen immateriellen Werttreiber treffen, was aus externer Perspektive nur sehr schwer möglich ist. Bei allen drei Ansätzen wird die Vergleichbarkeit maßgeblich von den veröffentlichten Indikatoren bestimmt. Unter dem Aspekt der Vergleichbarkeit müßten alle Unternehmen dieselben Kennzahlen bereitstellen, was dem *management approach* entgegensteht.[804] Dies schließt die Berücksichtigung von Betriebsspezifika aus und ist insofern konfliktär mit der Relevanz. Zentral ist auch hier die exakte Definition der Indikatoren und deren Veröffentlichung. Unter dem Aspekt der Vergleichbarkeit muß gar eine einheitliche Definition gefordert werden, so daß die Kennzahlen standardisiert sind.[805] Die praktische Umsetzung und die Anwendung auf eine Vielzahl von Unternehmen ist dann anspruchsvoll. Im Falle des Indikators Kundenzufriedenheit heißt das, Evaluation und Methodik der Auswertung müssen bei allen Unternehmen identisch sein.[806] Die intertemporale Vergleichbarkeit hängt davon ab, ob das einmal gewählte Format stetig fortgeführt wird. Das immaterielle Vermögen müßte hierzu in Struktur und Zusammensetzung unverändert bleiben, was unrealistisch ist. Folgt man dem Managementansatz, verlangt intertemporale Vergleichbarkeit zudem, daß „die interne Struktur der Unternehmen und ihres Berichtssystems im Zeitablauf konstant ist."[807] Auch diese Annahme ist in Zeiten von Fusionen, Unternehmenskäufen und Restrukturierungen nicht haltbar.[808] Es ist zu be-

803 Vgl. Dawo, Sascha (2003), S. 366.
804 Vgl. für den Segmentbericht Hacker, Bernd (2002), S. 196.
805 Vgl. Lev, Baruch (2001), S. 115.
806 Vgl. Dawo, Sascha (2003), S. 358.
807 Hacker, Bernd (2002), S. 196 (für den Segmentbericht).
808 Vgl. Hacker, Bernd (2002), S. 196.

zweifeln, daß sich diese Ansätze so verfeinern lassen, daß sie dem Kriterium der Vergleichbarkeit genügen und trotzdem praktisch umsetzbar sind.

Die Pflicht zur Aufstellung einer Technologiebilanz ist der Vergleichbarkeit grundsätzlich zuträglich. Besonders die lückenlose Auflistung aller vorhandenen Technologien fördert die zwischenbetriebliche und intertemporale Vergleichbarkeit. Außerdem ist an die von Hartmann entwickelten Methoden der Bilanzanalyse, die sich eng an den Methoden der klassischen Analyse einer Handelsbilanz orientieren, zu denken. Eine Einschränkung resultiert aus der gezeigten Kritik an der Verläßlichkeit der vermittelten Informationen. Nachdem nicht gewährleistet ist, daß die Kategorisierung und Bewertung innerhalb der Technologiebilanz willkürfrei erfolgt, erfährt der zwischenbetriebliche Vergleich trotz der genannten Vorteile eine Einbuße. Wie bei den anderen induktiv-analytischen Berichtsinstrumenten hängt die Güte der Vergleichbarkeit insbesondere davon ab, wie exakt die Berichtsanforderungen definiert und strukturiert sind. Allerdings kann Rechnungslegung nie frei von impliziten Wahlrechten gestaltet werden, so daß eine absolute Vergleichbarkeit nicht erreicht werden kann. So zeigt das Kriterium der Vergleichbarkeit erwartungsgemäß eine enge Verknüpfung mit der Objektivierung von Informationen. Nur verläßliche Daten können auch miteinander verglichen werden. Im folgenden Abschnitt wird deutlich, wie eng auch der Zusammenhang mit der Forderung nach Quantifizierbarkeit ist.

6.6. Quantifizierbarkeit

6.6.1. Berichterstattung de lege lata

Können Ausgaben für immaterielle Werte nicht aktiviert werden, werden sie in der Gewinn- und Verlustrechnung als Aufwand verbucht. Sowohl Aktivierung als auch Erfassung als Aufwand verlangen monetäre Werte. Informationen in Bilanz- und Gewinn- und Verlustrechnung erfüllen folglich das Kriterium der Quantifizierbarkeit. Für die Bilanzadressaten bieten monetäre Werte den Vorteil, daß diese unmißverständlich interpretiert und ins Verhältnis zu den aus dem Unternehmen erwarteten Zahlungen gesetzt werden können. Für die gängigen Kennzahlensysteme der Bilanzanalyse sind monetäre Werte zudem unabdingbare Voraussetzung. Jedoch werden die Aufwendungen für immaterielle Werte nach dem jetzigen Regelungsstand in der Gewinn- und Verlustrechnung nicht in einer eigenständigen Position ausgewiesen, so daß deren *isolierte* Quantifizierung nicht gelingt. Diese ist nur bei Aktivierung möglich.

Auch die Offenlegungsvorschriften der IFRS und US-GAAP verlangen betragsmäßige Angaben und genügen deshalb dem Kriterium der Quantifizierbarkeit. Nach HGB dürfen sich die Offenlegungspflichten auf rein qualitative Angaben zu Forschung und Entwicklung beschränken. Beschreibungen der laufenden Projekte sind für den fachfremden Adressaten bei der Beurteilung künftiger Erfolgsgrößen nur bedingt hilfreich, weil die Übersetzung in quantitative Größen durch einen Unternehmensexternen nicht gelingt. Mißinterpretationen sind unvermeidbar. Deshalb sind die Anforderungen bezüglich der Offenlegungspflichten nach HGB zu verschärfen. Zumindest sind quantifizierte Angaben zu verlangen, die möglichst durch monetäre Werte zu stützen sind.

6.6.2. Berichterstattung de lege ferenda

Sämtliche de lege ferenda-Überlegungen, die in eine Aktivierung immaterieller Vermögenswerte münden, sind im Hinblick auf die gewünschte Quantifizierung von Rechnungslegungsinformationen begrüßenswert. Die Abbildung in der Bilanz, sei es als Vermögensgegenstand, Bilanzierungshilfe oder Rechnungsabgrenzungsposten – auch im Rahmen eines *restatement* – stellt eine Verbesserung im Vergleich zu rein qualitativen Angaben dar. Mit Blick auf das Informationsinteresse der Kapitalgeber, das der Höhe und Sicherheit der Zahlungsströme aus dem Unternehmen gilt, stellt die Abbildung als monetärer Wert die optimale Form der Quantifizierung dar.

Auch deduktiv-summarische Ansätze drücken das immaterielle Vermögen in einem Geldbetrag (im Falle des Intellectual Assets Statement in mehreren) aus und erfüllen das Kriterium deshalb in höchstem Maße. Befriedigen kann dies angesichts der zweifelhaften Verläßlichkeit gleichwohl nicht. Die Vorschläge von Maul/Menninger und dem AK Immaterielle sowie der Skandia Navigator vereinigen monetäre, ordinal- und kardinalskalierte Angaben und werden dem Kriterium der Quantifizierbarkeit insofern ebenfalls gerecht. Jedoch sind nicht-monetäre Informationen aus Adressatensicht grundsätzlich nur suboptimal. Neben der fehlenden Verbindung zu den finanziellen Zielen der Adressaten mißfällt mangelnde Eindeutigkeit.[809] Diese ließe sich durch eine präzise Definition der veröffentlichten Größen reduzieren. Oftmals ist der theoretische Bezugsrahmen der Indikatoren nicht erkennbar, was diesen einen situativen Charakter gibt.[810] Allerdings lassen sich viele Angaben aus dem Bereich des Kunden- oder Humankapitals nicht in Form eines monetären Wertes ausdrücken.[811] Zudem schreibt das Schrifttum nicht-finanziellen Leistungsmaßstäben die schnellere Abbildung wirtschaftlich relevanter Entwicklungen zu, als es die Informationen des Rechnungswesens, insbesondere die Gewinngröße, vermögen.[812] Oder aber die Transformation in einen monetären Wert (nach dem Vorbild der deduktiv-summarischen Modelle) wäre zahlreichen subjektiven Annahmen unterworfen. Damit würde die Forderung nach Verläßlichkeit konterkariert.

Mit der Technologiebilanz verbindet sich ebenfalls eine Quantifizierung des Forschungs- und Entwicklungsbereiches, jedoch nicht in Form monetärer Größen, sondern als ordinalskalierte Bewertung. Der Bilanzleser kann eine Rangfolge innerhalb der unterschiedlichen Technologien eines Unternehmens erkennen und kann auch zwischenbetriebliche Vergleiche vornehmen; Aussagen, um wieviel besser eine Technologie im Vergleich zu einer anderen ist, sind aber ausgeschlossen. Der Bilanzleser kann auch keine unmittelbaren Rückschlüsse darauf ziehen, in welcher Relation die bewerteten Technologien zur Gewinnziffer oder anderen Größen der Bilanz stehen und somit letztlich den ausschüttbaren Zahlungsstrom beeinflussen. Unter dem Gesichts-

---

809 Vgl. Lube, Marc-Milo (1997), S. 231.

810 Vgl. Lube, Marc-Milo (1997), S. 231.

811 Vgl. vor dem Hintergrund des Personalcontrollings Wunderer, Rolf (2002), Sp. 1409-1413.

812 Vgl. Fickert, Reiner (1993), S. 207. Damit korrespondiert, daß bei einer Unternehmensschieflage die strategische Krise der Ergebniskrise vorangeht. Vgl. Berger, Roland/Kraus, Karl-J. (2001), S. 689 Abbildung 1.

punkt der Quantifizierbarkeit der gewährten Information ist der Ansatz von Forschungs- und Entwicklungsaufwendungen in der Bilanz im Vergleich zur Technologiebilanz vorziehenswürdig.

6.7. Fazit

Das Spannungsfeld zwischen Relevanz und Zuverlässigkeit wird an immateriellen Vermögenswerten besonders anschaulich. Die höhere Relevanz, die Gesetzesänderungen und alternativen Berichtsinstrumenten zugesprochen wird, bedeutet für die Bilanzadressaten empfindliche Einbußen hinsichtlich der Objektivierung der Informationen. Unter dem Aspekt der Verläßlichkeit erscheint die Abschaffung des § 248 II HGB ohne zusätzliche objektivierende Normsetzungen nicht vertretbar. Kasuistische Regelungen für unterschiedliche Erscheinungsformen immateriellen Vermögens nach dem Vorbild der internationalen Regelungskreise widersprechen der Systematik deutschen Handelsrechts. Die einzelnen immateriellen Vermögenswerte gehen letztlich im (nicht aktivierungsfähigen) originären Goodwill unter. Insofern sollte die Entwicklung der induktiv-analytischen Ansätze weiter vorangetrieben werden. Hierbei ist auf ein größtmögliches Maß an Standardisierung und eine präzise Definition der Indikatoren zu achten, damit insbesondere die Kriterien der Relevanz, Verläßlichkeit und Vergleichbarkeit erfüllt werden. Für solch ein zusätzliches Berichtsinstrument empfiehlt es sich, eine Aufstellungs- und Prüfungspflicht zu normieren.

7. Thesenförmige Zusammenfassung

(1) Die zunehmende Bedeutung immaterieller Vermögenswerte für den Unternehmenserfolg spiegelt sich in der Diskussion um die Unternehmensberichterstattung wider. In ihr überwiegt Kritik an den aktuellen Rechnungslegungsnormen. Insbesondere die restriktiven Regelungen des deutschen Handelsrechts werden angegriffen. Gleichzeitig wird eine Fülle von alternativen Bilanzierungsnormen und Berichterstattungsmodellen vorgestellt. Der Argumentation mangelt es teilweise an einer kritischen Auseinandersetzung mit den Anforderungen an eine informationsorientierte Rechnungslegung. Ziel der vorliegenden Arbeit war es, diese Anforderungen zu definieren und Rechnungslegung über immaterielle Vermögenswerte de lege lata und de lege ferenda kritisch zu analysieren.

(2) Die Veröffentlichung von Rechnungslegungsinformation soll Informationsasymmetrien zwischen Prinzipal und Agent und daraus resultierende Unsicherheit mindern. Dies trägt zur Allokationseffizienz des Kapitalmarktes bei, woraus sich der Funktionen- und Individualschutz der Rechnungslegung ableiten lassen. Damit Rechnungslegung diese Schutzfunktionen erfüllen kann, ist sie am Informationsinteresse der Adressaten auszurichten. Der Adressatenkreis ist gesetzlich nicht normiert. Die vorliegende Arbeit orientiert sich am Informationsbedürfnis eines Kapitalmarktteilnehmers, der in seinen Entscheidungen unterstützt werden soll.

(3) Damit Rechnungslegung entscheidungsnützlich ist, muß sie bestimmten Anforderungen hinsichtlich des Informationsinhaltes und der -qualität genügen. Der Informationsinhalt soll sich daran orientieren, was aus Adressatensicht relevant und wesentlich ist. Außerdem sollen die gewährten Informationen vollständig sein. Die Qualität der Informationen soll an deren Verläßlichkeit, Vergleichbarkeit und Quantifizierbarkeit gemessen werden.

(4) Das handelsrechtliche Aktivierungsverbot für nicht entgeltlich erworbene immaterielle Anlagewerte gewährleistet gemeinsam mit der Anschaffungskostenrestriktion und dem Grundsatz der Einzelbewertung als objektivierende Normelemente ein hohes Maß an Verläßlichkeit der bereitgestellten Informationen. Die Vorschriften enthalten den Bilanzadressaten zugleich relevante Informationen vor, weil sie eine Informationslücke bezüglich Art und Höhe des immateriellen Vermögens entstehen lassen. Diese Informationslücke wird zudem nicht durch Offenlegungsvorschriften geschlossen, da sich diese auf rein qualitative Angaben zum Bereich Forschung und Entwicklung im Lagebericht beschränken. Die Regelungen des DSR sind an geltendes Recht gebunden und stehen deshalb im Einklang mit den Vorschriften des HGB.

(5) IFRS sind geringfügig weniger restriktiv als das HGB. Immaterielle Vermögenswerte werden unabhängig von der Form des Erwerbs aktiviert; Entgeltlichkeit ist nicht notwendiges Aktivierungskriterium. Aus Gründen der Objektivierung wird der Entstehungsprozeß selbsterstellter immaterieller Werte in eine

Forschungs- und eine Entwicklungsphase unterteilt. Nur Ausgaben, die letzterer zuordenbar sind, müssen unter restriktiven Voraussetzungen aktiviert werden. Diese stellen aber eine hohe Hürde dar, weshalb der Kreis der aktivierungsfähigen immateriellen Vermögenswerte nur unbedeutend größer sein dürfte als der nach HGB. Unter dem Aspekt der Verläßlichkeit sollten die Voraussetzungen durch Dritte (z.B. in Form von Sachverständigengutachten) nachzuweisen sein. Neben der Folgebewertung zu fortgeführten Anschaffungs- bzw. Herstellungskosten bieten die IFRS als *allowed alternative treatment* die Möglichkeit der kontinuierlichen Neubewertung zum beizulegenden Zeitwert (*fair value*). Die Offenlegungsvorschriften sind umfangreicher als die des deutschen Handelsrechts.

(6) Nach US-GAAP gibt es für selbsterstellte immaterielle Vermögenswerte aufgrund einer Regelungslücke ein faktisches Ansatzwahlrecht, sofern diese identifizierbar sind, eine bestimmte Nutzungsdauer aufweisen und vom Unternehmen separierbar sind. Deshalb können im Vergleich zu einem HGB-Abschluß mehr immaterielle Vermögenswerte abgebildet und damit mehr relevante Informationen bereitgestellt werden. Die Verläßlichkeit erfährt durch das Wahlrecht eine empfindliche Einschränkung. In den folgenden Berichtsjahren sind Vermögenswerte mit einer begrenzten Nutzungsdauer planmäßig abzuschreiben. Bei einer unbestimmten Nutzungsdauer ist jährlich ein Werthaltigkeitstest durchzuführen. Liegt der *fair value* unter dem Buchwert, ist außerplanmäßig abzuschreiben. US-GAAP sehen wie die IFRS umfangreiche Offenlegungspflichten vor.

(7) Der *fair value* (als *exit price*) soll eine marktnahe und damit relevante Bewertung der Vermögenswerte gewährleisten. Diese ist nur dann gegeben, wenn der Vermögenswert veräußert werden soll. Wird der *fair value* als Barwert künftiger Zahlungsströme ermittelt, ist die intersubjektive Nachprüfbarkeit stark eingeschränkt. Der (zum Teil nur geringfügig) höheren Relevanz der IFRS- und US-GAAP-Rechnungslegungsinformationen steht also deren unzureichende Verläßlichkeit gegenüber.

(8) Der Kreis der aktivierungsfähigen Werte ist im Vergleich zum gesamten immateriellen Vermögen eines Unternehmens in allen drei Regelungskreisen klein, weshalb die Regelungen der Forderung nach dessen vollständiger Abbildung nicht gerecht werden. Angesichts der beschränkten Verfügbarkeit von Informationen bereitet sowohl der intertemporale als auch der Vergleich mehrerer Investitionsobjekte Schwierigkeiten. Dies gilt umsomehr, je weniger die Informationen der Forderung nach Verläßlichkeit genügen. Zudem bergen im deutschen Handelsrecht die Bemessung der Herstellungskosten und die Wahl der Abschreibungsmethode für derivativ erworbenes Anlagevermögen Ermessensspielräume, die die Vergleichbarkeit einschränken. Dem Kriterium der Quantifizierbarkeit werden in Bilanz und Gewinn- und Verlustrechnung enthaltene Informationen und die Angaben nach IFRS und US-GAAP gerecht, nicht jedoch die Lageberichtsangaben zu Forschung und Entwicklung. Das Kriterium der

Wesentlichkeit ist nicht geeignet, über Aktivierung oder Passivierung zu entscheiden. Vielmehr ließen sich Ausweis- und Offenlegungspflichten an Wesentlichkeitsgrenzen knüpfen. Alle drei Regelungskreise machen hiervon nur in bescheidenem Umfang Gebrauch.

(9) Empirische Untersuchungen, die sich mit der Relevanz besonderer Erscheinungsformen immaterieller Vermögenswerte auseinandersetzen, kommen überwiegend zu dem Ergebnis, daß diese wertrelevant sind. Bei den Studien zu Forschung und Entwicklung ist die Stichprobenauswahl kritisch zu beurteilen. Die Aussagekraft der Studien zur Relevanz von Markenwerten leidet unter der mangelnden Verläßlichkeit der Inputgröße Markenwert. Generell bleiben Untersuchungen zur Wertrelevanz Assoziationsstudien, deren Aussagekraft für die Beurteilung von Rechnungslegungsfragen bezweifelt werden muß.

(10) De lege ferenda-Vorschläge können zu einer Abbildung innerhalb der konventionellen Handelsbilanz oder in einem alternativen Berichtsinstrument führen. Zur Abbildung in der Bilanz wird die Abschaffung des § 248 II HGB verbunden mit der Aktivierung immateriellen Vermögens als Vermögensgegenstand, Bilanzierungshilfe oder Rechnungsabgrenzungsposten ebenso diskutiert wie die Aktivierung des originären Goodwill. Aus den USA stammt der Gedanke, Aufwendungen vergangener Perioden, die zu einem immateriellen Vermögenswert geführt haben, nachträglich zu aktivieren oder aber die Jahresabschlüsse vorangegangener Berichtsperioden nachträglich zu korrigieren (*restatement*). Des weiteren wird die Abkehr vom Einzelbewertungsprinzip diskutiert; bestimmte immaterielle Vermögenswerte sollen künftig einer Portfoliobewertung unterzogen werden.

(11) Hinsichtlich der Berichterstattung außerhalb der traditionellen Rechenwerke ist zwischen induktiv-analytischen und deduktiv-summarischen Ansätzen zu differenzieren. Letztere setzen entweder am Gesamtwert des Unternehmens an und spalten den originären Goodwill weitestgehend auf oder sie zeigen den Gesamtwert immateriellen Vermögens als Barwert des Übergewinns, den ein Unternehmen im Vergleich zur Branche erzielt. Die induktiv-analytischen Ansätze hingegen identifizieren einzelne Komponenten immateriellen Vermögens.

(12) Da alle drei Regelungskreise in unterschiedlichem Umfang relevante Informationen zur Verfügung stellen, aber auch erkennbar relevante Informationen zurückhalten, sind sämtliche de lege ferenda-Vorschläge grundsätzlich in der Lage, zusätzliche und somit mehr relevante Informationen zu liefern als die gültigen Normen. Deduktiv-summarische Ansätze als Ergänzung zu den traditionellen Rechenwerken allerdings liefern relevante Informationen nur in sehr bescheidenem Umfang und leiden unter konzeptionellen Defiziten. Induktiv-analytische Berichtsmodelle enthalten relevante Informationen, sofern die Indikatoren so definiert werden, daß sie für die Adressaten interpretationsfähig sind.

(13) Das Kriterium der Wesentlichkeit ist nicht geeignet, de lege ferenda-Vorschläge zu beurteilen. Da die Verdichtung der relevanten auf die wesentlichen Informationen die Effizienz der Berichterstellung und -analyse fördert, sollte bei der Entwicklung neuer Regelungen erwogen werden, den Ausweis immaterieller Vermögenswerte oder das Erfordernis eines zusätzlichen Berichtsinstruments an das Wesentlichkeitskriterium zu knüpfen.

(14) Eine vollständige Abbildung kann durch keinen der Änderungsvorschläge erreicht werden, da etliche Komponenten immateriellen Vermögens flüchtig und deshalb nicht identifizierbar sind. Die Abschaffung des § 248 II HGB, die Nachaktivierung bzw. ein *restatement* und der Ansatz im Rahmen einer Portfoliobewertung bedeuten einen vollständigeren Ansatz. Wird zusätzlich noch eines der induktiv-analytischen Instrumente ergänzt, kann ein besonders hohes Maß an Vollständigkeit erreicht werden. Deduktiv-summarische Ansätze sind wenig hilfreich, da sie das immaterielle Vermögen in *einem* Betrag abzubilden versuchen. Eine möglichst lückenlose Aufzählung, Beschreibung und Bewertung der einzelnen Vermögenswerte ist vorziehenswürdig.

(15) Die Verbesserung der Relevanz der Rechnungslegungsinformationen durch de lege ferenda-Vorschläge wird durch Einbußen bei deren Verläßlichkeit erkauft. Bei konkreter Aktivierungsfähigkeit von selbsterstellten immateriellen Vermögensgegenständen nach Abschaffung des § 248 II HGB werfen der Zugangszeitpunkt und die zutreffende Abgrenzung des Herstellungszeitraums – und insofern die Bemessung der Herstellungskosten – Objektivierungsprobleme auf. Abzulehnen sind unter Objektivierungsgesichtspunkten sowohl der Portfolioansatz als auch die deduktiv-summarischen Berichtsmodelle, da diese zahlreiche subjektive Annahmen erfordern. Die Verläßlichkeit der induktiv-analytischen Ansätze hängt stark von den verwendeten Indikatoren ab. Intersubjektive Nachprüfbarkeit ist nur gegeben, wenn die zugrundeliegenden Definitionen offengelegt oder normiert werden.

(16) Unter dem Aspekt der Vergleichbarkeit ist gar zu fordern, daß einheitliche Indikatoren abgebildet werden und nur ein standardisiertes Berichtsmodell verwendet wird. Vergleichbarkeit verlangt des weiteren wahlrechtsfreie Ansatz- und Bewertungsvorschriften sowie eine starke Beschränkung von Ermessensspielräumen. Bei der konkreten Formulierung von Gesetzesänderungen ist dies zu berücksichtigen. Deduktiv-summarische Ansätze können dieses Kriterium wegen zahlreicher subjektiver Annahmen nicht erfüllen.

(17) Dem Kriterium der Quantifizierbarkeit werden monetäre Größen am besten gerecht, da diese ins Verhältnis zu den die Eigen- und Fremdkapitalgeber interessierenden Zahlungsströmen gesetzt werden können. Unter diesem Aspekt stellt der Ansatz in der Bilanz die beste de lege ferenda-Überlegung dar. Die finanziellen Werte, die die deduktiv-summarischen Ansätze errechnen, sind von zahlreichen Subjektivismen geprägt und daher abzulehnen. Induktiv-analytische Ansätze vereinen ordinal- und kardinalskalierte sowie monetäre Werte. Insbe-

sondere ordinalskalierte Werte lassen Interpretationsspielraum. Die Transformation in monetäre Werte gelingt jedoch nur mit erheblichen Unsicherheiten und ist deshalb abzulehnen.

(18) Da sich die am Jahres- und Konzernabschluß orientierten de lege ferenda-Vorschläge mangels Objektivierung nicht in das Handelsrecht integrieren lassen, sollten sich weitere Überlegungen auf die Fortentwicklung der induktiv-analytischen Ansätze konkretisieren. Im Mittelpunkt sollte dabei die Standardisierung von aussagekräftigen Indikatoren stehen.

Literaturverzeichnis

Aboody, David/Lev, Baruch: The Value Relevance of Intangibles: The Case of Software Capitalization, in: JoAR, Vol. 36 (1998), Supplement, S. 161-191.

Achleitner, Ann-Kristin/Behr, Giorgio: International Accounting Standards, 2. Aufl., München 2000.

Aders, Christian/Wiedemann, Florian: Brand Valuation: Errechnen die bekannten Ansätze der Markenbewertung entscheidungsrelevante Markenwerte?, in: FB, 3. Jg. (2001), S. 469-478.

Adler, Hans/Düring, Walther/Schmaltz, Kurt: Rechnungslegung und Prüfung der Unternehmen, Kommentar zum HGB, AktG, GmbHG, PublG nach den Vorschriften des Bilanzrichtlinien-Gesetzes, bearbeitet von Forster, Karl-Heinz u.a., 6. Aufl., Stuttgart 1995.

Akerlof, George A.: The Market for „Lemons": Quality Uncertainty and the Market Mechanism, in: QJE, Vol. 84 (1970), S. 488-500.

Alchian, Armen A./Demsetz, Harold: Production, Information Costs, and Economic Organization, in: AER, Vol. 62 (1972), S. 777-795.

Ameen, Philip D./Noll, Daniel J.: Internal-Use Computer Software: The Fixed Asset of the Information Age, in: JoA, Vol. 183 (1997), S. 14f.

American Accounting Association Committee on Accounting and Auditing Measurement 1989-90, Committee Members: Barrett, Michael J./Beaver, William H./Cooper, William W./Milburn, J. Alex/Solomons, David/Tweedie, David P., in: AH, Vol. 5 (1991), S. 81-105.

Arbeitskreis „Externe Unternehmensrechnung" der Schmalenbach-Gesellschaft für Betriebswirtschaft e.V.: Grundsätze für das Value Reporting, in: DB, 55. Jg. (2002), S. 2337-2340.

Arbeitskreis „Immaterielle Werte im Rechnungswesen" der Schmalenbach-Gesellschaft für Betriebswirtschaft e.V.: Kategorisierung und bilanzielle Erfassung immaterieller Werte, in: DB, 54. Jg. (2001), S. 989-995.

Arbeitskreis „Immaterielle Werte im Rechnungswesen" der Schmalenbach-Gesellschaft für Betriebswirtschaft e.V.: Freiwillige externe Berichterstattung über immaterielle Werte, in: DB, 56. Jg. (2003), S. 1233-1237.

Arrow, Kenneth J.: Uncertainty and the Welfare Economics of Medical Care, in: AER, Vol. 53 (1963), S. 941-973.

Arrow, Kenneth J.: The Organization of Economic Activity: Issues Pertinent to the Choice of Market versus Nonmarket Allocation, in: US Joint Economic Committee, Subcommittee on Economy in Government, 91st Congress, 1st Session (Hrsg.): The analysis and evaluation of public expenditures: The PPB system: A compendium of papers submitted to the subcommittee on economy in government of the Joint Economic Committee, Vol. 1, Washington 1969, S. 47-64.

Austrian Research Centers Seibersdorf: Wissensbilanz 1999, abrufbar im Internet unter http://arcs.ac.at.

Baetge, Jörg: Möglichkeiten der Objektivierung des Jahreserfolgs, Düsseldorf 1970.

Baetge, Jörg/Ballwieser, Wolfgang: Zum bilanzpolitischen Spielraum der Unternehmensleitung, in: BFuP, 29. Jg. (1977), S. 199-215.

Baetge, Jörg/Fischer, Thomas R./Paskert, Dierk: Der Lagebericht, Stuttgart 1989.

Baetge, Jörg/von Keitz, Isabel: Kommentierung zu IAS 38 Immaterielle Vermögenswerte (Intangible Assets), in: Baetge, Jörg u.a. (Hrsg.): Rechnungslegung nach International Accounting Standards (IAS) – Kommentar auf der Grundlage des deutschen Bilanzrechts, 2. Aufl., Stuttgart 2002.

Baetge, Jörg/Roß, Heinz-Peter: Was bedeutet „fair presentation"?, in: Ballwieser, Wolfgang (Hrsg.): US-amerikanische Rechnungslegung, 4. Aufl., Stuttgart 2000, S. 29-48.

Baetge, Jörg/Schulze, Dennis: Möglichkeiten der Objektivierung der Lageberichterstattung über „Risiken der künftigen Entwicklung", in: DB, 51. Jg. (1998), S. 937-948.

Baetge, Jörg/Thiele, Stefan: Gesellschafterschutz versus Gläubigerschutz – Rechenschaft versus Kapitalerhaltung, in: Budde, Wolfgang Dieter/Moxter, Adolf/Offerhaus, Klaus (Hrsg.): Handelsbilanzen und Steuerbilanzen, Festschrift für Heinrich Beisse, Düsseldorf 1997, S. 11-24.

Baetge, Jörg/Zülch, Henning: Fair Value-Accounting, in: BFuP, 53. Jg. (2001), S. 543-562.

Ballwieser, Wolfgang: Zur Begründbarkeit informationsorientierter Jahresabschlußverbesserungen, in: zfbf, 34. Jg. (1982), S. 772-793.

Ballwieser, Wolfgang: Ergebnisse der Informationsökonomie zur Informationsfunktion der Rechnungslegung, in: Stöppler, Siegmar (Hrsg.): Information und Produktion – Beiträge zur Unternehmenstheorie und Unternehmensplanung, Festschrift für Waldemar Wittmann, Stuttgart 1985, S. 21-40 [Zitierweise: Ballwieser, Wolfgang (1985a)].

Ballwieser, Wolfgang: Informationsökonomie, Rechnungslegungstheorie und Bilanzrichtlinie-Gesetz, in: zfbf, 37. Jg. (1985), S. 47-66 [Zitierweise: Ballwieser, Wolfgang (1985b)].

Ballwieser, Wolfgang: Die Analyse von Jahresabschlüssen nach neuem Recht, in: WPg, 40. Jg. (1987), S. 57-68.

Ballwieser, Wolfgang: Ist das Maßgeblichkeitsprinzip überholt?, in: BFuP, 42. Jg. (1990), S. 477-498.

Ballwieser, Wolfgang: Unternehmensbewertung mit Hilfe von Multiplikatoren, in: Rückle, Dieter (Hrsg.): Aktuelle Fragen der Finanzwirtschaft und der Unternehmensbewertung, Festschrift für Erich Loitlsberger, Wien 1991, S. 47-66.

Ballwieser, Wolfgang: Die Lageberichte der DAX-Gesellschaften im Lichte der Grundsätze ordnungsmäßiger Lageberichterstattung, in: Fischer, Thomas R./Hömberg, Reinhold (Hrsg.): Jahresabschluß und Jahresabschlußprüfung, Festschrift für Jörg Baetge, Düsseldorf 1997, S. 153-187.

Ballwieser, Wolfgang: Geschäftswert, in: Busse von Colbe, Walther/Pellens, Bernhard (Hrsg.): Lexikon des Rechnungswesens, 4. Aufl., München/Wien 1998 [Zitierweise: Ballwieser, Wolfgang (1998a)].

Ballwieser, Wolfgang: Unternehmensbewertung mit Discounted Cash Flow-Verfahren, in: WPg, 51. Jg. (1998), S. 81-92 [Zitierweise: Ballwieser, Wolfgang (1998b)].

Ballwieser, Wolfgang: Grundsätze ordnungsmäßiger Buchführung, in: Castan, Edgar u.a. (Hrsg.): Beck'sches Handbuch der Rechnungslegung, Band I, Abschnitt B 105, München 1999.

Ballwieser, Wolfgang: Anforderungen des Kapitalmarkts an Bilanzansatz- und Bewertungsregeln, in: KoR, 1. Jg. (2001), S. 160-164 [Zitierweise: Ballwieser, Wolfgang (2001a)].

Ballwieser, Wolfgang: Kommentierung zu § 246 HGB, in: Schmidt, Karsten (Hrsg.): Münchener Kommentar zum Handelsgesetzbuch, Band 4, München 2001 [Zitierweise: Ballwieser, Wolfgang (2001b)].

Ballwieser, Wolfgang: Kommentierung zu § 247 HGB, in: Schmidt, Karsten (Hrsg.): Münchener Kommentar zum Handelsgesetzbuch, Band 4, München 2001 [Zitierweise: Ballwieser, Wolfgang (2001c)].

Ballwieser, Wolfgang: Kommentierung zu § 248 HGB, in: Schmidt, Karsten (Hrsg.): Münchener Kommentar zum Handelsgesetzbuch, Band 4, München 2001 [Zitierweise: Ballwieser, Wolfgang (2001d)].

Ballwieser, Wolfgang: Kommentierung zu § 250 HGB, in: Schmidt, Karsten (Hrsg.): Münchener Kommentar zum Handelsgesetzbuch, Band 4, München 2001 [Zitierweise: Ballwieser, Wolfgang (2001e)].

Ballwieser, Wolfgang: Kommentierung zu § 252 HGB, in: Schmidt, Karsten (Hrsg.): Münchener Kommentar zum Handelsgesetzbuch, Band 4, München 2001 [Zitierweise: Ballwieser, Wolfgang (2001f)].

Ballwieser, Wolfgang: Kommentierung zu § 253 HGB, in: Schmidt, Karsten (Hrsg.): Münchener Kommentar zum Handelsgesetzbuch, Band 4, München 2001 [Zitierweise: Ballwieser, Wolfgang (2001g)].

Ballwieser, Wolfgang: Kommentierung zu § 255 HGB, in: Schmidt, Karsten (Hrsg.): Münchener Kommentar zum Handelsgesetzbuch, Band 4, München 2001 [Zitierweise: Ballwieser, Wolfgang (2001h)].

Ballwieser, Wolfgang: Konzernrechnungslegung und Wettbewerb, in: DBW, 61. Jg. (2001), S. 640-657 [Zitierweise: Ballwieser, Wolfgang (2001i)].

Ballwieser, Wolfgang: Unternehmensbewertung, in: Gerke, Wolfgang/Steiner, Manfred (Hrsg.): Handwörterbuch des Bank- und Finanzwesens, 3. Aufl., Stuttgart 2001, Sp. 2082-2095 [Zitierweise: Ballwieser, Wolfgang (2001j)].

Ballwieser, Wolfgang: Bewertungsgrundsätze, in: Ballwieser, Wolfgang/Coenenberg, Adolf G./v. Wysocki, Klaus (Hrsg.): Handwörterbuch der Rechnungslegung und Prüfung, 3. Aufl., Stuttgart 2002, Sp. 353-375 [Zitierweise: Ballwieser, Wolfgang (2002a)].

Ballwieser, Wolfgang: Grundsätze der Aktivierung und Passivierung, in: Castan, Edgar u.a. (Hrsg.): Beck'sches Handbuch der Rechnungslegung, Band I, Abschnitt B 131, München 2002 [Zitierweise: Ballwieser, Wolfgang (2002b)].

Ballwieser, Wolfgang: Informations-GoB auch im Lichte von IAS und US-GAAP, in: KoR, 2. Jg. (2002), S. 115-121 [Zitierweise: Ballwieser, Wolfgang (2002c)].

Ballwieser, Wolfgang: Kommentierung zu § 264 HGB, in: Baetge, Jörg/Kirsch, Hans-Jürgen/Thiele, Stefan: Bilanzrecht – Handelsrecht mit Steuerrecht und den Regelungen des IASB – Kommentar, Berlin 2002 [Zitierweise: Ballwieser, Wolfgang (2002d)].

Ballwieser, Wolfgang: Rechnungslegung im Umbruch – Entwicklungen, Ziele, Missverständnisse, in: ST, 76. Jg. (2002), S. 295-304 [Zitierweise: Ballwieser, Wolfgang (2002e)].

Ballwieser, Wolfgang: Unternehmensbewertung und Optionspreistheorie, in: DBW, 62. Jg. (2002), S. 184-201 [Zitierweise: Ballwieser, Wolfgang (2002f)].

Ballwieser, Wolfgang: Berichterstattung über immaterielle Werte, Vortrag am Max-Planck-Institut für Geistiges Eigentum, Wettbewerbs- und Steuerrecht am 22.09.2003, verfügbar unter http://www.rwp.bwl.uni-muenchen.de [Zitierweise: Ballwieser, Wolfgang (2003a)].

Ballwieser, Wolfgang: Rahmenkonzepte der Rechnungslegung: Funktionen, Vergleich, Bedeutung, in: Der Konzern, 1. Jg. (2003), S. 337-348 [Zitierweise: Ballwieser, Wolfgang (2003b)].

Ballwieser, Wolfgang: Unternehmensbewertung durch Rückgriff auf Marktdaten, in: Heintzen, Markus/Kruschwitz, Lutz (Hrsg.): Unternehmen bewerten, Berlin 2003, S. 13-30 [Zitierweise: Ballwieser, Wolfgang (2003c)].

Ballwieser, Wolfgang/Coenenberg, Adolf G./Schultze, Wolfgang: Unternehmensbewertung, erfolgsorientierte, in: Ballwieser, Wolfgang/Coenenberg, Adolf G./v. Wysocki, Klaus (Hrsg.): Handwörterbuch der Rechnungslegung und Prüfung, 3. Aufl., Stuttgart 2002, Sp. 2412-2432.

Ballwieser, Wolfgang/Leuthier, Rainer: Betriebswirtschaftliche Steuerberatung: Grundprinzipien, Verfahren und Probleme der Unternehmensbewertung (Teil 1), in: DStR, 24. Jg. (1986), S. 545-551.

Ballwieser, Wolfgang/Schmidt, Reinhard H.: Unternehmensverfassung, Unternehmensziele und Finanztheorie, in: Bohr, Kurt u.a. (Hrsg.): Unternehmungsverfassung als Problem der Betriebswirtschaftslehre, Berlin 1981, S. 645-682.

Barth, Mary E. et al.: Brand Values and Capital Market Valuation, in: Review of Accounting Studies, Vol. 3 (1998), S. 41-68.

Barth, Mary E./Beaver, William H./Landsman, Wayne R.: The relevance of the value relevance literature for financial accounting standard setting: another view, in: JAE, Vol. 31 (2001), S. 77-104.

Barth, Mary E./Clinch, Greg/Shibano, Toshi: Market Effects of Recognition and Disclosure, in: JoAR, Vol. 41 (2003), S. 581-609.

Baumbach, Adolf/Hopt, Klaus J.: Handelsgesetzbuch, Kommentar, 30. Aufl., München 2000.

Beater, Axel: Kommentierung zu § 265 HGB, in: Schmidt, Karsten (Hrsg.): Münchener Kommentar zum Handelsgesetzbuch, Band 4, München 2001 [Zitierweise: Beater, Axel (2001a)].

Beater, Axel: Kommentierung zu § 269 HGB, in: Schmidt, Karsten (Hrsg.): Münchener Kommentar zum Handelsgesetzbuch, Band 4, München 2001 [Zitierweise: Beater, Axel (2001b)].

Beaver, William H.: Financial Reporting: An Accounting Revolution, 3. Aufl., New Jersey u.a. 1998.

Beaver, William H./Demski, Joel S.: The Nature of Income Measurement, in: AH, Vol. 54 (1979), S. 38-46.

Becker, Wolfgang: Technologiebewertung, in: Küpper, Hans-Ulrich/Wagenhofer, Alfred (Hrsg.): Handwörterbuch Unternehmensrechnung und Controlling, 4. Aufl., Stuttgart 2002, Sp. 1947-1956.

Begründung zum Regierungsentwurf AktG 1965, abgedruckt in: Kropff, Bruno (Hrsg.): Aktiengesetz, Textausgabe des Aktiengesetzes vom 6.9.1965 und des Einführungsgesetzes zum Aktiengesetz vom 6.9.1965 mit Begründung des Regierungsentwurfs, Bericht des Rechtsausschusses des Deutschen Bundestags, Verweisungen und Sachverzeichnis, Düsseldorf 1965.

Beisse, Heinrich: Gläubigerschutz – Grundprinzip des deutschen Bilanzrechts, in: Beisse, Heinrich/Lutter, Marcus/Närger, Heribald: Festschrift für Karl Beusch zum 68. Geburtstag am 31. Oktober 1993, Berlin/New York 1993, S. 77-98.

Beisse, Heinrich: Zum neuen Bild des Bilanzrechtssystems, in: Ballwieser, Wolfgang u.a. (Hrsg.): Bilanzrecht und Kapitalmarkt, Festschrift für Adolf Moxter, Düsseldorf 1994, S. 3-32.

Beisse, Heinrich: Wandlungen der Rechnungsabgrenzung, in: Förschle, Gerhart/Kaiser, Klaus/Moxter, Adolf (Hrsg.): Rechenschaftslegung im Wandel, Festschrift für Wolfgang Dieter Budde, München 1995, S. 67-86.

Benecke, Birka: Internationale Rechnungslegung und Management Approach, Wiesbaden 2000.

Berger, Axel/Bartels-Hetzler, Sibylle: Kommentierung zu § 250 HGB, in: Berger, Axel u.a. (Hrsg.): Beck'scher Bilanzkommentar, 5. Aufl. des von Budde, Wolfgang Dieter u.a. begründeten Kommentars, München 2003.

Berger, Roland/Kraus, Karl-J.: Restrukturierung, in: Breuer, Rolf-E. (Hrsg.): Handbuch Finanzierung, 3. Aufl., Wiesbaden 2001, S. 685-706.

Bernard, Viktor L./Schipper, Katherine: Recognition and Disclosure in Financial Reporting, *working paper*, University of Chicago 1994, zitiert nach: Barth, Mary E./Clinch, Greg/Shibano, Toshi: Market Effects of Recognition and Disclosure, in: JoAR, Vol. 41 (2003), S. 581-609.

Bernard, Viktor L./Thomas, J.K.: Evidence that stock prices do not fully reflect the implications of current earnings for future earnings, in: JAE, Vol. 13 (1990), S. 305-340.

Berndt, Thomas: Informationelle Rechnungslegung – Zur Ausweitung des Informationsumfangs am Beispiel von Intellectual Property Statements, in: Der Konzern, 1. Jg. (2003), S. 823-834.

Beyhs, Oliver: Impairment of Assets nach International Accounting Standards, Frankfurt am Main u.a. 2002.

BMF-Schreiben vom 27.2.1998, IV B 2 S 2172-7/98, BStBl. I 1998, S. 252.

Boorberg, Wolfgang/Strüngmann, Thomas/Wendelin, Birgitta: Zur Abnutzbarkeit entgeltlich erworbener Warenzeichen und Arzneimittelzulassungen, in: DStR, 36. Jg. (1998), S. 1113-1118.

Bormann, Michael: Software-Bilanzierung beim Hersteller, in: WPg, 44. Jg. (1991), S. 8-18.

Bortz, Jürgen/Döring, Nicola: Forschungsmethoden und Evaluation für Human- und Sozialwissenschaftler, 3. Aufl., Berlin u.a. 2002.

Bruns, Hans-Georg/Renner, Wolfgang: Finanzanalytische Berichterstattung in der Form 20-F – „Operating and Financial Review and Prospects“ (OFR), in: BFuP, 53. Jg. (2001), S. 7-26.

Bundesministerium für Bildung und Forschung: Faktenbericht Forschung 2002, abrufbar im Internet unter http://www.bmbf.de/pub/faktenbericht_forschung_2002.pdf, Stand 09.09.2003.

Busse von Colbe, Walther: Prognosepublizität von Aktiengesellschaften, in: Angehrn, Otto/Künzi, Hans Paul (Hrsg.): Beiträge zur Lehre von der Unternehmung, Festschrift für Karl Käfer, Stuttgart 1968, S. 91-118.

Busse von Colbe, Walther u.a. (Hrsg.): Kurznachrichten Internationale Rechnungslegung, in: BB, 52. Jg. (1999), S. 1131.

Busse von Colbe, Walther: Ausbau der Konzernrechnungslegung im Lichte internationaler Entwicklungen, in: ZGR, 29. Jg. (2000), S. 651-680.

Buth, Andrea/Hermanns, Michael: Finanzwirtschaftliche Aspekte der Fortführung von Krisenunternehmen, in: Buth, Andrea/Hermanns, Michael (Hrsg.): Restrukturierung – Sanierung – Insolvenz, München 1998.

Chambers, Raymond: Accounting, Evaluation and Economic Behavior, Englewood Cliffs 1966.

Chan, Louis K. C./Lakonishok, Josef/Sougiannis, Theodore: The Stock Market Valuation of Research and Development Expenditures, in: JoF, Vol. 56 (2001), S. 2431-2456.

Chan, Su H./Kensinger, John W./Martin, John D.: The market rewards promising R&D – and punishes the rest, in: JACF, Vol. 5 (1992), S. 59-66.

Christoffers, Rudi: Die Problematik des § 153 Abs. 3 AktG aus betriebswirtschaftlicher Sicht, in: DB, 23. Jg. (1970), S. 165-170.

Cockburn, I./Griliches, Z.: Industry effects and appropriability measures in the stock market's valuation of R & D and patents, in: AER, Vol. 78 (1988), S. 419-423.

Coenenberg, Adolf G.: Ertragslage, in: Leffson, Ulrich/Rückle, Dieter/Großfeld, Bernhard (Hrsg.): Handwörterbuch unbestimmter Rechtsbegriffe im Bilanzrecht des HGB, Köln 1986, S. 155-162.

Coenenberg, Adolf G.: Jahresabschluss und Jahresabschlussanalyse, 19. Aufl., Stuttgart 2003.

Collins, Daniel W./Maydew, Edward L./Weiss, Ira S.: Changes in the value-relevance of earnings and book values over the past forty years, in: JAE, Vol. 24 (1997), S. 39-67.

Commandeur, Dirk: Die Bilanzierung der Aufwendungen für die Ingangsetzung und Erweiterung des Geschäftsbetriebs, Berlin 1986.

David, Wolfram: Die Abgrenzung materieller und immaterieller Güter im Jahresabschluß und ihre Konkretisierung am Beispiel von Software, Veröffentlichtes Manuskript des Instituts für Betriebswirtschaftslehre der Universität Kiel, Kiel 1985.

Davis, Maria K.: US-GAAP: Rechnungslegung für immaterielle Vermögensgegenstände nach Verabschiedung der FASB Standards 141 und 142, in: DB, 55. Jg. (2002), S. 697-702.

Davis-Friday, Paquita Y./Folami, L. Buky/Liu, Chao-Shin/Mittelstaedt, H. Fred: The Value Relevance of Financial Statement Recognition vs. Disclosure: Evidence from SFAS No. 106, in: AR, Vol. 74 (1999), S. 409-423.

Dawo, Sascha: Immaterielle Güter in der Rechnungslegung nach HGB, IAS/IFRS und US-GAAP, Herne/Berlin 2003.

De Bondt, Werner F.M./Thaler, Richard: Does the Stock Market Overreact?, in: JoF, Vol. 40 (1985), S. 793-805.

Deloitte & Touche: Research and Development Survey of Software Companies, Boston 1996.

Diamond, Michael A./Nicolaisen, Donald T.: Intangibles, in: Choi, Frederick D. S. (Hrsg.): International Accounting and Finance Handbook, 2. Aufl., New York u.a. 1997.

DiMasi, Joseph A.: Success rates for new drugs entering clinical testing in the United States, in: Clinical Pharmacology & Therapeutics, Vol. 58 (1995), S. 1-14.

DiMasi, Joseph A./Hansen, Ronald W./Grabowksi, Henry G./Lasagna, Luis: Research and Development Costs for New Drugs by Therapeutic Category, in: PharmacoEconomics, Vol. 7 (1995), S. 152-169.

Döllerer, Georg: Zweck der aktienrechtlichen Publizität, in: BB, 13. Jg. (1958), S. 1281-1284.

Döllerer, Georg: Die Bedeutung des Begriffes „Wirtschaftsgut" bei der aktiven Rechnungsabgrenzung, in: BB, 20. Jg. (1965), S. 326-329.

Döllerer, Georg: Die Maßgeblichkeit der Handelsbilanz für die Steuerbilanz, in: BB, 24. Jg. (1969), S. 501-507.

Dotzler, Martina: Analyse und Kritik des Modells von Healy et al. zur Aktivierung immaterieller Werte, unveröffentlichte Diplomarbeit, Ludwig-Maximilians-Universität München 2002.

Eccles, Robert G. u.a.: Die ValueReporting Revolution, Weinheim 2002.

Edvinsson, Leif/Malone, Michael S.: Intellectual Capital, New York 1997.

Edwards, Edgar O./Bell, Philip W.: The Theory and Measurement of Business Income, Berkeley/London 1961.

Ekholm, Bo-Göran/Troberg, Pontus: Quo Vadis True and Fair View?, in: JIAAT, Vol. 7 (1998), S. 113-129.

Elliott, Robert K./Jacobson, Peter D.: U.S. accounting: a national emergency, in: JoA, Vol. 172 (1991), S. 54-58.

Ellrott, Helmut: Kommentierung zu § 289 HGB, in: Berger, Axel u.a. (Hrsg.): Beck'scher Bilanzkommentar, 5. Aufl. des von Budde, Wolfgang Dieter u.a. begründeten Kommentars, München 2003.

Ellrott, Helmut/Schmidt-Wendt, Dietrich: Kommentierung zu § 247 HGB, in: Berger, Axel u.a. (Hrsg.): Beck'scher Bilanzkommentar, 5. Aufl. des von Budde, Wolfgang Dieter u.a. begründeten Kommentars, München 2003 [Zitierweise: Ellrott, Helmut/Schmidt-Wendt, Dietrich (2003a)].

Ellrott, Helmut/Schmidt-Wendt, Dietrich: Kommentierung zu § 255 HGB, in: Berger, Axel u.a. (Hrsg.): Beck'scher Bilanzkommentar, 5. Aufl. des von Budde, Wolfgang Dieter u.a. begründeten Kommentars, München 2003 [Zitierweise: Ellrott, Helmut/Schmidt-Wendt, Dietrich (2003b)].

Elsing, Siegfried/van Alstine, Michael P.: US-amerikanisches Handels- und Wirtschaftsrecht, 2. Aufl., Heidelberg 1999.

Emmerich, Gerhard/Künnemann, Martin: Zum Lagebericht der Kapitalgesellschaft, in: WPg, 39. Jg. (1986), S. 145-152.

Epstein, Barry J./Mirza, Abbas Ali: Interpretation and Application of International Accounting Standards, New York 2002.

Esch, Franz-Rudolf/Wicke, Andreas: Herausforderungen und Aufgaben des Markenmanagements, in: Esch, Franz-Rudolf (Hrsg.): Moderne Markenführung, 3. Aufl., Wiesbaden 2001, S. 3-55.

Euler, Roland: Immaterielle Vermögenswerte – Stellungnahme zum E-DRS 14, in: BB, 56. Jg. (2001), S. 2631-2636.

Ewert, Ralf: Wirtschaftsprüfung und asymmetrische Information, Berlin u.a. 1990.

Ewert, Ralf/Wagenhofer, Alfred: Neuere Ansätze zur theoretischen Fundierung von Rechnungslegung und Prüfung, in: Lachnit, Laurenz/Freidank, Carl-Christian (Hrsg.): Investororientierte Unternehmenspublizität, Wiesbaden 2000, S. 31-60.

Fabri, Stephan: Grundsätze ordnungsmäßiger Bilanzierung entgeltlicher Nutzungsverhältnisse, Bergisch Gladbach/Köln 1986.

Fahrion, Hans-Jürgen/Winterhoff, Hans W.: Fair Presentation, in: Ballwieser, Wolfgang/Coenenberg, Adolf G./v. Wysocki, Klaus (Hrsg.): Handwörterbuch der Rechnungslegung und Prüfung, 3. Aufl., Stuttgart 2002, Sp. 735-749.

Fickert, Rainer: Management Accounting – quo vadis?, in: Die Unternehmung, 47. Jg. (1993), S. 203-224.

Financial Accounting Standards Board (FASB): Business and Financial Reporting, Challenges from the New Economy, Special Report, Norwalk 2001, verfügbar unter http://www.fasb.org.

Financial Accounting Standards Board (FASB)/International Accounting Standards Board (IASB): FASB and IASB Agree to Work Together toward Convergence of Global Accounting Standards, Joint FASB/IASB press release, 29.10.2002, abrufbar im Internet unter http://www.iasb.org.uk.

Fincham, Robin/Roslender, Robin: Intellectual capital accounting as management fashion: a review and critique, in: EAR, Vol. 12 (2003), S. 781-795.

Fischer, Thomas M./Becker, Sabrina/Wenzel, Julia: Wertorientierte Berichterstattung – Ein empirischer Vergleich der internetbasierten Geschäftsberichte von DAX 30- und Nemax 50-Unternehmen, in: KoR, 2. Jg. (2002), S. 14-25.

Fischer, Thomas M./Wenzel, Julia/Kühn, Christian: Value Reporting, in: DB, 54. Jg. (2001), S. 1209-1216.

Flury, Cornelia: Gewinnerläuterungsprinzipien, Frankfurt am Main u.a. 1999.

Förschle, Gerhart: Kommentierung zu § 248 HGB, in: Berger, Axel u.a. (Hrsg.): Beck'scher Bilanzkommentar, 5. Aufl. des von Budde, Wolfgang Dieter u.a. begründeten Kommentars, München 2003.

Förschle, Gerhart/Kroner, Matthias: Kommentierung zu § 246 HGB, in: Berger, Axel u.a. (Hrsg.): Beck'scher Bilanzkommentar, 5. Aufl. des von Budde, Wolfgang Dieter u.a. begründeten Kommentars, München 2003.

Förschle, Gerhart/Weisang, Andreas: Rechnungslegung im Insolvenzverfahren nach der Insolvenzordnung, in: Budde, Wolfgang Dieter/Förschle, Gerhart (Hrsg.): Sonderbilanzen, 3. Aufl., München 2002, S. 651-665.

Francis, Jennifer/Schipper, Katherine: Have Financial Statements Lost Their Relevance?, in: JoAR, Vol. 37 (1999), S. 319-352.

Freericks, Wolfgang: Sind EDV-Programme körperliche Wirtschaftsgüter?, in: DStR, 7. Jg. (1969), S. 691-695.

Freericks, Wolfgang: Bilanzierungsfähigkeit und Bilanzierungspflicht in Handels- und Steuerbilanz, Köln u.a. 1976.

Frizlen, Ulrich/Möhrle, Martin: Aktivierung eigenentwickelter Programme in den Bilanzen der Softwarehersteller nach HGB und US-GAAP, in: KoR, 1. Jg. (2001), S. 233-243.

Fülbier, Rolf Uwe/Honold, Dirk/Klar, Alexander: Bilanzierung immaterieller Vermögenswerte, in: RIW, 46. Jg. (2000), S. 833-844.

Gassen, Joachim: Internetbasierte deutsche Jahresabschlusspublizität, in: DBW, 61. Jg. (2001), S. 409-426.

von der Gathen, Andreas: Marken in Jahresabschluß und Lagebericht, Frankfurt am Main u.a. 2001.

Gellein, Oscar S./Newman, Maurice S.: Accounting for Research and Development Expenditures, Accounting Research Study No. 14, New York 1973.

Gjesdal, Froystein: Accounting for Stewardship, in: JoAR, Vol. 19 (1981), S. 208-231.

Glade, Hans-Joachim: Immaterielle Anlagewerte in Handelsbilanz, Steuerbilanz und Vermögensaufstellung, Bergisch Gladbach/Köln 1991.

Grabowski, Henry G./Vernon, John M.: A New Look at the Returns and Risks to Pharmaceutical R&D, in: Management Science, Vol. 36 (1990), S. 804-821.

Grabowski, Henry G./Vernon, John M.: Returns to R&D on New Drug Introductions in the 1980's, in: Journal of Health and Economics, Vol. 13 (1994), S. 384-406.

Greinert, Markus: Die bilanzielle Behandlung von Marken, Lohmar/Köln 2002.

Greinert, Markus: Herstellungskosten einer Marke, in: KoR, 3. Jg. (2003), S. 328-335.

Gröhn, Andreas: Ein Modell der Netzwerkeffekte in der Softwareindustrie, Kieler Arbeitspapiere Nr. 790, Kiel 1997.

Gröhn, Andreas: Netzwerkeffekte und Wettbewerbspolitik – Eine ökonomische Analyse des Softwaremarktes, Tübingen 1999.

Grottel, Bernd: Bilanzierung immaterieller Anlagewerte im internationalen Vergleich, Aachen 2002.

Gruber, Thomas: Der Bilanzansatz in der neueren BFH-Rechtsprechung, Stuttgart 1991.

Gu, Feng/Lev, Baruch: Intangible Assets – Measurement, Drivers, Usefulness, working paper 2001, abrufbar im Internet unter http://www.stern.nyu.edu/~blev.

Günther, Thomas/Beyer, Dirk: Value Based Reporting – Entwicklungspotenziale der externen Unternehmensberichterstattung, in: BB, 56. Jg. (2001), S. 1623-1630.

Günther, Thomas/Beyer, Dirk/Menninger, Jutta: Hurdles for the Voluntary Disclosure of Information on Intangibles – Empirical Results for „New Economy" Industries, working paper, Technische Universität Dresden, erhältlich bei control@rcs.urz.tu-dresden.de.

Hachmeister, Dirk: Wirtschaftsprüfungsgesellschaften im Prüfungsmarkt, Stuttgart 2001.

Hacker, Bernd: Segmentberichterstattung – Eine ökonomische Analyse, Frankfurt am Main u.a. 2002.

Hall, Bronwyn H.: The Manufactoring Sector Master File, NBER working paper Nr. 3366, aktualisiert 1990, abrufbar im Internet unter http://emlab.berkeley.edu/users/bhhall/bhpapers.html (Stand 14.10.2003; vormals Hall, Bronwyn H./Cummins, C./Laderman, E./Mundy, J.: The R&D Master File documentation, NBER technical working paper Nr. 72 (1988)).

Hall, Bronwyn H.: New evidence on the impacts of research and development, working paper 1993, University of Berkeley, abrufbar im Netz unter http://emlab.berkeley.edu/users/bhhall/bhpapers.html (Stand 2.10.2003).

Hall, Karl: Ganzheitliche Technologiebewertung, Wiesbaden 2002.

Haller, Axel: Immaterielle Vermögenswerte – Wesentliche Herausforderung für die Zukunft der Unternehmensrechnung, in: Möller, Hans Peter/Schmidt, Franz (Hrsg.): Rechnungswesen als Instrument für Führungsentscheidungen, Festschrift für Adolf G. Coenenberg, Stuttgart 1998, S. 561-596.

Haller, Axel: Segmentpublizität, in: Ballwieser, Wolfgang/Coenenberg, Adolf G./v. Wysocki, Klaus (Hrsg.): Handwörterbuch der Rechnungslegung und Prüfung, 3. Aufl., Stuttgart 2002, Sp. 2187-2200.

Haller, Axel/Dietrich, Ralph: Intellectual Capital Bericht als Teil des Lageberichts, in: DB, 54. Jg. (2001), S. 1045-1052.

Hartle, Joachim: Möglichkeiten der Entobjektivierung der Bilanz – Eine ökonomische Analyse, Frankfurt am Main 1984.

Hartmann, Matthias: Technologie-Bilanzierung: Instrument einer zukunftsorientierten Unternehmensbeurteilung, Göttingen 1997.

Hartmann, Matthias: Theorie und Praxis technologischer Unternehmensbeurteilung, in: ZfB, 68. Jg. (1998), S. 1009-1027.

Hartmann-Wendels, Thomas: Rechnungslegung der Unternehmen und Kapitalmarkt aus informationsökonomischer Sicht, Heidelberg 1991.

Hartung, Sven: Anhang und Lagebericht im Spannungsfeld zwischen Bilanztheorie und Bilanzpolitik – eine theoretische und empirische Analyse, Aachen 2002.

Hartung, Werner: Rechnungsabgrenzungsposten und richtlinienkonforme Auslegung, in: Ballwieser, Wolfgang u.a. (Hrsg.): Bilanzrecht und Kapitalmarkt, Festschrift für Adolf Moxter, Düsseldorf 1994, S. 213-225.

Havenstein, Moritz/Heiden, Matthias: Markenwertmessung im betrieblichen Rechnungswesen – Entscheidungshilfe oder Sorgenkind?, in: BB, 58. Jg. (2003), S. 1272-1277.

Hax, Herbert: Der Bilanzgewinn als Erfolgsmaßstab, in: ZfB, 34. Jg. (1964), S. 642-651.

Hayn, Sven: Die Bilanzierung immaterieller Vermögenswerte im internationalen Vergleich, Teil I und II, in: IStR, 5. Jg. (1996), S. 354-360 und 405-408.

Hayn, Sven: Internationale Rechnungslegung, Stuttgart 1997.

Healy, Paul M./Myers, Stewart C./Howe, Christopher D.: R&D Accounting and the Tradeoff Betweeen Relevance and Objectivity, in: JoAR, Vol. 40 (2002), S. 677-710.

Hendriksen, Eldon S./van Breda, Michael F.: Accounting Theory, 5. Aufl., Homewood/Boston 1991.

Hense, Burkhard/Geißler, Horst: Kommentierung zu § 252 HGB, in: Berger, Axel u.a. (Hrsg.): Beck'scher Bilanzkommentar, 5. Aufl. des von Budde, Wolfgang Dieter u.a. begründeten Kommentars, München 2003.

Hense, Burkhard/Lawall, Lars: Kommentierung zu § 269 HGB, in: Berger, Axel u.a. (Hrsg.): Beck'scher Bilanzkommentar, 5. Aufl. des von Budde, Wolfgang Dieter u.a. begründeten Kommentars, München 2003.

Heuser, Paul J./Theile, Carsten: IAS Handbuch Einzel- und Konzernabschluss, Köln 2003.

Heyd, Reinhard/Sanna, Maria Giulia: Marken im Jahresabschluß nach US-GAAP und IAS, in: bilanz & buchhaltung, 49. Jg. (2003), S. 15-22.

Hitz, Jörg-Markus/Kuhner, Christoph: Erweiterung des US-amerikanischen conceptual framework um Grundsätze der Barwertermittlung – Inhalt und Bedeutung des Statement of Financial Accounting Concepts No. 7, in: WPg, 53. Jg. (2000), S. 889-902.

Hoegh-Krohn, Nils E. Joachim/Knivsfla, Kjell Henry: Accounting for Intangible Assets in Skandinavia, the UK, the US, and by the IASC: Challenges and a Solution, in: IJA, Vol. 35 (2000), S. 243-265.

Hömberg, Reinhold/König, Michael: Kommentierung zu § 248 HGB, in: Baetge, Jörg/Kirsch, Hans-Jürgen/Thiele, Stefan: Bilanzrecht (Kommentar), Bonn/Berlin 2002 [Zitierweise: Hömberg, Reinhold/König, Michael (2002a)].

Hömberg, Reinhold/König, Michael: Kommentierung zu § 250 HGB, in: Baetge, Jörg/Kirsch, Hans-Jürgen/Thiele, Stefan: Bilanzrecht (Kommentar), Bonn/Berlin 2002 [Zitierweise: Hömberg, Reinhold/König, Michael (2002b)].

Hoffmann, Jörg: Das DRSC und die Regulierung der Rechnungslegung, Frankfurt am Main u.a. 2003.

Hoffmann, Wolf-Dieter/Lüdenbach, Norbert: Praxisprobleme der Neubewertungskonzeption nach IAS, in: DStR, 41. Jg. (2003), S. 565-570.

Holthausen, Robert W./Watts, Ross L.: The relevance of the value relevance literature for financial accounting standard setting, in: JAE, Vol. 31 (2001), S. 3-75.

Hommel, Michael: Bilanzierung immaterieller Anlagewerte, Stuttgart 1998.

Hommel, Michael: Neue Goodwillbilanzierung – das FASB auf dem Weg zur entobjektivierten Bilanz?, in: BB, 56. Jg. (2001), S. 1943-1949.

Hopt, Klaus: Der Kapitalanlegerschutz im Recht der Banken – Gesellschafts-, bank- und börsenrechtliche Anforderungen an das Beratungs- und Verwaltungsverhalten der Kreditinstitute, München 1975.

Ijiri, Yuji/Jaedicke, Robert K.: Reliability and Objectivity of Accounting Measurements, in: AR, Vol. 41 (1966), S. 474-483.

International Federation of Accountants (IFAC): The Measurement and Management of Intellectual Capital: An Introduction, New York 1998.

International Organization of Securities Commissions (IOSCO): International disclosure standards for cross-border offerings and initial listings by foreign issuers, September 1998, abrufbar im Internet unter http://www.iosco.org (Stand 2.10.2003).

Jacobs, Otto H.: Kommentierung zu IAS 2 Vorräte (Inventories), in: Baetge, Jörg u.a. (Hrsg.): Rechnungslegung nach International Accounting Standards (IAS) – Kommentar auf der Grundlage des deutschen Bilanzrechts, 2. Aufl., Stuttgart 2002.

Jaedicke, Robert: Discussion of Toward an Empirical Measure of Materiality, in: JoAR, Vol. 8 (1970), Supplement, S. 149-153.

Jäger, Rainer/Himmel, Holger: Die Fair Value-Bewertung immaterieller Vermögenswerte vor dem Hintergrund der Umsetzung internationaler Rechnungslegungsstandards, in: BFuP, 55. Jg. (2003), S. 417-440.

Janssen, Friedrich Carl: Überlegungen zum „Going concern concept“, in: WPg, 37. Jg. (1984), S. 341-348.

Jenkins, Edmund L.: An information highway in need of capital improvements, in: JoA, Vol. 177 (1994), S. 77-82.

Jensen, Michael C./Meckling, William H.: Theory of the Firm: Managerial Behaviour, Agency Costs and Ownership Structure, in: JFE, Vol. 3 (1976), S. 305-360.

Johnson, Orace: A consequential approach to accounting for R&D, in: JoAR, Vol. 5 (1967), S. 164-172.

Jüttner, Uwe: GoB-System, Einzelbewertungsgrundsatz und Imparitätsprinzip, Frankfurt am Main u.a. 1993.

Jung, Maximilian: Zum Konzept der Wesentlichkeit bei Jahresabschlußerstellung und -prüfung, Frankfurt am Main u.a. 1996.

Käfer, Karl: Die Bilanz als Zukunftsrechnung, in: Käfer, Karl: Zur Bewertung der Unternehmung, Reprint von Aufsätzen aus den Jahren 1946 bis 1973, Zürich 1996, S. 77-136 [Zitierweise: Käfer, Karl (1962/1976)].

Kählert, Jens-Peter: Die Abbildung immaterieller Güter im handelsrechtlichen Jahresabschluß, München 1995.

Kählert, Jens-Peter/Lange, Sabine: Zur Abgrenzung immaterieller von materiellen Vermögensgegenständen, in: BB, 48. Jg. (1993), S. 613-618.

Kahle, Holger: Internationale Rechnungslegung und ihre Auswirkungen auf Handels- und Steuerbilanz, Wiesbaden 2002.

Kahre, Burkhard/Schwetje, Jan-Norbert: Unternehmensexterne Kommunikation immaterieller Ressourcen, in: KoR, 3. Jg. (2003), S. 123-134.

Kaplan, Robert S./Norton, David P.: Balanced Scorecard, Stuttgart 1997.

Kasperzak, Rainer/Krag, Joachim/Wiedenhofer, Marco: Konzepte zur Erfassung und Abbildung von Intellectual Capital, in: DStR, 39. Jg. (2001), S. 1494-1500.

Katz, Michael L./Shapiro, Carl: Network Externalities, Competition, and Compatibility, in: AER, Vol. 75 (1985), S. 424-440.

von Keitz, Isabel: Immaterielle Güter in der internationalen Rechnungslegung, Düsseldorf 1997.

Kieso, Donald E./Weygandt, Jerry J./Warfield, Terry D.: Intermediate Accounting, 10. Aufl., New York u.a. 2001.

Kieso, Donald E./Weygandt, Jerry J./Warfield, Terry D.: Intermediate Accounting, 11. Aufl., New York u.a. 2003.

King, Alfred M./Henry, Jay M.: Valuing Intangible Assets Through Appraisals, in: Strategic Finance, o. Jg. (1999), S. 33-37.

Kirsch, Hanno: Außerplanmäßige Abschreibung von Sachanlagen und immateriellen Vermögenswerten nach IAS 36 und nach § 6 Abs. 1 EStG, in: DStR, 40. Jg. (2002), S. 645-650.

Kirschenheiter, Michael: Information Quality and Correlated Signals, in: JoAR, Vol. 35 (1997), S. 43-59.

Kley, Karl-Ludwig: Die Fair Value-Bilanzierung in der Rechnungslegung nach den International Accounting Standards (IAS), in: DB, 54. Jg. (2001), S. 2257-2262.

Klodt, Henning/Maurer, Rainer/Schimmelpfennig, Axel: Tertiarisierung in der deutschen Wirtschaft, Tübingen 1997.

Knepper, Karl Heinz: Software in der Handels- und Steuerbilanz, in: Knobbe-Keuk, Brigitte/Klein, Franz/Moxter, Adolf (Hrsg.): Handelsrecht und Steuerrecht, Festschrift für Georg Döllerer, Düsseldorf 1988, S. 299-313.

Knutson, Peter H./Napolitano, Gabrielle U.: Criteria Employed by the AIMR Financial Accounting Policy Committee in Evaluating Financial Accounting Standards, in: AH, Vol. 12 (1998), S. 170-176.

Koch, Hans-Dieter/Schmidt, Reinhard H.: Ziele und Instrumente des Anlegerschutzes, in: BFuP, 33. Jg. (1981), S. 231-250.

Kosiol, Erich: Bilanztheorie, pagatorische, in: Kosiol, Erich/Chmielewicz, Klaus/ Schweitzer, Marcell (Hrsg.): Handwörterbuch des Rechnungswesens, 2. Aufl., Stuttgart 1981, Sp. 236-258.

Kothari, S. P./Zimmerman, Jerold L.: Price and return models, in: JAE, Vol. 20 (1995), S. 155-192.

Kriegbaum, Catharina: Markencontrolling, München 2001.

Krönert, Björn: Grundsätze informationsorientierter Rechnungslegung, Sternenfels 2001.

Kronner, Markus: GoB für immaterielle Anlagewerte und Tauschgeschäfte, Düsseldorf 1995.

Kropff, Bruno: Aktiengesetz, Kommentar, Düsseldorf 1965.

Kubin, Konrad: Der Aktionär als Aktienkunde – Anmerkungen zum Shareholder Value, zur Wiedervereinigung der internen und externen Rechnungslegung und zur globalen Verbesserung der Berichterstattung, in: Möller, Hans Peter/Schmidt, Franz (Hrsg.): Rechnungswesen als Instrument für Führungsentscheidungen, Festschrift für Adolf G. Coenenberg, Stuttgart 1998, S. 525-560.

Kübler, Friedrich: Transparenz am Kapitalmarkt, in: AG, 22. Jg. (1977), S. 85-92.

Kübler, Friedrich: Gesellschaftsrecht, 5. Aufl., Heidelberg 1998.

Kümpel, Thomas: Bilanzielle Behandlung von Wertminderungen bei Vermögenswerten nach IAS 36, in: BB, 57. Jg. (2002), S. 983-988.

Küpper, Hans-Ulrich: Controlling, 3. Aufl., Stuttgart 2001.

Küting, Karlheinz: Möglichkeiten und Grenzen der Bilanzanalyse am Neuen Markt (Teil II), in: FB, 2. Jg. (2000), S. 674-683.

Küting, Karlheinz: Von der Bilanzanalyse zur Unternehmensanalyse, in: DStR, 40. Jg. (2002), Beihefter.

Küting, Karlheinz/Weber, Claus-Peter/Wirth, Johannes: Goodwill und immaterielle Vermögenswerte im Übergang auf die Anwendung des SFAS 142, in: KoR, 2. Jg. (2002), S. 57-65.

Kuhlewind, Andreas-Markus: Grundlagen einer Bilanzrechtstheorie in den USA, Frankfurt am Main u.a. 1997.

Kuhn, Wolfgang: Die Berichterstattung über Forschung und Entwicklung im Lagebericht, in: DStR, 31. Jg. (1993), S. 491-496.

Kuhner, Christoph: Das Spannungsverhältnis zwischen Einzelfallgerechtigkeit und Willkürfreiheit – im Recht und in der Rechnungslegung, in: BFuP, 53. Jg. (2001), S. 523-542.

Kupsch, Peter: Sind Zuschüsse und Abstandszahlungen immaterielle Anlagewerte (Wirtschaftsgüter)?, in: WPg, 30. Jg. (1977), S. 663-671.

Kußmaul, Heinz: Nutzungsrechte an Grundstücken in Handels- und Steuerbilanz, Hamburg 1987.

Kußmaul, Heinz: Bilanzierung von Nutzungsrechten an Grundstücken, in: StuW, 65. Jg. (1988), S. 46-60.

Kußmaul, Heinz: Immaterielles Vermögen, in: Federmann, Rudolf (Hrsg.): Handbuch der Bilanzierung, Abschnitt 73, Freiburg 2000.

Labhart, Peter A./Volkart, Rudolf: Reflektierung von immateriellen Aktiven in der Rechnungslegung, in: ST, 75. Jg. (2001), S. 1155-1162.

Lamers, Alfons: Aktivierungsfähigkeit und Aktivierungspflicht immaterieller Werte, München 1981.

Lange, Knut Werner: Kommentierung zu § 289 HGB, in: Schmidt, Karsten (Hrsg.): Münchener Kommentar zum Handelsgesetzbuch, Band 4, München 2001.

Langecker, Alexander/Mühlberger, Melanie: Berichterstattung über immaterielle Vermögenswerte im Konzernabschluss: Vergleichende Gegenüberstellung von DRS 12, IAS 38 und IAS 38 rev., in: KoR, 3. Jg. (2003), S. 109-122 [Zitierweise: Langecker, Alexander/Mühlberger, Melanie (2003a)].

Langecker, Alexander/Mühlberger, Melanie: Zur Bekanntmachung des DRS 12 „Immaterielle Vermögenswerte des Anlagevermögens", in: StuB, 5. Jg. (2003), S. 170f. [Zitierweise: Langecker, Alexander/Mühlberger, Melanie (2003b)].

La Porta, Rafael/Lakonishok, Josef/Shleifer, Andrei/Vishny, Robert: Good News for Value Stocks: Further Evidence on Market Efficiency, in: JoF, Vol. 52 (1997), S. 859-874.

Laux, Helmut: Entscheidungstheorie, 4. Aufl., Berlin u.a. 1998.

Leffson, Ulrich: Wesentlich, in: Leffson, Ulrich/Rückle, Dieter/Großfeld, Bernhard (Hrsg.): Handwörterbuch unbestimmter Rechtsbegriffe im Bilanzrecht des HGB, Köln 1986, S. 434-446.

Leffson, Ulrich: Die Grundsätze ordnungsmäßiger Buchführung, 7. Aufl., Düsseldorf 1987.

Leingärtner, Wilhelm: Ertragsteuerliche Behandlung von Konzessionen für den Straßenverkehr, in: DB, 21. Jg. (1968), S. 1461-1463.

Lev, Baruch: Intangibles – Management, Measurement, and Reporting, Washington D.C. 2001.

Lev, Baruch/Sougiannis, Theodore: The capitalization, amortization and value-relevance of R & D, in: JAE, Vol. 21 (1996), S. 107-138.

Lev, Baruch/Zarowin, Paul: The Boundaries of Financial Reporting and How to Extend Them, in: JoAR, Vol. 37 (1999), S. 353-385.

Ley, Ursula: Der Begriff ‚Wirtschaftsgut‘ und seine Bedeutung für die Aktivierung, Bergisch Gladbach 1984.

Litan, Robert E./Wallison, Peter J.: The GAAP Gap – Corporate Disclosure in the Internet Age, Washington D.C. 2000.

Löcke, Wolfgang: Aktivierung konzernintern erworbener immaterieller Vermögensgegenstände des Anlagevermögens?, in: BB, 53. Jg. (1998), S. 415-419.

Lorenz, Karsten: Wirtschaftliche Vermögenszugehörigkeit im Bilanzrecht, Düsseldorf 2002.

Lube, Marc-Milo: Strategisches Controlling in international tätigen Konzernen, Wiesbaden 1997.

Mandl, Gerwald/Rabel, Klaus: Unternehmensbewertung, Wien 1997.

Maul, Karl-Heinz: Wissensbilanzen als Teil des handelsrechtlichen Jahresabschlusses, in: DStR, 38. Jg. (2000), S. 2009-2016.

Maul, Karl-Heinz/Menninger, Jutta: Das „Intellectual Property Statement“ – eine notwendige Ergänzung des Jahresabschlusses?, in: DB, 53. Jg. (2000), S. 529-533.

Merkt, Hanno: Unternehmenspublizität, Tübingen 2001.

Milburn, Alex J.: An Empirical Study of the Relationship of Research and Development Expenditures to Subsequent Benefits, Unpublished Research Study, Department of Accountancy of the University of Illinois, 1971, zitiert nach FASB, SFAS 2.41, Fußnote 9.

Miller, Paul B./Redding, Rodney J./Bahnson, Paul R.: The FASB – The People, the Process, and the Politics, 4. Aufl., Boston u.a. 1998.

Möller, Hans Peter/Hüfner, Bernd: Zur Bedeutung der Rechnungslegung für den deutschen Aktienmarkt – Begründung, Messprobleme und Erkenntnisse empirischer Forschung, in: Seicht, Gerhard (Hrsg.): Jahrbuch für Controlling und Rechnungswesen, Wien 2002, S. 405-463.

Moody, Lailani: Intangible Assets, in: Carmichael, D.R./Lilien, Steven B./Mellman, Martin (Hrsg.): Accountant's Handbook, 9. Aufl., New York u.a. 1999, S. 17-1 – 17-36.

Moonitz, Maurice: The Basic Postulates of Accounting, New York 1961.

Mouritsen, Jan/Bukh, Per N.D./Larsen, Heine T.: Intellectual Capital, in: Küpper, Hans-Ulrich/Wagenhofer, Alfred (Hrsg.): Handwörterbuch Unternehmensrechnung und Controlling, 4. Aufl., Stuttgart 2002, Sp. 768-777.

Moxter, Adolf: Bilanzierung und unsichere Erwartungen, in: ZfhF, 14. Jg. (1962), S. 607-632.

Moxter, Adolf: Die Grundsätze ordnungsmäßiger Bilanzierung und der Stand der Bilanztheorie, in: zfbf, 18. Jg. (1966), S. 28-59.

Moxter, Adolf: Bilanzlehre, 1. Aufl., Wiesbaden 1974.

Moxter, Adolf: Fundamentalgrundsätze ordnungsmäßiger Rechenschaft, in: Baetge, Jörg/Moxter, Adolf/Schneider, Dieter: Bilanzfragen, Festschrift für Ulrich Leffson, Düsseldorf 1976, S. 87-100.

Moxter, Adolf: Aktivierungsgrenzen bei „immateriellen Anlagewerten", in: BB, 33. Jg. (1978), S. 821-825 [Zitierweise: Moxter, Adolf (1978a)].

Moxter, Adolf: Die Aktivierungsvoraussetzung „entgeltlicher Erwerb" im Sinne von § 5 Abs. 2 EStG, in: DB, 31. Jg. (1978), S. 1804-1809 [Zitierweise: Moxter, Adolf (1978b)].

Moxter, Adolf: Immaterielle Anlagewerte im neuen Bilanzrecht, in: BB, 34. Jg. (1979), S. 1102-1109.

Moxter, Adolf: Betriebswirtschaftliche Gewinnermittlung, Tübingen 1982.

Moxter, Adolf: Bedeutung und Methodik betriebswirtschaftlicher Gewinnermittlung, in: DB, 36. Jg. (1983), S. 133-134 [Zitierweise: Moxter, Adolf (1983a)].

Moxter, Adolf: Grundsätze ordnungsmäßiger Unternehmensbewertung, 2. Aufl. Wiesbaden 1983 [Zitierweise: Moxter, Adolf (1983b)].

Moxter, Adolf: Anlegerschutz durch Rechnungslegung bei Kapitalgesellschaften, in: Gebauer, Wolfgang (Hrsg.): Öffentliche Finanzen und monetäre Ökonomie, Festschrift für Karl Häuser, Frankfurt am Main 1985, S. 257-272.

Moxter, Adolf: Bilanzlehre, Band II Einführung in das neue Bilanzrecht, 3. Aufl., Wiesbaden 1986.

Moxter, Adolf: Zur wirtschaftlichen Betrachtungsweise im Bilanzrecht, in: StuW, 19. Jg. (1989), S. 232-241.

Moxter, Adolf: Bilanzrechtsprechung, 5. Aufl., Tübingen 1999.

Moxter, Adolf: Rechnungslegungsmythen, in: BB, 55. Jg. (2000), S. 2143-2149.

Moxter, Adolf: Grundsätze ordnungsgemäßer Rechnungslegung, Düsseldorf 2003.

Mülhaupt, Ludwig: Der Bindungsgedanke in der Finanzierungslehre, Wiesbaden 1966.

Müller, Welf: Zur Rangordnung der in § 252 Abs. 1 Nr. 1 bis 6 HGB kodifizierten allgemeinen Bewertungsgrundsätze, in: Havermann, Hans (Hrsg.): Bilanz- und Konzernrecht, Festschrift für Reinhard Goerdeler, Düsseldorf 1987, S. 397-410.

Müller, Welf: Innovation – Probleme der Aktivierung und Passivierung, in: DStZ, 79. Jg. (1991), S. 385-390.

Mujkanovic, Robin: Fair Value im Financial Statement nach International Accounting Standards, Stuttgart 2002.

Muscheid, Werner: Schmalenbachs Dynamische Bilanz, Köln/Opladen 1957.

Mutze, Otto: Aktivierung und Bewertung immaterieller Wirtschaftsgüter nach Handels- und Steuerrecht, Berlin 1960.

Nakamura, Leonard: A Trillion Dollars a Year in Intangible Investment and the New Economy, in: Hand, John/Lev, Baruch (Hrsg.): Intangible Assets, Oxford u.a. 2003.

Newman, Maurice S.: Equating Return from R & D Expenditures, in: Financial Executive, Vol. 36 (1968), S. 26-33.

Nonnenmacher, Rolf: Bilanzierung von Forschung und Entwicklung, in: DStR, 31. Jg. (1993), S. 1231-1235.

Nonnenmacher, Rolf: Forschungs- und Entwicklungsausgaben, in: Ballwieser, Wolfgang/Coenenberg, Adolf G./v. Wysocki, Klaus (Hrsg.): Handwörterbuch der Rechnungslegung und Prüfung, 3. Aufl., Stuttgart 2002, Sp. 839-850.

North, Klaus/Probst, Gilbert/Romhardt, Kai: Wissen messen – Ansätze, Erfahrungen und kritische Fragen, in: ZfO, 67. Jg. (1998), S. 158-166.

Ohlson, James: Earnings, book values, and dividends in security valuation, in: CAR, Vol. 35 (1995), S. 661-688.

Ordelheide, Dieter: Kaufmännischer Periodengewinn als ökonomischer Gewinn – Zur Unsicherheitsrepräsentation bei der Konzeption von Erfolgsgrößen, in: Domsch, Michael u.a. (Hrsg.): Unternehmungserfolg: Planung – Ermittlung – Kontrolle, Festschrift für Walther Busse von Colbe, Wiesbaden 1988, S. 275-302.

Ossadnik, Wolfgang: Grundsatz und Interpretation der „Materiality“ – Eine Untersuchung zur Auslegung ausgewählter Materiality-Bestimmungen durch die Rechnungslegungspraxis, in: WPg, 46. Jg. (1993), S. 617-629.

Pellens, Bernhard: Internationale Rechnungslegung, 4. Aufl., Stuttgart 2001.

Pellens, Bernhard/Fülbier, Rolf Uwe: Ansätze zur Erfassung immaterieller Werte in der kapitalmarktorientierten Rechnungslegung, in: Baetge, Jörg (Hrsg.): Zur Rechnungslegung nach International Accounting Standards (IAS), Düsseldorf 2000, S. 35-77.

Pellens, Bernhard/Fülbier, Rolf Uwe/Sellhorn, Thorsten: Immaterielle Werte in der kapitalmarktorientierten Rechnungslegung, in: Coenenberg, Adolf G./Pohle, Klaus (Hrsg.): Internationale Rechnungslegung, Stuttgart 2001, S. 81-114.

Pfeiffer, Thomas: Begriffsbestimmung und Bilanzfähigkeit des immateriellen Wirtschaftsgutes, in: StuW, 14. Jg. (1984), S. 326-339.

Picot, Arnold: Ökonomische Theorien der Organisation – Ein Überblick über neuere Ansätze und deren betriebswirtschaftliches Anwendungspotential, in: Ordelheide, Dieter/Rudolph, Bernd/Büsselmann, Elke (Hrsg.): Betriebswirtschaftslehre und ökonomische Theorie, Stuttgart 1991, S. 143-170.

Porter, Michael E.: How competitive forces shape strategy, in: Harvard Business Review, Vol. 57 (1979), S. 137-145.

Powell, Stephen: Accounting for intangible assets: current requirements, key players and future directions, in: EAR, Vol. 12 (2003), S. 797-811.

PwC Deutsche Revision AG (Hrsg.): Immaterielle Werte und andere weiche Faktoren in der Unternehmensberichterstattung, Februar 2003, verfügbar im Internet unter http://www.pwcglobal.com.

Quedenfeld, Dietrich: Kommentierung zu § 335 HGB, in: Schmidt, Karsten (Hrsg.): Münchener Kommentar zum Handelsgesetzbuch, Band 4, München 2001.

Rammert, Stefan: Die Bilanzierung von Aktienoptionen für Manager – Überlegungen zur Anwendung von US-GAAP im handelsrechtlichen Jahresabschluß, in: WPg, 51. Jg. (1998), S. 766-777.

Rammert, Stefan: Gläubigerschutz durch Nominalkapitalerhaltung – Eine ökonomische Analyse, Habilitationsschrift, Ludwig-Maximilians-Universität München 2000.

Ranker, Daniel/Wohlgemuth, Frank/Zwirner, Christian: Die Bedeutung immaterieller Vermögenswerte bei Unternehmen des Neuen Marktes und daraus resultierende Implikationen für eine kapitalmarktorientierte Berichterstattung, in: KoR, 1. Jg. (2001), S. 269-279.

Reuleaux, Susanne: Immaterielle Wirtschaftsgüter, Wiesbaden 1987.

Richter, Martin: Die immateriellen Anlagewerte, in: v. Wysocki, Klaus/Schulze-Osterloh, Joachim (Hrsg.): Handbuch des Jahresabschlusses in Einzeldarstellungen, 2. Aufl., Köln 1990, Abteilung II/2.

Richter, Rudolf/Furubotn, Eirik G.: Neue Institutionenökonomik, 2. Aufl., Tübingen 1999.

Rieger, Wilhelm: Einführung in die Privatwirtschaftslehre, Erlangen 1928 (zuletzt erschienen in der 3. unveränderten Aufl., Erlangen 1964).

Rimerman, Thomas W.: The changing significance of financial statements, in: JoA, Vol. 169 (1990), S. 79-83.

Rivat, Laurence: Recognise your intangibles, in: Accountancy International, Vol. 119 (1998), S. 122.

Ro, Byung T.: An analytical approach to accounting materiality, in: JBFA, Vol. 9 (1982), S. 397-412.

Roland, Helmut: Der Begriff des Vermögensgegenstandes im Sinne der handels- und aktienrechtlichen Rechnungslegungsvorschriften, Göttingen 1980.

Ronen, Joshua: On R&D capitalization and value relevance: a commentary, in: JAPP, Vol. 20 (2001), S. 241-254.

Rose, J./Beaver, W./Becker, S./Sorter, G.: Toward an Empirical Measure of Materiality, in: JoAR, Vol. 8 (1970), Supplement, S. 138-148.

Roß, Norbert: Gemeinsamkeiten und Unterschiede handels- und steuerrechtlicher Aktivierungskonzeptionen, in: Baetge, Jörg (Hrsg.): Rechnungslegung und Prüfung 1996, Düsseldorf 1996, S. 231-253.

Ruhwedel, Franca/Schultze, Wolfgang: Value Reporting: Theoretische Konzeption und Umsetzung bei den DAX 100-Unternehmen, in: zfbf, 54. Jg. (2002), S. 602-632.

Sauer, Klaus P.: Bilanzierung von Software, Wiesbaden 1988.

Schildbach, Thomas: Ansatz und Bewertung immaterieller Anlagewerte, in: Ballwieser, Wolfgang (Hrsg.): US-amerikanische Rechnungslegung, 4. Aufl., Stuttgart 2000, S. 99-113.

Schildbach, Thomas: US-GAAP, 2. Aufl., München 2002.

Schmalenbach, Eugen: Dynamische Bilanz, 5. Aufl., Köln/Opladen 1931.

Schmalenbach, Eugen: Dynamische Bilanz, 13. Aufl., Köln/Opladen 1962.

Schmidt, Fritz: Die organische Bilanz im Rahmen der Wirtschaft, Leipzig 1921.

Schmidt, Reinhard H.: Agency Costs are not a „Flop"!, in: Bamberg, Günter/Spremann, Klaus (Hrsg.): Agency Theory, Information and Incentives, Berlin u.a. 1987, S. 495- 509.

Schneider, Dieter: Aktienrechtlicher Gewinn und ausschüttungsfähiger Betrag, in: WPg, 24. Jg. (1971), S. 607-617.

Schneider, Dieter: Allgemeine Betriebswirtschaftslehre, 3. Aufl., München/Wien 1987.

Schneider, Dieter: Betriebswirtschaftslehre, Band 1: Grundlagen, 2. Aufl., München/Wien 1995.

Schneider, Dieter: Betriebswirtschaftslehre, Band 2: Rechnungswesen, 2. Aufl., München/Wien 1997.

Schön, Michael: Aktivierung von immateriellen Anlagewerten in den USA im Vergleich zur deutschen Rechnungslegung, Frankfurt am Main u.a. 1997.

Schredelseker, Klaus: Zur ökonomischen Theorie der Publizität, in: Ott, Claus/Schäfer, Hans-Bernd (Hrsg.): Effiziente Verhaltenssteuerung und Kooperation im Zivilrecht, Tübingen 1997, S. 214-245.

Schreiber, Susanne: Der Ansatz von Intangible Assets nach US-GAAP, Wiesbaden 2002.

Schröder, Jakob: F&E-Bilanzierung als Einflußfaktor der F&E-Freudigkeit, Frankfurt am Main u.a. 2001.

Schulze-Osterloh, Joachim: Der Ausweis von Aufwendungen nach dem Realisations- und dem Imparitätsprinzip, in: Moxter, Adolf u.a. (Hrsg.): Rechnungslegung – Entwicklungen bei der Bilanzierung und Prüfung von Kapitalgesellschaften, Festschrift für Karl-Heinz Forster, Düsseldorf 1992, S. 653-670.

Schulze zur Wiesch, Dietrich: Bilanzpolitik durch Sachverhaltsgestaltung – Tendenzen und Grenzen, in: IDW (Hrsg.): 50 Jahre Wirtschaftsprüferberuf, Düsseldorf 1981, S. 61-70.

Schweitzer, Marcell: Pagatorische Bilanz, in: Chmielewicz, Klaus/Schweitzer, Marcell (Hrsg.): Handwörterbuch des Rechnungswesens, 3. Aufl., Stuttgart 1993, Sp. 1488-1502.

Seeberg, Thomas: Kommentierung zu IAS 11 Fertigungsaufträge (Construction Contracts), in: Baetge, Jörg u.a. (Hrsg.): Rechnungslegung nach International Accounting Standards (IAS) – Kommentar auf der Grundlage des deutschen Bilanzrechts, 2. Aufl., Stuttgart 2002.

Seethamraju, Chandrakanth: The Value Relevance of Trademarks, in: Hand, John/Lev, Baruch (Hrsg.): Intangible Assets – Values, Measures, and Risks, New York u.a. 2003, S. 228-247.

Seicht, Gerhard: Die kapitaltheoretische Bilanz und die Entwicklung der Bilanztheorien, Berlin 1970.

Sever, Mark V./Boisclair, Ronald E.: Financial Reporting in the 1990s, in: JoA, Vol. 169 (1990), S. 36-41.

Sieben, Günter/Ossadnik, Wolfgang: Aufwand für eine bestimmte Zeit nach dem Abschlußstichtag, in: Leffson, Ulrich/Rückle, Dieter/Großfeld, Bernhard: Handwörterbuch unbestimmter Rechtsbegriffe im Bilanzrecht des HGB, Köln 1986, S. 46-53.

Siebert, Hilmar/Suermann, Jan: Konzepte von HGB, US-GAAP und IAS zum Ausweis eigenerstellter immaterieller Güter am Beispiel der Bilanzierung von Software, in: Wollmert, Peter u.a. (Hrsg.): Wirtschaftsprüfung und Unternehmensüberwachung, Festschrift für Wolfgang Lück, Düsseldorf 2003, S. 403-425.

Siegel, Stanley: The Coming Revolution in Accounting: The Emergence of Fair Value as the Fundamental Principle of GAAP, in: WPK-Mitteilungen, Sonderheft Juni 1997, S. 81-90.

Skandia: Intellectual Capital Report 1998, abrufbar im Internet unter http://www.skandia.com.

Solomons, David: The FASB's Conceptual Framework: An Evaluation, in: JoA, Vol. 161 (1986), S. 114-124.

Spieler, Josef: Aktivierungsfähigkeit von selbsterstellter Standardsoftware zur anonymen Vermarktung gemäß Handels- und Steuerrecht, Frankfurt am Main u.a. 1987.

Spremann, Klaus: Wirtschaft, Investition und Finanzierung, 5. Aufl., München/Wien/Oldenbourg 1996.

Sprenger, Reinhard: Grundsätze gewissenhafter und getreuer Rechenschaft im Geschäftsbericht, Wiesbaden 1976.

Sprouse, Robert T.: The Measurement of Property, Plant, and Equipment in Financial Statements, Boston 1964.

Stapperfend, Thomas: Die steuer- und bilanzrechtliche Behandlung von Software, Köln 1991.

Statistisches Bundesamt: Einwohner, Erwerbstätige und Arbeitnehmer nach Wirtschaftsbereichen, abrufbar im Internet unter http://www.destatis.de/basis/d/vgr/vgrtab10.htm, Stand 09.09.2003 [Zitierweise: Statistisches Bundesamt (2002a)].

Statistisches Bundesamt: Ausgaben für Forschung und Entwicklung nach Sektoren, abrufbar im Internet unter http://www.destatis.de/basis/d/biwiku/ausgtab5.htm, Stand 09.09.2003 [Zitierweise: Statistisches Bundesamt (2002b)].

Staubus, George J.: The Residual Equity Point of View in Accounting, in: AR, Vol. 34 (1959), S. 3-13.

Stein, Claus/Ortmann, Martina: Bilanzierung und Bewertung von Warenzeichen, in: BB, 51. Jg. (1996), S. 787-792.

Stein, Claus/Ortmann, Martina: Planmäßige Abschreibung von Warenzeichen?, in: BB, 52. Jg. (1997), S. 199.

Sterling, Robert R.: Decision Oriented Financial Accounting, in: Accounting and Business Research, Vol. 2 (1972), S. 198-208.

Stewart, Thomas A.: Intellectual Capital – The New Wealth of Organizations, New York 1997.

Stewart, Thomas A.: Der vierte Produktionsfaktor, München 1998.

Storey, Reed K.: The FASB's Conceptual Framework, in: Carmichael, D.R./Lilien, Steven B./Mellmann, Martin: Accountants' Handbook, Vol. one: Financial Accounting and General Topics, 9. Aufl., New York u.a. 1999, S. 1-1 – 1-114.

Streim, Hannes: Die Generalnorm des § 264 Abs. 2 HGB, in: Ballwieser, Wolfgang u.a. (Hrsg.): Bilanzrecht und Kapitalmarkt, Festschrift für Adolf Moxter, Düsseldorf 1994, S. 391-406.

Streim, Hannes: Die Vermittlung entscheidungsnützlicher Informationen durch Bilanz und GuV – Ein nicht einlösbares Versprechen der internationalen Standardsetter, in: BFuP, 52. Jg. (2000), S. 111-131.

Stromann, Hilke: Wertrelevanz deutscher und US-amerikanischer Rechnungslegungsinformationen, Wiesbaden 2003.

Stüdemann, Klaus: Grundlagen zur Unterscheidung von materiellen und immateriellen Gütern und zu ihrer Aktivierung in der Bilanz, in: DB, 38. Jg. (1985), S. 345-352.

Tiedchen, Susanne: Der Vermögensgegenstand im Handelsrecht, Köln 1991.

Tiedchen, Susanne: Rechnungsabgrenzung und „bestimmte Zeit", in: BB, 52. Jg. (1997), S. 2471-2475.

Tobin, James: A General Equilibrium Approach To Monetary Theory, in: JoM, 1. Jg. (1969), S. 15-29.

Tobin, James: Monetary Policies and the Economy: The Transmission Mechanism, in: SEJ, 44. Jg. (1978), S. 421-431.

Treiber, Klaus: Immaterielle Vermögensgegenstände, in: Castan, Edgar u.a. (Hrsg.): Beck'sches Handbuch der Rechnungslegung, Band I, Abschnitt B 211, München 1983.

Treiber, Klaus: Die Behandlung von Software in der Handels- und Steuerbilanz, in: DStR, 31. Jg. (1993), S. 887-890.

Turcon, Rémi J./Zimmer, Daniel: Grundlagen des US-amerikanischen Gesellschafts-, Wirtschafts-, Steuer- und Fremdenrechts, München 1994.

Uhlig, Bernhard: Grundsätze für die Erstellung des Inventars (Bestandsverzeichnisses), in: Castan, Edgar u.a. (Hrsg.): Beck'sches Handbuch der Rechnungslegung, Band I, Abschnitt A 210, München 1998.

Wagenhofer, Alfred: Agency-Probleme bei Haftungsbeschränkungen, in: Seicht, Gerhard (Hrsg.): Gläubigerschutz, Betriebswirtschaftslehre und Recht, Festgabe für Otmar Koren, Wien 1993, S. 239- 256.

Wagenhofer, Alfred: Internationale Rechnungslegungsstandards – IAS/IFRS, 4. Aufl., Frankfurt/Wien 2003.

Wagenhofer, Alfred/Ewert, Ralf: Externe Unternehmensrechnung, Berlin u.a. 2003.

Wagner, Franz W.: Zur Informations- und Ausschüttungsbemessungsfunktion des Jahresabschlusses auf einem organisierten Kapitalmarkt, in: zfbf, 34. Jg. (1982), S. 749-771.

Wagner, Franz W.: Periodenabgrenzung als Prognoseverfahren – Konzeption und Anwendungsbereich der „einkommensapproximativen Bilanzierung", in: Ballwieser, Wolfgang u.a. (Hrsg.): Bilanzrecht und Kapitalmarkt, Festschrift für Adolf Moxter, Düsseldorf 1994, S. 1175-1200.

Watts, Ross L./Zimmerman, Jerold L.: Agency Problems, Auditing, and the Theory of the Firm: Some Evidence, in: JLE, Vol. 26 (1983), S. 613-633.

Weber, Claus-Peter: Intangibles und Steuerung, in: Küting, Karlheinz/Weber, Claus-Peter (Hrsg.): Vom Financial Accounting zum Business Reporting, Stuttgart 2002, S. 319-339.

Welsch, Glenn A./Newman, D. Paul/Zlatkovich, Charles T.: Intermediate Accounting, 7. Auflage, Homewood 1986.

Wiedmann, Harald: Bilanzrecht, Kommentar zu den §§ 238 bis 342a HGB, München 2003.

Willis, Diana W.: Financial Assets and Liabilities – Fair Value or Historical Cost? in: WPg, 51. Jg. (1998), S. 854-860.

Witte, Eberhard: Entscheidungsprozesse, in: Wittmann, Waldemar u.a. (Hrsg.): Handwörterbuch der Betriebswirtschaft, 5. Aufl., Stuttgart 1993, Sp. 910-920.

Wölk, Armin: Die Generalnorm für den Einzelabschluß von Kapitalgesellschaften, Frankfurt am Main u.a. 1992.

Wolosoff, Lester: Intangible Assets, in: Carmichael, D.R./Lilien, Steven B./Mellman, Martin (Hrsg.): Accountant's Handbook, 7. Aufl., New York u.a. 1991, S. 15-1 – 15-23.

Wolz, Matthias: Wesentlichkeit im Rahmen der Jahresabschlussprüfung, Düsseldorf 2003.

Woolridge, J. Randall: Competitive decline and corporate restructuring: Is a myopic stock market to blame?, in: JACF, Vol. 1 (1988), S. 26-36.

Würtele, Günther: Die Operationalisierung des Grundsatzes der Materiality bei Abschlußprüfungen, Pfaffenweiler 1989.

Wüstemann, Jens: Institutionenökonomik und internationale Rechnungslegungsordnungen, Tübingen 2002.

Wulf, Inge: Stille Reserven im Jahresabschluss nach US-GAAP und IAS, Wiesbaden 2001.

Wullenkord, Axel: New Economy Valuation, in: FB, 2. Jg. (2000), S. 522-527.

Wunderer, Rolf: Personalcontrolling, in: Küpper, Hans-Ulrich/Wagenhofer, Alfred (Hrsg.): Handwörterbuch Unternehmensrechnung und Controlling, 4. Aufl., Stuttgart 2002, Sp. 1404-1417.

Ziolkowski, Ulrich: Erfolgsspaltung: Aussagefähigkeit und Grenzen, in: Coenenberg, Adolf G. (Hrsg.): Bilanzanalyse nach neuem Recht, 2. Aufl., München 1990, S. 153-188.

Rechtsprechungsverzeichnis

RFH-Urteil vom 21.10.1931 VI A 2002/29, RStBl. 1932, S. 305-308.

BFH-Urteil vom 2.5.1961 I 33/60 S, in: BB, 16. Jg. (1961), S. 924f.

BFH-Urteil vom 26.5.1982, I R 180/82, in DB, 35. Jg. (1982), S. 2385f.

BFH-Urteil vom 9.7.1986 I R 218/82, BStBl. II 1987, S. 14-16.

BFH-Urteil vom 3.7.1987 III R 7/86, in: BB, 42. Jg. (1987), S. 2213-2216.

BFH-Beschluß vom 16.2.1990 III B 90/88, BStBl. II 1990, S. 794f.

BFH-Beschluß vom 4.9.1996 II B 135/95, BStBl. II 1996, S. 586f.

EUGH-Urteil vom 4.12.1997 Rs C-97/96, in: ZIP, 18. Jg. (1997), S. 2155-2158.

BETRIEBSWIRTSCHAFTLICHE STUDIEN
RECHNUNGS- UND FINANZWESEN, ORGANISATION UND INSTITUTION

Die Herausgeber wollen in dieser Schriftenreihe Forschungsarbeiten aus dem Rechnungswesen, dem Finanzwesen, der Organisation und der institutionellen Betriebswirtschaftslehre zusammenfassen. Über den Kreis der eigenen Schüler hinaus soll originellen betriebswirtschaftlichen Arbeiten auf diesem Gebiet eine größere Verbreitung ermöglicht werden. Jüngere Wissenschaftler werden gebeten, ihre Arbeiten, insbesondere auch Dissertationen, an die Herausgeber einzusenden.

Band 1 Joachim Hartle: Möglichkeiten der Entobjektivierung der Bilanz - Eine ökonomische Analyse. 1984.

Band 2 Peter Wachendorff: Alternative Vertragsgestaltung bei öffentlichen Aufträgen - Eine ökonomische Analyse. 1984.

Band 3 Doris Zimmermann: Schmalenbachs Aktivierungsgrundsätze. 1985.

Band 4 Elke Michaelis: Organisation unternehmerischer Aufgaben - Transaktionskosten als Beurteilungskriterium. 1985.

Band 5 Arno Schuppert: Die Überwachung betrieblicher Routinetätigkeiten. Ein Erklärungs-Entscheidungsmodell. 1985.

Band 6 Bonaventura Lehertshuber: Unternehmensvertragsrecht und Konzernhandelsbilanz. 1986.

Band 7 Joachim Schindler: Kapitalkonsolidierung nach dem Bilanzrichtlinien-Gesetz. 1986.

Band 8 Gerhard R. Schell: Die Ertragsermittlung für Bankbewertungen. 1988.

Band 9 Ulrich Hein: Analyse der Neubewertungsverfahren im belgischen und französischen Bilanzrecht. 1988.

Band 10 Rainer Leuthier: Das Interdependenzproblem bei der Unternehmensbewertung. 1988.

Band 11 Dieter Pfaff: Gewinnverwendungsregelungen als Instrument zur Lösung von Agency-Problemen. Ein Beitrag zur Diskussion um die Reformierung der Ausschüttungskompetenz in Aktiengesellschaften. 1989.

Band 12 Christian Debus: Haftungsregelungen im Konzernrecht. Eine ökonomische Analyse. 1990.

Band 13 Ralph Otte: Konzernabschlüsse im öffentlichen Bereich. Notwendigkeit und Zwecke konsolidierter Jahresabschlüsse von Gebietskörperschaften dargestellt am Beispiel der Bundesverwaltung der Bundesrepublik Deutschland. 1990.

Band 14 Rüdiger Zaczyk: Interdisziplinarität im Bilanzrecht. Rechtsfindung im Spannungsfeld zwischen Betriebswirtschaftslehre und dogmatischer Rechtswissenschaft. 1991.

Band 15 Oliver Fliess: Konzernabschluß in Großbritannien – Grundlagen, Stufenkonzeption und Kapitalkonsolidierung. 1991.

Band 16 Joachim Faß: Konzernierung und konsolidierte Rechnungslegung. Eine Analyse der Eignung des Konzernabschlusses als Informationsinstrument und als Grundlage der Ausschüttungsbemessung konzernverbundener Unternehmen. 1992.

Band 17 Michael Feldhoff: Die Regulierung der Rechnungslegung. Eine systematische Darstellung der Grundlagen mit einer Anwendung auf die Frage der Publizität. 1992.

Band 18 Uwe Jüttner: GoB-System, Einzelbewertungsgrundsatz und Imparitätsprinzip. 1993.

Band 19 Ralf Häger: Das Publizitätsverhalten mittelgroßer Kapitalgesellschaften. 1993.

Band 20 Jutta Menninger: Financial Futures und deren bilanzielle Behandlung. 1993.

Band 21 Stefan Lange: Die Kompatibilität von Abschlußprüfung und Beratung. Eine ökonomische Analyse. 1994.

Band 22 Hans Klaus: Gesellschafterfremdfinanzierung und Eigenkapitalersatzrecht bei der Aktiengesellschaft und der GmbH. 1994.

Band 23 Vera Marcelle Krisement: Ansätze zur Messung des Harmonisierungs- und Standardisierungsgrades der externen Rechnungslegung. 1994.

Band 24 Helmut Schmid: Leveraged Management Buy-Out. Begriff, Gestaltungen, optimale Kapitalstruktur und ökonomische Bewertung. 1994.

Band 25 Carsten Carstensen: Vermögensverwaltung, Vermögenserhaltung und Rechnungslegung gemeinnütziger Stiftungen. 1994. 2., unveränderte Auflage 1996.

Band 26 Dirk Hachmeister: Der Discounted Cash Flow als Maß der Unternehmenswertsteigerung. 1995. 2., durchgesehene Auflage 1998. 3., korrigierte Auflage 1999. 4., durchgesehene Auflage 2000.

Band 27 Christine E. Lauer: Interdependenzen zwischen Gewinnermittlungsverfahren, Risiken sowie Aktivitätsniveau und Berichtsverhalten des Managers. Eine ökonomische Analyse. 1995.

Band 28 Ulrich Becker: Das Überleben multinationaler Unternehmungen. Generierung und Transfer von Wissen im internationalen Wettbewerb. 1996.

Band 29 Torsten Ganske: Mitbestimmung, Property-Rights-Ansatz und Transaktionskostentheorie. Eine ökonomische Analyse. 1996.

Band 30 Angelika Thies: Rückstellungen als Problem der wirtschaftlichen Betrachtungsweise. 1996.

Band 31 Hans Peter Willert: Das französische Konzernbilanzrecht. Vergleichende Analyse zum deutschen Recht im Hinblick auf die Konzernbilanzzwecke und deren Grundkonzeption. 1996.

Band 32 Christian Leuz: Rechnungslegung und Kreditfinanzierung. Zum Zusammenhang von Ausschüttungsbegrenzung, bilanzieller Gewinnermittlung und vorsichtiger Rechnungslegung. 1996.

Band 33 Gerald Schenk: Konzernbildung, Interessenkonflikte und ökonomische Effizienz. Ansätze zur Theorie des Konzerns und ihre Relevanz für rechtspolitische Schlußfolgerungen. 1997.

Band 34 Johannes G. Schmidt: Unternehmensbewertung mit Hilfe strategischer Erfolgsfaktoren. 1997.

Band 35 Cornelia Ballwießer: Die handelsrechtliche Konzernrechnungslegung als Informationsinstrument. Eine Zweckmäßigkeitsanalyse. 1997.

Band 36 Bert Böttcher: Eigenkapitalausstattung und Rechnungslegung. US-amerikanische und deutsche Unternehmen im Vergleich. 1997.

Band 37 Andreas-Markus Kuhlewind: Grundlagen einer Bilanzrechtstheorie in den USA. 1997.

Band 38 Maximilian Jung: Zum Konzept der Wesentlichkeit bei Jahresabschlußerstellung und -prüfung. Eine theoretische Untersuchung. 1997.

Band 39 Mathias Babel: Ansatz und Bewertung von Nutzungsrechten. 1997.

Band 40 Georg Hax: Informationsintermediation durch Finanzanalysten. Eine ökonomische Analyse. 1998.

Band 41 Georg Schultze: Der spin-off als Konzernspaltungsform. 1998.

Band 42 Christian Aders: Unternehmensbewertung bei Preisinstabilität und Inflation. 1998.

Band 43 Thomas Schröer: Das Realisationsprinzip in Deutschland und Großbritannien. Eine systematische Untersuchung und ihre Anwendung auf langfristige Auftragsfertigung und Währungsumrechnung. 1998.

Band 44 Anne d'Arcy: Gibt es eine anglo-amerikanische oder eine kontinentaleuropäische Rechnungslegung? Klassen nationaler Rechnungslegungssysteme zwischen Politik und statistischer Überprüfbarkeit. 1999.

Band 45 Christian Back: Richtlinienkonforme Interpretation des Handelsbilanzrechts. Abstrakte Vorgehensweise und konkrete Anwendung am Beispiel des EuGH-Urteils vom 27. Juni 1996. 1999.

Band 46 Cornelia Flury: Gewinnerläuterungsprinzipien. 1999.

Band 47 Hanne Böckem: Die Durchsetzung von Rechnungslegungsstandards. Eine kapitalmarktorientierte Untersuchung. 2000.

Band 48 Jens Kengelbach: Unternehmensbewertung bei internationalen Transaktionen. 2000.

Band 49 Ursula Schäffeler: Latente Steuern nach US-GAAP für deutsche Unternehmen. 2000.

Band 50 Rainer Doll: Wahrnehmung und Signalisierung von Prüfungsqualität. 2000.

Band 51 Brigitte Strasser: Informationsasymmetrien bei Unternehmensakquisitionen. 2000.

Band 52 Lars Franken: Gläubigerschutz durch Rechnungslegung nach US-GAAP. Eine ökonomische Analyse. 2001.

Band 53 Oliver Bärtl: Wertorientierte Unternehmenssteuerung. Zum Zusammenhang von Kapitalmarkt, externer und interner Rechnungslegung. 2001.

Band 54 Gabi Ebbers: A Comparative Analysis of Regulatory Strategies in Accounting and their Impact on Corporate Compliance. 2001.

Band 55 Mark Währisch: The Evolution of International Accounting Systems. Accounting System Adoptions by Firms from a Network Perspective. 2001.

Band 56 Jakob Schröder: F&E-Bilanzierung als Einflußfaktor der F&E-Freudigkeit. 2001.

Band 57 Martin Hebertinger: Wertsteigerungsmaße – Eine kritische Analyse. 2002.

Band 58 Rainer Zensen: Die Bewertung von deutschen Universalbanken unter Berücksichtigung rechtsformspezifischer Besonderheiten. 2002.

Band 59 Oliver Beyhs: Impairment of Assets nach International Accounting Standards. Anwendungshinweise und Zweckmäßigkeitsanalyse. 2002.

Band 60 Britta Leippe: Die Bilanzierung von Leasinggeschäften nach deutschem Handelsrecht und US-GAAP. Darstellung und Zweckmäßigkeitsanalyse. 2002.

Band 61 Christian Heitmann: Beurteilung der Bestandsfestigkeit von Unternehmen mit Neuro-Fuzzy. 2002.

Band 62 Bernd Hacker: Segmentberichterstattung – Eine ökonomische Analyse. 2002.

Band 63 Jörg Hoffmann: Das DRSC und die Regulierung der Rechnungslegung. Eine ökonomische Analyse. 2003.

Band 64 Cornelia Stanke: Entscheidungskonsequenzen der Rechnungslegung bei Unternehmenszusammenschlüssen. 2003.

Band 65 Peter Gampenrieder: Squeeze-out. Rechtsvergleich, empirischer Befund und ökonomische Analyse. 2004.

Band 66 Tim Laas: Steuerung internationaler Konzerne. Eine integrierte Betrachtung von Wert und Risiko. 2004.

Band 67 Michael Dobler: Risikoberichterstattung. Eine ökonomische Analyse. 2004.

Band 68 Martina Bentele: Immaterielle Vermögenswerte in der Unternehmensberichterstattung. 2004.

www.peterlang.de

FSC
www.fsc.org
MIX
Papier | Fördert gute Waldnutzung
FSC® C083411

Kolibri 360 GmbH
Ferdinand-Jühlke-Straße 7
99095 Erfurt, Deutschland
produktsicherheit@kolibri360.de

Druck:
CPI Druckdienstleistungen GmbH
im Auftrag der
Kolibri 360 GmbH
Ferdinand-Jühlke-Str. 7
99095 Erfurt